한국체육대학교 학술교양총서

학교폭력 예방 및 학생의 이해

한국체육대학교
학술교양총서
007

학교폭력 판례 115개, 부록 139개 판례를 다룬
학교폭력 관련 전문서

학교폭력
예방 및
학생의 이해

박호근

글누림

한국체육대학교 학술교양총서 발간에 부쳐

아이작 뉴턴은 생의 막바지에 이런 말을 남겼다.

"나는 바닷가에서 노는 소년과 같았다. 가끔씩 보통 것보다 더 매끈한 돌이나 더 예쁜 조개껍데기를 찾고 즐거워하는 소년. 그러는 동안에도 내 앞에는 광대한 진리의 바다가 미지의 상태로 펼쳐져 있었다."

뉴턴의 아포리즘은 학인(學人)의 삶, 그 숙명을 함축한다. 배움은 진리를 사랑함이니 사과 한 알, 조개껍데기 하나로써 세상의 작동원리를 갈음한 천재의 언어로 부족함이 없다. 그의 통찰은 '거인의 어깨 위에 앉은 난쟁이'의 비유에서 가장 높은 경지에 이른다.

"내가 더 멀리 보았다면 이는 거인들의 어깨 위에 올라서 있었기 때문이다(If I have seen further, it is by standing on the shoulders of giants)."

로버트 머튼이 쓴 『거인의 어깨 위에서』는 뉴턴의 비유가 매우 오래된 인용문임을 밝힌다. 뉴턴은 조지 허버트를, 허버트는 로버트 버튼을, 버튼은 디에고 데 에스텔라를, 에스텔라는 존 솔즈베리를, 그리고 솔즈베리는 베르나르 사르트르를 인용했다.

마태오가 적어나간 아브라함 가문의 내력과도 같지 않은가? 천재의 아우라가 해묵은 은유에 생명을 불어 넣었으리라. 거인과 어깨의 계보는 또한 진리의 오솔길. 그 길은 오로지 나아감이 있을 따름이다. 학인의 숙명은 미지의 열락을 찾아 헤매는 지상의 나그네다.

한국체육대학교 학술교양총서는 어깨에 어깨를 겯고 인내로써 천년의 탑을 포개

려는 정성의 결실이다. 1977년 개교 이래 성상을 거듭해 정진해온 대한민국 유일의 종합체육대학으로서 학문적 성과와 현장의 경험을 집약하고자 하는 목적으로 시작되었다.

　　총서가 가야 할 길은 멀다. 완급과 부침이 없지 않겠으나 우리는 장경을 새기는 정성과 인내로써 점철할 것이다. 순정한 지향과 의지가 끝이요 미치다. 영원을 향해 걷는 걸음의 시작 앞에서 비나니, 끝끝내 진리의 대양에 이르러 현학들과 조우하기를 빈다.

2020년 2월
한국체육대학교 학술교양총서 편집동인을 대표하여
제7대 총장 안용규 씀

몇 년 동안【학교폭력 예방 및 학생의 이해】교과목을 강의해 오면서 그동안 강의 해 왔던 내용들을 책으로 엮어봐야겠다는 생각이 들었다.

이 책은 한 학기동안 강의를 하는 진도에 맞추어 구성하였다. 1부에서는 강의 오리엔테이션, 학교폭력의 유형과 사례, 우리 학교 입학 후 내가 경험한 학교폭력의 유형과 사례 및 개선방안, 학교폭력의 유형과 사례 종합을 다루었다.

2부에서는 학교폭력과 관련된 법률들을 다루었다. 우선 최고의 상위법인 「대한민국헌법」과 이 법에 근거해서 만들어진 「교육기본법」, 「초·중등교육법」에서 학교폭력과 관련된 조항들을 살펴본다. 다음으로는 학교폭력의 예방과 사후처리를 위하여 「학교폭력 예방 및 대책에 관한 법률」, 「형법」, 「민법」에서 학교폭력과 관련된 법조항과 관련 판례, 사례를 정리하였다.

3부에서는 학생의 이해를 위하여 초·중·고교생의 특징을 다루었고, 학생 인권과 교권 교육차원에서 「서울특별시 학생인권 조례」와 「양성평등기본법」을 다루었다. 교육대상이 서울지역이 아닌 경우에는 각 시·도의 학생인권조례로 대체하여 가르치면 될 것이다. 마지막 장에서는 학생 인권과 부모교육권 차원에서 날로 심각해지고 있는 아동학대를 다루었다.

끝으로, 이 책이 대학이나 일선 학교에서 학교폭력 예방 교육을 담당하고 있는 교육자들에게 좋은 참고가 되기를 희망한다.

2021년 7월

저자 박 호 근

1부.
학교폭력의 유형과 사례

1부에서는 강의 오리엔테이션, 학교폭력의 유형과 사례, 우리 학교 입학 후 내가 경험한 학교폭력의 유형과 사례 및 개선방안, 그리고 학교폭력의 유형과 사례 종합을 다룬다.

1주차부터 3주차까지는 "학교폭력이란 ○○이다."라는 정의를 내리지 않고, 우선 학생들이 생각하고 있는 학교폭력에 대한 개념, 유형, 사례들을 토론을 통해 정의하도록 한다.

4주차에서는 1주차부터 3주차에 이르기까지 학생들이 생각한 학교폭력에 대한 개념, 토론을 통해 나눈 유형과 사례들이 관련 법령들에서 다루고 있는 학교폭력의 정의, 유형, 사례와 얼마나 일치 또는 불일치하는지를 담당 교수의 강의를 통해 종합적으로 확인한다.

1장.　　　　　강의 오리엔테이션

　　강의 첫 날이다. 새로운 학기가 시작되었고, 학생들은 저마다 기대를 갖고 강의실에 모였다. 이번 시간에는 이번 학기 내내 수강하게 될【학교폭력의 예방 및 학생의 이해】교과목 및 강의진도, 강의 내용, 수강시 유의점, 교수자에 대한 소개가 주를 이룬다. 이것이 끝나면 수강생들의 간단한 자기소개와 수업에 바라는 점 파악하기, 즉, 수강생 요구조사를 하는 시간으로 마무리한다.

　　이와 같이 1주차에서는 강의계획서를 위주로 수업을 진행한다. 담당교수는 본인의 강의계획서를 가지고 설명하면 된다. 예시를 보자.

강의계획서

2020○학년도 ○학기   ○○대학교

과목명	학교폭력의 예방 및 학생의 이해	강의요일(교시)	수 1-2교시(본관 302호) 수 3-4교시(본관 302호) 금 1-2교시(본관 302호) 금 3-4교시(본관 302호)
담당교수	박 호근	연락처	☎010-8268-4865(휴대전화) ☎02-410-6848(연구실) 연구실: 체육과학관 101호 hoohoo386@knsu.ac.kr

주교재 및 참고도서

구분	저자	도서명	출판사
주교재	박호근	학교폭력 예방 및 학생의 이해	글누림출판사
참고서적	송재홍 등 10명 공저	학교폭력의 예방 및 대책	학지사
	김희대	생활지도와 상담	강현출판사
	기타(도서관 및 개인 소장 도서, 교육관련 단체의 홈페이지에 탑재된 각종 학교폭력 자료를 참고할 것)		

강의 목적	본 강의는 「학교폭력의 예방 및 학생의 이해」 분야에서 다루고 있는 이론과 실제는 무엇인가에 대한 탐구를 통해 학교폭력의 예방 및 학생의 이해 전반에 대한 지식과 해결방법에 대해 터득함으로써 수강생 본인과 수강생들이 장차 지도하게 될 미래의 학생들이 보다 안전하고 행복하게 삶을 유지하게 하는 데 그 목적이 있다.

강의 방법	본 강의는 학생들의 자발적인 참여와 선행학습을 요구한다. 본 수업은 다음과 같은 순서로 이루어질 것이다. 1. 조별발표 및 토론 2. 담당교수에 의한 강의 3. 토론을 통한 현실의 문제해석 및 해결책 논의 4. 담당 교수에 의한 보충설명 5. 종합정리
평가 방법	평가는 크게 두 차원으로 나눈다. 하나는 "보다 효과적인 수업을 위한 수업방식의 개선에 관한 평가"(중간, 기말: 2회)이고, 다른 하나는 학생들에 대한 평가이다. 보다 구체적으로는 1) 조별발표: 20% 2) 조별토론·질문 등 수업 참여도: 20%(발표자, 사회자, 서기 등은 가산점을 부여함) 3) 1차 과제: 내가 경험한 학교폭력 유형과 사례(2주차): 5% 4) 2차 과제: 우리대학 입학 후 내가 경험한 학교폭력 유형과 사례 및 개선방안(3주차): 5% 5) 3차 과제: 교육관련 리포트 – 대한민국 대통령이 반드시 해결해야 할 교육공약은?(8주차): 10% 6) 기말고사 대체 리포트(15주차): 20% 7) 출결상태: 20%
중간 과제물 (10%)	* 교육관련 리포트: 8주차에 제출 다음 대통령 선거에서 "대한민국 대통령이 반드시 해결해야 할 교육관련 공약은 무엇이며, 선정 이유와 해결방안은 무엇인가?"(분량 A4 용지 10장 이내, 겉장은 필요 없고 첫 번째 장 상단 우측에 학과, 학년, 학번, 성명 명시 후 내용을 기재하시오. 이하 모든 리포트 제출 양식은 동일함.) : 보고서 작성시 기존의 대통령 후보들의 교육분야 공약, 각 정당들의 교육분야 공약 등을 참고하여 작성할 것(표절 근절을 위해 관련자료 인용 시 출처는 반드시 표시할 것).
기말 과제물 (20%)	학교폭력과 관련된 기사 또는 판례를 3개 이상 소개(반드시 출처를 명시할 것)하고, 그것에 대한 해결 방안을 ① 법적인 측면, ② 기타의 해결방안(예: 개인적 차원, 가정적 차원, 학교 차원, 사회적 차원)으로 나누어 제시하시오(분량: A4 용지 10장 이내).

강의 내용 및 진도

주차	강의내용	비 고
1주	1. 강의 오리엔테이션(교재 및 강의진도, 강의 내용, 담당 교수 소개) 1-2. 수강생 요구 조사(자기소개 및 수업에 바라는 사항)	강의 / 자기소개
2주	2. 학교 폭력의 유형과 사례1 (조별토론을 통한 경험 나누기 → 사례발표1)	• **1차 과제 제출** - 조별토론 및 발표
3주	3. "우리대학 입학 후" 내가 경험한 학교 폭력의 유형과 사례 및 개선방안2 (조별토론을 통한 경험 나누기 → 사례발표2)	• **2차 과제 제출** - 조별토론 및 발표
4주	4. 학교 폭력의 유형과 사례 정리	- 강의 및 질의응답
5주	5. 학교폭력과 관련된 법률1 (「대한민국헌법」, 「교육기본법」 등 관련 조항 검토)	- 소별발표1(협동학습) - 조별발표 공개평가
6주	6. 학교폭력과 관련된 법률2 (「학교폭력 예방 및 대책에 관한 법률」 검토)	- 조별발표2(협동학습) - 조별발표 공개평가
7주	7. 학교폭력과 관련된 법률3 (「형법」 관련 조항 검토)	- 조별발표3(협동학습) - 조별발표 공개평가
8주	8. 수업보충 및 질의/응답 (중간고사 대체 리포트 제출)	• **강의 중간 평가** • **중간고사 과제 제출**
9주	9. 학교폭력과 관련된 법률4 (「민법」 관련 조항 검토)	- 조별발표4(협동학습) - 조별발표 공개평가
10주	10. 학생의 이해1: 초·중·고교생의 특징1	- 조별발표5(협동학습) - 조별발표 공개평가
11주	11. 학생의 이해2: 초·중·고교생의 특징2	- 조별발표6(협동학습) - 조별발표 공개평가
12주	12. 학생인권과 교권1: 「서울특별시 학생인권 조례」	- 조별발표7(협동학습) - 조별발표 공개평가
13주	13. 학생인권과 교권2: 「양성평등기본법」	- 조별발표8(협동학습) - 조별발표 공개평가

주차	강의내용	비 고
14주	14. 학생인권과 부모교육권: 아동학대	- 조별발표9(협동학습) - 조별발표 공개평가
15주	----　수업총괄평가 및 기말고사　------	• **수업 총괄 평가** • **기말보고서 제출**

※ 공휴일, 기타의 사유로 휴강을 하게 되면 수업 진도를 적절히 조절할 것임.

※ 과제물, 발표 등은 반드시 정해진 날짜에 제출/발표할 것.

☆ 희망을 품고 행복한 한 학기 되세요 ☆

강의계획서에 대한 설명이 끝나면 담당교수에 대해 소개한 후, 학생 자신에 대한 소개 및 수업에 바라는 사항을 듣는 시간을 갖는다. 이 때 미리 준비해 간 양식지에 학생들의 인적사항을 쓰도록 하여 한 학기 동안 학생들의 수업지도에 참고자료로 활용한다.

「학교폭력의 예방 및 학생의 이해」 수강생 명단

○○대학교

번호	학과	학년	학번 (예:'21)	성명	출신 고교	고향 (태어난 곳)	거주지 (지역 이름)	연락처 (휴대전화)
1								
2								
3								
4								
5								
6								
7								
8								

번호	학과	학년	학번 (예:'21)	성명	출신 고교	고향 (태어난 곳)	거주지 (지역 이름)	연락처 (휴대전화)
9								
10								
11								
12								
13								
14								
15								
16								
17								
18								
19								
20								
21								
22								
23								
24								
25								
26								
27								
28								

학생들의 질문 중 가장 많이 나오는 것이 성적처리인데,【학교폭력의 예방 및 학생의 이해】과목에서 발표문 및 보고서 작성시 유의점에 대해 주지시킨다.

* 보고서 채점 기준(조별발표문 평가도 이에 준함)

학점	원점수 (10%)	채점기준
A+	9.5-10	• 내용 우수 • 편집 체계 우수 • 오·탈자, 띄어쓰기에 오류 없음.
A	9.0-9.4	• 내용 우수 • 편집 체계 보통 • 오·탈자, 띄어쓰기에 오류 없음.
B+	8.5-8.9	• 내용 양호 • 편집 체계 양호 • 오·탈자, 띄어쓰기에 오류 양호
B	8.0-8.4	• 내용 양호 • 편집 체계 보통 • 오·탈자, 띄어쓰기에 오류 있음.
C+	7.5-7.9	• 내용 미흡 • 편집 체계 보통 • 오·탈자, 띄어쓰기에 오류 있음.
C	7.0-7.4	• 내용 미흡 • 편집 체계 미흡 • 오·탈자, 띄어쓰기에 오류 있음.
D+	6.5-6.9	• 내용 미흡 • 편집 체계 미흡(성의 없음) • 오·탈자, 띄어쓰기에 오류 많음.
D	6.0-6.4	• 내용 매우 미흡 • 편집 체계 매우 미흡(매우 성의 없음) • 오·탈자, 띄어쓰기에 오류 매우 많음.
F	0-5.9	• 미제출 • 타인 저작물 불법 복사(COPY)

※ 내용이 매우 우수할 경우에는 가산점 부여(A++: 1점, A+++ : 2점 부여)

※ 모든 발표문, 과제물은 반드시 e-class에 먼저 탑재한 후 수업시간에 제출

※ 조별발표문은 수강생 인원수에 맞게 복사하여 수업시간에 배포할 것(e-class "열린게시판"에 탑재는 필수).

※ 가산점1: 조별토론시 조장(사회자), 서기, 발표자에게는 가산점 부여(각 1점씩)

      (단, 조별 발표는 공통으로 동일한 점수를 부여함.)

※ 가산점2: 수업시간에 질문, 적극적 참여자는 가산점 부여(각 1점씩)

※※ 감점: 수업시간에 휴대전화 보기, 드나들기, 드러누워 잠자기 등 수업태도불량자에는 감점(회당 2점씩)

학생들이 제출하는 보고서 양식은 저마다 다양하므로, 통일성을 기하기 위하여 보고서 작성 요령을 알려주고 1주차 수업을 마무리한다.

보고서 및 발표문 작성 양식 (A4 용지 기준)

※ 겉장 필요 없음.

1. 제목: 20pt(보고서 첫째 줄에 명시, 가운데 정렬, 휴먼고딕, 진하게)

2. 학과, 학년, 학번, 성명: 11pt(보고서 둘째 줄에 명시, 휴먼명조, 오른쪽 정렬)

3. 큰 제목(Ⅰ, Ⅱ, Ⅲ 등): 15pt(가운데 정렬, 휴먼고딕, 진하게)

4. 중간 제목(1, 2, 3 등): 13pt(왼쪽 정렬, 휴먼고딕, 진하게)

5. 소제목(1), 2), 3) 등): 12pt(왼쪽 정렬, 휴먼고딕, 진하게)

6. 본문: 11pt(양쪽 정렬, 휴먼명조)

7. 줄간격: 전체 170%

8. 참고문헌: 보고서 말미에 제시

※ 본문 중에서 인용한 부분이 있을 경우, 인용한 내용이 끝나는 부분에서 출처를 반드시 표시할 것.

2장.   학교폭력의 유형과 사례

2주차 수업은 사실상 본수업의 첫 날이다. 1주차 수업에서는 앞으로 한 학기 동안 강의를 어떻게 나갈 것인가에 대한 소개, 수강생 요구조사로 끝을 맺었기 때문이다.

2주차 수업에서는 학생들이 안고 있는 학교폭력의 사례를 이야기하고 그것을 유형화하는 토론방식으로 진행한다. 토론은 수강생들이 빨리 친해질 수 있도록 하기 위하여 조별로 진행한다.

학기 초라서 대부분의 학생들은 친한 사람, 또는 평소에 잘 알고 지내던 학생들과 조를 맺고 싶어 하는 경향이 있다. 이것을 방지하기 위해 앉은 순서대로 번호를 부여하여 같은 번호끼리 한 조가 되도록 편성한다. 자기 번호가 1이면 1인 사람들끼리 1조가 되고, 자기 번호가 4나 5이면 4 또는 5인 사람들끼리 4조 또는 5조가 되는 방식이다.

조별토론 장면

활발한 토론이 이루어지기 위해서 조당 인원수는 최소 6-8명으로 하는 것이 좋다. 조가 편성되면 그 안에서 조장(사회자), 서기, 발표자를 스스로 정한다. 조장은 정해진 주제에 따라 토론이 활발하게 진행될 수 있도록 사회자 역할을 하고, 서기는 조원들의 토론내용을 꼼꼼하게 기록한다. 발표자는 자기 조원들이 토론한 내용을 수강생들 앞에서 발표하는 역할을 하는 것이다.

토론에 앞서 간단한 자기소개를 하게 되는데, 이 때 유용하게 쓸 수 있는 것이 명패이다. 명패를 만드는 방법은 공책이나 A4용지를 두세 번 접어서 네 등분하되, 바닥면을 서로 겹쳐 삼각형이 되도록 만들면 된다. 명패 상단에는 학과, 학년(학번), 출신고교, 고향, 사는 곳을 적도록 하고, 하단에는 자기 이름을 5m 앞에서도 읽을 수 있도록 크고 진하게 써서 자기 앞에 놓고 토론을 진행한다.

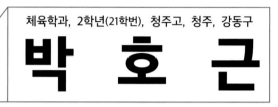

조별 토론 때 사용하는 명패

이렇게 만들어진 명패는 한 학기 내내 수업시간에는 자기 앞에 세워 놓고 수업에 참여하고, 수업이 끝난 후에는 교재에 접어서 보관하되, 그 다음 수업시간에 또 꺼내서 사용하면 매우 유용하다.

토론 진행방식은 다음과 같다.

1. 인사 및 출석 확인(10분)

2. 토론주제, 토론방법 제시(5분)

3. 조편성 및 이동(5분)

4. 조원 상호간의 인사, 자기소개(5분)

5. 조장(사회자), 서기, 발표자 선출(5분)

6. 토론(20분)

7. 휴식(10분)

8. 조별발표(20분)

9. 담당교수의 보충설명 및 질의응답(20분)

10. 미무리 및 다음 차시 예고(10분)

토론 진행방식

일반적으로 수업이 시작되면 과목 담당교수의 인사 및 출석 확인으로 수업의 문을 연다. 그러고 나서 오늘의 토론주제와 토론방법을 제시한다. 앞에서 언급한 대로 조편성이 이루어지면 같은 조원끼리 토론이 시작되는 것이다.

토론에 앞서 조원들은 상호간의 인사와 자기소개를 한 후 조상(사회자), 서기, 발표자를 선출한다. 이제부터는 조장의 사회 아래 토론을 하면 된다. 조별토론문의 사례를 보자.

[2주차 과제] 학교폭력의 유형과 사례

202148001 강보미

202148009 나은혜

202148012 박평화

202148023 백두산

202148034 오하은

202148045 한겨레

① 폭행, 상해, 금품의 갈취 등

: 한 명 또는 여러 명의 가해학생이 피해 학생에 대하여 구타, 꼬집기, 찌르기 등 행동으로 폭력 행사를 하는 경우, 폭행이나 협박으로 감금하는 경우, 금품을 요구하거나 이에 불복 시에는 겁박을 하는 경우 등 다양한 가해행위를 저지를 경우
→ 학교폭력위원회의 행정처분과 함께 형사처벌, 민사상 손해배상청구를 당할 수 있다.

▌사례_인천의 한 중학교 1학년 학생이 학교에서 주관한 해외 문화교류 프로그램에 참가했다가 선배들로부터 폭행과 괴롭힘을 당해 6주간 치료를 받았다. 가해학생들은 출석 정지 6일 처분을 받았다. 모 중학교 1학년 A(13)군은 한중청소년 문화교류 프로그램에 참가했다가 B(15)군 등 3학년 선배 2명에게 폭행과 괴롭힘을 당하고 돈도 빼앗겼다. A군은 귀국 후 하루 등교했으나 곧 병원에 입원했고 뇌진탕 등으로 6주간 치료를 받았다. 학교 측은 학교폭력대책자치위원회를 열어 가해학생 2명에게 전학 조치를 내렸다. 하지만 가해학생 측은 가혹하다며 재심을 청구했다. 학생징계조정위원회는 재심을 받아들여 가해학생들은 출석 정지 6일을 처분했다. 인천동부교육지원청은 해당 학교 교장에게 경고, 인솔교사 2명에게 주의 처분을 각각 내렸다. 경찰은 상해 혐의로 B군 등 가해학생 2명을 검찰에 송치했다. 학교 관계자는 피해학생이 내색을 하지 않고 학교폭력보다는 장난에 가까운 행위도 있어 인솔교사들이 피해사실을 인지하지

못했던 것으로 보인다며 학교폭력을 예방하지 못해 죄송하며 가해 학생들은 피해 학생으로부터 계속 격리하겠다고 말했다.

[참고 | ⓒ 한국일보 (hankookilbo.com)]

┃토론내용_ 피해자는 6주간 치료를 받을 만큼 상해를 입었으나, 가해자에 대한 조치는 출석 정지 6일로 처벌이 너무 가볍다. 또한, 피해학생이 상해를 입을 동안 피해사실을 인지조차 못한 부분은 교사 및 교직 관련 직종이 학교폭력 예방 및 이해 교육을 받아야 하는 대표적 예시이다. 가해학생이 미성년자라고 하여 가벼운 처벌하는 경향이 있어 반성을 하지 않고 학교폭력의 빈도도 줄어들지 않는 것 같아 이에 대한 개선이 필요할 것으로 보인다.

② 명예훼손, 모욕 등

: 페이스북, 인스타그램, 카카오톡 등 SNS 상에서 발생하는 피해 학생에 대한 외모비하, 욕설, 인신공격, 허위사실 유포 등 다양한 명예훼손 및 모욕 사례들이 있다. 특히나 SNS는 전파 가능성이 높아 일반적인 명예훼손이나 모욕보다 가중처벌 되는 경우가 일반적이다.

→ 학교폭력위원회의 행정처분과 함께 형사처벌, 민사상 손해배상청구를 당할 수 있다.

┃사례_ 중학교에 재학 중인 A양은 평소 함께 어울리던 무리의 친구들과 다툼이 생기게 되었고 이로 인해 다른 친구들과 지내게 되었다. 이를 기분 나쁘게 생각한 B양 외 4명은 SNS 단톡방에 친구들을 초대하여 A양의 별명을 만들어 험담 및 욕을 하였고 심지어 오픈채팅방인 페이스북에 A양과 그동안 있었던 일 중 기분 나빴거나 안 좋았던 일들을 올렸다. A양이 남자를 좋아한다더라 등등 사실관계를 확인하지 않은 허위사실들을 동급 학생들이 활발히 활동하던 SNS에 기재하였고, 이로 인해 A양은 친하게 지내던 다른 친구들과도 멀어졌고 등교거부 및 정신과 치료를 받게 되었다. 학교폭력대책자치위원회는 별명을 사용하였다는 점, 지속적이지 않았다는 판단으로 1호 서면사과 조치를 하였다. 하지만 회의록 및 증거를 보아 지속적 집단 따돌림으로 보아야 한다고 판단하여 피해자는 행정청에 재심을 청구하였고 학교 내 봉사, 부가적 특별교육시간 처분을 받았다.

[참고 | sbs 뉴스 (news.sbs.co.kr)]

▌**토론내용_** 온라인상에서는 자신이 직접 말하는 것이 아니라 간접적으로 명예를 훼손하고 허위사실을 퍼뜨리는 등 폭력의 강도가 더해지는 경향이 있다. 이러한 폭력의 형태는 피해자에게 더 큰 정신적 피해를 줄 수 있으나 처벌의 강도는 같다. 따라서 실질적 해결책이 필요하다. 또, 불특정 다수가 볼 수 있는 SNS에 글을 올리는 행위는 더 무거운 처벌을 내려야 한다. 사례에서 재심 때 무거운 처벌을 내렸는데 학교폭력위원회에서도 좀 더 전문성을 가지고 세밀하게 조사하여 적절한 처분을 내리도록 하는 기준이 필요하다. 오늘날 사이버폭력이 신체폭력보다 많고, 매년 1만 명 가량 피해자가 늘어가는 추세이다. 인터넷, SNS가 발달하는 만큼 차별화되고 구체적인 법과 처벌 절차가 생겨야 하는데 아직 법이 온라인 발달의 속도에 반해 변화가 없다. 증거를 확보하는 것이 중요하니 적절한 조사시스템이 구축되어야 할 것이다.

③ **따돌림, 왕따 등**

: 피해학생을 집단적으로 따돌리고 대화에 끼워주지 않거나 비웃는 등 왕따 행위가 반복적으로 행해지는 경우

→ 학교폭력대책자치위원회의 행정처분을 받을 수 있다.

▌**사례_** 충북 청주의 한 중학교에서 몸이 불편한 학생이 같은 반 학생들에게 집단 폭행을 당한 것도 모자라 지속적으로 왕따를 당한 것으로 알려져 충격을 주고 있다. 특히, 이 과정에서 피해 학생이 담임교사 등에게 지속적으로 도움을 요청했음에도 개선되지 않고 비슷한 문제가 계속 발생하는 등 학교 측의 대처에도 일부 문제가 있었던 것으로 드러났다. 11일 피해 학생 학부모와 충북도교육청 등에 따르면 지난 해 지속적으로 왕따를 당하던 한 청각장애 학생이 같은 학교 6명의 학생에게 집단 폭행을 당했다. 이후 최근까지도 집단 따돌림에 시달리던 이 학생은 집단 폭행에 가담했던 학생 중 일부와 학년이 바뀌어서도 같은 반으로 배정되는 등 집단 따돌림이 계속될 수 있는 빌미를 학교 측이 제공하기도 했다. 도교육청은 학교폭력 사안이 발생하면 학년이 바뀌거나 상급학교로 진학할 때 피해학생의 의사를 최대한 반영하도록 일선 학교에 권고하고 있다. 학생들의 집단 따돌림은 지난 6일에도 발생해 장애학생의 실내화를 3~4명의 학생이 빼앗아 서로 돌리기도 했다. 상황이 이렇자 이 학생은 매일 학교로 향하는 길에 극단적인 선택을 생각할 만큼 힘든 시간이 계속된 셈이다.

[참고 | http://naver.me/GcbFh9C5]

▎토론내용_ 사회적 약자를 배려하지 않고 집단 따돌림을 한 사건이다. 장애학생은 정신적, 신체적으로 일반학생과 차이가 있어 저항을 하기 힘들고 도움을 요청하기에도 어려움이 있다. 학생들에게 올바른 가치관을 형성시켜야 할 교사는 피해자와 가해자 모두에게 올바른 교육을 제공하지 못했다. 교사와 학교 측에서는 피해자를 구제하고 가해자에게 처벌과 가르침을 통해 자신의 잘못이 무엇인지 깨닫고 뉘우칠 수 있도록 했어야 한다. 나아가 이를 방관한 주변 학생들도 충분한 학교폭력, 장애인에 대한 이해교육이 이루어지지 않았다. 이 또한 학교 측이 엄한 처벌을 받아야 하는 사항이다. 상급학년으로 진학할 때 학교폭력 피해학생의 의견을 반영하도록 도교육청이 권고했음에도 불구하고 학교는 이를 무시했다. 도교육청은 해당내용을 권고에서 그치지 않아야 하며, 불이행한 학교에 마땅한 처벌을 가해야 한다.

④ 강제추행, 몰카 등 성관련 범죄

: 휴대폰으로 여학생의 속옷이나 다리, 가슴 등 특정 신체부위를 촬영하는 행위, 손이나 어깨를 만지거나 가슴, 엉덩이 등 성적 수치심을 유발할 수 있는 신체 부위를 만지는 행위, 몰래 촬영한 사진을 카카오톡 등을 통하여 공유하고 성적 비하발언을 하는 행위 등

→ 학교폭력위원회의 행정처분과 함께 형사처벌, 민사상 손해배상청구를 당할 수 있다. 특히나 성범죄는 친고죄 또는 반의사불벌죄에 해당되지 않기 때문에 가해학생과 피해학생이 합의하더라도 여전히 형사처벌을 받을 수 있다.

▎사례_ 서울시교육청과 서울 광진경찰서에 따르면 지난 10월 4일 대원외고 3학년 학생 A양은 같은 반 B군에게 불법촬영 피해를 입었다며 경찰에 신고했다. A양은 현장 출동 경찰에게 "B군이 휴대전화로 내 치마 속을 몰래 촬영했다"고 진술했고 B군도 이를 인정했다. A양은 B군이 이전에도 비슷한 수법으로 자신을 촬영한 것으로 의심하고 사과를 요구했지만 거부하자 경찰에 신고했다. 대원외고는 B군에게 출석정지 4일의 긴급조치를 취한 뒤 학교폭력대책자치위원회(학폭위)에 사건을 회부했고, 학교폭력위원회는 학교에 사회봉사 20시간과 특별교육 이수 조치를 요청했다. 그러나 학교는 B군이 대학수학능력시험을 본 뒤 사회봉사 등의 조치를 취하도록 했다. 또 출석정지 기간 2학년 교무실에 마련된 자습 공간에서 공부할 수 있도록 했다. B군은 출석정지 기간 이후 다시 정

상 등교해 수업을 받았다. 학생들 사이에선 학교가 규정을 어기고 B군을 배려했다는 의혹이 제기됐다. 「학교폭력예방 및 대책에 관한 법률」에 따르면 학교는 학교폭력위원회가 조치를 요청한 경우 14일 내에 해당 조치를 이행토록 해야 한다. 학생이 이를 거부하거나 회피하면 재징계할 수 있다. 학교 관계자는 "학교폭력위원회가 수험생 배려 차원에서 수능 이후 징계를 이행하라고 했다"라고 설명했다. 경찰도 피해 학생이 처벌을 원치 않는다는 이유로 입건도 하지 않은 채 사건을 종결했다. 경찰 관계자는 "피해 학생이 미성년자이고 수능을 앞둔 점을 고려했다"라며 "이후에도 별도 신고나 고소가 없었다"라고 말했다. 해당 사건은 민갑룡 경찰청장이 지난 9월 27일 몰카 범죄 엄정 대응을 선언한 직후 발생했다.

[참고 | 국민일보 (www.kmib.co.kr)]

▮ 도론내용_ 입시를 빌미로 학교 측에서 너무 안일한 대처를 했으며, 트라우마로 남을 수 있는 사건을 가볍게 여기고 가해자를 배려하는 모습까지 보였다. 이는 주변학생들과 B군에게 충분한 경각심을 일깨워주지 못한 것으로 생각된다. 따라서 학교 측 잘못에 대한 처벌도 필요하다. 몰카 범죄 엄정대응을 선언한 직후 발생했음에도 불구하고 피해학생이 원하지 않는다는 이유로 처벌을 내리지 않았다. 이는 학교 내 몰카 촬영에 대한 처벌이 얼마나 가벼웠고, 이에 변화가 없었는지를 보여주는 사례이다. 따라서 이후 재발할 수 있는 몰카 범죄 상황에 대한 예방조치를 마련할 필요가 있다.

조별토론문의 사례

대략 20분 간 진행되는 토론이 마무리되면 정리 차원에서 휴식시간을 갖는다. 각 조원들은 휴식시간을 통해 개인별 휴식뿐만 아니라 자기 조에서 논의된 사항을 유목화하고 정리하는 시간을 갖는다. 휴식 시간이 끝나면 각 조별 발표가 시작된다.

조별발표 장면

　조별발표가 끝나면 담당교수에 의한 보충설명 및 질의응답 시간을 갖고, 다음 수업에서 다룰 주제에 대한 치시 예고 및 과제를 언급한 나음에 수업을 마무리 짓는다.

3장.

우리 학교 입학 후 내가 경험한 학교폭력의 유형과 사례 및 개선방안

3주차 수업은 지난 2주차 수업의 연장선이다. 2주차 수업에서는 학교폭력의 유형과 사례에 대해서 토론을 진행하였다. 3주차 수업의 목표는 "우리 학교 입학 후 내가 경험한" 학교폭력의 유형과 사례, 그리고 개선방안에 대해 토론을 진행하고, 그 해결책을 모색하는 데 있다.

수업 진행 방식은 2주차와 동일하다. 다만, 차이가 있다면 3주차 수업에서는 수강생 각자가 미리 작성해 온 "우리 학교 입학 후 내가 경험한 학교폭력의 유형과 사례 및 개선방안"에 대한 과제를 토대로 조별토론과 발표를 진행한다는 데 있다. 학생들이 작성해 온 과제물들을 살펴보자.

1. 학교폭력의 유형과 사례

1) 언어폭력

> **사례:**
>
> - 상대방의 약점을 놀림거리로 만들며 기분을 상하게 했다.
> - 후배가 잘못하자 육두문자를 섞어가며 공포심을 주었다.
> - 너의 실력이 그 정도밖에 되지 않는데 왜 여기 학교에 있냐며 비아냥거렸다.
> - 개xx, 시x, 빡x대x리 등 모욕적인 언어들을 일상에서 자주 사용했다.
> - 학교에서 마주치면 험담을 하고 메신저로 공포심과 불안을 유발하는 문자를 받았다. (사이버 폭력에도 해당)
> - 장난을 신나며 생김새를 보고 싱데를 조롱하고 비하하는 상황을 보고 웃어버린 적이 있다.

2) 신체폭력

> **사례:**
>
> - 어두운 것을 싫어하는데 어두운 라커룸이나 탈의실에 들어간 사이 선배와 동기들이 못 나오게 문을 막았다.
> - 훈련을 완벽하게 소화해내지 않았다는 이유로 집합을 당하며, 머리박기를 했다.
> - 운동할 때 뒤처진다는 이유로 집합을 당하며 머리박기를 한 후 방망이로 맞았다.
> - 선배 언니에게 집합을 당해 저녁을 먹고 난 뒤 소화를 시키지 못한 채로 운동을 하였고, 속이 안 좋은 티를 내면 구타를 당했다.

3) 금품갈취

> **사례:**
>
> - A선배와 후배가 함께 있다가 데이터가 부족하다는 선배의 말에 후배가 데이터가 많다며 핫스팟을 틀어줬다. 하지만 그 후로도 A선배는 후배에게 만날 때 마다 핫스팟을 켜주기를 요구했고, 처음에는 별 생각 없던 후배도 일이 반복되자 부담을 느끼기 시작했다. 하지만 후배는 선배에게 거절을 하기 힘들어서 한 학기 내내 본인의 데이터를 틀어줬다.
> - 같이 야식을 먹고 야식 값을 제대로 지불하지 않았다.
> - 선배들이 우리 방에 들어와서 라면 포트기, 라면 등을 함부로 가져갔다.
> - 정장을 마음대로 가져가서 선배들이 놀러 다닐 때 입었다.
> - 편의점에서 먹을 것을 사 오라고 한 후 돈을 돌려받지 못했다.
> - 생일자에게 선물을 사기 위에 빌려 간 돈을 돌려주지 않았다.

4) 강요

> **사례:**
>
> - 선배가 이모티콘을 사달라고 강요를 했다.
> - 빨래, 심부름 등을 강요당했다.
> - 선배가 씻기 전에 먼저 씻으면 안 된다.
> - 선배보다 먼저 빨래를 돌리는 것은 허용되지 않았다.
> - 핸드폰은 무조건 진동 혹은 무음으로 해야 한다.
> - 점호시간은 청소시간이라며 청소를 시켰다.
> - 저학년은 외출, 외박 금지
> - 저학년은 염색, 파마 금지
> - 외출, 외박 받고 싶으면 장기자랑을 하라며 강요
> - 검은색 운동복을 입었는데 무슨 배짱으로 입느냐고 선배가 지적했다.
> - 생활용품 칫솔, 샴푸, 양말(세면도구) 등을 사게 시켰다.

- 새벽, 오전, 오후, 야간으로 선배들에게 안부 인사를 하라고 시켰다.
- 운동 전, 후 선배가 마사지하라고 시켰다.
- 훈련하기 30분 전에 가서 훈련장 청소를 1학년이 도맡아 하도록 지시를 받았다.

5) 따돌림

사례:

- 채팅방에서 특정 인물에게 모욕적인 언사를 반복적으로 함으로써 수치심을 주었다.
- 선배들과의 거의 모든 이야기에서 제외되며 외로운 분위기를 느꼈다.
- 웃음 코드가 맞지 않다는 이유만으로 동기들 사이에서 제외되었다.
- 1학년의 행동 부주의로 인해 운동부 전체에서 따돌림을 받았다.
- 저학년이 당한 일을 슬프다고 공유하면 그건 너의 잘못이라며 자신을 이상한 사람으로 몰아갔다.
- 한 명을 지목해서 그 한 명에게 말도 걸지 않고 신경도 안 쓰는 방법을 목격했다.
- 다수의 학생이 한 사람을 집중적으로 비하하고 조롱하는 모습을 보았다.
- 단톡방을 몇 명의 친구들만 제외하고 만들어서 공지사항을 받지 못했다.
- 자기 맘에 안 들면 상대방을 투명인간 취급하고 다른 동료들에게도 특정 인물은 투명인간 취급하라고 시켰다.

6) 사이버폭력

사례:

- 연습이나 시합 도중 넘어지거나 실수하는 장면이 담긴 영상을 채팅방과 같은 사이버 공간에 유포하였다. 뿐만 아니라 상대방을 놀리는 언행 등으로 모욕감과 수치심을 주었다.
- 엽기사진을 함부로 배포했다.

- SNS에 허위 사실과 사생활을 글로 올려 퍼뜨리는 것을 당했다.(저격 글)
- 채팅방에서 누군가를 의도치 않게 무시하고 놀림거리가 되도록 하는 분위기가 조성되었다.
- 메신저로 "이따가 죽을 준비해."라는 협박을 하는 등 공포심을 유발하는 말을 하였다.
- 신입생 A는 대학교에 들어와서 동아리에 들어가 활동을 하고 있었다. 동아리 활동은 자율적인 참여 형태였고, A와 다른 신입생들도 꾸준히 참석하고 있었다. 그러나 초반과는 다르게 신입생들이 각자의 학업과 아르바이트로 인해서 점차 동아리 참석률이 낮아졌고, 대회를 앞두고 참석률이 저조하다는 이유로 기독방에서 신배들에게 욕실과 보욕적인 말들을 들었다.

7) 성폭력

*성폭력은 성희롱, 성추행, 성폭행 모두를 포함함.

사례:

- 바지를 벗기거나 중요 부위를 치는 등의 장난을 당했다.
- 벗고 있는 사진을 찍고 SNS에 올린다고 협박했다.
- 남자친구랑 관계했냐고 물어봐서 굉장히 수치심이 들었다.
- 특정 신체 부위의 크기를 언급해 놀림거리가 되었다.
- 나의 엉덩이랑 가슴을 터치하였다.
- 선배가 "훈련 수고했다."라며 나의 엉덩이를 툭 치고 간다. 나는 엉덩이를 만진 것에 당황했으며, 선배가 놀림의 의도로 엉덩이를 만진 것은 아니었지만 수고함의 표현을 상대방의 신체를 만지며 친근함을 표시한 것에 기부이 좋지 않았다.

2. 학교폭력의 유형별 개선 방안

그렇다면 이제 학교폭력의 유형별로 학생들이 제시한 개선 방안을 살펴보자.

1) 언어폭력 개선 방안

- 말하기 전에 상대방의 기분을 고려하여 다시 한 번 생각한 뒤, 후배가 잘못한 부분이 있으면 좋은 말로 바로 잡아 줄 수 있도록 한다.
- 언어폭력 피해자는 감정에 휘말려 가해자에게 같은 방식으로 응대하지 않도록 하고, 좋고 싫음의 자기 의사표현을 확실하게 전달할 수 있도록 한다. 자기 의사표현이 어려운 경우에는 주변 사람들에게 조언을 구하거나 도움을 요청한다. 장난을 치기 전 상대의 마음을 역지사지해 보고 언행에 있어 조심할 수 있도록 한다.
- 선배는 후배가 잘못된 행동을 할 경우에는, 잘못한 부분에 대해서만 일러주고 자신의 감정을 개입시켜 심한 말은 삼가도록 한다.

2) 신체폭력 개선 방안

- 선배의 부당한 요구와 심부름이 없어져야 하고, 욕설과 주먹, 발차기 등 거친 행동과 언행이 없어져야 한다. 후배는 자신의 요구를 모두 실행해야 하는 존재가 아니므로 협동을 해야 하는 문제가 아니라면 본인의 일은 본인이 하도록 하고, 자신의 신체가 소중한 것처럼 다른 사람의 신체도 소중하다는 인식을 심어줘야 한다.
- 교수님 또는 조교 선생님께서는 학생들 사이에서 집합, 얼차려와 같은 행위들이 일어나지 않도록 지도하며 각별히 주의시킨다. 지도하였음에도 이러한 사례가 발생할 시에는 사건의 정도에 따라 그에 맞는 징계를 하도록 한다.

3) 금품갈취 개선 방안

- 상대방에게 물건을 빌릴 때 정중하게 부탁을 하고, 빌려 간 후 빨리 돌려줄 수 있도록 해야 한다. 혼자 해결할 수 있는 경우에는 혼자 해결할 수 있도록 하며 남에게 되도록

빌리지 않도록 한다.

- 금품갈취, 성폭력, 신체폭력은 그 자체가 형사처벌 대상임을 인식시키고, 일벌백계로 다스린다.

4) 강요 개선 방안

- 빨래는 각자가 하며, 빨래 요일을 정해 정해진 시간에만 빨래를 돌린다. 자기 방은 자기가 청소하는 것이 당연하다. 소등 후 상대의 자유 시간을 억지로 뺏는 행위는 인권침해이며 쉴 권리를 주지 않는 것이다. 기숙사에서는 소등 후 호실 이동을 하지 않도록 주의를 환기하여야 하며 적발 시 퇴사 조치를 한다. 선배는 소등시간 이후 시간을 뺏는 행위는 예의에 어긋난다는 것을 인식해야 하며 금지하여야 한다고 생각한다.
- 선배는 후배에게 심부름 시키는 것이 강요라는 것이라는 것을 인식하고 선배로서 옳은 행동을 선행해 나가야 한다. 예의를 지키지 않는 행동을 하는 선배가 아닌, 바른 행동을 실천하는 선배이어야 강요로 인한 학교 폭력이 개선되며 스스로 강요하는 행동을 하지 말아야 한다. 당연하고 관례라는 분위기가 없어지고 개인의 의견을 말할 수 있는 자유로운 분위기가 생성되어야 한다.
- 상대방의 입장을 다시 한 번 생각해본 후, 부당하다고 생각되는 모든 일은 될 수 있으면 시키지 말아야 하고, 혼자서 충분히 할 수 있는 일은 스스로 할 수 있도록 한다.

5) 따돌림 개선 방안

- 선배와 후배 등 모든 사람에게 똑같은 인간의 권리를 존중해주며, 소외감이 들지 않도록 서로 신경 써 준다. 자신과 성격이 맞지 않는다는 이유로 남을 배제하지 않아야 하며, 실수를 저질렀을 경우 대화로 좋게 오해를 풀 수 있도록 한다.
- 운동하면서 선후배 간에 서로 협조하지 않고 하기 싫은 것을 시키는 대상으로 여기면 안 된다. 학교 차원에서 인식을 바꾸어 주어야 하고, 운동부서마다 문화를 바꾸어야 한다. 아무리 동료가 상대를 투명인간 취급을 하라고 말해도 절대 실행하지 말아

야 하며 방관자가 되지 않아야 한다.

6) 사이버폭력 개선 방안

- 사이버 예절을 지킨다. 문자는 말로 하는 언어와는 다르기 때문에 때로는 불필요한 오해를 불러일으킬 수 있다는 점을 명심하고 의사표현에 더 신중을 기한다.
- 사이버 폭력으로 인해 피해를 당한 사례들을 교육하고 개선할 수 있는 방안들을 주지시킨다.

7) 성폭력 개선 방안

- 상대방의 몸에는 되도록 손대지 않도록 하며, 상대방의 사적인 일을 물어볼 때는 상대방의 기분을 한 번 더 고려하여 감정이 상하지 않도록 조심스럽게 물어볼 수 있어야 한다. 상대방에 대한 이야기는 남에게 함부로 발설하고 다니지 않는다.
- 칭찬을 빙자하여 신체 민감 부위를 만지는 행위는 성추행에 해당한다는 인식이 필요하다. 상대방의 몸에 함부로 손을 대지 않게 주의한다. 같은 방법으로 어깨나 팔뚝 부분을 살짝 터치하는 정도가 좋다고 생각한다.

8) 종합적인 개선방안

- 자신이 하기 싫은 일은 남도 하기 싫다는 사실을 인지한다.
- "나도 당했어"가 아닌 '나는 그러지 말아야하겠다'는 마음가짐을 가진다.
- 선배 후배로서 서로 지켜야 하는 가벼운 인사, 언행 등등을 제외하고 그 이상을 강요를 하지 않고, 사람 대 사람으로 같은 인격체로 대하도록 노력하고 말을 하거나 행동을 할 때 기분이 나쁘지 않을까 한 번 더 생각하고 실행한다.
- 강요하는 일들은 부당한 것이니 전통이라는 말에서 벗어나 새로운 문화를 만들어 서로 존중하는 생활을 할 수 있도록 내가 선배가 되었을 때 우선 그간의 규칙들을 다 바꾸어야 한다.
- 후배를 아랫사람으로 대하지 않고 같은 인격체로 동등한 관계로 생각하는 마음을 가

진다.

- 학교 차원에서는 첫째, 학교상담 기능을 강화할 필요가 있다. 폭력 청소년들을 이해하기 위해서 학교 상담실의 프로그램 개발과 함께 효율적인 운영이 이루어져야 한다. 각 교실에서는 감정통제 훈련, 의사소통 훈련, 인간관계 개선 프로그램 등의 교육이 이루어져야 한다. 이에 학부모와 지역사회 주민들이 자원봉사자로서 상담원 활동에 적극적 참여가 요구되고 있다. 둘째, 무기명 조사를 주기적으로 실시하여 피해 사태를 파악한다. 대화를 통해 지도가 가능한 사례는 경고와 조언을 할 수 있도록 하여 문제를 해결하되, 반복적이고 반성 기미가 보이지 않는다면 그에 맞는 징계 등 선도처분을 내리도록 한다.

[대학 선수 10명 중 3명이 신체 폭력…기숙사에서 가장 많아]

국내 대학 운동부 선수 10명 중 3명이 구타 등 신체 폭력을 경험한 것으로 나타났다. 2020년 7월 8일 국가인권위원회에 따르면 인권위가 지난해 대학생 선수 4,924명을 상대로 조사한 '대학교 운동선수 인권실태 조사 결과'에서 선수 33%가 신체 폭력을, 31%가 언어폭력, 9.6%가 성폭력을 경험했다고 답했다.

특히 신체 폭력을 당했다고 답한 응답자 중 15.8%는 일주일에 1~2회 이상 상습적인 신체 폭력을 겪었다고 밝혔다. 이는 2010년 인권위가 조사한 결과에 나타난 11.6%보다 증가한 수치다. 신체 폭력 중 가장 빈번한 행위는 '머리 박기, 엎드려뻗치기, 손이나 발을 이용한 구타행위' 순으로 나타났다.

신체 폭력의 가해자로 선배 선수가 72%로 가장 많이 지목됐고, 그다음으로 코치, 감독 순이었다. 장소는 기숙사가 가장 높게 나타나 함께 생활하는 선배 선수나 지도자들로부터 편안한 휴식을 보장받지 못하는 것으로 드러났다.

앞서 지난해 이 대학에 입학한 A씨는 주장과 선배 선수들의 강요로 신입생들이 빨래와 생활관 청소를 도맡아 했으며 선배가 후배들을 집합시켜 '머리 박기'를 시키거나 외출을 금지하는 가혹 행위를 했다고 인권위에 호소했다.

A씨는 지도교수와 조교에게 이 같은 사실을 말했지만 아무런 시정조치가 이뤄지지 않았다며 이들을 인권위에 진정했다.

정혜정 기자
jeong.hyejeong@joongang.co.kr

〈출처〉_중앙일보 뉴스/2020년 07월 08일
https://news.joins.com/article/23820465

4장.	학교폭력의 유형과 사례 종합

이 장에서는 2주차와 3주차에서 조별로 논의되었던 학교폭력의 유형과 사례를 종합하고, 학생들 간에 토의한 내용들이 학교폭력의 유형과 실제에 얼마나 부합하는지 여부를 확인하도록 한다.

1. 학교폭력의 정의

「학교폭력 예방 및 대책에 관한 법률」(이하 '학교폭력예방법') 제2조에 따르면, "학교폭력이란 학교 내외에서 학생을 대상으로 발생한 상해, 폭행, 감금, 협박, 약취·유인, 명예훼손·모욕, 공갈, 강요·강제적인 심부름 및 성폭력, 따돌림, 사이버 따돌림, 정보통신망을 이용한 음란·폭력 정보 등에 의하여 신체·정신 또는 재산상의 피해를 수반하는 행위"를 말한다. 학교폭력예방법에 근거하여 학교폭력의 대상과 유형을 정리하면 다음과 같다.

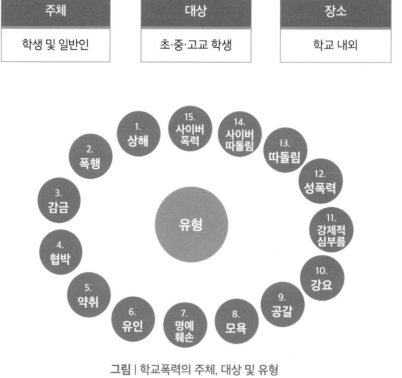

주체	대상	장소
학생 및 일반인	초·중·고교 학생	학교 내외

그림 | 학교폭력의 주체, 대상 및 유형

2. 학교폭력의 유형

학교폭력예방법에 따르면 학교폭력의 유형은 위의 그림에서 보는 바와 같이 열다섯 가지이다. 그러나 상해, 폭행, 감금 등은 신체 폭력으로, 협박,[1] 명예훼손, 모욕, 공갈 등은 언어 폭력으로 유목화하면 다음과 같이 여덟 가지의 유형으로 나눌 수 있다.

---

1   협박은 공갈죄의 수단으로써 사람의 의사결정의 자유를 제한하거나 의사실행의 자유를 방해할 정도로 겁을 먹게 할 만한 해악을 고지하는 것을 말하고, 해악의 고지는 반드시 명시의 방법에 의할 것을 요하지 아니하며, 언어나 거동에 의하여 상대방으로 하여금 어떠한 해악에 이르게 할 것이라는 인식을 갖게 하는 것이면 족하다(대법원 2003. 5. 13. 선고 2003도709 판결 등 참조).

표 | 학교폭력의 유형과 사례

유형		예시상황
신체 폭력	폭행	• 신체를 손, 발, 도구 등으로 때리거나 기합·얼차려(예: 머리박기, 김밥말이) 등으로 신체적 고통을 가하는 행위 • 장난을 빙자한 꼬집기, 때리기, 힘껏 밀치기 등 상대학생이 폭력으로 인식하는 행위
	상해	폭행으로 인하여 신체에 상처를 입히는 행위
	감금	일정한 장소에서 쉽게 나오지 못하도록 가두는 행위
언어 폭력	명예 훼손	여러 사람 앞에서 상대방의 명예를 훼손하는 구체적인 말(성격, 능력, 배경 등)을 하거나 그런 내용의 글을 인터넷, SNS 등으로 퍼뜨리는 행위 ※ 내용이 진실이라고 하더라도 범죄[2]이고, 허위인 경우에는 형법상 가중 처벌 대상이 됨.
	모욕	여러 사람 앞에서 모욕적인 용어(생김새에 대한 놀림, 병신, 바보 등 상대방을 비하하는 내용)를 지속적으로 말하거나 그런 내용의 글을 인터넷, SNS등으로 퍼뜨리는 행위
	협박	신체 등에 해를 끼칠 듯한 언행("죽을래" 등), 욕설, 문자메시지 등으로 겁을 주는 행위(돈을 안주면 때리겠다고 위협하는 행위 등)
	공갈	• 공포를 느끼도록 옥박지르며 을러대는 행위 • 협박 또는 폭행을 통해 사람에게 겁을 주고, 이를 통해 타인이 점유하는 재물이나 재산상의 이익을 취득하는 행위(『형법』 제350조: 사람을 공갈하여 재물을 교부받거나 재산상의 이익을 취한 자, 또는 사람을 공갈하여 제3자로 하여금 재물을 교부받게 하거나 재산상의 이익을 취득하게 한 자는 10년 이하의 징역 또는 2천만원 이하의 벌금)

---

2   원고는 성폭행을 당하고 자살한 딸의 복수를 위해 어머니가 가해자들을 살해한다는 내용의 영화 "△ △△△ △△"를 감독한 영화감독이고, 피고는 인터넷신문인 □□□□닷컴((홈페이지 주소 생략), 이하 "□□□□닷컴"이라 한다)을 발행하는 언론사이다. 이 사건은 대법원까지 가게 되었는데, 1심, 2심, 3심 법원은 모두 원고에 대한 기사를 게재함으로 인해 자신의 명예가 훼손되었으므로 이에 대한 손해를 배상하라는 원고의 손을 들어 주었고, 원고에게 3,000,000원의 손해배상금 지급을 확정하였다(대법원 2016. 5. 27. 선고 2015다33489 판결 참조).

이 사건에서 쟁점이 된 부분은 사실의 적시에 의한 명예훼손에 대해서도 법원에서는 손해배상의 책임을 인정하고 있다는 점이다. 즉, 허위의 사실뿐 아니라 진실한 사실을 적시하여도 명예가 훼손될 경우 불법행위가 성립한다(서울남부지방법원 2015. 1. 22. 선고 2014가합6863 판결, p. 3.). 이하의 내용은 위 대법원의 판결문 중의 일부이다.

또한 언론·출판을 통해 사실을 적시함으로써 타인의 명예를 훼손하는 경우에도 그것이 진실한 사실로

유형		예시상황
약취	약취	강제(폭행, 협박을 통해)로 일정한 장소로 데리고 가는 행위
	유인	상대방을 속이거나 유혹해서 일정한 장소로 데리고 가는 행위
강요	강제적 심부름	속칭 빵 셔틀, 와이파이 셔틀, 과제 대행, 게임 대행, 심부름 강요 등 의사에 반하는 행동을 강요하는 행위
	강요	피해자가 원하지 않는데도 불구하고 억지, 권위, 폭행 또는 협박 등으로 상대방의 권리행사를 방해하거나 해야 할 의무가 없는 일을 하게 하는 행위
금품 갈취		• 물건이나 돈을 빼앗는 행위 • 옷, 문구류 등을 빌린다며 되돌려주지 않는 행위 • 일부러 물품을 망가뜨리는 행위 • 돈을 걷어오라고 하는 행위
따돌림		• 집단적으로 상대방을 의도적이고 반복적으로 피하는 행위 • 싫어하는 말로 바보취급 등 놀리기, 빈정거림, 면박이나 핀잔주기, 골탕 먹이기, 비웃기, 말을 따라하며 놀리기 • 다른 학생들과 어울리지 못하도록 막는 행위(집단으로부터 소외시키기)

서 오로지 공공의 이익에 관한 때에는 그 행위에 위법성이 없다. 여기서 적시된 사실이 공공의 이익에 관한 것인지 여부는 그 적시된 사실의 구체적 내용, 그 사실의 공표가 이루어진 상대방의 범위, 그 표현의 방법 등 그 표현 자체에 관한 제반 사정을 고려함과 동시에 그 표현에 의하여 훼손되거나 훼손될 수 있는 명예의 침해 정도 등을 비교·고려하여 결정하여야 하고(대법원 2006. 12. 22. 선고 2006다15922 판결), 나아가 명예훼손을 당한 피해자가 공적 인물인지 일반 사인인지, 공적 인물 중에서도 공직자나 정치인 등과 같이 광범위하게 국민의 관심과 감시의 대상이 되는 인물인지, 단지 특정 시기에 한정된 범위에서 관심을 끌게 된 데 지나지 않는 인물인지, 적시된 사실이 피해자의 공적 활동 분야와 관련된 것이거나 공공성·사회성이 있어 공적 관심사에 해당하고 그와 관련한 공론의 필요성이 있는지, 그리고 공적 관심을 불러일으키게 된 데에 피해자 스스로 어떤 관여가 된 바 있는지 등을 종합적으로 살펴서 결정하여야 한다(대법원 2016. 5. 27. 선고 2015다33489 판결 참조).

수사기관 등의 조사사실을 보도하는 언론기관으로서는 그 보도에 앞서 조사 혐의사실의 진실성을 뒷받침할 적절하고도 충분한 취재를 하여야 하고, 확인되지 아니한 고소인의 일방적 주장을 여과 없이 인용하여 부각시키거나 주변 사정을 무리하게 연결시켜 마치 고소 내용이 진실인 것처럼 보이게 내용 구성을 하는 등으로 그 기사가 주는 전체적인 인상으로 인하여 일반 독자들이 사실을 오해하는 일이 생기지 않도록 기사 내용이나 표현방법 등에 대하여도 주의를 하여야 하고, 그러한 주의의무를 다하지 않았다면 명예훼손으로 인한 손해배상책임을 져야 한다(대법원 2007. 12. 27. 선고 2007다29379 판결, 대법원 2009. 7. 23. 선고 2008다18925 판결 등 참조).

유형		예시상황
성폭력		성을 매개로하여 상대방의 의사에 반하여 이루어지는 모든 가해 행위로써 신체적·언어적·정신적 폭력을 포괄하는 광범위한 개념(강간, 성추행, 성희롱 등): 언어적 희롱, 음란전화, 성기노출 등
	성폭행	폭행·협박을 하여 성행위를 강제하거나 유사 성행위, 성기에 이물질을 삽입하는 등의 행위
	성추행	성적 모멸감을 느끼도록 신체적 접촉을 하는 행위
	성희롱	성적인 말과 행동을 함으로써 상대방이 성적 굴욕감, 수치감을 느끼도록 하는 행위
사이버 폭력		• 인터넷, 휴대전화 등으로 협박, 비난, 위협, 훔치기(사이버 머니, 아이템), 헛소문 퍼뜨리기, 악성 댓글 달기, 원치 않는 사진이나 동영상을 찍거나 유포시키기 • 속칭 사이버모욕, 사이버명예훼손, 사이버성희롱, 사이버스토킹, 사이버음란물 유통, 대화명 테러, 인증놀이, 게임부주 강요 등 정보통신기기를 이용하여 괴롭히는 행위 • 특정인에 대해 모욕적 언사나 욕설 등을 인터넷 게시판, 채팅, 카페 등에 올리는 행위(특정인에 대한 "저격글"이 그 한 형태임.) • 특정인에 대한 허위 글이나 개인의 사생활에 관한 사실을 인터넷, SNS 등을 통해 불특정 다수에 공개하는 행위 • 성적 수치심을 주거나 위협하는 내용, 조롱하는 글, 그림, 동영상 등을 정보통신망을 통해 유포하는 행위 • 공포심이나 불안감을 유발하는 문자, 음향, 영상 등을 휴대폰 등 정보통신망을 통해 반복적으로 보내는 행위

출처: 교육부·이화여자대학교 학교폭력예방연구소(2020). 학교폭력 사안처리 가이드북. pp. 8-9를 수정·보완함.

Q. 사이버 폭력이 뭐죠?

사이버폭력(Cyberbullying)이란
메일, 메신저, SNS, 휴대전화, 인터넷 게시판 등에서 개인이나 집단이 특정인을
의도적이고 지속적으로 괴롭히는 행위로, 이것은 모두 '폭력' 입니다!

대표 유형

욕설, 비하, 거짓 및 비방글 유포
〈사이버 언어폭력〉

사실 또는 거짓말로 인격 훼손
〈사이버 명예훼손〉

성적 묘사, 성적 비하,
성차별적인 내용의 글/그림을 업로드 유포
〈사이버 성폭력〉

원차없는 문자, 사진, 영상 반복전송
〈사이버 스토킹〉

동의없이 타인의 개인정보 유출
〈신상정보 유출〉

SNS, 채팅방에서 타인을
욕하고 놀리고 참여 훼방
〈사이버 따돌림〉

출처: 교육부. [카드뉴스] 여러분은 사이버 폭력으로부터 안녕하신가요? 2019-06-25.

3. 학교폭력 사례

학교폭력이 발생하면 「학교폭력예방 및 대책에 관한 법률」에 따라 피해학생 보호, 가해학생 징계, 분쟁조정 등의 특정한 조치가 학교 내에서 절차에 따라 진행된다. 한편, 이와는 별도로 「형법」, 「소년법」 등에 의하여 각종 형사처벌 및 보호처분이 있을 수 있고, 「민법」에 따라서 물질적·정신적 손해에 대한 배상이 문제될 수 있다.[3]

그러므로 학교폭력은 단순한 폭력사건으로 끝나지 않고 형벌의 대상이 되며, 형사책임과 별개로 학교폭력 피해자는 가해학생, 그 감독의무자(부모 또는 보호자), 학교, 학교를 감독하는 시·도교육청 등을 상대로 민사상 불법행위로 인한 손해배상을 청구할 수 있다. 따라서 해당 학교 및 교사도 보호·감독의무 위반에 대하여 법적 책임을 질 수 있다.[4] 폭력은 그 특성상 여러 가지의 폭력 유형이 복합적으로 행사된다. 몇 가지 판례를 보자.

1) 초등학교 사례

① 신체폭력 + 강요

초등학교 2학년 학생 A가 동급생 B를 지속적으로 폭행하고 괴롭힌 경우, 감독의무자인 부모에게 미성년자의 불법행위에 대한 감독의무를 소홀히 한 책임을 물을 수 있는가? (**대구지방법원 2014. 11. 5. 선고 2014나8811**)[5]

3 　https://blog.naver.com/kmg7765/221645732123를 수정·보완함.

4 　https://blog.naver.com/janggun-0706/222035345617를 수정·보완함.

5 　이와 유사한 판례로 가해자들과 그 부모들은 공동으로 피해자에게 500만 원, 그의 부모에게 각 200만 원의 위자료를 지급하라고 판시하였다(인천지방법원 2016. 6. 9. 선고 2015가단8246).

〈사건개요〉

1. 가해자 A와 피해자 B는 경북 울진군에 있는 ○○초등학교를 다녔는데 2학년과 3학년 때는 같은 반 학생으로 지냈으며, 가해자 A는 2011년경부터 2012. 6.경까지 피해자 B의 머리와 배 등을 주먹과 손바닥으로 때리거나 피해자 B에게 토끼처럼 깡충깡충 뛰게 시키는 등 피해자 B를 지속적으로 괴롭혀 왔다.

2. B의 어머니는 2012. 6. 27.경 B의 담임 선생님에게 이 사건 학교폭력사실을 알렸고, B의 아버지는 2012. 7. 2.경 울진경찰서에 이 사건 학교폭력을 신고하였다.

3. ○○초등학교는 학교폭력대책 자치위원회를 개최하여 이 사건 학교폭력에 대하여 심의를 하였고, 그 결과 징계를 가할 정도에 이르지 아니하므로 A에 대하여 징계를 하지 않기로 의결하였다.

4. 이에 B의 아버지는 경상북도 학교폭력대책 지역위원회에 위 ○○초등학교 학교폭력대책자치위원회의 의결에 대한 재심을 청구하였고, 경상북도 학교폭력대책 지역위원회는 2012. 10. 22. 'A학생이 행사한 폭력과 행동이 인정되지만 A가 초등학생인 점을 감안하여 ○○초등학교 자치위원회 결정에 추가하여 학교폭력예방 및 대책에 관한 법률 제17조 제1항 제1호 소정의 서면사과할 것'을 결정하였다.

5. B는 이 사건과 관련하여 2013. 1. 15.부터 2013. 6. 22.까지 대구 동구 효목2동 640-1에 있는 대동병원에서 외상 후 스트레스장애, 우울별 에피소드의 병명으로 진료를 받았다.

6. 1심법원(대구지방법원 영덕지원 2014. 5. 13. 선고 2013가단 1568 판결)이 원고 및 피고에게 각각 일부 패소 판결을 내리자 쌍방은 대구지방법원에 항소를 하게 되었다.

〈판결요지〉

피고들(A의 부모)은 원고(B의 아버지)에게 진료비 및 위자료 합계 3,642,600원(1,642,600원+2,000,000원), B에게 위자료 7,000,000원, B의 어머니에게 위자료 2,000,000원을 지급하라.

해석

- 원고(피해자 측): 승
- 피고(가해자 측): 패

A는 같은 반 학생인 B를 상당한 기간 동안 지속적으로 괴롭혔는바, 피고들은 A의 부모이자 친권자들로서 책임능력 없는 미성년자인 A를 감독할 법정의무가 있으므로 「민법」 제755조, 제753조에 따라 이 사건 학교폭력으로 인하여 B 및 B의 부(父)인 원고, 모(母)가 입은 손해를 배상할 책임이 있다고 판시한 사례이다.

② 언어폭력

◯◯◯ 초등학교 5학년 학생 A가 4학년 학생 B에게 폭언과 협박을 한 경우, 학교장이 서면사과 조치를 내린 것은 적법한가? (**대구지방법원 2017. 8. 30. 선고 2017구합21229 서면사과 취소 청구의 소**)[6]

판례

〈사건개요〉

1. 원고(A)는 2016년 당시 ◯◯초등학교 5학년에 재학 중이던 학생이고, 피해자 B는 원고의 동생인 ◎◎◎과 함께 같은 학교의 4학년 3반에 재학 중이던 학생이다.

2. B의 어머니는 2016. 11. 21. 『원고가 피해학생에게 2016. 10. 17.과 10.20. 교실과 방과후 교실에서 혼내겠다는 협박과 'B 어디 있냐?'라는 위협을 하였다』는 내용으로 학교폭력 신고를 하였다.

---

6   이와 유사한 판례로써, 피고 학생들이 욕설, 모욕 등의 가해행위로 인하여 원고(피해 학생 및 부모)의 정신적 고통에 대한 손해배상 청구를 인용하되, 피해 학생 부모가 '학교생활부적응'이라는 피해 학생의 자퇴사유를 정정해달라는 요구에 응하지 않은 담임교사와 학교폭력대책자치위원회 개최요구에 응하지 않은 학교장에 대한 불법행위 손해배상 청구는 기각한 사례가 있다. 대구지방법원 2014. 1. 14. 선고 2013가합6159 손해배상 판결 참조.

3. 이에 피고(학교장)는 관련 법령에 따라 학교폭력 전담기구를 구성하여 진상을 조사하였고, 2016. 11. 25. 학교폭력 전담기구 협의회를 개최하여 가해학생인 원고 및 피해학생, 그 보호자와 목격자를 대상으로 의견을 청취한 다음 ○○초등학교 학교폭력대책자치위원회(이하 '자치위원회'라고 한다)에 사안을 회부하였다.

4. 자치위원회는 2016. 12. 5. 회의를 개최하여 원고 및 피해학생 측에 각 의견 진술의 기회를 준 다음, 위원 전원의 찬성으로 가해학생인 원고에 대하여 「학교폭력예방 및 대책에 관한 법률」 제17조 제1항 제1호에 따라 '피해학생에 대한 서면사과'의 조치를 할 것을 의결하였다. 이에 피고(학교장)는 2016. 12. 7. 원고에게 위 조치결과를 통지하였다.

5. 원고는 2016. 12. 26. 대구광역시교육청 행정심판위원회에 이 사건 처분의 취소를 구하는 행정심판을 청구하였으나, 2017. 2. 15. 기각되었다.

6. 그러자 원고는 대구지방법원에 학교장이 내린 서면사과 취소를 청구하는 행정소송을 제기하였다.

....

〈판결요지〉

1. 원고의 청구를 기각한다.

2. 소송비용은 원고가 부담한다.

해석

• 원고(가해자 측): 패

• 피고(○○초등학교장): 승

원고 A의 행위는 명백히 학교폭력에 해당하고 A의 행위를 근거로 내린 학교장의 '서면사과' 조치는 절차적으로도 위법하지 않으므로 원고 측의 청구를 기각한 사례이다.

2) 중학교 사례

① 교사의 학교폭력사건 축소·은폐 지시

●●● 교사가 학교폭력사건을 축소 및 은폐하도록 지시한 경우, 해당 교사에게 손해배상의 책임을 물을 수 있는가? (**부산지방법원** 2017. 4. 26. 선고 2016가단302294)

판례

〈사건개요〉

1. 원고 A는 2015. 4. 20.경 H중학교에서 I중학교로 전학을 왔는데, 피고 D는 I중학교 교장, 피고 E는 교감, 피고 F는 생활지도부장, 피고 G는 담임교사이었다. 원고 B, C는 원고 A의 부모이다.

2. 원고 A는 2015. 5.경부터 2015. 6. 26.까지 같은 학교 학생들 10여명으로부터 수회에 걸쳐 폭행, 상해, 강제추행을 당하거나 다른 친구들과 싸우도록 강요를 당하여 안면부, 입술, 구강부 열상 및 근육 파열 등 3주의 치료를 요하는 상해를 입었고, 6주간의 치료를 요하는 급성 스트레스 장애를 진단받고 학교를 휴학한 상태이다.

3. I중학교에서는 이 사건 사고에 관하여 2015. 7. 8. 1차 및 2015. 7. 16. 2차 학교폭력대책자치위원회를 열어 가해학생들에게 서면 사과, 특별교육이수, 봉사활동 등을 명하는 조치를 취하였다.

4. 원고 A는 가해학생들을 고소하였는데, 그 중 10명은 부산가정법원의 소년보호사건으로 심리를 받던 중 원고들과 합의를 하였고 2016. 2. 26. 보호처분결정을 받았다.

5. 원고들은 이 사건의 축소·은폐(지시)로 말미암아 정신적 고통을 입었으므로 이 학교 교장(D), 교감(E), 생활지도부장(F), 담임교사(G)를 상대로 위자료를 청구하는 소송을 제기하여 재판에 이르게 되었다.

....

〈판결요지〉

1. 피고 F(생활지도부장)는 이 사건 사고에 대한 경찰 수사를 앞두고 2015. 7. 10.경

학교에 모인 가해학생들에게 '때렸다고 하지 말고 그냥 툭툭 쳤다고 말하라', '일주일에 한 여섯 번 때렸으면 그렇게 말하지 말고 한 두 세 번만 때렸다고 말하라', '성추행 사실에 대해서 만졌다고 하지 말고 그냥 스쳤다고만 해라'는 취지로 말한 사실이 인정된다. (중략) 원고들은 피고 F의 위와 같은 주의의무 위반으로 인해 정신적 고통을 당하였다고 인정된다. 피고 F는 원고들에 대하여 손해를 배상할 책임이 있다.

2. 피고 F(생활지도부장)는 원고 A에게 3,000,000원, 원고 B, C(A의 부모)에게 각 300,000원 및 이에 대하여 2016. 1. 29.부터 2017. 4. 26.까지 연 5%, 그 다음날부터 다 갚는 날까지 연 15%의 각 비율로 계산한 돈을 지급하라.

3. 원고들의 피고 F에 대한 나머지 청구 및 피고 D, E, G에 대한 청구를 각 기각한다.

4. 소송비용 중 원고들과 피고 F 사이에 생긴 부분은 70%는 원고들이, 30%는 피고 F가 부담하고, 원고들과 피고 D, E, G 사이에 생긴 부분은 원고들이 부담한다.

5. 제1항은 가집행할 수 있다.

해석

- 원고들(피해자 측): 승
- 피고(생활지도부장): 패

(나머지 교장, 교감, 담임교사를 상대한 손해배상 청구는 기각)

생활지도부장인 피고 F의 행위는 학교 교사로서 학생을 보호, 감독할 의무가 있을 뿐만 아니라 생활지도부장으로서 피해 학생과 학부모에 대하여 사실을 밝혀야 할 책임을 부담한다고 할 것인데, 이와 같은 주의의무를 위반하여 원고들에게 정신적 고통을 당하게 하였으므로 피고 F에게 손해를 배상할 책임이 있다고 판시한 사례이다.

② 강제적 심부름 + 폭력

〔●●●〕 지속적인 강제적 심부름 및 폭력을 행사한 경우, 해당 학생에게 전학조치를 내린 것은 정당한가? (울산지방법원 2014. 2. 20. 선고 2013구합2772 전학처분취소 소송)[7]

판례

〈사건개요〉

1. 원고는 B중학교 2학년에 재학 중이던 2013. 4.부터 2013. 9.까지 같은 학교 같은 학년 학생인 C에게 돈을 주면서 담배, 음료수, 간식 등을 사오거나 물을 떠오게 하거나 원고의 개인적인 물품을 원고의 집에 두고 오도록 하는 등의 심부름을 계속 시키고, 원고에게 불만을 표하거나 원고의 마음에 들지 않는다는 이유로 상습적으로 C에게 학교와 인근 공원 등지에서 주먹과 발 등으로 폭행을 가하였다.

2. 피고(B중학교장)는 이에 출석정지 20일 및 학생 특별교육 이수 조치를 하였다.

3. 피해학생 C는 이에 불복하여 경상남도 학교폭력대책지역위원회에 재심을 청구하였고, 이에 경상남도 학교폭력대책지역위원회가 원고에 대한 위 출석정지 20일 조치를 학교폭력법 제17조 제1항 제8호에 따른 전학 조치로 변경하는 내용의 재심 결정을 내리자, 피고는 이에 따라 2013. 11. 27. 원고에게 전학 조치를 하였다.

4. 이에 원고는 이 사건 처분은 지나치게 과도하여 위법하다고 주장하며 재판을 신청하였다.

---

7   이와 유사한 판례로 ① 중2 학생이 동급생에게 학교폭력을 행사하여 출석정지 5일 및 특별교육 5일의 처분을 받은 후 그 처분이 가혹하다면서 그 취소를 청구하였으나, 그 처분이 재량권을 일탈하거나 남용한 것으로 보기 어렵다는 이유로 원고의 청구를 기각한 판결이 있다. 청주지방법원 2013. 11. 7. 선고 2013구합10316 가해학생조치처분취소 기각 판결 참조.
② 지속적으로 같은 학교 학생들을 괴롭히고 학교폭력을 행사해 온 학생에 대한 전학조치가 절차적, 실체적 위법사유가 없다고 보아 이 처분의 취소를 구하는 원고의 청구를 기각한 판결로는 대전지방법원 2013. 8. 21. 선고 2012구합5338 전학처분취소 기각 판결 참조.
③ 중3 학생이 동급생에게 학교폭력을 행사하여 출석정지 및 전학처분을 받은 후 두 가지 처분의 취소를 구하는 소송에서 출석정지처분에 대한 취소청구는 부적법하므로 각하, 전학처분에 대한 취소청구는 기각한 판결이 있다. 대전지방법원 2012. 11. 18. 선고 2012구합3479 학교폭력조치결정처분취소 판결 참조.

〈판결요지〉

1. 이 사건 처분은 형평에 위배되거나 지나치게 과도하여 재량권을 일탈·남용하였다고 보기 어려우므로, 원고의 위 주장은 이유 없다.

2. 이 사건 처분이 형평에 어긋난다고도 볼 수 없다.

3. 원고의 청구를 기각하기로 하여 주문과 같이 판결한다.

〈주문〉

1. 원고의 청구를 기각한다.

2. 소송비용은 원고가 부담한다.

해석

- 원고(가해자 측): 패
- 피고(○○중학교장): 승

학교폭력 가해학생의 전학처분은 정당하다는 판결이다.

3) 고등학교 사례

① 신체폭력

고등학교 1학년인 원고가 피해학생의 가슴을 몇 차례 때리고 밀었다는 이유로 전학조치 등의 처분을 받은 경우, 전학조치는 재량권을 일탈하거나 남용한 것인가? **(창원지방법원 2017. 2. 14. 선고 2016구합1040 전학조치(처분) 취소)**[8]

---

8   이와 유사한 판례(전학조치 무효 판결)로는 부산지방법원 2016. 7. 20. 선고 2015가합6947 전학처분무

판례

〈사건개요〉

1. 원고는 2016. 7.경 C고등학교 1학년에 재학 중이었던 학생이다.

2. C고등학교 학교폭력대책자치위원회는 2016. 7. 18. 원고가 피해학생에게 몇 차례(2016. 4. 28. 피해학생의 가슴 쪽을 2-3대 때림, 2016. 6. 17. 피해학생을 밀침, 2016.7. 11. 피해학생의 가슴 쪽을 1대 때림) 학교폭력을 행사였다는 이유로 '전학조치, 학생 및 학부모 특별 교육이수 5시간'의 조치를 의결하였고, 피고(C고등학교장)는 2016. 7. 19. 원고에게 위와 같은 의결 결과를 통보하였다.

3. 원고는 2016. 7. 21. 경상남도교육청 학생징계조정위원회에 재심을 청구하였으나, 경상남도교육청 학생징계조정위원회는 2016. 8. 11. 재심청구를 기각하였다.

4. 원고는 2016. 9. 1. 경상남도교육청 행정심판위원회에 행정심판을 청구하였으나, 경상남도교육청 행정심판위원회는 2016. 10. 14. 심판청구를 기각하였다.

5. 이에 원고는 이 사건 처분이 공익실현의 목적보다 원고가 입게 될 불이익이 너무 커 재량권을 일탈·남용한 것으로 부당하다며 피고의 전학조치 처분을 취소해 달라는 소를 제기하였다.

〈판결요지〉

1. 이 사건 처분은 이를 통해 달성하고자 하는 피해학생의 보호, 가해학생의 선도 및 교육 등 공익목적에 비하여 원고의 불이익이 지나치게 과도하여 재량권의 범위를 일탈하거나 남용한 것이라고 봄이 상당하다.

2. 원고가 행한 학교폭력과 피해학생이 입은 신체적·정신적 피해가 결코 가볍다고 할 수 없다. 그러나 그 강도나 정도가 심각한 수준은 아니었던 것으로 보이고, 원고가 잘못을 깊이 뉘우치고 반성하고 있고, 원고의 부모도 원고를 잘 지도하겠다고 다짐하고 있으며, 원고의 학급 친구들도 원고에게 선처를 바란다는 탄원서를 제출하고 있어 원고가 교정이 불가능한 학생이라고 단정하기 어렵다. 오히려 학교가 적절한 방법으로 원고를 교육하고 선도해 나간다면 자신의 잘못을 깊이 뉘

효확인 판결(한 차례의 폭력행위만으로 가해학생의 선도가능성을 배제하고 단번에 전학조치를 취하는 것은 가혹하다는 판결)을 참조할 것.

우치고 피해학생에 대해서도 진심으로 사과하는 등 성숙한 인격을 갖춘 학생으로 성장할 가능성이 있다.

3. 또한, 원고는 이 사건 처분에 따라 2016. 12. 5. D고등학교로 전학조치가 되었는데, 본인이 다니던 C고등학교는 상업정보과, 미용예술과, 토탈뷰티과, 인터넷비즈니스과로 구성된 특성화고등학교인 반면, D고등학교는 일반 인문계 고등학교로서 원고가 학교생활의 적응에 어려움을 겪고 있고, 원고의 진로나 통학 소요 시간 등을 고려하더라도 D고등학교로의 전학조치는 적절하지 않은 것으로 보인다.

〈주문〉

1. 피고가 2016. 7. 19. 원고에게 한 전학조치 처분을 취소한다.
2. 소송비용은 피고가 부담한다.

해석

• 원고(가해자 측): 승
• 피고(○○고등학교장): 패

원고의 행위는 학교폭력에 해당하지만, 전학처분을 통해 달성하고자 하는 피해학생의 보호, 가해학생의 선도 및 교육 등 공익적 목적에 비하여 원고가 입게 될 불이익이 지나치게 과도하므로 학교장이 내린 전학처분은 재량권을 일탈하거나 남용하였으므로 전학처분을 취소하라는 판결이다.

② 사이버 폭력 + 따돌림

○○○ 집단 사이버 폭력과 따돌림 등을 행사했다는 이유로 서면사과 처분을 받은 경우, 그 서면사과 처분이 가해학생의 양심의 자유 및 인격권을 침해하는가? (인천지방법원 2015. 11. 19. 선고 2015구합50522 서면사과처분취소)

판례

〈사건개요〉

1. 원고와 김◎◎은 2014년도에 ○○고등학교 1학년 ○반에 재학하였던 학생들이다.

2. ○○고등학교 학교폭력대책자치위원회(이하 '자치위원회')는 2014. 12. 3. 원고를 비롯한 6명의 학생이 김◎◎에게 학교폭력(집단 괴롭힘)을 행사하였다는 사안으로 자치위원회 회의를 개최하여, 원고에 대하여 피해학생에 대한 서면사과 처분을 할 것을 의결하였다.

3. 피고(○○고등학교장)는 2014. 12. 8. 자치위원회의 의결에 따라 원고에게 피해학생에 대한 서면사과 처분을 하였다.

4. 이에 원고는 ① 이 사건 처분은 처분의 이유를 제시하지 않음으로써 행정절차법 제23조를 위반한 절차적 하자가 있고, ② 원고는 김◎◎에 대하여 학교폭력을 행사하지 아니하였음에도 불구하고 이를 전제로 이 사건 처분을 하였으므로 위법하며, ③ 이 사건 처분은 헌법이 보장하고 있는 양심의 자유 및 인격권을 침해한 것으로 위법하다는 취지로 서면사과처분취소를 구하는 소를 제기하였다.

〈인정사실〉

1. 카카오톡 채팅방 사건

   1) 원고, 이○○, 오○○, 김○○, 김◆◆, 조○○, 이◆◆, 이◇◇, 김◇◇(이하 '원고 등')는 2014. 5. 1. 1학년 ○반 카카오톡 채팅방에서 다른 반 학생 윤◎◎에 대해 흉을 보았고, 윤◎◎의 친구였던 김◎◎이 카카오톡 대화를 보고 윤◎◎에게 그 내용을 전달하여 이◆◆와 윤◎◎ 학생이 다투게 되었다.

   2) 원고 등은 카카오톡 채팅방에서 윤◎◎에게 그 내용을 전달한 사람이 누구인지 물으며 그에 대해 욕설을 하였고, 이후 김◎◎이 자기라는 것을 밝히자 왜 그랬냐며 김◎◎을 추궁하였다.

   3) 김◎◎의 어머니는 2014. 5. 5. 당시 1학년 ○반 담임교사에게 위 사실을 알렸는데, 원고 등과 그의 부모들이 김◎◎과 그의 부모에게 재발방지를 약속하자

2014.5. 13. 담임교사 책임 하에 사건을 종결하였다.

2. 카카오톡 채팅방 사건 이후

1) 김◎◎은 위 카카오톡 채팅방 사건 이후 원고 등이 계속하여 김◎◎을 따돌린다고 생각하여 2014. 10. 23.부터 같은 해 11. 24.까지 학교에 나오지 않았고, 김◎◎의 부모가 담임교사에게 이를 알렸으며, 담임교사는 2014. 11. 24. 이를 학교폭력으로 접수받았다.

2) 김◎◎은 2014. 10. 24., 2014. 11. 21. 자신과 친구들이 같이 있으면 원고가 그 친구들과 같이 있지 못하게 친구들을 데리고 갔고, 결국 같은 반 학생들이 자신에게 인사도 하지 않고 눈도 마주치지 않으려고 했으며, 언젠가는 본인이 실수로 원고의 체육복을 바닥에 떨어뜨렸는데 원고가 욕설을 하면서 크게 소리를 질렀고, 종종 수업시간에 "왜 사냐, 나가 디져라 그냥" 이라고 본인에게 욕설을 하면서 투명인간 취급을 하였다고 진술하였다.

3) 담임교사는 2014. 11.경 1학년 ○반 학생들을 상대로 학교폭력실태에 대한 설문조사를 익명으로 실시하였는데, 그 중 학급에 언어폭력, 따돌림 등의 학교폭력을 당하는 학생이 있는데 그 학생은 김◎◎이고, 가해학생은 원고 등이라고 기재한 답변이 있었고, 추가로 실시한 설문에도 원고 등이 김◎◎에게 욕설을 했다는 취지의 답변이 있었다.

4) 이에 학교폭력대책자치위원회가 2014. 12. 13. 개최되었고, 김◎◎과 그의 모, 원고 등과 원고 등의 모, 담임교사의 의견을 각 청취한 뒤 김◎◎에게는 심리상담 및 조언을 받고, 치료 및 요양할 것을 결의하였으며, 원고에게는 피해학생에 대한 서면사과를 할 것을 결의하였다.

〈판결요지〉

1. 이 사건 처분은 행정절차법 제23조 제1항을 위반하였다고 볼 수 없다.

2. 원고의 행위는 학교폭력예방법 제2조 제1호가 규정한 '학교폭력'에 해당한다고 봄이 상당하다. 따라서 원고의 이 부분 주장은 이유 없다.

3. 이 사건 처분으로 양심의 자유 및 인격권이 침해되었다는 이 부분 원고의 주장도 이유 없다.

4. 그렇다면 원고의 청구는 이유 없으므로 이를 기각하기로 하여 주문과 같이 판결한다.

〈주문〉

1. 원고의 청구를 기각한다.

2. 소송비용은 원고가 부담한다.

해석

- 원고(가해자 측): 패
- 피고(○○고등학교장): 승

원고의 사이버 폭력, 따돌림으로 인한 서면사과 조치는 절차상으로 정당하고, 서면 사과 조치가 원고의 양심의 자유 및 인격권이 침해되었다고 볼 수 없으므로 원고의 청구를 기각한 판결이다.

별표 | 학교폭력 가해학생 조치별 적용 세부 기준

			기본 판단 요소					부가적 판단요소	
			학교폭력의 심각성	학교폭력의 지속성	학교폭력의 고의성	가해학생의 반성정도	화해정도	해당 조치로 인한 가해학생의 선도가능성	피해학생이 장애학생인지 여부
판정 점수		4점	매우높음	매우높음	매우높음	없음	없음		
		3점	높음	높음	높음	낮음	낮음		
		2점	보통	보통	보통	보통	보통		
		1점	낮음	낮음	낮음	높음	높음		
		0점	없음	없음	없음	매우높음	매우높음		
가해학생에 대한 조치	교내선도	1호	피해학생에 대한 서면사과	1~3점				해당점수에 따른 조치에도 불구하고 가해학생의 선도가능성 및 피해학생의 보호를 고려하여 시행령 제14조제5항에 따라 학교폭력 대책심의위원회 출석위원 과반수의 찬성으로 가해학생에 대한 조치를 가중 또는 경감할 수 있음	피해학생이 장애학생인 경우 가해학생에 대한 조치를 가중할 수 있음
		2호	피해학생 및 신고·고발 학생에 대한 접촉, 협박 및 보복행위의 금지	피해학생 및 신고·고발학생의 보호에 필요하다고 심의위원회가 의결할 경우					
		3호	학교에서의 봉사	4~6점					
	외부기관연계선도	4호	사회봉사	7~9점					
		5호	학내외 전문가에 의한 특별교육이수 또는 심리치료	가해학생 선도·교육에 필요하다고 심의위원회가 의결할 경우					
	교육환경변화	교내	6호	출석정지	10~12점				
			7호	학급교체	13~15점				
		교외	8호	전학	16~20점				
			9호	퇴학처분	16~20점				

출처: 교육부고시 제2020-218호
양식의 근거는 「학교폭력 예방 및 대책에 관한 법률 시행령」 제19조(가해학생에 대한 조치별 적용기준)
제1호~제5호의 내용임.

2부.
학교폭력과 관련된 법률

2부에서는 학교폭력과 관련된 법률들을 다룬다. 5장에서는 우리나라 최고의 법률인 「대한민국헌법」 조항에서 폭력과 직·간접적으로 관련된 내용들을 우선적으로 살펴보고, 「대한민국헌법」에 근거하여 제정되어 우리나라 교육제도 운영의 기본이 되는 「교육기본법」, 그리고 초·중등교육 운영을 다루고 있는 「초·중등교육법」에서 학교폭력과 관련된 법률 조항들을 살펴본다.

6장에서는 학교폭력 예방 및 대책을 전면적으로 다루고 있는 「학교폭력 예방 및 대책에 관한 법률」을, 7장에서는 학교폭력 가담시 형사 처벌을 받을 수 있는 「형법」을, 8장에서는 학교폭력에 따른 손해배상 등을 다루고 있는 「민법」에 대해서 공부한다.

5장.	「대한민국헌법」, 「교육기본법」, 「초·중등교육법」과 학교폭력

　이 장에서는 학교폭력과 관련된 법률을 알아보기 위한 첫 단계로 우리나라 최고의 상위법인 「대한민국헌법」(이하 "헌법")과 교육관련법의 근간이 되는 「교육기본법」, 그리고 초·중등교육을 관장하고 있는 「초·중등교육법」에 명시되어 있는 내용들을 탐구한다.

　이 시간을 통해 헌법을 살펴보고자 하는 이유는 대부분의 대학생들이 헌법조차 읽지 않고 대학을 졸업하는 경우가 많기 때문이다. "법은 무지를 용서하지 않으며, 권리 위에 잠자는 자를 보호하지 아니한다."는 명언이 있다. 자기 스스로의 권리를 보호하기 위해서라도 최고의 상위법에 어떤 내용들이 있는지를 알 필요가 있다.

1. 헌법에 나타난 학교폭력 관련 조항

헌법은 전문, 10장, 130개 조항으로 구성되어 있다. 우선 헌법의 구성을 살펴보자.

1) 헌법의 구성

헌법은 다음과 같이 구성되어 있다.

대한민국헌법

[시행 1988. 2. 25.] [헌법 제10호, 1987. 10. 29., 전부개정]

전문(前文)

유구한 역사와 전통에 빛나는 우리 대한국민은 3·1운동으로 건립된 대한민국임시정부의 법통과 불의에 항거한 4·19민주이념을 계승하고, 조국의 민주개혁과 평화적 통일의 사명에 입각하여 정의·인도와 동포애로써 민족의 단결을 공고히 하고, 모든 사회적 폐습과 불의를 타파하며, 자율과 조화를 바탕으로 자유민주적 기본질서를 더욱 확고히 하여 정치·경제·사회·문화의 모든 영역에 있어서 각인의 기회를 균등히 하고, 능력을 최고도로 발휘하게 하며, 자유와 권리에 따르는 책임과 의무를 완수하게 하여, 안으로는 국민생활의 균등한 향상을 기하고 밖으로는 항구적인 세계평화와 인류공영에 이바지함으로써 우리들과 우리들의 자손의 안전과 자유와 행복을 영원히 확보할 것을 다짐하면서 1948년 7월 12일에 제정되고 8차에 걸쳐 개정된 헌법을 이제 국회의 의결을 거쳐 국민투표에 의하여 개정한다.

2) 헌법에 나타난 학교폭력 관련 조항

보다 엄밀히 말해 헌법에는 "학교폭력"이라고 명시한 용어는 없다. 그 이유는 위에서 보는 바와 같이, 헌법은 국민의 권리와 의무, 그리고 국회, 정부, 법원 등 국가의 통치구조에 대한 큰 틀에 대해서 규정하고 있기 때문이다. 그럼에도 불구하고 헌법의 조문 중에서 학교폭력과 관련된 내용을 찾고자 하는 것은 학교폭력을 포괄하는 폭력이 국민의 기본권 보호 및 신장과 직결되기 때문이다.

다음에서는 헌법에 나타난 학교폭력과 직·간접적으로 관련된 조항들을 살펴보기 전에, 헌법 조문 중에서 대학생들이 기본적으로 알아야 할 내용들에 대해서 ○, X 문답 형태로 만든 간단한 퀴즈를 풀어보도록 하자.

번호	문제	○	×	관련조항
1	대한민국의 주권은 국민에게 있고, 모든 권력은 국민으로부터 나온다.			§1②
2	헌법에 의하여 체결·공포된 조약과 일반적으로 승인된 국제법규는 국내법과 같은 효력을 가진다.			§6①
3	공무원은 국민전체에 대한 봉사자이며, 국민에 대하여 책임을 진다.			§7①
4	모든 국민은 인간으로서의 존엄과 가치를 가지며, 행복을 추구할 권리를 가진다. 국가는 개인이 가지는 불가침의 기본적 인권을 확인하고 이를 보장할 의무를 진다.			§10
5	모든 국민은 법 앞에 평등하다. 누구든지 성별·종교 또는 사회적 신분에 의하여 정치적·경제적·사회적·문화적 생활의 모든 영역에 있어서 차별을 받지 아니한다.			§11①
6	모든 국민은 신체의 자유를 가진다. 누구든지 법률에 의하지 아니하고는 체포·구속·압수·수색 또는 심문을 받지 아니하며, 법률과 적법한 절차에 의하지 아니하고는 처벌·보안처분 또는 강제노역을 받지 아니한다.			§12①
7	모든 국민은 고문을 받지 아니하며, 형사상 자기에게 불리한 진술을 강요당하지 아니한다.			§12②
8	체포·구속·압수 또는 수색을 할 때에는 적법한 절차에 따라 검사의 신청에 의하여 법관이 발부한 영장을 제시하여야 한다. 다만, 현행범인인 경우와 장기 3년 이상의 형에 해당하는 죄를 범하고 도피 또는 증거인멸의 염려가 있을 때에는 사후에 영장을 청구할 수 있다.			§12③
9	누구든지 체포 또는 구속을 당한 때에는 즉시 변호인의 조력을 받을 권리를 가진다. 다만, 형사피고인이 스스로 변호인을 구할 수 없을 때에는 법률이 정하는 바에 의하여 국가가 변호인을 붙인다.			§12④

번호	문제	O	×	관련조항
10	누구든지 체포 또는 구속의 이유와 변호인의 조력을 받을 권리가 있음을 고지받지 아니하고는 체포 또는 구속을 당하지 아니한다. 체포 또는 구속을 당한 자의 가족등 법률이 정하는 자에게는 그 이유와 일시·장소가 지체없이 통지되어야 한다.			§12⑤
11	누구든지 체포 또는 구속을 당한 때에는 적부의 심사를 법원에 청구할 권리를 가진다.			§12⑥
12	피고인의 자백이 고문·폭행·협박·구속의 부당한 장기화 또는 기망 기타의 방법에 의하여 자의로 진술된 것이 아니라고 인정될 때 또는 정식재판에 있어서 피고인의 자백이 그에게 불리한 유일한 증거일 때에는 이를 유죄의 증거로 삼거나 이를 이유로 처벌할 수 없다.			§12⑦
13	모든 국민은 행위시의 법률에 의하여 범죄를 구성하지 아니하는 행위로 소추되지 아니하며, 동일한 범죄에 대하여 거듭 처벌받지 아니한다.			§13①
14	모든 국민은 소급입법에 의하여 참정권의 제한을 받거나 재산권을 박탈당하지 아니한다.			§13②
15	모든 국민은 자기의 행위가 아닌 친족의 행위로 인하여 불이익한 처우를 받지 아니한다.			§13③
16	모든 국민은 주거의 자유를 침해받지 아니한다. 주거에 대한 압수나 수색을 할 때에는 검사의 신청에 의하여 법관이 발부한 영장을 제시하여야 한다.			§16
17	모든 국민은 사생활의 비밀과 자유를 침해받지 아니한다.			§17
18	모든 국민은 통신의 비밀을 침해받지 아니한다.			§18
19	모든 국민은 양심의 자유를 가진다.			§19
20	모든 국민은 종교의 자유를 가진다.			§20①
21	모든 국민은 언론·출판의 자유와 집회·결사의 자유를 가진다.			§21①
22	언론·출판에 대한 허가나 검열과 집회·결사에 대한 허가는 인정되지 아니한다.			§21②

번호	문제	○	×	관련조항
23	언론·출판은 타인의 명예나 권리 또는 공중도덕이나 사회윤리를 침해하여서는 아니된다. 언론·출판이 타인의 명예나 권리를 침해한 때에는 피해자는 이에 대한 피해의 배상을 청구할 수 있다.			§21④
24	모든 국민의 재산권은 보장된다. 그 내용과 한계는 법률로 정한다.			§23①
25	모든 국민은 법률이 정하는 바에 의하여 국가기관에 문서로 청원할 권리를 가진다. 국가는 청원에 대하여 심사할 의무를 진다.			§26
26	모든 국민은 헌법과 법률이 정한 법관에 의하여 법률에 의한 재판을 받을 권리를 가진다.			§27①
27	모든 국민은 신속한 재판을 받을 권리를 가진다. 형사피고인은 상당한 이유가 없는 한 지체없이 공개재판을 받을 권리를 가진다.			§27③
28	형사피고인은 유죄의 판결이 확정될 때까지는 무죄로 추정된다.			§27④
29	형사피해자는 법률이 정하는 바에 의하여 당해 사건의 재판절차에서 진술할 수 있다.			§27⑤
30	형사피의자 또는 형사피고인으로서 구금되었던 자가 법률이 정하는 불기소처분을 받거나 무죄판결을 받은 때에는 법률이 정하는 바에 의하여 국가에 정당한 보상을 청구할 수 있다.			§28
31	공무원의 직무상 불법행위로 손해를 받은 국민은 법률이 정하는 바에 의하여 국가 또는 공공단체에 정당한 배상을 청구할 수 있다. 이 경우 공무원 자신의 책임은 면제되지 아니한다.			§29①
32	타인의 범죄행위로 인하여 생명·신체에 대한 피해를 받은 국민은 법률이 정하는 바에 의하여 국가로부터 구조를 받을 수 있다.			§30
33	여자의 근로는 특별한 보호를 받으며, 고용·임금 및 근로조건에 있어서 부당한 차별을 받지 아니한다.			§32④
34	모든 국민은 인간다운 생활을 할 권리를 가진다.			§34①
35	모든 국민은 건강하고 쾌적한 환경에서 생활할 권리를 가지며, 국가와 국민은 환경보전을 위하여 노력하여야 한다.			§35①
36	혼인과 가족생활은 개인의 존엄과 양성의 평등을 기초로 성립되고 유지되어야 하며, 국가는 이를 보장한다.			§36①

번호	문제	O	×	관련조항
37	국민의 자유와 권리는 헌법에 열거되지 아니한 이유로 경시되지 아니한다.			§37①
38	국민의 모든 자유와 권리는 국가안전보장·질서유지 또는 공공복리를 위하여 필요한 경우에 한하여 법률로써 제한할 수 있으며, 제한하는 경우에도 자유와 권리의 본질적인 내용을 침해할 수 없다.			§37②
39	법률이 헌법에 위반되는 여부가 재판의 전제가 된 경우에는 법원은 헌법재판소에 제청하여 그 심판에 의하여 재판한다.			§107①
40	명령·규칙 또는 처분이 헌법이나 법률에 위반되는 여부가 재판의 전제가 된 경우에는 대법원은 이를 최종적으로 심사할 권한을 가진다.			§107②
41	재판의 전심절차로서 행정심판을 할 수 있다. 행정심판의 절차는 법률로 정하되, 사법절차가 준용되어야 한다.			§107③

이제 헌법에 나타난 학교폭력과 직·간접적으로 관련된 조항들을 살펴보자.

① 행복추구권(§10)

헌법 제10조에서는 "모든 국민은 인간으로서의 존엄과 가치를 가지며, 행복을 추구할 권리를 가진다. 국가는 개인이 가지는 불가침의 기본적 인권을 확인하고 이를 보장할 의무를 진다."고 규정하여 모든 국민의 인간으로서의 존엄성, 가치, 행복추구권을 명시하고 있다. 헌법은 개인이 누릴 수 있는 행복추구권을 그 누구도 침범할 수 없는 기본적 인권으로 규정하여 국가가 인간의 존엄성, 가치, 행복추구권을 의무적으로 보장하도록 하고 있다.[1]

---

1   한센병을 앓은 적이 있는 A 등이 국가가 운영 또는 지휘·감독하는 국립소록도병원 등에 격리수용되어 정관절제수술 또는 임신중절수술을 받았음을 이유로 국가를 상대로 손해배상을 청구한 사안에서, 국가 소속 의사 등이 국가가 주도한 정책에 따라 A 등에게 정관절제수술 또는 임신중절수술을 한 행위는 국가가 정당한 법률상의 근거 없이 신체를 훼손당하지 않을 권리, 태아의 생명권, 자손을 낳고 단란한 가정을 이루어 행복을 추구할 권리, 사생활의 자유, 자기결정권과 인격권을 중대하게 침해하는 것으로, 궁극적으로 인간으로서의 존엄과 가치를 훼손한 것이므로, 국가는 A 등이 입은 정신적 고통으로 인한 손해를 배상할 의무가 있다고 한 사례가 있다(서울중앙지법 2015. 7. 16. 선고 2013가합521666 판결 참조); 이

② 평등권, 차별받지 않을 권리(§11①)

헌법 제11조제1항에는 "모든 국민은 법 앞에 평등하다. 누구든지 성별·종교 또는 사회적 신분에 의하여 정치적·경제적·사회적·문화적 생활의 모든 영역에 있어서 차별을 받지 아니한다."고 명시하여 모든 국민은 법 앞에 평등함과 성, 종교, 사회적 신분에 의하여 모든 생활 영역에서 차별받지 않을 권리를 명시하고 있다.

③ 신체의 자유권(§12①)

헌법 제12조제1항은 "모든 국민은 신체의 자유를 가진다. 누구든지 법률에 의하지 아니하고는 체포·구속·압수·수색 또는 심문을 받지 아니하며, 법률과 적법한 절차에 의하지 아니하고는 처벌·보안처분 또는 강제노역을 받지 아니한다."고 규정하고 있다. 이것은 신체의 자유권을 명시한 것으로써, 학교폭력에서 문제시 되고 있는 체포, 약취·유인, 감금, 압수·수색(금품갈취), 심문과 직결되는 것이며, 학교폭력 사안처리를 진행할 때 해당 법률과 법에서 정한 절차에 의거해서 적법하게 진행해야 함을 의미한다.

④ 고문을 받지 않을 권리와 진술거부권(§12②)

헌법 제12조제2항에서는 "모든 국민은 고문을 받지 아니하며, 형사상 자기에게 불리한 진술을 강요당하지 아니한다."고 규정하고 있다. 모든 국민은 경찰, 검찰 등 수사기관에서 조사를 받을 때 고문을 당하지 않을 권리가 있고, 본인에게 불리한 진술을 강요당하지 않을 권리가 있음을 천명한 것이다.

⑤ 적법절차주의(§12③)

헌법 제12조제3항에서는 적법절차에 대해 명시하고 있다. 즉, "체포·구속·압수 또는 수

와 매우 유사한 판례로 국가는 한센병으로 인해 단종수술 및 낙태를 당한 피해자들에게 각 3,000만 원(남자 9명), 4,000만 원(여자 10명)을 지급하라는 판결도 있다(광주지방법원 순천지원 2014. 4. 29. 선고 2013가합10285 판결 참조).

색을 할 때에는 적법한 절차에 따라 검사의 신청에 의하여 법관이 발부한 영장을 제시하여야 한다. 다만, 현행범인인 경우와 장기 3년 이상의 형에 해당하는 죄를 범하고 도피 또는 증거인멸의 염려가 있을 때에는 사후에 영장을 청구할 수 있다."고 규정하고 있다.

경찰 또는 검찰이 피의자를 체포·구속·압수 또는 수색을 할 때에는 적법한 절차에 따라서 검사가 신청하고 법관이 발부한 영장을 제시하여야 한다. 다만, 현행범, 장기 3년 이상의 형에 해당하는 죄를 범하고 도피 또는 증거인멸의 염려가 있을 때에는 사후에 영장을 청구할 수 있도록 예외를 두고 있다.

⑥ 사생활의 비밀과 자유 보장(§17)

헌법 제17조에서는 "모든 국민은 사생활의 비밀과 자유를 침해받지 아니한다."고 규정하고 있다. 따라서 학교에서는 교사뿐만 아니라 그 누구도 합당한 이유와 적법한 절차 없이는 학생 개개인의 사생활과 자유를 침범할 수 없다.[2]

---

2   「서울특별시 학생인권 조례」 제13조에서는 학생들의 사생활의 자유에 대하여 보다 구체적으로 적시하고 있다.

제13조(사생활의 자유)

① 학생은 소지품과 사적 기록물, 사적 공간, 사적 관계 등 사생활의 자유와 비밀이 침해되거나 감시받지 않을 권리를 가진다.

② 교직원은 학생과 교직원의 안전을 위하여 긴급한 필요가 있는 경우가 아니면 학생의 동의 없이 소지품을 검사하거나 압수하여서는 아니 된다. 불가피하게 학생의 소지품 검사를 하는 경우에는 최소한의 범위로 한정되어야 하며, 불특정 다수의 학생을 대상으로 하는 일괄 검사 또는 검사의 목적물을 소지하고 있을 것이라는 합리적인 의심이 없는 학생을 대상으로 하는 검사를 하여서는 아니 된다.

③ 교직원은 학생의 동의 없이 일기장이나 개인수첩 등 학생의 사적인 기록물을 열람하지 않는 것을 원칙으로 한다.

④ 학교의 장 및 교직원은 학생의 휴대폰을 비롯한 전자기기의 소지 및 사용 자체를 금지하여서는 아니 된다. 다만, 교육활동과 학생들의 수업권을 보장하기 위해 제19조에 따라 학생이 그 제정 및 개정에 참여한 학교규칙으로 학생의 전자기기의 사용 및 소지의 시간과 장소를 규제할 수 있다.

⑤ 학교의 장 및 교직원은 다른 방법으로는 안전을 관리하기 어려운 경우에 한하여 학교 내에 폐쇄회로텔레비전(CCTV)을 설치할 수 있다. 다만, 설치 여부나 설치 장소에 관하여 미리 학생의 의견을 수렴하여 반영하여야 하며, 설치 후에는 설치장소를 누구나 쉽게 알 수 있게 표시하여야 한다.

⑥ 학생은 자기가 원하는 인간관계를 형성하고 그 관계를 존중받을 권리를 가진다.

⑦ 통신의 비밀 보장(§18)

헌법 제18조에서는 "모든 국민은 통신의 비밀을 침해받지 아니한다."고 규정하고 있다. 따라서 학교에서는 적법한 절차에 의하지 않고는 학생들의 휴대전화 기록 등을 함부로 검열할 수 없다.

⑧ 종교의 자유(§20①)

헌법 제20조제1항에서는 "모든 국민은 종교의 자유를 가진다."고 규정하고 있다. 또한 "국교는 인정되지 아니하며, 종교와 정치는 분리된다."(§20②)고 규정하고 있다.

학교교육과 관련해서 문제가 되는 것은 종교단체가 설립한 사립학교, 즉, 종립학교 (mission school)가 해당 학교에 진학한 학생들에게 특정 종교과목을 대체이수할 수 있는 다른 과목을 마련하지 않은 채 학교의 설립이념에 따른 종교교육을 강제로 시킬 경우이다. 대법원은 이와 같은 경우에는 학생들의 종교의 자유 및 인격권을 침해하기 때문에 헌법에 위배된다고 판시하였다(대법원 2010. 4. 22. 선고 2008다38288 전원합의체 판결).[3]

---

3   학교교육에서 종교의 자유는 다음과도 관련이 있다.
  • 「교육기본법」 제4조(교육의 기회균등) ① 모든 국민은 성별, 종교, 신념, 인종, 사회적 신분, 경제적 지위 또는 신체적 조건 등을 이유로 교육에서 차별을 받지 아니한다.
  • 「교육기본법」 제6조(교육의 중립성) ① 교육은 교육 본래의 목적에 따라 그 기능을 다하도록 운영되어야 하며, 정치적·파당적 또는 개인적 편견을 전파하기 위한 방편으로 이용되어서는 아니 된다.
   ② 국가와 지방자치단체가 설립한 학교에서는 특정한 종교를 위한 종교교육을 하여서는 아니 된다.
  • 「초·중등교육법」 제18조의4(학생의 인권보장) 학교의 설립자·경영자와 학교의 장은 헌법과 국제인권조약에 명시된 학생의 인권을 보장하여야 한다.
  • 「서울특별시 학생인권 조례」 제5조(차별받지 않을 권리) ① 학생은 성별, 종교, 나이, 사회적 신분, 출신지역, 출신국가, 출신민족, 언어, 장애, 용모 등 신체조건, 임신 또는 출산, 가족형태 또는 가족상황, 인종, 경제적 지위, 피부색, 사상 또는 정치적 의견, 성적 지향, 성별 정체성, 병력, 징계, 성적 등을 이유로 차별받지 않을 권리를 가진다.
   ② 학교의 설립자·경영자, 학교의 장 및 교직원은 제1항에 예시한 사유로 어려움을 겪는 학생의 인권을 보장하기 위하여 적극적으로 노력하여야 한다.
   ③ 학교의 설립자·경영자, 학교의 장과 교직원, 그리고 학생은 제1항에서 예시한 사유를 이유로 차별적 언사나 행동, 혐오적 표현 등을 통해 다른 사람의 인권을 침해하여서는 아니 된다.
  • 「서울특별시 학생인권 조례」 제16조(양심·종교의 자유) ① 학생은 세계관, 인생관 또는 가치적·윤리적 판단 등 양심의 자유와 종교의 자유를 가진다.

⑨ 언론·출판의 자유 및 집회·결사의 자유 보장(§21①)

헌법 제21조제1항에서는 "모든 국민은 언론·출판의 자유와 집회·결사의 자유를 가진다."고 규정하고 있다. 또한 "언론·출판에 대한 허가나 검열과 집회·결사에 대한 허가는 인정되지 아니한다."(§21②) 다만, "언론·출판은 타인의 명예나 권리 또는 공중도덕이나 사회윤리를 침해하여서는 아니된다. 언론·출판이 타인의 명예나 권리를 침해한 때에는 피해자는 이에 대한 피해의 배상을 청구할 수 있다."(§21④)고 규정하고 있다.

학교폭력에서 문제가 되는 것은 언어폭력으로 인한 명예훼손, 사이버 상에서의 명예훼손 사건이다. 또한 「형법」에서는 그 내용이 사실이든 아니든 간에 명예훼손을 할 경우 처벌의 대상이 되며, 허위사실에 근거한 명예훼손일 경우에는 가중 처벌의 대상이 된다.

⑩ 공무원의 불법행위에 대한 배상 청구권(§29①)

헌법 제29조제1항에는 "공무원의 직무상 불법행위로 손해를 받은 국민은 법률이 정하

---

② 학교의 설립자·경영자, 학교의 장 및 교직원은 학생에게 양심에 반하는 내용의 반성, 서약 등 진술을 강요하여서는 아니 된다.

③ 학교의 설립자·경영자, 학교의 장 및 교직원은 학생의 종교의 자유를 침해하는 다음 각 호의 어느 하나에 해당하는 행위를 하여서는 아니 된다.
 1. 학생에게 예배·법회 등 종교적 행사의 참여나 기도·참선 등 종교적 행위를 강요하는 행위
 2. 학생에게 특정 종교과목의 수강을 강요하는 행위
 3. 종교과목의 대체과목에 대하여 과제물의 부과나 시험을 실시하여 대체과목 선택을 방해하는 행위
 4. 특정 종교를 믿거나 믿지 아니한다는 등의 이유로 학생에게 이익 또는 불이익을 주는 등의 차별행위
 5. 학생의 종교 선전을 제한하는 행위
 6. 특정 종교를 비방하거나 선전하여 학생에게 종교적 편견을 일으키는 행위
 7. 종교와 무관한 과목 시간 중 특정 종교를 반복적, 장시간 언급하는 행위

④ 학교의 장은 교직원이 제2항 및 제3항을 위반하지 않도록 지도·감독하여야 한다.

⑤ 학교의 장은 특정 종교과목의 수업을 원하지 않는 학생들을 위하여 이를 대체할 과목을 마련해야 한다.

는 바에 의하여 국가[4] 또는 공공단체에 정당한 배상을 청구할 수 있다.[5] 이 경우 공무원 자신의 책임은 면제되지 아니한다.”고 규정하고 있다. 이는 학교폭력의 문제해결 과정에서 학교 또는 담임교사의 과실이 인정될 경우에는 피해학생이 담임교사나 해당학교, 또는 그 학교를 지도·감독하는 국가 및 지방자치단체(시·도교육청)에게 손해배상을 청구할 수 있음을 의미한다.[6]

---

4   서울중앙지방법원 2019. 5. 23. 선고 2018가합512445 판결. 이 사건에서 A가 자신의 딸인 B에게 B의 친구인 C를 집으로 데려와 사전에 준비한 수면제를 탄 음료수 등을 먹이도록 한 다음, C가 의식을 잃고 계속 잠들어 있는 상태가 되자, C를 추행하다가 다음 날 12:30경 추행 중 잠에서 깬 C를 살해하였는데, C의 유족인 아버지 D와 어머니 E 등이, E는 자기 딸 C가 사망하기 약 13시간 전 경찰에 실종 사실을 신고한 뒤 지구대의 경찰관 앞에서 최종 목격자로 보였던 B와 통화까지 하였는데도 지구대의 경찰관들이 최종 목격지 및 목격자를 파악하는 노력을 하지 않아 핵심 단서인 B를 확인할 기회를 놓치는 등 관할경찰서 소속 경찰관들의 위법행위 때문에 C가 사망하였다며 국가를 상대로 손해배상을 구한 사안에서, 경찰관들의 행위가 ‘112종합상황실 운영 및 신고처리 규칙’ 및 ‘실종아동 등 가출인 업무처리 규칙’의 관련 규정을 명백하게 위반하는 등 현저하게 불합리하여 위법한 행위에 해당하고, 경찰관들의 직무상 의무 위반행위와 C의 사망 사이에 상당인과관계도 인정되므로, 국가는 C와 그 유족인 D, E 등에게 손해를 배상할 책임이 있다고 한 사례가 있다.

5   서울고등법원은 서울○○경찰서 서장(피고1), 동 형사과장(피고2), 동 형사과 강력1반 주임(피고3)이 1991. 10. 5. 원고1(당시 초등학교 4학년, 10세)로부터 자기가 권○○(당시 초등학교 3학년 여학생, 9세)을 부엌칼로 복부를 찔러 살해한 다음 범행을 은폐하기 위하여 방화를 하였다는 내용의 자백을 받자, 위 자백을 진실한 것으로 판단하여 위 원고를 위 사건에 대한 범인으로 입건한 후 다음날인 10. 6. 위 경찰서에서 각 언론기관의 기자들에게 보도자료를 배포하여 위 자백과 같은 내용의 위 원고에 대한 피의사실을 공표하고, 피고2(형사과장)가 기자들과 일문일답을 통하여 위 사건의 원인과 동기에 관하여 위 사건은 폭력 비디오에 빠져 있는 위 원고가 폭력 비디오를 모방하여 저지른 것이라는 취지의 설명을 하였다고 인정한 후, 위 피고들이 공표한 피의사실은 그 판시 증거에 비추어 보면 진실이라는 증명도 없고 진실이라고 믿을 만한 상당한 이유도 없으므로, 위와 같이 피의사실을 공표하는 행위는 위법하여 불법행위를 구성한다는 취지로 판시하였다. 원심(서울고등법원)의 위와 같은 사실인정은 정당한 것으로 보이고 거기에 채증법칙 위반으로 인한 사실오인의 위법이 있다 할 수 없고, 공표한 피의사실의 진실성에 관한 오신의 상당성 여부 판단도 정당하고, 거기에 상당성 판단에 관한 법리오해의 위법이 없다는 취지로 피고들의 상고를 기각하였다. 결국 대법원은 보도자료의 작성·배포에 관여한 경찰서장과 수사경찰관 및 국가의 연대배상책임을 인정하였다. 대법원 1996. 8. 20. 선고 94다29928 판결 참조.

6   공무원이 직무 수행 중 불법행위로 타인에게 손해를 입힌 경우에 국가나 지방자치단체가 국가배상책임을 부담하는 외에 공무원 개인도 고의 또는 중과실이 있는 경우에는 불법행위로 인한 손해배상책임을 지고, 공무원에게 경과실이 있을 뿐인 경우에는 공무원 개인은 불법행위로 인한 손해배상책임을 부담하지 아니하는데, 여기서 공무원의 중과실이란 공무원에게 통상 요구되는 정도의 상당한 주의를 하지 않더라도 약간의 주의를 한다면 손쉽게 위법·유해한 결과를 예견할 수 있는 경우임에도 만연히 이를 간과함과 같은 거의 고의에 가까운 현저한 주의를 결여한 상태를 의미한다(대법원 2011. 9. 8. 선고 2011다

⑪ 국가구조를 받을 권리(§30)

헌법 제30조에는 "타인의 범죄행위로 인하여 생명·신체에 대한 피해를 받은 국민은 법률이 정하는 바에 의하여 국가로부터 구조를 받을 수 있다."고 규정하고 있다. 이것은 학교폭력에 의해서 다른 사람의 범죄행위로 인하여 생명과 신체에 피해를 받은 학생은 법률이 정하는 바에 의하여 국가로부터 구조를 받을 수 있음을 의미한다.

⑫ 인간다운 생활을 할 권리(§34①)

헌법 제34조제1항에는 "모든 국민은 인간다운 생활을 할 권리를 가진다."고 명시하고 있다. 이것은 인간다운 생활을 하기 위해 폭력으로부터 자유로울 권리를 의미한다.

⑬ 행정심판 청구권(§107③)

헌법 제107조제3항은 "재판의 전심절차로서 행정심판을 할 수 있다. 행정심판의 절차는 법률로 정하되, 사법절차가 준용되어야 한다."고 규정하고 있다.

학교폭력과 관련하여 징계처분을 받은 학생과 그 보호자들은 학교장이 내린 징계처분에 이의가 있을 경우 시·도에 설치된 시·도학생징계조정위원회에 재심을 신청하게 된다. 시·도학생징계조정위원회에서조차 본인이 신청한 재심이 기각을 당하거나 재심처분의 결정에 불복할 경우 청구인은 통보를 받은 날로부터 60일 이내에 행정심판을 제기할 수 있다(「초·중등교육법」 §18조의2).

2. 「교육기본법」에 나타난 학교폭력 관련 조항

「교육기본법」을 살펴보기 전에 교육관련법의 체계를 살펴본다. 「교육기본법」은 「대한민국헌법」에 근거하여 제정된 법으로써, 글자 그대로 교육체계와 그 운영의 근간을 이루는

34521 판결 등 참조).

법이고, 그 아래에 「유아교육법」, 「초·중등교육법」, 「고등교육법」, 「평생교육법」 등 이른바 교육4법이 파생되었다.

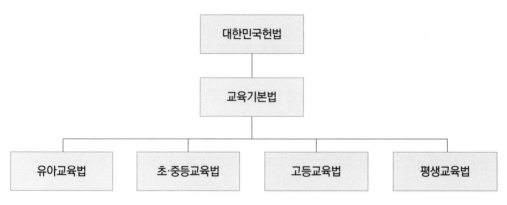

그림 | 주요 교육관련법의 체계

1) 「교육기본법」의 구성

「교육기본법」은 다음과 같이 3장 29개 조항으로 구성되어 있다.

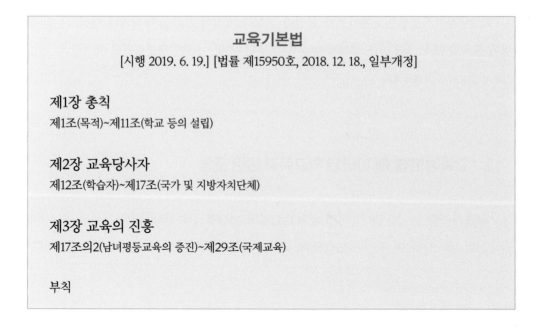

2) 「교육기본법」에 나타난 학교폭력 관련 조항

① 교육이념(§2)

「교육기본법」 제2조는 "교육은 홍익인간(弘益人間)의 이념 아래 모든 국민으로 하여금 인격을 도야(陶冶)하고 자주적 생활능력과 민주시민으로서 필요한 자질을 갖추게 함으로써 인간다운 삶을 영위하게 하고 민주국가의 발전과 인류공영(人類共榮)의 이상을 실현하는 데에 이바지하게 함을 목적으로 한다."고 규정하고 있다. 홍익인간이란 '널리 인간을 이롭게 하는 사람'이란 뜻으로, 모든 국민의 인격도야, 자주적 생활능력 구비, 민주시민으로서의 자질 함양을 통해 폭력으로부터 자유로운 인간다운 삶을 영위하게 하고, 나아가 민주국가의 발전과 인류를 공동번영하게 하는 데 기여함을 교육의 목적으로 하고 있다.

② 교육의 기회균등과 차별받지 않을 권리(§4①)

「교육기본법」 제4조제1항은 "모든 국민은 성별, 종교,[7] 신념, 인종, 사회적 신분, 경제적 지위 또는 신체적 조건 등을 이유로 교육에서 차별을 받지 아니한다."고 규정하고 있다. 이것은 교육의 기회균등과 성별, 종교, 신념, 인종, 사회적 신분, 경제적 지위, 신체적 조건(장애의 유무, 장애의 정도 등) 등을 이유로 차별받지 않을 권리를 선언한 것이다.

③ 학생의 인권 존중과 보호(§12①)

「교육기본법」 제12조제1항은 "학생을 포함한 학습자의 기본적 인권은 학교교육 또는 사회교육의 과정에서 존중되고 보호된다."고 규정하고 있다. 이것은 학습자(학생 포함)의 기본적 인권이 학교교육과 사회교육 과정에서 존중되고 보호되어야 함을 천명한 것이다.

---

7   헌법 제20조 제1항은 "모든 국민은 종교의 자유를 가진다."라고 규정하고 있고, 이러한 종교의 자유에는 신앙에 대한 침묵을 뜻하는 소극적인 신앙고백의 자유와 자신의 종교적인 확신에 반하는 행위를 강요당하지 아니하는 소극적인 종교행위의 자유 및 종교교육의 자유 등이 포함된다. 종교의 자유는 양심의 자유 등과 더불어 우리 헌법이 최고의 가치로 상정하고 있는 도덕적·정신적·지적 존재로서의 인간의 존엄성을 유지하기 위한 기본조건이고 민주주의체제가 존립하기 위한 불가결의 전제로서 다른 기본권에 비하여 보다 고도로 보장되어야 한다. 대법원 2010. 4. 22. 선고 2008다38288 전원합의체 판결. p. 8. 참고.

법원은 "학생의 학습권은 교원의 수업권에 대하여 우월한 지위에 있다."고 판시하였다. 가령, 학원비리를 척결한다는 이유로 교사가 수업거부 및 수업방해 행위를 한다면 그것은 학생들의 학습권과 학부모의 교육권을 침해한 것이므로 해당 교사가 학생 및 그 부모들에게 손해배상의 책임을 지게 된다.[8]

④ 학습자의 의무(§12③)

「교육기본법」 제12조제3항에서는 "학생은 학습자로서의 윤리의식을 확립하고, 학교의 규칙을 준수하여야 하며, 교원의 교육·연구활동을 방해하거나 학내의 질서를 문란하게 하여서는 아니 된다."고 규정하고 있다. 이것은 학생의 윤리의식 확립, 학교규칙 준수, 교원의 교육 및 연구활동 방해 금지, 학내 질서 유지 등 학생이 학교교육 상황에서 지켜야 할 의무를 명시한 것이다.

⑤ 부모 등 보호자의 교육권과 책임(§13①)

「교육기본법」 제13조제1항에 따르면, "부모 등 보호자는 보호하는 자녀 또는 아동이 바른 인성을 가지고 건강하게 성장하도록 교육할 권리와 책임을 가진다."고 규정하여 보호자로서의 교육권과 책임을 동시에 규정하고 있다. 학교폭력이 발생했을 경우에 부모 등 보호자는 미성년자인 자녀 또는 보호하고 있는 아동의 비행 정도에 따라 학교폭력 관련 특별교육 이수 및 손해배상 등의 법적 책임을 지게 된다.

⑥ 학교의 지도·감독권(§17)

「교육기본법」 제17조에서는 "국가와 지방자치단체는 학교와 사회교육시설을 지도·감독한다."고 규정하고 있다. 제17조에 명시되어 있는 바에 따라 학교와 사회교육시설의 지도·

8　"학생의 학습권은 교원의 수업권에 대하여 우월한 지위에 있다."수업을 거부한 교사들로 인해 학생의 학습권과 학부모의 교육권이 침해되었으므로 그 손해를 배상하라는 소송에서 대법원은 교사들에게 손해를 배상해야 할 책임이 있다고 판시하였다. 대법원 2007. 9. 20. 선고 2005다25298 판결 참조.

감독권은 국가 및 지방자치단체에 있기 때문에 학교에서 발생하는 학교폭력과 관련해서는 가해학생의 폭행경위에 따라 그 책임이 가해학생 및 그 부모에 그치지 않고, 학교를 지도·감독하는 국가나 지방자치단체, 즉, 국립학교의 경우에는 국가가, 공립 및 사립학교의 경우에는 관할 시·도교육청[9]에게 감독의무 소홀에 대한 책임을 물어 피고들(가해학생 및 그 부모들)과 연대해서 법적 책임을 지는 경우도 있다(울산지방법원 2006. 12. 21. 선고 2005가단35270 판결).

⑦ 안전사고 예방(§17조의5)

「교육기본법」 제17조의5에서는 "국가와 지방자치단체는 학생 및 교직원의 안전을 보장하고 사고를 예방할 수 있도록 필요한 시책을 수립·실시하여야 한다."고 국가 및 지방자치단체의 책무를 규정하고 있다.

이와 관련하여 일선 초·중·고등학교에서는 학교안전공제회의 가입을 통해 학교에서 일어나는 각종 안전사고에 대비하고 있지만, 과거와는 달리 학교에서 일어나는 각종 안전사고에서 학교폭력을 제외함으로써 학교폭력 사건을 독자적으로 처리하기도 한다(서울중앙지방법원 2013. 7. 23. 선고 2012가합39825 판결).

⑧ 사이버폭력 예방 교육(§23)

「교육기본법」 제23조에서는 '국가와 지방자치단체는 정보화교육 및 정보통신매체를 이용한 교육을 지원하고 교육정보산업을 육성하는 등 교육의 정보화에 필요한 시책을 수립·실시하여야 하는데, 이에 따른 정보화교육에는 정보통신매체를 이용하는 데 필요한 타인의 명예·생명·신체 및 재산상의 위해를 방지하기 위한 법적·윤리적 기준에 관한 교육이 포함되어야 한다.'고 규정하고 있다. 즉, 학교에서 사이버폭력을 예방하기 위한 교육을 실시함에 있어서 그에 필요한 시책을 마련해야 할 책무가 국가 및 지방자치단체에게 있음을 명시한 것이다.

---

9   「초·중등교육법」 제6조(지도·감독) 국립학교는 교육부장관의 지도·감독을 받으며, 공립·사립학교는 교육감의 지도·감독을 받는다.

⑨ 학생의 정보 보호 및 정보를 제공받을 권리(§23조의3)

「교육기본법」 제23조의3제2항 및 제3항은 "부모 등 보호자는 자녀 등 피보호자에 대한 학생정보를 제공받을 권리를 가진다. 학생정보는 법률로 정하는 경우 외에는 해당 학생(학생이 미성년자인 경우에는 학생 및 학생의 부모 등 보호자)의 동의 없이 제3자에게 제공되어서는 아니 된다."고 규정하고 있다. 이는 학생의 개인정보를 보호하고, 부모 등 보호자가 필요할 경우 자녀 등 피보호자에 대한 학생정보를 제공받을 권리가 있음을 명시하고 있는 것이다.

학교폭력 사건과 관련해서는 학교폭력대책자치위원회 위원으로 활동하던 자가 회의를 통해 알게 된 해당 학생의 비밀을 누설하여 50만 원의 벌금형을 받은 사례도 있다(의정부지방법원 2018. 12. 18. 선고 2018노530 판결).

3. 「초·중등교육법」에 나타난 학교폭력 관련 조항

「초·중등교육법」은 초등학교 및 중·고등학교(특수학교 포함)를 관장하는 법이다. 따라서 장차 초·중·고등학교에서 학생들을 지도하고자 하는 학생들은 이 법의 체계와 주요 내용을 숙지할 필요가 있다.

1) 「초·중등교육법」의 구성

「초·중등교육법」은 다음과 같이 총 5장 68개 조항으로 구성되어 있다.

초·중등교육법
[시행 2020. 10. 20.] [법률 제17496호, 2020. 10. 20., 일부개정]

제1장 총칙
제1조(목적)~제11조의2(교육통계조사 등)

제2장 의무교육
제12조(의무교육)~제16조(친권자 등에 대한
　보조)

제3장 학생과 교직원
제1절 학생
제17조(학생자치활동)~제18조의4(학생의
　인권보장)

제2절 교직원
제19조(교직원의 구분)~제22조(산학겸임교
　사 등)

제4장 학교
제1절 통칙
제23조(교육과정 등)~제30조의8(학생의 안
　전대책 등)

제2절 학교운영위원회
제31조(학교운영위원회의 설치)~제34조의
　2(학교운영위원회 위원의 연수 등)

제3절 삭제
제35조 삭제~제37조 삭제

제4절 초등학교
제38조(목적)~제40조 삭제

제5절 중학교·고등공민학교
제41조(목적)~제44조(고등공민학교)

제6절 고등학교·고등기술학교
제45조(목적)~제54조(고등기술학교)

제7절 특수학교 등
제55조(특수학교)~제59조(통합교육)

제8절 각종학교
제60조(각종학교)~제60조의3(대안학교)

제4장의2 교육비 지원 등
제60조의4(교육비 지원)~제60조의11(통
　학 지원)

제5장 보칙 및 벌칙
제61조(학교 및 교육과정 운영의 특례)~제
　68조(과태료)

부칙

2) 「초·중등교육법」에 나타난 학교폭력 관련 조항

「초·중등교육법」에 나타난 학교폭력과 직·간접적으로 관련된 조항들을 살펴보자.

① 학생징계(§18)

징계권은 학교의 장이 행사한다. 학교의 장은 교육상 필요한 경우에는 법령과 학칙으로 정하는 바에 따라 학생을 징계하거나 그 밖의 방법으로 지도할 수 있다. 다만, 의무교육을 받고 있는 학생은 퇴학시킬 수 없다. 또한 학생을 징계하려면 그 학생이나 보호자에게 의견을 진술할 기회를 주는 등 적정한 절차를 거쳐야 한다.[10]

특히, 학교의 장이 지도를 할 때에는 학칙으로 정하는 바에 따라 훈육·훈계 등의 방법으로 하되, 도구, 신체 등을 이용하여 학생의 신체에 고통을 가하는 방법을 사용해서는 아니 된다.

이에 대한 세부 내용은 「초·중등교육법시행령」 제31조(학생의 징계 등)에 보다 자세하게 명시되어 있다. 학교장이 내리는 징계의 종류는 다음과 같다(시행령 제1항).

---

10   학생에 대한 징계가 징계대상자의 소행, 평소의 학업 태도, 개전의 정 등을 참작하여 학칙에 정한 징계절차에 따라서 징계위원들이나 징계권자의 자율적인 판단에 따라 행하여진 것이고, 실제로 인정되는 징계 사유에 비추어 그 정도의 징계를 하는 것도 무리가 아니라고 인정되는 경우라면, 비록 그 징계양정이 결과적으로 재량권을 일탈한 것으로 인정된다고 하더라도 이는 특별한 사정이 없는 한 법률전문가가 아닌 징계위원들이나 징계권자가 징계의 경중에 관한 법령의 해석을 잘못한 데 기인하는 것이라고 보아야 하므로, 이러한 경우에는 징계의 양정을 잘못한 것을 이유로 불법행위책임을 물을 수 있는 과실이 없다(대법원 1997. 9. 9. 선고 97다20007 판결 등 참조). 그러나 학교가 그 징계의 이유로 된 사실이 퇴학 등의 징계처분의 사유에 해당한다고 볼 수 없음이 객관적으로 명백하고 조금만 주의를 기울이면 이와 같은 사정을 쉽게 알아 볼 수 있는데도 징계에 나아간 경우와 같이 **징계권의 행사가 우리의 건전한 사회통념이나 사회상규에 비추어 용인될 수 없음이 분명한 경우에 그 징계는 그 효력이 부정됨에 그치지 아니하고 위법하게 상대방에게 정신적 고통을 가하는 것이 되어 그 학생에 대한 관계에서 불법행위를 구성하게 된다**(대법원 2004. 9. 24. 선고 2004다37294 판결 등 참조). 이 자료는 대법원 2010. 4. 22. 선고 2008다38288 전원합의체 판결. p. 3, p. 13에서 재인용함.

징계의 종류

1. 학교내의 봉사
2. 사회봉사
3. 특별교육이수
4. 1회 10일 이내, 연간 30일 이내의 출석정지
5. 퇴학처분

학교장이 징계를 할 때에는 학생의 인격이 존중되는 교육적인 방법으로 하여야 하며, 그 사유의 경중에 따라 징계의 종류를 단계별로 적용하여 학생에게 개전의 기회를 주어야 한다(시행령 제2항).

학교의 장은 징계를 할 때에는 학생의 보호자와 학생의 지도에 관하여 상담을 할 수 있고(시행령 제3항), 퇴학처분은 의무교육과정에 있는 학생 이외의 자로서 다음 각 호의 어느 하나에 해당하는 자에 한하여 행하여야 한다(시행령 제5항).

1. 품행이 불량하여 개전의 가망이 없다고 인정된 자
2. 정당한 이유없이 결석이 잦은 자
3. 기타 학칙에 위반한 자

또한 학교의 장은 퇴학처분을 하기 전에 일정기간동안 가정학습을 하게 할 수 있고(시행령 제6항), 퇴학처분을 한 때에는 당해 학생 및 보호자와 진로상담을 하여야 하며, 지역사회와 협력하여 다른 학교 또는 직업교육훈련기관 등을 알선하는데 노력하여야 한다(시행령 제7항).

② 재심청구(§18조의2)

학교장의 징계처분 중 퇴학 조치에 대하여 이의가 있는 학생 또는 그 보호자는 징계처분을 받은 날부터 15일 이내 또는 그 조치가 있음을 알게 된 날부터 10일 이내에 교육감 소

속의 시·도학생징계조정위원회에 재심을 청구할 수 있다.[11]

　　시·도학생징계조정위원회는 재심청구를 받으면 30일 이내에 심사·결정하여 청구인에게 통보하여야 한다. 한편, 심사결정에 이의가 있는 청구인은 통보를 받은 날부터 60일 이내에 행정심판을 제기할 수 있다.[12]

11　「초·중등교육법 시행령」 제31조의2(퇴학 조치된 자의 재심청구 등)

　　① 법 제18조의2제1항에 따라 학생 또는 그 보호자가 법 제18조의3에 따른 시·도학생징계조정위원회(이하 "징계조정위원회"라 한다)에 재심을 청구할 때에는 다음 각 호의 사항을 적어 서면으로 하여야 한다.

　　　1. 청구인의 이름, 주소 및 연락처
　　　2. 피청구인
　　　3. 퇴학조치가 있음을 안 날
　　　4. 청구의 취지 및 이유

　　② 징계조정위원회는 청구인이나 피청구인에게 심사에 필요한 자료 또는 정보의 제출을 요구할 수 있고, 청구인이나 피청구인은 특별한 사유가 없는 한 이를 즉시 제출하여야 한다.

　　③ 징계조정위원회는 직권 또는 신청에 따라 청구인, 피청구인 또는 관련 교원 등을 징계조정위원회에 출석하여 진술하게 할 수 있다.

　　④ 징계조정위원회는 필요하다고 인정하는 때에는 전문가 등 참고인을 출석하게 하거나 서면으로 의견을 들을 수 있다.

　　⑤ 징계조정위원회의 회의는 비공개를 원칙으로 한다.

　　⑥ 징계조정위원회는 재심청구에 대하여 결정을 하였을 경우 지체 없이 다음 각 호의 사항을 적은 결정서의 정본을 청구인 및 피청구인에게 송부하여야 한다.

　　　1. 사건번호 및 사건명
　　　2. 청구인의 이름과 주소
　　　3. 퇴학조치의 원인
　　　4. 결정내용
　　　5. 결정의 이유
　　　6. 결정한 날짜

12　한편, 학생뿐만 아니라 교원의 징계에 관한 회의록 역시 공개의 대상이 아니다. 1997. 6.경 교육방송 비리와 관련하여 검찰이 당시 교육방송원의 직원에 대한 가택 압수수색을 하는 과정에서 위 직원의 처인 ○○초등학교 교사(교육공무원)가 학부모에게서 받은 금품과 학생 이름을 표시하고 이름 옆에 만원 단위로 금액과 상표명을 적어 놓은 이른바 촌지기록부가 발견된 사건이 있었다. 이 사실이 언론에 크게 보도되자 서울특별시 교육감은 해당 여교사의 행위가 교원의 품위를 손상시키는 등 징계사유에 해당한다는 이유로 징계위원회에 회부하여 해임처분을 하였다. 이에 해임처분을 받은 여교사는 교육부교원징계재심위원회(현, 교원소청심사위원회)에 징계재심을 청구하였고, 동 재심위원회는 위원회 회의를 통해 해임처분을 감봉 3개월로 변경하는 결정을 하였다. 이에 참여민주사회시민연대가 교육부교원징계재심위원회를 상대로 동 위원회의 회의록을 공개하라고 요구하였는데 두 차례 거부를 당하자 소송을 제기하였다. 재판부는 동 위원회의 징계재심회의록은 징계재심사건의 심사·결정절차에서 위원이 발언한 내용이 기재된 문서로서 그것이 공개될 경우 징계재심사건 처리 업무의 공정한 수행에 현저한 지장을 초래한다

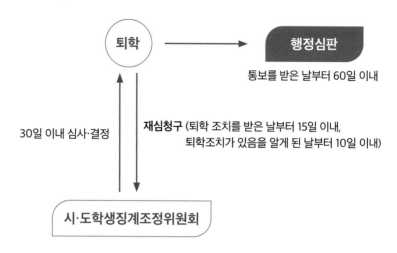

그림 | 퇴학조치에 따른 재심청구 및 행정심판 절차

③ 학업중단 학생에 대한 숙려기간 제공 및 출석 인정(§28)

학교의 장은 학업 중단의 징후가 발견되거나 학업 중단의 의사를 밝힌 학생에게 학업 중단에 대하어 숙려할 기회를 주어야 한나. 이 성우 학교의 장은 그 숙려기간을 출석으로 인정할 수 있다. 이에 따른 학생에 대한 판단기준 및 충분히 생각할 기간과 그 기간 동안의 출석일수 인정 범위 등에 필요한 사항은 교육감이 정한다.

고 인정할 만한 상당한 이유가 있다고 인정되므로 「공공기관의 정보공개에 관한 법률」 제7조 제1항 제5호 소정의 비공개대상정보에 해당한다고 판시하였다. 서울고등법원 1999. 9. 29. 선고 99누1481 판결 참조.

4. 학교폭력 관련 판례

일선 초·중·고등학교에서 학생에 대한 징계 또는 불이익처분은 대부분이 학교폭력과 관련되어 있기 때문에 학교마다 설치·운영되었던 구(舊) 학교폭력대책자치위원회(현, 교육지원청 산하에 조직된 학교폭력대책심의위원회)를 거쳐야 한다. 이와 관련된 판례를 살펴보자.

1) 진술기회 미부여

◉◉◉ 처분당사자에게 진술기회를 부여하지 않고 내린 불이익처분은 위법한가? (제주지방법원 2020. 1. 15. 선고 2018구합610 학교폭력 가해학생 처분취소청구 소송)

판례

〈사건개요〉

1. 원고와 H는 2018년도에 ○○중학교에 입학하여 □학년 □반에 재학 중이었던 학생들이다.

2. 이 사건 학교의 학교폭력대책자치위원회(이하 '이 사건 위원회')는 2018. 9. 28. 17:00 아래와 같은 사안에 대하여 2018년도 제3회 학교폭력대책자치위원회 회의(이하 '이 사건 회의')를 개최하였다.

   • H가 원고에게 언어폭력, 신체폭력을 가함.
   • H 어머니가 원고에게 언어폭력(모욕)을 가함.
   • 원고가 H에게 언어폭력, 신체폭력을 가함.

3. 이 사건 위원회는 이 사건 회의에서 위 사안에 관하여 원고에게 피해학생에 대한 서면사과, 피해학생 및 신고·고발 학생에 대한 접촉, 협박 및 보복행위의 금지, 가해학생 및 보호자 특별교육이수(4시간)의 조치를 할 것을 의결하였다.

4. 피고(○○중학교장)는 2018. 10. 4. 위 의결결과에 따라 위와 같은 처분사유를 조치원인으로 하여 원고에게 위 기재와 같은 조치사항을 통지하였다.

5. 원고는 이 사건 처분에 대하여 제주특별자치도 학교폭력대책지역위원회에 재심을 청구하였으나, 제주특별자치도 학교폭력대책지역위원회는 2018. 11. 12.경 원고의 재심청구를 기각하였다.

6. 이에 원고는 '가해학생 및 보호자에게 의견진술의 기회를 부여하여야 함에도 그와 같은 기회를 부여하지 않았으므로, 이 사건 처분에는 절차적 하자가 있다. 그러므로 이 사건 처분은 취소되어야한나'는 취지로 제주지방법원에 행정심판을 제기하였다.

〈판결요지〉

결국 이 사건 처분에는 원고 및 그 부모의 의견진술 기회가 보장되지 않은 절차적 하자가 있으므로, 원고의 나머지 주장에 대하여 더 살필 필요 없이 이 사건 처분은 위법하여 취소되어야 한다.

1. 피고가 2018. 10. 4. 원고에 대하여 한 피해학생에 대한 서면사과, 피해학생 및 신고·고발 학생에 대한 접촉, 협박 및 보복행위의 금지, 학생 및 학부모 특별교육 이수 4시간 처분을 취소한다.

2. 소송비용은 피고가 부담한다.

3. 제1항 기재 처분 중 서면사과, 학생 및 학부모 특별교육 부분은 이 사건 항소심 판결 선고시까지 그 집행을 정지한다.

해석

• 원고(가해학생 측): 승
• 피고(○○중학교장): 패

징계 또는 불이익처분을 하기에 앞서서 해당 위원회는 가해학생 및 그 보호자에게 적절한 진술기회를 부여하여야 함에도 불구하고, 이 사건 회의는 그 절차를 생략한 채 불이익처분을 의결하였고, 학교장은 그 처분을 행사하였으므로 이 처분은 절차적 하자가 있어서 취소 및 정지되어야한다는 판결이다.

2) 처분사유 미기재

▮●●● 학교폭력 가해자에게 그 처분사유를 기재하지 않은 채 보낸 결과 통보서는 위법한가? (서울행정법원 2013. 12. 24. 선고 2013구합59613 출석정지처분 등 취소청구의 소)

판례

〈사건개요〉

1. 원고(99년생, 남자)는 ##중학교 2학년 5반에 재학 중인 학생이고, 한●●(피해학생)은 원고와 같은 반에 재학 중인데, 한●●은 초등학교 4학년 때인 2009년 학습장애로 진단받고, 중학교 입학시 특수교육대상자로 선정된 학생이다.

2. ##중학교 학교폭력대책자치위원회는 2013. 4. 22. 16:30경 원고를 비롯하여 12명의 학생이 한●●에게 학교폭력을 행사하였다는 사안으로 자치위원회 회의를 개최하여, 원고에 대하여 서면사과(제1호), 출석정지 10일(제6호) 및 특별교육 5일(학부모 특별교육 5시간)을 실시할 것을 의결하였다.

3. 위 학교의 장인 피고는 2013. 4. 24. 위 의결에 따라 원고에 대하여 '서면사과, 출석정지 10일, 특별교육 5일(학부모 특별교육 5시간)'의 처분을 하였다.

4. 이에 원고는 1) 이 처분이 사안에 비하여 원고에게 지나치게 가혹하여 재량권을 일탈·남용한 위법이 있고(**실체적 하자**), 2) 피고(중학교장)는 출석정지 등 원고가 받아야 할 조치만이 기재되어 있는 '학교폭력대책자치위원회 회의결과 통보서'라는 제목의 문서를 보냈을 뿐, 어떤 사유에서 어떤 근거로 이 처분이 이루어졌는지 아무런 이유를 제시하지 않았으므로 이 처분은 「행정절차법」 제23조[13] 제1항 소정의 이유제시 의무를 위반한 위법이 있다(**절차적 하자**)며 이 처분을 취소해 달라고

---

13 제23조(처분의 이유 제시) ① 행정청은 처분을 할 때에는 다음 각 호의 어느 하나에 해당하는 경우를 제외하고는 당사자에게 그 근거와 이유를 제시하여야 한다.
1. 신청 내용을 모두 그대로 인정하는 처분인 경우
2. 단순·반복적인 처분 또는 경미한 처분으로서 당사자가 그 이유를 명백히 알 수 있는 경우
3. 긴급히 처분을 할 필요가 있는 경우
② 행정청은 제1항제2호 및 제3호의 경우에 처분 후 당사자가 요청하는 경우에는 그 근거와 이유를 제시하여야 한다.
[전문개정 2012. 10. 22.]

서울행정법원에 재판을 제기하였다.

〈판결요지〉

1. 행정청이 처분을 하는 때에는 당사자에게 그 근거와 이유를 제시하도록 규정(「행정절차법」제23조 제1항)하고 있는데, 이 사건 처분서인 '학교폭력대책자치위원회 회의 결과 통보서'에는 처분의 사유, 즉 원고가 어떠한 학교폭력 행위를 하였는지 전혀 기재되어 있지가 않으므로 이 사건 처분에는 「행정절차법」제23조 제1항을 위반한 하자가 있다.

2. 따라서 이 사건 처분에 실체적 하자는 없으나 「행정절차법」제23조 제1항을 위반한 절차적 하자가 있는 이상, 이 사건 처분은 위법하여 취소되어야 한다.

〈주문〉

1. 피고가 2013. 4. 24. 원고에 대하여 한 '서면사과, 출석정지 10일, 특별교육 5일(학부모 특별교육 5시간)' 처분을 취소한다.

2. 소송비용은 피고가 부담한다.

해석

- 원고(가해학생 측): 승
- 피고(##중학교장): 패

가해학생에 대한 처분을 함에 있어서도 「행정절차법」에 따라 처분의 근거와 이유를 제시하여야 한다는 판결이다.

3) 평등 및 신뢰보호원칙 위반

●●● 학교폭력대책자치위원회가 출석정지 징계처분을 요청함에 있어서 그 기준이 되는 해당 학교의 '학생생활지도규정'에 정한 처분보다 중한 징계를 요청하여 징계가 이루어진 경우, 이 징계처분은 평등 및 신뢰보호의 원칙에 위반되는가? (**부산지방법원** 2013. 2. 7. 선고 2012구합3232 출석정지처분취소 소송)

판례

〈사건개요〉

1. 원고들(5명)과 I는 H학교 2학년에 재학 중이었던 학생들이다.

2. 원고 A는 2012. 5. 1. I가 자신을 험담하였다는 이유로 I와 서로 밀치며 말다툼을 하였다. 원고들은 2012. 5. 2. 방과 후 아파트 지하주차장에서 I를 폭행하였으며, 원고 D는 남학생 10명 정도를 불러 그 상황을 구경하도록 하였다.

3. 이에 2012. 5. 4. 학교폭력대책자치위원회가 개최되었고, 이 자치위원회는 회의를 거쳐 피고(H학교장)에게, 원고들에 대하여 출석정지 10일 조치를 할 것을 요청하였다.

4. 같은 날 피고는 원고들에게 2012. 5. 4.부터 2012. 5. 18.까지 10일간의 출석정지 조치(위 기간에는 토요일 등 5일의 휴업일이 포함되어 있음)를 하였고, 원고들은 이 조치대로 이행하였다.

5. 그 후 원고들은 피고가 징계한 10일간의 출석정지 조치는 해당 학교의 학생생활지도규정에 근거로 두고 있는데, 그 징계조치는 학생생활지도규정 제13조에 정하여진 처분보다 중한 정도의 징계인 출석정지를 한 것이기에, 이는 평등의 원칙이나 신뢰보호의 원칙에 위배되어 재량권을 일탈·남용한 위법한 처분이므로 이 처분을 취소하라는 취지로 부산지방법원에 소송을 제기하였다.

〈주문〉

1. 피고가 2012. 5. 4. 원고들에 대하여 한 각 출석정지 10일의 조치를 취소한다.

2. 소송비용은 피고가 부담한다.

해석

- 원고(가해학생들 측): 승
- 피고(H학교장): 패

징계처분을 할 경우에도 해당학교에 관련 규정이 있다면 그 규정에 근거하여 가해학생들의 비행의 정도에 맞는 징계처분을 하여야한다는 판결이다.

4) 심리미진

●●● 학내 집단 따돌림 사건을 조사하는 과정에서 학생부장 교사의 강압적 조사(폭언, 협박, 폭행 등)에 의해 가해학생에게는 학급교체 처분을, 그 부모에게는 특별교육이수처분을 한 학교장의 행위는 정당한가? (**대전지방법원 2013. 2. 21. 선고 2012구합3288 징계처분무효확인 소송**)

판례

〈사건개요〉

1. ●●중학교는 2012. 3. 2. 개교하였고, 원고 ○○○은 2012. 3. 12.부터 ●●중학교 2학년 1반에 편성된 학생이다.

2. 피고(●●중학교장)는 2012. 5. 30. 원고 ○○○이 주도하여 같은 반 학급 반장인 ■■■에게 학교폭력(따돌림)을 가하였다는 이유로 원고 ○○○에 대하여 2학년 4반으로 학급을 교체하는 학급교체처분을 하였고, 원고들(가해학생의 부모)에 대하여 특별교육을 1일 4시간씩 총 8시간 동안 받으라는 취지의 특별교육이수처분을 하였다.

3. 이에 원고(가해학생)과 그 부모들은 피고가 내린 학급교체처분과 특별교육이수처분은 과하다며 이의 취소를 구하는 소송을 대전지방법원에 제기하였다.

〈판단〉

1. 앞서 인정한 사실만으로는 원고 ○○○이 다른 여학생들과 함께 ■■■를 대상으로 지속적이거나 반복적으로 신체적 또는 심리적 공격을 가하여 상대방이 고통을 느끼도록 하는 '따돌림' 행위를 하였다고 인정하기는 어렵고, 달리 이를 인정할 만한 증거가 없다.

2. 피고가 제출한 증거들만으로는 원고 ○○○이 ■■■에 대하여 학교폭력법상 '따돌림' 행위를 하였음을 인정하기 어렵고, 달리 이를 인정할 만한 증거가 없는바, 이와 다른 전제에서 이루어진 이 사건 처분은 위법하여 그 취소를 면할 수 없다고 할 것이다.

〈주문〉

1. 원고들의 주위적 청구(징계처분무효확인 소송)를 모두 기각한다.

2. 피고(●●중학교장)가 2012. 5. 30. 원고 ○○○에 대하여 한 학급교체처분 및 원고들에 대하여 한 특별교육이수처분을 각 취소한다.

3. 소송비용은 피고가 부담한다.

해석

• 원고(가해학생 측): 승

• 피고(●●중학교장): 패

징계처분을 함에 있어서 가해학생 및 피해학생에 대한 사실관계를 정확하게 파악하고 처분을 해야 함에도 불구하고, 이 사건 처분은 사실관계 파악에 대한 심리를 다하지 못한 위법이 있으므로 취소되어야 한다는 판결이다.

6장.	'학교폭력 예방법'과 학교폭력

이 장에서는 본격적으로 학교폭력과 관련된 법률을 알아보기로 한다.

1. '학교폭력 예방법'에 명시된 학교폭력 관련 조항

「학교폭력 예방 및 대책에 관한 법률」(이하 "학교폭력예방법")은 날로 심각해져가는 학교폭력이 사회문제가 되면서 2004년 1월에 제정되어 몇 차례 개정을 거쳐 현재에 이르고 있는 법률이다. 이 법의 제정 목적은 학교폭력의 예방과 대책에 필요한 사항을 규정함으로써 피해학생을 보호하고, 가해학생의 선도·교육 및 피해학생과 가해학생 간의 분쟁조정을 통하여 학생의 인권을 보호하고 학생을 건선한 사회구성원으로 육성함을 목적으로 하며(제1조), 36개 조항으로 구성되어 있다. 이 법의 주요 내용을 살펴보자.

1) 학교폭력의 정의(§2)

① 학교폭력

학교폭력이란 학교 내외에서 학생을 대상으로 발생한 상해, 폭행, 감금, 협박, 약취·유인, 명예훼손·모욕, 공갈, 강요·강제적인 심부름 및 성폭력,[1] 따돌림, 사이버 따돌림, 정보통신망을 이용한 음란·폭력 정보 등에 의하여 신체·정신 또는 재산상의 피해를 수반하는 행위를 말한다.

② 따돌림

따돌림이란 학교 내외에서 2명 이상의 학생들이 특정인이나 특정집단의 학생들을 대상으로 지속적이거나 반복적으로 신체적 또는 심리적 공격을 가하여 상대방이 고통을 느끼도록 하는 일체의 행위를 말한다.

③ 사이버 따돌림

사이버 따돌림이란 인터넷, 휴대전화 등 정보통신기기를 이용하여 학생들이 특정 학생들을 대상으로 지속적, 반복적으로 심리적 공격을 가하거나, 특정 학생과 관련된 개인정보 또는 허위사실을 유포하여 상대방이 고통을 느끼도록 하는 일체의 행위를 말한다.

④ 가해학생

가해학생이란 가해자 중에서 학교폭력을 행사하거나 그 행위에 가담한 학생을 말한다.

⑤ 피해학생

피해학생이란 학교폭력으로 인하여 피해를 입은 학생을 말한다.

1　성폭력은 다른 법률에 규정이 있는 경우에는 이 법을 적용하지 아니한다. 학교폭력예방법 제5조(다른 법률과의 관계)제2항.

⑥ 장애학생

장애학생이란 신체적·정신적·지적 장애 등으로 「장애인 등에 대한 특수교육법」 제15조[2]에서 규정하는 특수교육을 필요로 하는 학생을 말한다.

2) 국무총리 소속 학교폭력대책위원회 설치(§7-8)

학교폭력의 예방 및 대책에 관한 다음 각 호의 사항을 심의하기 위하여 국무총리 소속으로 학교폭력대책위원회(이하 "대책위원회")를 둔다.

1. 학교폭력의 예방 및 대책에 관한 기본계획의 수립 및 시행에 대한 평가

2. 학교폭력과 관련하여 관계 중앙행정기관 및 지방자치단체의 장이 요청하는 사항[3]

---

2   제15조(특수교육대상자의 선정) ① 교육장 또는 교육감은 다음 각 호의 어느 하나에 해당하는 사람 중 특수교육이 필요한 사람으로 진단·평가된 사람을 특수교육대상자로 선정한다. 〈개정 2016. 2. 3., 2021. 3. 23.〉
   1. 시각장애
   2. 청각장애
   3. 지적장애
   4. 지체장애
   5. 정서·행동장애
   6. 자폐성장애(이와 관련된 장애를 포함한다)
   7. 의사소통장애
   8. 학습장애
   9. 건강장애
   10. 발달지체
   11. 그 밖에 대통령령으로 정하는 장애
   ② 교육장 또는 교육감이 제1항에 따라 특수교육대상자를 선정할 때에는 제16조제1항에 따른 진단·평가결과를 기초로 하여 고등학교 과정은 교육감이 시·도특수교육운영위원회의 심사를 거쳐, 중학교 과정 이하의 각급학교는 교육장이 시·군·구특수교육운영위원회의 심사를 거쳐 이를 결정한다.

3   직권남용권리행사방해(전주지방법원 2016. 8. 19. 선고 2015고단2235 판결). 전북교육감인 피고인이, 교육과학기술부에서 소속 교육청과 고등학교 등에 대하여 학교생활기록부 작성 실태와 현황을 점검하기 위한 특정감사를 실시하자, 관내 고등학교 등에 학교폭력 사항과 관련된 감사자료 제출을 거부하도록 지시하는 내용의 공문을 발령하여 소속 교육청 공무원들 및 고등학교 학교장들이 교육과학기술부의 자료제출, 답변서·확인서 등 요구에 협력하지 않도록 하였다고 하여 직권남용권리행사방해로 기소된 사안에서, 피고인의 감사자료 제출 거부 지시행위가 직권남용에 해당한다거나 피고인에게 직권을 남용한다는 인식이 있었다고 단정할 수 없다는 이유로 무죄를 선고한 사례 참조.

3. 학교폭력과 관련하여 교육청, 학교폭력대책지역위원회, 학교폭력대책지역협의회, 학교
폭력대책심의위원회, 전문단체 및 전문가가 요청하는 사항

학교폭력대책위원회의 구성(국무총리 산하)

① 위원장 2명을 포함하여 20명 이내의 위원으로 구성

② 위원장은 국무총리와 학교폭력 대책에 관한 전문지식과 경험이 풍부한 전문가 중에서 대통령이 위촉하는 사람이 공동으로 되고, 위원장 모두가 부득이한 사유로 직무를 수행할 수 없을 때에는 국무총리가 지명한 위원이 그 직무를 대행

③ 위원은 다음 각 호의 사람 중에서 대통령이 위촉하는 사람으로 함.

1. 당연직 : 기획재정부장관, 교육부장관, 과학기술정보통신부장관, 법무부장관, 행정안전부장관, 문화체육관광부장관, 보건복지부장관, 여성가족부장관, 방송통신위원회위원장, 경찰청장

2. 학교폭력 대책에 관한 전문지식과 경험이 풍부한 전문가 중에서 당연직 위원이 각각 1명씩 추천하는 사람

3. 관계 중앙행정기관에 소속된 3급 공무원 또는 고위공무원단에 속하는 공무원으로서 청소년 또는 의료 관련 업무를 담당하는 사람

4. 대학이나 공인된 연구기관에서 조교수 이상 또는 이에 상당한 직에 있거나 있었던 사람으로서 학교폭력 문제 및 이에 따른 상담 또는 심리에 관하여 전문지식이 있는 사람

5. 판사·검사·변호사

6. 전문단체에서 청소년보호활동을 5년 이상 전문적으로 담당한 사람

7. 의사의 자격이 있는 사람

8. 학교운영위원회 활동 및 청소년보호활동 경험이 풍부한 학부모

④ 임기: 2년(1차에 한하여 연임 가능)

⑤ 간사 1명(교육부장관)

⑥ 위원회에 상정할 안건을 미리 검토하는 등 안건 심의를 지원하고, 위원회가 위임한 안건을 심의하기 위하여 대책위원회에 학교폭력대책실무위원회(이하 "실무위원회")를 둠.

3) 시·도에 학교폭력대책지역위원회 설치(§9)

지역의 학교폭력 문제를 해결하기 위하여 시·도에 학교폭력대책지역위원회(이하 "지역위원회")를 둔다. 특별시장·광역시장·특별자치시장·도지사 및 특별자치도지사는 지역위원회의 운영 및 활동에 관하여 시·도의 교육감과 협의하여야 하며, 그 효율적인 운영을 위하여 실무위원회를 둘 수 있다. 지역위원회는 위원장 1인을 포함한 11인 이내의 위원으로 구성한다.

4) 시·군·구에 학교폭력대책지역협의회 설치(§10조의2)

학교폭력예방 대책을 수립하고 기관별 추진계획 및 상호 협력·지원 방안 등을 협의하기 위하여 시·군·구에 학교폭력대책지역협의회(이하 "지역협의회")를 둔다. 지역협의회는 위원장 1명을 포함한 20명 내외의 위원으로 구성한다.

5) 교육감의 임무(§11)

교육감은 시·도교육청에 학교폭력의 예방과 대책을 담당하는 전담부서를 설치·운영하여야 하며(1항), 관할 구역 안에서 학교폭력이 발생한 때에는 해당 학교의 장 및 관련 학교의 장에게 그 경과 및 결과의 보고를 요구할 수 있다(2항).

교육감은 관할 구역 안의 학교폭력이 관할 구역 외의 학교폭력과 관련이 있는 때에는 그 관할 교육감과 협의하여 적절한 조치를 취하여야 하며(3항), 교육감은 학교의 장으로 하여금 학교폭력의 예방 및 대책에 관한 실시계획을 수립·시행하도록 하여야 한다(4항).

교육감은 학교폭력에 의한 전학의 경우 그 실현을 위하여 필요한 조치를 취하여야 하며, 퇴학처분의 경우 해당 학생의 건전한 성장을 위하여 다른 학교 재입학 등의 적절한 대책을 강구하여야 한다(6항).

교육감은 대책위원회 및 지역위원회에 관할 구역 안의 학교폭력의 실태 및 대책에 관한 사항을 보고하고 공표하여야 한다. 관할 구역 밖의 학교폭력 관련 사항 중 관할 구역 안의 학교와 관련된 경우에도 또한 같다(7항).

교육감은 학교폭력의 실태를 파악하고 학교폭력에 대한 효율적인 예방대책을 수립하기 위하여 학교폭력 실태조사를 연 2회 이상 실시하고 그 결과를 공표하여야 하며(8항), 학교폭력 등에 관한 조사, 상담, 치유프로그램 운영 등을 위한 전문기관을 설치·운영할 수 있다(9항).

교육감은 관할 구역에서 학교폭력이 발생한 때에 해당 학교의 장 또는 소속 교원이 그 경과 및 결과를 보고함에 있어 축소 및 은폐를 시도한 경우에는 「교육공무원법」 및 「사립학교법」에 따른 징계위원회에 징계의결을 요구하여야 한다(10항).

교육감은 관할 구역에서 학교폭력의 예방 및 대책 마련에 기여한 바가 큰 학교 또는 소속 교원에게 상훈을 수여하거나 소속 교원의 근무성적 평정에 가산점을 부여할 수 있다(11항).

6) 학교폭력 조사·상담(§11조의2)

교육감은 학교폭력 예방과 사후조치 등을 위하여 다음 각 호의 조사·상담 등을 수행할 수 있다.

1. 학교폭력 피해학생 상담 및 가해학생 조사(➡학교장 및 보호자에게 통보)
2. 필요한 경우 가해학생 학부모 조사
3. 학교폭력 예방 및 대책에 관한 계획의 이행 지도
4. 관할 구역 학교폭력서클 단속(➡학교 장 및 보호자에게 통보)
5. 학교폭력 예방을 위하여 민간 기관 및 업소 출입·검사
6. 그 밖에 학교폭력 등과 관련하여 필요로 하는 사항

7) 교육지원청에 학교폭력대책심의위원회 설치(§12)

학교폭력의 예방 및 대책에 관련된 사항을 심의하기 위하여 교육지원청에 학교폭력대책심의위원회(이하 "심의위원회")를 둔다(1항). ② 심의위원회는 학교폭력의 예방 및 대책 등을 위하여 다음 각 호의 사항을 심의한다.

1. 학교폭력의 예방 및 대책

2. 피해학생의 보호

3. 가해학생에 대한 교육, 선도 및 징계

4. 피해학생과 가해학생 간의 분쟁조정

5. 그 밖에 대통령령으로 정하는 사항

　　그밖에 심의위원회는 해당 지역에서 발생한 학교폭력에 대하여 조사할 수 있고 학교장 및 관할 경찰서장에게 관련 자료를 요청할 수 있다(3항).

학교폭력대책심의위원회의 구성(교육지원청 내)

① 10명 이상 50명 이내의 위원으로 구성

　－ 전체위원의 1/3 이상을 해당 교육지원청 관할 구역 내 학교(고등학교 포함)에 소속된 학생의 학부모로 위촉

② 심의위원회의 위원장은 다음 각 호의 어느 하나에 해당하는 경우에 회의를 소집하여야 함.

　1. 심의위원회 재적위원 4분의 1 이상이 요청하는 경우

　2. 학교의 장이 요청하는 경우

　3. 피해학생 또는 그 보호자가 요청하는 경우

　4. 학교폭력이 발생한 사실을 신고 받거나 보고 받은 경우

　5. 가해학생이 협박 또는 보복한 사실을 신고 받거나 보고 받은 경우

　6. 그 밖에 위원장이 필요하다고 인정하는 경우

③ 심의위원회는 회의의 일시, 장소, 출석위원, 토의내용 및 의결사항 등이 기록된 회의록을 작성·보존하여야 함.

④ 심의위원회는 심의 과정에서 소아청소년과 의사, 정신건강의학과 의사, 심리학자, 그 밖의 아동심리와 관련된 전문가를 출석하게 하거나 서면 등의 방법으로 의견을 청취할 수 있고, 피해학생이 상담·치료 등을 받은 경우 해당 전문가 또는 전문의 등으로부터 의견

을 청취할 수 있음. 다만, 심의위원회는 피해학생 또는 그 보호자의 의사를 확인하여 피해학생 또는 그 보호자의 요청이 있는 경우에는 반드시 의견을 청취하여야 함[4]

8) 학교의 장의 자체해결(§13조의2)

학교폭력이 발생한 사실을 신고 받거나 보고 받은 경우, 가해학생이 협박 또는 보복한 사실을 신고 받거나 보고 받은 경우에도 불구하고 피해학생 및 그 보호자가 심의위원회의 개최를 원하지 아니하는 다음 각 호에 모두 해당하는 경미한 학교폭력의 경우 학교의 장은 학교폭력사건을 자체적으로 해결할 수 있다. 이 경우 학교의 장은 지체 없이 이를 심의위원회에 보고하여야 한다(1항).

1. 2주 이상의 신체적·정신적 치료를 요하는 진단서를 발급받지 않은 경우
2. 재산상 피해가 없거나 즉각 복구된 경우
3. 학교폭력이 지속적이지 않은 경우
4. 학교폭력에 대한 신고, 진술, 자료제공 등에 대한 보복행위가 아닌 경우

학교의 장은 제1항에 따라 사건을 해결하려는 경우 다음 각 호에 해당하는 절차를 모두 거쳐야 한다(2항).

1. 피해학생과 그 보호자의 심의위원회 개최 요구 의사의 서면 확인
2. 학교폭력의 경중에 대한 전담기구의 서면 확인 및 심의

학교장 자체해결의 요건

피해학생 및 그 보호자가 심의위원회의 개최를 원하지 아니하는 다음 각 호의 '모두'에 해당하는 경미한 학교폭력의 경우에만 학교의 장은 학교폭력사건을 자체적으로 해결할 수 있음.

1. 2주 이상의 신체적·정신적 치료를 요하는 진단서를 발급받지 않은 경우

2. 재산상 피해가 없거나 즉각 복구된 경우

3. 학교폭력이 지속적이지 않은 경우

4. 학교폭력에 대한 신고, 진술, 자료제공 등에 대한 보복행위가 아닌 경우

   (이런 경우에도 학교의 장은 지체 없이 이를 교육지원청에 설치된 「학교폭력대책심의위원회」에 보고하여야 함.)

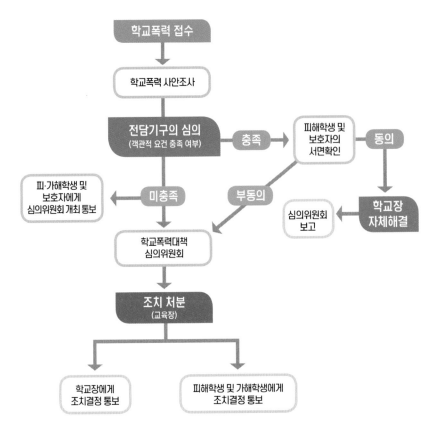

그림 | 학교장 자체해결 사안처리 흐름도
출처: 교육부·이화여자대학교 학교폭력예방연구소(2020). 학교폭력 사안처리 가이드북. p. 44.

9) 전문상담교사 배치 및 전담기구 구성(§14)

학교의 장은 학교에 대통령령으로 정하는 바에 따라 상담실을 설치하고, 「초·중등교육법」 제19조의2[5]에 따라 전문상담교사를 둔다. 전문상담교사는 학교장 및 심의위원회의 요구가 있는 때에는 학교폭력에 관련된 피해학생 및 가해학생과의 상담결과를 보고하여야 한다(1-2항).

---

5   제19조의2(전문상담교사의 배치 등) ① 학교에 전문상담교사를 두거나 시·도 교육행정기관에 「교육공무원법」 제22조의2에 따라 전문상담순회교사를 둔다.
     ② 제1항의 전문상담순회교사의 정원·배치 기준 등에 필요한 사항은 대통령령으로 정한다.
     [전문개정 2012. 3. 21.]

> ### 학교폭력문제를 전담하는 전담기구의 구성(학교 내)
>
> 학교의 장은 교감, 전문상담교사, 보건교사 및 책임교사(학교폭력문제를 담당하는 교사),
> 학부모 등으로 학교폭력문제를 담당하는 전담기구(이하 "전담기구")를 구성함.
> – 이 경우 학부모는 전담기구 구성원의 3분의 1 이상이어야 함.

학교장은 학교폭력 사태를 인지한 경우 지체 없이 전담기구 또는 소속 교원으로 하여금 가해 및 피해 사실 여부를 확인하도록 하고, 전담기구로 하여금 학교장의 자체해결 부의 여부를 심의하도록 한다(4항).

전담기구는 학교폭력에 대한 실태조사(이하 "실태조사")와 학교폭력 예방 프로그램을 구성·실시하며, 학교장 및 심의위원회의 요구가 있는 때에는 학교폭력에 관련된 조사결과 등 활동결과를 보고하여야 한다(5항).

피해학생 또는 피해학생의 보호자는 피해사실 확인을 위하여 전담기구에 실태조사를 요구할 수 있다(6항). 국가 및 지방자치단체는 실태조사에 관한 예산을 지원하고, 관계 행정기관은 실태조사에 협조하여야 하며, 학교장은 전담기구에 행정적·재정적 지원을 할 수 있다(7항).

전담기구는 성폭력 등 특수한 학교폭력사건에 대한 실태조사의 전문성을 확보하기 위하여 필요한 경우 전문기관에 그 실태조사를 의뢰할 수 있다. 이 경우 그 의뢰는 심의위원회 위원장의 심의를 거쳐 학교의 장 명의로 하여야 한다(8항).

10) 학교폭력 예방교육 등(§15)

학교장은 학생의 육체적·정신적 보호와 학교폭력의 예방을 위한 학생들에 대한 교육(학교폭력의 개념·실태 및 대처방안 등을 포함)을 학기별로 1회 이상 실시하여야 하며(1항), 이에 따른 학교폭력 예방교육 프로그램의 구성 및 그 운용 등을 전담기구와 협의하여 전문단체 또는 전문가에게 위탁할 수 있다(3항). 또한 학교장은 학교폭력의 예방 및 대책 등을 위한 교직원 및 학부모에 대한 교육을 학기별로 1회 이상 실시하여야 한다(2항).

교육장(교육지원청의 장)은 제1항부터 제3항까지의 규정에 따른 학교폭력 예방교육 프로그램의 구성과 운용계획을 학부모가 쉽게 확인할 수 있도록 인터넷 홈페이지에 게시하고, 그 밖에 다양한 방법으로 학부모에게 알릴 수 있도록 노력하여야 한다(4항).

11) 피해학생의 보호(§16)

심의위원회는 피해학생의 보호를 위하여 필요하다고 인정하는 때에는 피해학생에 대하여 다음 각 호의 어느 하나에 해당하는 조치(여러 개의 조치를 병과하는 경우를 포함)를 할 것을 교육장에게 요청할 수 있다. 다만, 학교의 장은 학교폭력사건을 인지한 경우 피해학생의 반대의사 등 대통령령으로 정하는 특별한 사정이 없으면 지체 없이 가해자(교사 포함)와 피해학생을 분리하여야 하며, 피해학생이 긴급보호의 요청을 하는 경우에는 제1호, 제2호 및 제6호의 조치를 할 수 있다. 이 경우 학교의 장은 심의위원회에 즉시 보고하여야 한다(1항).

1. 학내외 전문가에 의한 심리상담 및 조언
2. 일시보호
3. 치료 및 치료를 위한 요양
4. 학급교체
5. 삭제 〈2012. 3. 21.〉
6. 그 밖에 피해학생의 보호를 위하여 필요한 조치

심의위원회는 제1항에 따른 조치를 요청하기 전에 피해학생 및 그 보호자에게 의견진술의 기회를 부여하는 등 적정한 절차를 거쳐야 하고(2항), 제1항에 따른 요청이 있는 때에는 교육장은 피해학생의 보호자의 동의를 받아 7일 이내에 해당 조치를 하여야 한다(3항).

제1항의 조치 등 보호가 필요한 학생에 대하여 학교의 장이 인정하는 경우 그 조치에 필요한 결석을 출석일수에 산입할 수 있으며(4항), 학교장은 성적 등을 평가함에 있어서 제3항에 따른 조치로 인하여 학생에게 불이익을 주지 아니하도록 노력하여야 한다(5항).

피해학생이 전문단체나 전문가로부터 제1항제1호부터 제3호까지의 규정에 따른 상담 등을 받는 데에 사용되는 비용은 가해학생의 보호자가 부담하여야 한다. 다만, 피해학생의 신속한 치료를 위하여 학교의 장 또는 피해학생의 보호자가 원하는 경우에는 「학교안전사고 예방 및 보상에 관한 법률」 제15조[6]에 따른 학교안전공제회 또는 시·도교육청이 부담하고 이에 대한 상환청구권을 행사할 수 있다(6항).

학교장 또는 피해학생의 보호자는 필요한 경우 「학교안전사고 예방 및 보상에 관한 법률」 제34조[7]의 공제급여를 학교안전공제회에 직접 청구할 수 있다(7항).

12) 장애학생의 보호(§16조의2)

누구든지 장애 등을 이유로 장애학생에게 학교폭력을 행사하여서는 아니 된다(1항). 심의위원회는 피해학생 또는 가해학생이 장애학생인 경우 심의과정에 「장애인 등에 대한 특수교육법」에 따른 특수교육교원 등 특수교육 전문가 또는 장애인 전문가를 출석하게 하거나 서면 등의 방법으로 의견을 청취할 수 있다(2항).

심의위원회는 학교폭력으로 피해를 입은 장애학생의 보호를 위하여 장애인전문 상담가의 상담 또는 장애인전문 치료기관의 요양 조치를 학교장에게 요청할 수 있고(3항), 이에 따른 요청이 있는 때에는 학교의 장은 해당 조치를 하여야 한다. 이 경우 피해학생이 전문단체나 전문가로부터 상담 등을 받는 데에 사용되는 비용은 가해학생의 보호자가 부담하여야 하며, 피해학생의 신속한 치료를 위하여 학교장 또는 피해학생의 보호자가 원하는 경우에는 「학교안전사고 예방 및 보상에 관한 법률」에 따른 학교안전공제회 또는 시·도교육청이

---

6 **제15조(학교안전공제회의 설립 등)** ① 교육감은 학교안전공제 사업을 실시하기 위하여 해당 시·도에 학교안전공제회(이하 "공제회"라 한다)를 설립한다.
② 공제회는 법인으로 한다.
③ 공제회는 주된 사무소의 소재지에서 설립등기함으로써 성립된다.

7 **제34조(공제급여의 종류)** 공제회가 지급하는 공제급여의 종류는 다음 각 호와 같다. 〈개정 2021. 3. 23.〉
1. 요양급여
2. 장해급여
3. 간병급여
4. 유족급여
5. 장례비

부담하고 이에 대한 상환청구권을 행사할 수 있다(4항).

13) 가해학생에 대한 조치(§17)

심의위원회는 피해학생의 보호와 가해학생의 선도·교육을 위하여 가해학생에 대하여 다음 각 호의 어느 하나에 해당하는 조치(여러 개의 조치를 병과하는 경우를 포함)를 할 것을 교육장에게 요청하여야 하며, 각 조치별 적용 기준은 대통령령으로 정한다. 다만, 퇴학처분은 의무교육과정에 있는 가해학생에 대하여는 적용하지 아니한다(1항).

1. 피해학생에 대한 서면사과

2. 피해학생 및 신고·고발 학생에 대한 접촉, 협박 및 보복행위의 금지

3. 학교에서의 봉사

4. 사회봉사

5. 학내외 전문가에 의한 특별 교육이수 또는 심리치료

6. 출석정지

7. 학급교체

8. 전학[8]

9. 퇴학처분

---

8   「학교폭력예방 및 대책에 관한 법률 시행령」 제20조(가해학생에 대한 전학 조치)

① 교육장은 심의위원회가 법 제17조제1항에 따라 가해학생에 대한 전학 조치를 요청하는 경우에는 그 사실을 해당 학생이 소속된 학교의 장에게 통보해야 한다. 이 경우 해당 통보를 받은 학교의 장은 교육감 또는 교육장에게 해당 학생이 전학할 학교의 배정을 지체 없이 요청해야 한다. 〈개정 2020. 2. 25.〉

② 교육감 또는 교육장은 가해학생이 전학할 학교를 배정할 때 피해학생의 보호에 충분한 거리 등을 고려하여야 하며, 관할구역 외의 학교를 배정하려는 경우에는 해당 교육감 또는 교육장에게 이를 통보하여야 한다.

③ 제2항에 따른 통보를 받은 교육감 또는 교육장은 해당 가해학생이 전학할 학교를 배정하여야 한다.

④ 교육감 또는 교육장은 제2항과 제3항에 따라 전학 조치된 가해학생과 피해학생이 상급학교에 진학할 때에는 각각 다른 학교를 배정하여야 한다. 이 경우 피해학생이 입학할 학교를 우선적으로 배정한다.

제1항에 따라 심의위원회가 교육장에게 가해학생에 대한 조치를 요청할 때 그 이유가 피해학생이나 신고·고발 학생에 대한 협박 또는 보복 행위일 경우에는 같은 항 각 호의 조치를 병과하거나 조치 내용을 가중할 수 있고(2항), 제1항제2호부터 제4호까지 및 제6호부터 제8호까지의 처분을 받은 가해학생은 교육감이 정한 기관에서 특별교육을 이수하거나 심리치료를 받아야 하며, 그 기간은 심의위원회에서 정한다(3항).

학교장은 가해학생에 대한 선도가 긴급하다고 인정할 경우 우선 제1항제1호부터 제3호까지, 제5호 및 제6호의 조치를 할 수 있으며, 제5호와 제6호는 병과조치할 수 있다. 이 경우 심의위원회에 즉시 보고하여 추인을 받아야 한다(4항).

심의위원회는 제1항 또는 제2항에 따른 조치를 요청하기 전에 가해학생 및 보호자에게 의견진술의 기회를 부여하는 등 적정한 절차를 거쳐야 하고(5항), 제1항에 따른 요청이 있는 때에는 교육장은 14일 이내에 해당 조치를 하여야 한다(6항).

학교장이 제4항에 따른 조치를 한 때에는 가해학생과 그 보호자에게 이를 통지하여야 하며, 가해학생이 이를 거부하거나 회피하는 때에는 학교장은 「초·중등교육법」 제18조[9]에 따라 징계하여야 한다(7항).

가해학생이 제1항제3호부터 제5호까지의 규정에 따른 조치를 받은 경우 이와 관련된 결석은 학교의 장이 인정하는 때에는 이를 출석일수에 산입할 수 있다(8항).

심의위원회는 가해학생이 특별교육을 이수할 경우 해당 학생의 보호자도 함께 교육을 받게 하여야 하며(9항), 가해학생이 다른 학교로 전학을 간 이후에는 전학 전의 피해학생 소속 학교로 다시 전학을 올 수 없도록 하여야 한다(10항).

제1항제2호부터 제9호까지의 처분을 받은 학생이 해당 조치를 거부하거나 기피하는 경우 심의위원회는 제7항에도 불구하고 대통령령으로 정하는 바에 따라 추가로 다른 조치를

9　제18조(학생의 징계) ① 학교의 장은 교육을 위하여 필요한 경우에는 법령과 학칙으로 정하는 바에 따라 학생을 징계하거나 그 밖의 방법으로 지도할 수 있다. 다만, 의무교육을 받고 있는 학생은 퇴학시킬 수 없다. 〈개정 2021. 3. 23.〉
② 학교의 장은 학생을 징계하려면 그 학생이나 보호자에게 의견을 진술할 기회를 주는 등 적정한 절차를 거쳐야 한다.
[전문개정 2012. 3. 21.]

할 것을 교육장에게 요청할 수 있다(11항).

14) 행정심판(§17조의2)[10]

교육장이 제16조제1항 및 제17조제1항에 따라 내린 조치에 대하여 이의가 있는 피해학생 또는 그 보호자는 「행정심판법」에 따른 행정심판을 청구할 수 있으며(1항), 교육장이 제17조제1항에 따라 내린 조치에 대하여 이의가 있는 가해학생 또는 그 보호자는 「행정심판법」에 따른 행정심판을 청구할 수 있다(2항).

15) 분쟁조정(§18)

심의위원회는 학교폭력과 관련하여 분쟁이 있는 경우에는 그 분쟁을 조정할 수 있으며 (1항), 제1항에 따른 분쟁의 조정기간은 1개월을 넘지 못한다(2항).

학교폭력과 관련한 분쟁조정에는 다음 각 호의 사항을 포함한다(3항).

1. 피해학생과 가해학생간 또는 그 보호자 간의 손해배상에 관련된 합의조정
2. 그 밖에 심의위원회가 필요하다고 인정하는 사항

심의위원회는 분쟁조정을 위하여 필요하다고 인정하는 때에는 관계 기관의 협조를 얻어 학교폭력과 관련한 사항을 조사할 수 있으며(4항), 심의위원회가 분쟁조정을 하고자 할 때에는 이를 피해학생·가해학생 및 그 보호자에게 통보하여야 한다(5항).

시·도교육청 관할 구역 안의 소속 교육지원청이 다른 학생 간에 분쟁이 있는 경우에는 교육감이 직접 분쟁을 조정한다. 이 경우 제2항부터 제5항까지의 규정을 준용한다(6항). 관

---

10 기존에는 학교장이 내린 처분에 이의가 있는 경우 시·도교육청에 재심을 청구하는 재심제도가 있었으나, 과중한 업무를 줄여주기 위하여 2020년 3월부터는 이 제도를 폐지하고 행정심판으로 일원화하였다. 다만, 학교장이 내린 퇴학조치에 대해서는 교육감 소속의 시·도학생징계조정위원회에 재심을 청구할 수 있으며, 재심결정에 이의가 있는 경우 통보를 받은 날로부터 60일 이내에 행정심판을 제기할 수 있다. 「초·중등교육법」 제18조의2 참조.

할 구역을 달리하는 시·도교육청 소속 학교의 학생 간에 분쟁이 있는 경우에는 피해학생을 감독하는 교육감이 가해학생을 감독하는 교육감과의 협의를 거쳐 직접 분쟁을 조정한다. 이 경우에도 제2항부터 제5항까지의 규정을 준용한다(7항).

16) 학교장의 의무(§19)

학교의 장은 제16조, 제16조의2, 제17조에 따른 조치의 이행에 협조하여야 하며(1항), 학교장은 학교폭력을 축소 또는 은폐해서는 아니 된다(2항).

학교의 장은 교육감에게 학교폭력이 발생한 사실과 제13조의2에 따라 학교의 장의 자체 해결로 처리된 사건, 제16조, 제16조의2, 제17조 및 제18조에 따른 조치 및 그 결과를 보고하고, 관계 기관과 협력하여 교내 학교폭력 단체의 결성예방 및 해체에 노력하여야 한다(3항).

17) 학교폭력의 신고의무(§20)

학교폭력 현장을 보거나 그 사실을 알게 된 자는 학교 등 관계 기관에 이를 즉시 신고하여야 한다(1항). 신고를 받은 기관은 이를 가해학생 및 피해학생의 보호자와 소속 학교의 장에게 통보하여야 한다(2항). 통보받은 소속 학교의 장은 이를 심의위원회에 지체 없이 통보하여야 한다(3항).

누구라도 학교폭력의 예비·음모 등을 알게 된 자는 이를 학교의 장 또는 심의위원회에 고발할 수 있다. 다만, 교원이 이를 알게 되었을 경우에는 학교의 장에게 보고하고 해당 학부모에게 알려야 한다(4항). 누구든지 학교폭력을 신고한 사람에게 그 신고행위를 이유로 불이익을 주어서는 아니 된다(5항).

18) 긴급전화의 설치 등(§20조의2)

국가 및 지방자치단체는 학교폭력을 수시로 신고 받고 이에 대한 상담에 응할 수 있도록 긴급전화를 설치하여야 하며(1항), 국가와 지방자치단체는 제1항에 따른 긴급전화의 설치·운영을 대통령령으로 정하는 기관 또는 단체에 위탁할 수 있다(2항).

19) 정보통신망의 이용 등(§20조의4)

국가·지방자치단체 또는 교육감은 학교폭력 예방 업무 등을 효과적으로 수행하기 위하여 필요한 경우 정보통신망을 이용할 수 있으며(1항), 정보통신망을 이용하여 학교 또는 학생(학부모를 포함)이 학교폭력 예방 업무 등을 수행하는 경우 다음 각 호의 어느 하나에 해당하는 비용의 전부 또는 일부를 지원할 수 있다.

1. 학교 또는 학생(학부모를 포함)이 전기통신설비를 구입하거나 이용하는 데 소요되는 비용
2. 학교 또는 학생(학부모를 포함)에게 부과되는 전기통신역무 요금

20) 학생보호인력의 배치 등(§20조의5)

국가·지방자치단체 또는 학교의 장은 학교폭력을 예방하기 위하여 학교 내에 학생보호인력을 배치하여 활용할 수 있으며(1항), 다음 각 호의 어느 하나에 해당하는 사람은 학생보호인력이 될 수 없다(2항).

1. 「국가공무원법」 제33조 각 호의 어느 하나에 해당하는 사람
2. 「아동·청소년의 성보호에 관한 법률」에 따른 아동·청소년대상 성범죄 또는 「성폭력범죄의 처벌 등에 관한 특례법」에 따른 성폭력범죄를 범하여 벌금형을 선고받고 그 형이 확정된 날부터 10년이 지나지 아니하였거나, 금고 이상의 형이나 치료감호를 선고받고 그 집행이 끝나거나 집행이 유예·면제된 날부터 10년이 지나지 아니한 사람
3. 「청소년 보호법」 제2조제5호가목3) 및 같은 목 7)부터 9)까지의 청소년 출입·고용금지 업소의 업주나 종사자

국가·지방자치단체 또는 학교의 장은 제1항에 따른 학생보호인력의 배치 및 활용 업무를 관련 전문기관 또는 단체에 위탁할 수 있으며(3항), 이 업무를 위탁받은 전문기관 또는 단체는 그 업무를 수행함에 있어 학교의 장과 충분히 협의하여야 한다(4항).

국가·지방자치단체 또는 학교의 장은 학생보호인력으로 배치하고자 하는 사람의 동의

를 받아 경찰청장에게 그 사람의 범죄경력을 조회할 수 있으며(5항), 학생보호인력의 배치 및 활용 업무를 위탁받은 전문기관 또는 단체는 해당 업무를 위탁한 국가·지방자치단체 또는 학교의 장에게 학생보호인력으로 배치하고자 하는 사람의 범죄경력을 조회할 것을 신청할 수 있다(6항).

학생보호인력이 되려는 사람은 국가·지방자치단체 또는 학교의 장에게 제2항 각 호의 어느 하나에 해당하지 아니한다는 확인서를 제출하여야 한다(7항).

21) 학교전담경찰관(§20조의6)

국가는 학교폭력 예방 및 근절을 위하여 학교폭력 업무 등을 전담하는 경찰관을 둘 수 있다(1항).

22) 영상정보처리기기의 통합 관제(§20조의7)

국가 및 지방자치단체는 학교폭력 예방 업무를 효과적으로 수행하기 위하여 교육감과 협의하여 학교 내외에 설치된 영상정보처리기기를 통합하여 관제할 수 있다. 이 경우 국가 및 지방자치단체는 통합 관제 목적에 필요한 범위에서 최소한의 개인정보만을 처리하여야 하며, 그 목적 외의 용도로 활용하여서는 아니 된다(1항).

영상정보처리기기를 통합 관제하려는 국가 및 지방자치단체는 공청회·설명회의 개최 등 대통령령으로 정하는 절차를 거쳐 관계 전문가 및 이해관계인의 의견을 수렴하여야 하며(2항), 학교 내외에 설치된 영상정보처리기기가 통합 관제되는 경우 해당 학교의 영상정보처리기기운영자는 「개인정보 보호법」 제25조제4항[11]에 따른 조치를 통하여 그 사실을 정

---

11   제25조(영상정보처리기기의 설치·운영 제한) ① 누구든지 다음 각 호의 경우를 제외하고는 공개된 장소에 영상정보처리기기를 설치·운영하여서는 아니 된다.
     1. 법령에서 구체적으로 허용하고 있는 경우
     2. 범죄의 예방 및 수사를 위하여 필요한 경우
     3. 시설안전 및 화재 예방을 위하여 필요한 경우
     4. 교통단속을 위하여 필요한 경우
     5. 교통정보의 수집·분석 및 제공을 위하여 필요한 경우

보주체에게 알려야 한다(3항).

23) 비밀누설금지 등(§21)

이 법에 따라 학교폭력의 예방 및 대책과 관련된 업무를 수행하거나 수행하였던 자는 그 직무로 인하여 알게 된 비밀 또는 가해학생·피해학생 및 제20조에 따른 신고자·고발자와 관련된 자료를 누설하여서는 아니 되며(1항), 제16조, 제16조의2, 제17조, 제17조의2, 제18조에 따른 심의위원회의 회의는 공개하지 아니한다.[12] 다만, 피해학생·가해학생 또는 그 보

---

② 누구든지 불특정 다수가 이용하는 목욕실, 화장실, 발한실(發汗室), 탈의실 등 개인의 사생활을 현저히 침해할 우려가 있는 장소의 내부를 볼 수 있도록 영상정보처리기기를 설치·운영하여서는 아니 된다. 다만, 교도소, 정신보건 시설 등 법령에 근거하여 사람을 구금하거나 보호하는 시설로서 대통령령으로 정하는 시설에 대하여는 그러하지 아니하다.

③ 제1항 각 호에 따라 영상정보처리기기를 설치·운영하려는 공공기관의 장과 제2항 단서에 따라 영상정보처리기기를 설치·운영하려는 자는 공청회·설명회의 개최 등 대통령령으로 정하는 절차를 거쳐 관계 전문가 및 이해관계인의 의견을 수렴하여야 한다.

④ 제1항 각 호에 따라 영상정보처리기기를 설치·운영하는 자(이하 "영상정보처리기기운영자"라 한다)는 정보주체가 쉽게 인식할 수 있도록 다음 각 호의 사항이 포함된 안내판을 설치하는 등 필요한 조치를 하여야 한다. 다만, 「군사기지 및 군사시설 보호법」 제2조제2호에 따른 군사시설, 「통합방위법」 제2조제13호에 따른 국가중요시설, 그 밖에 대통령령으로 정하는 시설에 대하여는 그러하지 아니하다. 〈개정 2016.3.29〉

1. 설치 목적 및 장소
2. 촬영 범위 및 시간
3. 관리책임자 성명 및 연락처
4. 그 밖에 대통령령으로 정하는 사항

⑤ 영상정보처리기기운영자는 영상정보처리기기의 설치 목적과 다른 목적으로 영상정보처리기기를 임의로 조작하거나 다른 곳을 비춰서는 아니 되며, 녹음기능은 사용할 수 없다.

⑥ 영상정보처리기기운영자는 개인정보가 분실·도난·유출·위조·변조 또는 훼손되지 아니하도록 제29조에 따라 안전성 확보에 필요한 조치를 하여야 한다. 〈개정 2015.7.24.〉

⑦ 영상정보처리기기운영자는 대통령령으로 정하는 바에 따라 영상정보처리기기 운영·관리 방침을 마련하여야 한다. 이 경우 제30조에 따른 개인정보 처리방침을 정하지 아니할 수 있다.

⑧ 영상정보처리기기운영자는 영상정보처리기기의 설치·운영에 관한 사무를 위탁할 수 있다. 다만, 공공기관이 영상정보처리기기 설치·운영에 관한 사무를 위탁하는 경우에는 대통령령으로 정하는 절차 및 요건에 따라야 한다.

12 대법원은 2020년 2월까지 일선 초·중·고교에 설치되어 운영되고 있었던 '학교폭력대책자치위원회'의 회의록은 「공공기관의 정보공개에 관한 법률」 제9조 제1항 제1호의 비공개대상정보에 해당한다고 판시하였다. 즉, 학교폭력대책자치위원회 회의록은 「공공기관의 정보공개에 관한 법률」 제9조 제1항 제5호

호자가 회의록의 열람·복사 등 회의록 공개를 신청한 때에는 학생과 그 가족의 성명, 주민
등록번호 및 주소, 위원의 성명 등 개인정보에 관한 사항을 제외하고 공개하여야 한다(3항).

24) 벌칙(§22)

제21조제1항(비밀누설금지 등)을 위반한 자는 1년 이하의 징역 또는 1천만 원 이하의 벌금
에 처한다.

25) 과태료(§23)

제17조제9항에 따른 심의위원회의 교육 이수 조치를 따르지 아니한 보호자에게는 300
만 원 이하의 과태료를 부과하며(1항), 이에 따른 과태료는 대통령령으로 정하는 바에 따라
교육감이 부과·징수한다(2항).

2. 학교폭력 관련 판례

1) 학교폭력대책자치위원회[13] 관련 판례

① 부적격한 위원의 참여

▨▨▨ 부적격한 위원이 학교폭력대책자치위원회 위원으로 참석하여 내린 조치는 위

의 '공개될 경우 업무의 공정한 수행에 현저한 지장을 초래한다고 인정할 만한 상당한 이유가 있는 정보'
에 해당한다고 판시함으로써 원심판결(서울행정법원 2009. 7. 2. 선고 2009구합5541 판결)을 파기하고
피고인 경기고등학교장의 손을 들어주었다. 보다 자세한 내용은 대법원 2010. 6. 10. 선고 2010두2913
판결 참조.

13   기존에는 일선 초·중·고교에 학교폭력대책자치위원회가 설치되어 있었으나 교사들의 업무부담을 줄여
주기 위하여 학교폭력예방법을 개정하여 2020년 3월부터는 교육지원청으로 그 업무가 이관되었고, 교
육지원청에 학교폭력대책심의위원회가 그 기능을 대신하고 있다.

법한가? (제주지방법원 2020. 12. 15. 선고 2019구합6370 학교폭력가해학생처분취소 판결)[14]

판례

〈사건개요〉

1. 원고는 2019년 △△고등학교에 입학하여 1학년에 재학하면서, 같은 학년인 B와 같은 기숙사 방에서 생활하고 있었다.

2. B는 2019. 4. 28. 피고(△△고등학교장)에게 원고 등으로부터 학교폭력을 당하였 다는 내용의 신고를 하였다.

3. △△고 학교폭력대책자치위원회(이하 '자치위원회')는 2019. 5. 16. 회의를 개최 하였고, 위 회의에서 원고에게 피해학생에 대한 서면사과, 피해학생에 대한 접촉, 협박 및 보복행위의 금지, 학교에서의 봉사 5일의 조치를 할 것을 학교장에게 요 청하기로 심의·의결하였다.

4. 피고는 2019. 5. 20. 원고에게 자치위원회가 의결한 각 내용의 조치를 하고 이를 통지하였다.

5. 원고는 위 조치에 불복하여 2019. 6. 28. 제주특별자치도교육청 행정심판위원회에 행정심판을 청구하였고, 위 행정심판위원회는 2019. 8. 26. 그 청구 일부를 받아들 여 위 조치 중 학교에서의 봉사 5일 부분을 취소하고 나머지 청구는 기각하였다.

6. 원고는 이 사건 심의·의결에 자치위원회 위원으로 참석한 학부모대표 중 1명은 학부모전체회의에서 선출하기 곤란한 사유가 없었음에도 2019. 3. 22. 학급별 대 표로 구성된 학부모대표회의에서 선출되었으므로 구 법률 제13조 제1항을 위반한 것이며, 이 사건 심의·의결에 자치위원회 위원으로 참석한 C교사는 원고에 대한 학교폭력 신고 사안에 대하여 조사업무를 수행하여 자치위원회 위원으로서의 자

---

14   이와 유사한 판례로 ① 대구 A초등학교의 학교폭력대책자치위원회 학부모 위원 전원(6명)이 적법한 절 차를 거치지 아니하고 선출되었으므로 동 위원들이 참여하여 결정한 학교폭력대책자치위원회의 의결은 무효라는 판결이 있다(대구지방법원 2020. 1. 16. 선고 2019구합23700 학교폭력 징계조치처분 취소 청구의 소 판결; 창원지방법원 2019. 3. 13. 선고 2018구단12153 학교폭력처분 무효 판결 참조).
② 또한 학부모 임원회의에서 학교폭력대책자치위원회 학부모 위원을 선출한 서울B초등학교의 경우도 위법에 해당하므로, 그들이 참여하여 의결한 학교폭력대책자치위원회의 결정은 당연 무효라는 판결 이 있다(서울행정법원 2016. 11. 17. 선고 2016구합567763 징계조치 무효확인 판결; 의정부지방법 원 2015. 4. 14. 선고 2014구합7133 징계조치처분 취소 판결 참조).

격이 없거나, 구 법률 시행령 제26조에 따라 제척 또는 기피 대상이 됨에도 불구하고 이 사건 심의·의결에 참여하였으므로 이 사건 심의·의결은 위법하게 구성된 자치위원회에 의하여 이루어진 것으로써 그에 따른 이 사건 처분에는 절차상 위법이 있다고 주장하며 소송을 제기하였다.

....

〈판결요지〉

이 사건 심의·의결은 위원의 자격이 없는 학부모대표 1명(2019. 3. 22. 선출)과 C교사가 위원으로 참여한데다가, 적법하게 선출된 학부모대표위원이 전체 위원의 과반수에 미달하여 위법하게 구성된 자치위원회에 의하여 이루어진 것으로 보아야 하므로, 결국 이 사건 처분은 자치위원회의 적법한 심의·의결에 따른 조치 요청에 따른 것이 아니어서 위법하다. 그렇다면 원고의 나머지 주장에 나아가 살펴볼 필요 없이, 이 사건 처분은 위법하므로 취소되어야 한다.

....

〈주문〉

1. 피고가 2019. 5. 20. 원고에게 한 '피해학생에 대한 서면사과', '피해학생에 대한 접촉, 협박 및 보복행위 금지' 처분을 각 취소한다.
2. 소송비용은 피고가 부담한다.
3. 제1항 기재 각 처분의 집행을 이 사건 항소심 판결 선고일까지 정지한다.

해석

- 원고(가해자 측): 승
- 피고(△△고등학교장): 패

위 처분이 위법한 이유는 크게 세 가지이다.

1. 2020년 2월까지 단위 학교별로 설치·운영되었던 구(舊) 학교폭력대책자치위원회는 위원장 1인을 포함하여 5인 이상 10인 이하의 위원으로 구성하되, 전체위원의 과반수를 학부모전체회의에서 직접 선출된 학부모대표로 위촉하여야 하고, 학부

모전체회의에서 학부모대표를 선출하기 곤란한 사유가 있는 경우에는 학급별 대표로 구성된 학부모대표회의에서 학부모대표로 위촉할 수 있도록 하고 있었다(제13조).

이 사건에서 문제가 된 것은 학부모전체회의가 아닌 학급별 대표로 구성된 학부모대표회의에서 선출된 위원이다(학부모위원 1명이 이 과정을 거쳐 보궐로 위촉됨). 학교 측에서는 학부모전체회의를 재차 소집하여 공석이 된 위원을 선발·위촉하지 않고 편의상 학부모대표회의에서 선출하였으므로 이는 "학부모전체회의에서 학부모대표를 선출하기 곤란한 사유"에 해당하지 않으므로 이 학부모대표위원의 선출은 구 법률 제13조 제1항에 반하여 위법하다.

2. 원고에 대하여 학교폭력 신고사안의 조사업무를 수행한 전문상담교사 또는 학교폭력책임교사(C교사) 역시 제척 또는 기피의 대상인데, 당사자가 위원으로 참여하였으므로 위법하다.

3. 적법하게 선출된 학부모대표위원이 전체 위원의 과반수에 미달하여 위법하게 구성된 자치위원회이다.

4. 따라서 부적격한 위원들이 이 처분을 심의·의결한 이상, 이 사건처분은 위법하므로 그 처분은 취소되어야한다는 판결이다.

② 학교폭력대책자치위원회를 상대로 한 소송

🔵🔵🔵 사립학교의 학교폭력대책자치위원회에서 내린 '학교폭력불인정 조치'에 대해 그 처분을 취소해 달라는 소를 제기할 수 있는가? (**울산지방법원 2018. 5. 31. 선고 2017구합873 학교폭력불인정처분취소 판결**)

판례

〈사건개요〉

1. 원고 및 Z, C, D, Y 등은 2016년경 양산시 E에 위치한 F중학교(사립)의 2학년에 재학 중이던 학생들이다.

2. 피고는 F중학교 내에 설치된 학교폭력대책자치위원회이다.

3. 원고는 2016. 7. 15.경 F중학교 교실에서 Z로부터 좌측 전완부 타박상, 좌측 주관절 염좌 등의 상해를 입었다. 이에 원고와 원고의 부모(이하 '원고 등')는 F중학교에게 학교폭력 조사를 요구하였다.

4. 이에 따라 F중학교 내의 조사가 진행되었는데, 피고는 2016. 7. 28. 회의를 소집하여 위 사건이 학교폭력에 해당하지 않는다는 이유로 원고 및 Z에 대하여 각 '조치 없음'으로 의결하였다.

5. 원고 등은 C, D, Y 등이 2016. 7. 15.경 Z에게 위와 같이 원고에게 상해를 입힐 것을 시켰다고 주장하면서, 재차 F에게 학교폭력 조사를 요구하였다.

6. 이에 따라 F중학교 내의 재조사가 진행되었는데, 피고는 2016. 9. 29. 회의를 소집하여 위 사건이 학교폭력에 해당하지 않는다는 이유로 원고 및 Z, D, Y, C에 대하여 각 '조치 없음'으로 의결하였다.

7. 원고 등은 이에 불복하여 경상남도 학교폭력대책지역위원회에 각 재심을 청구하였으나, 경상남도 학교폭력대책지역위원회는 2016. 9. 7. 및 2016. 10. 28. 원고 등의 청구를 각 기각하는 내용의 결정을 하였다.

8. 원고 등은 경상남도 학교폭력대책지역위원회의 위 2016. 10. 28.자 기각결정에 대하여 중앙행정심판위원회에 행정심판을 청구하였으나, 중앙행정심판위원회는 2017. 6.23. 위 청구를 기각하는 내용의 재결을 하였다.

9. 이에 원고 등은 피고(F중학교의 학교폭력대책자치위원회)가 결정한 '학교폭력 불인정 처분을 취소'해 달라며 울산지방법원에 행정심판을 제기하게 되었다.

⋯⋯⋯⋯⋯⋯⋯⋯⋯⋯⋯⋯⋯⋯⋯⋯⋯⋯⋯⋯⋯⋯⋯⋯⋯⋯⋯⋯⋯⋯⋯⋯⋯⋯⋯

〈주문〉

1. 이 사건 소를 각하한다.

2. 소송비용은 원고가 부담한다.

해석

- 원고(피해자 측): 패
- 피고(F중학교 학교폭력대책자치위원회): 승

판결문에 따르면, 원고를 비롯한 위 학생들과 F중학교 내부에 설치된 위원회인 피고 사이의 법률관계는 공법상 법률관계에 해당한다고 볼 수 없기 때문에 원고가 청구취지에서 들고 있는 피고(학교폭력대책자치위원회)의 2016. 7. 28.자 및 2016. 9. 29.자 각 의결행위는 행정소송의 대상이 되는 처분 등에 해당하지 않는다고 보았다. 저자의 견해로는 피고를 학교폭력대책자치위원회가 아니라 F학교장으로 했어야 한다.[15]

2) 직무상 비밀 누설

●●● 학교폭력대책자치위원회 위원이 직무상 알게 된 비밀을 누설한 경우, 처벌 대상이 되는가? (의정부지방법원 2018. 12. 18. 선고 2018노530 판결)

> **판례**
>
> 〈사건개요〉
>
> 1. 피고인 A는 G고등학교 학교폭력대책자치위원회의 위원이다.
>
> 2. 피고인은 2016. 12. 12. 19:00경 파주시 동패동 C아파트 관리사무소 지하 도서관 내에서 2016. 11. 25. 학교폭력대책자치위원회에서 B학생과 관련하여 심의·의결하여 취득한 '최순실 국정농단의 축소판 파주 G고 사태'라는 제목으로 문서를 배포함으로써 피해학생과 가해학생 개인의 개인정보에 관한 사항이나 외부로 누설될 경우 분쟁당사자 간에 논란을 일으킬 우려가 있는 사항을 누설하였다.
>
> 3. 피고는 이 사건으로 고소를 당하여 재판을 받았고, 1심법원(의정부지방법원 고양지원 2018. 1. 30. 선고 2017고정800 판결)에 불복하여 항소함으로써 이 재판을 받게 되었다.

15　이와 관련된 판례로는 「학교폭력예방 및 대책에 관한 법률」 제17조에 의한 사립초등학교장의 징계조치를 「행정소송법」상의 처분으로 판단한 사례(대구고등법원 2017나22439 사립학교처분무효확인 판결문)를 참조할 것. 위 사건에 관한 세부 내용은 위 판결문 pp. 5-9 참조.

〈주문〉

1. 원심판결을 파기한다.

2. 피고인을 벌금 500,000원에 처한다.

3. 피고인이 위 벌금을 납입하지 아니하는 경우 100,000원을 1일로 환산한 기간 피고인을 노역장에 유치한다.

4. 위 벌금에 상당한 금액의 가납을 명한다.

해석

- 원고(가해학생B 측): 승
- 피고(비밀누설 위원A): 패

학교폭력대책자치위원회 위원인 A가 학교폭력 가해학생인 B와 관련된 내용을 문서로 작성하여 배포한 사건인데, 피고인은 B를 특정한 바가 없고 관련 법령상 비밀에 해당하지 않으며, 학교의 전반적인 문제점에 대해 다룬 것일 뿐이라고 주장하였다. 그러나 문서의 내용은 학교폭력대책자치위원회의 의결내용과 충분히 관련이 있고, 그 내용상 가해학생이 누구인지 충분히 특정이 가능하며, 학교 전반적인 내용도 있지만 가해학생 개인에 대한 내용도 8쪽 중 약 2쪽에 달하는 등 상당한 점 등을 고려하여 위법성을 인정하고 처벌(벌금 500,000원)한 사례이다.

3) 장애학생 관련 판례

교사가 장애학생에 대하여 시행한 교육방법이 특수교육 이론상 최선의 방법이 아니라거나 효과적인 방법으로 지도하지 않았을 경우, 이러한 교사의 지도방법에 대해 보호감독의무 위반으로 책임을 물을 수 있는가? **(대법원 2015. 8. 27. 선고 2012다95134 판결)**[16]

16 발달지체아인 원고(당시 ○○초 5학년 → ◇◇초 6학년)와 그 부모가 각 학년 담임교사, ○○초 교장, ◇

판례

〈사건개요〉

1. 원고 1(장애학생)은 특수교육대상자가 아니어서 통합학급이 아닌 일반학급에 배치되었다.

2. 피고 1(담임교사)은 원고 1의 수업방해 행동이 고쳐지지 아니하자 3주간 교탁 옆 자리에서 수업을 받도록 하였고, 원고 1이 점심시간을 놓치고 나서 점심을 먹겠다고 하자 수업시간 중 교실에서 점심을 먹도록 하였다.

3. 피고 1이 원고 1의 수업방해 행동을 고치기 위하여 원고 1로 하여금 약 3주간 교탁 옆자리에서 수업을 듣도록 한 것은 그전에 반 학생들과 정한 규칙에 따른 것이었다.

4. 원고 측은 ① 피고 1(담임교사)이 분쟁의 이유를 제대로 파악하지 않은 채 다른 학생의 말만 듣고 원고 1(장애학생)에게 벌을 주었고, 원고 1을 비정상적 아이로 취급하였으며, ② 피고 3은 반 여학생들의 계속된 괴롭힘을 방치하고 단소와 주먹으로 원고 1을 때리는 등 체벌을 가하였고, ③ 피고 2(교장)는 원고 1에 대한 특수한 배려를 요청하는 원고 2(장애학생의 모친)의 요청을 묵살하고 아무런 조치도 취하지 않았으며, ④ 피고 5, 피고 6은 원고들의 명예를 훼손하고, 피고 6이 원고들에게 전학을 강요하였다는 취지로 손해배상을 청구하는 소송을 제기하였고, 항소심에서도 패배하자 대법원까지 상고를 하게 되었다.

．．

〈판결요지〉

1. ① 피고1이 취한 위와 같은 방법이 특수교육 이론상 최선이라거나 효과적인 방법이라고 보기는 어려울지라도 애초에 장애학생에게는 사용할 수 없는 방법이라거나 장애학생의 인권을 침해하는 행위로까지는 보기 어려운 점, ② 피고 1은 점심을 먹겠다는 원고 1의 뜻에 따라 식사를 하게 한 것이고, 수업시간 중 교실이 아닌 다른 곳에서 식사를 하게 할 경우에는 원고 1의 학습권을 침해할 수도 있으므로 교실에서 식사를 하게 한 것은 부득이한 조치로 볼 수 있는 점, ③ 원고 1의 장애

◇초 교감, 경기도교육청, ◇◇초 6학년 같은 반 학부모대표를 상대로 한 손해배상 청구소송에서 각 피고들이 보호감독의무를 소홀히 하였거나 명예를 훼손한 것이 인정되지 않는다고 하여 원고에게 패소 판결을 한 사건도 있음(수원지방법원 여주지원 2011. 11. 24. 선고 2010가단16122 판결 참조).

정도가 비교적 중하지 아니하고, 피고 1이 원고 1을 담당하였던 기간은 3개월이 약간 넘는 정도에 불과하며, 원고 1의 전학 이후 당시 교장이던 피고 2가 원고 2에게 원고 1에 대한 특수교육을 제의하였음에도 원고 2가 이를 거절하였던 점 등을 종합하여 보면, 피고 1, 피고 3이 원고 1에 대하여 앞서 본 바와 같은 보호감독의무를 위반하였다고 보기는 어렵다.

2. 따라서 원심이 피고 1, 피고 3, 피고 2, 피고 경기도의 원고 1에 대한 손해배상책임을 인정하지 않은 것은 수긍할 수 있고, 거기에 학교장, 교사 등의 장애학생에 대한 보호감독의무에 관한 법리를 오해한 잘못이 없다.

3. 관련 증거를 기록에 비추어 살펴보면, 원심의 위와 같은 판단은 정당하고, 거기에 논리와 경험의 법칙을 위반하여 자유심증주의의 한계를 벗어나거나 필요한 심리를 다하지 아니하는 등의 잘못이 있다고 할 수 없다.

〈주문〉

상고를 모두 기각한다. 상고비용은 원고들이 부담한다.

해석

• 원고(장애학생 측): 패
• 피고(담임교사, 교장, 교감, 경기도): 승

학급 담당교사는 수업 방해 등 문제를 일으키는 학생의 행동을 고치기 위하여 어떤 방법을 사용할지를 결정할 권한이 있으므로, 교사가 장애학생에 대하여 시행한 교육방법이 보호감독의무를 위반한 것으로 볼 수 있기 위해서는 당해 학교 및 학급의 교육환경, 학생의 장애의 유형 및 정도, 채택한 교육방법에 따른 효과와 부작용 등에 비추어 그 교육방법이 당해 학생에게는 사용할 수 없는 방법에 해당되거나 장애학생의 인권을 침해하는 행위에 해당하는 등 객관적 정당성을 상실하였다고 인정될 정도에 이른 경우이어야 하며, 단지 특수교육 이론상 최선의 방법이라거나 효과적인 방법이라고 보기 어렵다는 사정만으로 위와 같은 보호감독의무를 위반한 것이라고 할 수는 없다는 판결이다.

따라서 이 사건에서 공동피고가 된 해당학교 교장, 교감, 그리고 해당학교를 감독하는 경기도교육청에게 그 책임을 물을 수 없게 된 판결이다.

4) 학교안전공제회에 공제급여 신청관련 판례

◼◼◼ 쉬는 시간에 발생한 폭행사건으로 인해 상해가 발생한 경우, 그 치료비를 「학교안전사고 예방 및 보상에 관한 법률」에 근거한 공제급여를 청구할 수 있는가? (서울중앙지방법원 2013. 7. 23. 선고 2012가합39825 판결)

판례

〈사건개요〉

1. 원고(피해자) 양○○과 가해자 김○○은 2011. 6. 8. 15:15경 6교시를 마치고 쉬는 시간에 ◼◼◼중학교 1학년 1반 교실에서 원고 양○○가 다른 학생들이 가지고 노는 필통이 김○○의 것이 아니냐고 말한 것으로 인하여 말다툼을 하게 되었다. 그러던 중 김○○은 안경을 쓰고 있던 원고 양○○의 왼쪽 눈 부위를 주먹으로 1회 때려 10주간의 치료를 요하는 좌안 공막 및 각막 열상, 좌안 상하안검 부분열상, 좌안 홍채 열상, 좌측 안면부 열상 등을 가하였다.

2. 원고 천○○(양○○의 모친)은 원고 양○○의 담임교사로부터 연락을 받고 ◼◼◼중학교에 와서 원고 양○○를 데리고 서울대학교병원으로 갔고, 원고 양○○는 같은 날 서울대학교병원에서 좌안 각막 및 공막 열상에 대해 상처부위 탐색술 및 1차적 봉합술, 안면부 열상에 대해 1차적 피부 봉합술을 받았으며, 2011. 6. 10. 봉합부에서 유리체 누출이 있어 동일 상처부위 재탐색 및 재봉합술을 받았다.

3. 이 사건 불법행위로 인하여 원고 양○○에게 좌안 각막 혼탁, 좌안 홍채 결손 및 이로 인한 빛보기반사 기능 장해 등이 발생하였다.

4. 이에 원고들(피해자와 그 부모)은 이 사건 불법행위는 원고 양○○가 쉬는 시간에 교실에서 상해를 입은 것이어서 구 학교안전사고법상 학교안전사고에 해당하므로, 피고(서울특별시학교안전공제회)는 원고들에게 공제급여를 지급해 달라는

　　취지로 서울중앙지방법원에 민사소송을 제기하였다.

⟨주문⟩

1. 원고들의 청구를 모두 기각한다.
2. 소송비용은 원고들이 부담한다.

해석

- 원고(피해자 측): 패
- 피고(서울특별시학교안전공제회): 승

　　재판부는 이 사건 불법행위가 구(舊) 「학교안전사고 예방 및 보상에 관한 법률」(이하 "학교안전사고법")상 학교안전사고에 해당하는지 여부를 판단했는데, 구 학교안전사고법 및 동법 시행령 규정에 의하면, 학교안전사고에 해당하기 위해서는 ① 교육활동 중에 발생한 사고이어야 하고, ② 교육활동에 해당하기 위해서는 장소적 요건, 시간적 요건, 내용적 요건이 모두 갖추어져 있어야 한다고 보았다.

　　이 사건은 ▧▧▧중학교 내에서 휴식시간에 발생한 사고로서 교육활동의 장소적 요건과 시간적 요건을 갖추고 있으나(구 학교안전사고법 시행령 제2조 제2호), 교육과정 또는 학교장의 방침에 따라 행하는 활동 또는 이와 관련된 활동 중 발생한 사고에 해당하지 않으므로 교육활동의 내용적 요건을 갖추었다고 볼 수 없다고 판시하였다.

　　따라서 이 사건 불법행위는 구 학교안전사고법 및 동법 시행령의 해석상 학교안전사고에 해당하지 않으며, 오히려 이 사건은 구 학교폭력법상 학교폭력에 해당하는 것이므로, 원고들의 청구는 공제급여의 액수 등에 관하여 나아가 살펴볼 필요 없이 모두 이유 없으므로 기각하기로 하여 주문과 같이 판결하였다.

7장. 「형법」과 학교폭력

　「형법」이란 범죄가 성립되는 요건과 그 범죄에 해당하는 형벌의 종류와 내용을 규정한 법이다. 보다 쉽게 말해서 죄를 범한 자를 처벌하기 위한 법으로써 범죄행위를 했을 경우 구치소, 교도소 등 교정시설에서 징역을 살거나 벌금, 자격정지(경우에 따라서는 둘 이상의 처벌을 모두 받을 수 있음)를 당하는 등 법적 처벌을 받는 법률이다. 이 장에서는 「형법」에 명시되어 있는 학교폭력과 관련된 내용들을 살펴본다.

1. 「형법」의 구성

　「형법」은 42장, 372개 조항으로 구성되어 있다. 우선 「형법」이 어떤 내용으로 구성되어 있는지를 살펴보자.

형법

[시행 2020. 10. 20.] [법률 제17511호, 2020. 10. 20., 일부개정]

제1편 총칙
제1장 형법의 적용범위
제1조(범죄의 성립과 처벌)~제8조(총칙의 적용)

제2장 죄
제1절 죄의 성립과 형의 감면
제9조(형사미성년자)~제24조(피해자의 승낙)

제2절 미수범
제25조(미수범)~제29조(미수범의 처벌)

제3절 공범
제30조(공동정범)~제34조(간접정범, 특수한 교사, 방조에 대한 형의 가중)

제4절 누범
제35조(누범)~제36조(판결선고후의 누범 발각)

제5절 경합범
제37조(경합범)~제40조(상상적 경합)

제3장 형
제1절 형의 종류와 경중
제41조(형의 종류)~제50조(형의 경중)

제2절 형의 양정
제51조(양형의 조건)~제58조(판결의 공시)

제3절 형의 선고유예
제59조(선고유예의 요건)~제61조(선고유예의 실효)

제4절 형의 집행유예
제62조(집행유예의 요건)~제65조(집행유예의 효과)

제5절 형의 집행
제66조(사형)~제71조(유치일수의 공제)

제6절 가석방
제72조(가석방의 요건)~제76조(가석방의 효과)

제7절 형의 시효
제77조(시효의 효과)~제80조(시효의 중단)

제8절 형의 소멸
제81조(형의 실효)~제82조(복권)

제4장 기간
제83조(기간의 계산)~제86조(석방일)

제2편 각칙
제1장 내란의 죄
제87조(내란)~제91조(국헌문란의 정의)

제2장 외환의 죄
제92조(외환유치)~제104조의2 삭제

제3장 국기에 관한 죄
제105조(국기, 국장의 모독)~제106조(국기, 국장의 비방)

제4장 국교에 관한 죄
제107조(외국원수에 대한 폭행 등)~제113조(외교상기밀의 누설)

제5장 공안(公安)을 해하는 죄
제114조(범죄단체 등의 조직)~제118조(공무원자격의 사칭)

제6장 폭발물에 관한 죄
제119조(폭발물사용)~제121조(전시폭발물제조 등)

제7장 공무원의 직무에 관한 죄
제122조(직무유기)~제135조(공무원의 직무상 범죄에 대한 형의 가중)

제8장 공무방해에 관한 죄
제136조(공무집행방해)~제144조(특수공무방해)

제9장 도주와 범인은닉의 죄
제145조(도주, 집합명령위반)~제151조(범인은닉과 친족간의 특례)

제10장 위증과 증거인멸의 죄
제152조(위증, 모해위증)~제155조(증거인멸 등과 친족간의 특례)

제11장 무고의 죄
제156조(무고)~제157조(자백·자수)

제12장 신앙에 관한 죄
제158조(장례식등의 방해)~제163조(변사체검시방해)

제13장 방화와 실화의 죄
제164조(현주건조물등에의 방화)~제176조(타인의 권리대상이 된 자기의 물건)

제14장 일수와 수리에 관한 죄
제177조(현주건조물등에의 일수)~제184조(수리방해)

제15장 교통방해의 죄
제185조(일반교통방해)~제191조(예비, 음모)

제16장 먹는 물에 관한 죄
제192조(먹는 물의 사용방해)~제197조(예비, 음모)

제17장 아편에 관한 죄
제198조(아편 등의 제조 등)~제206조(몰수, 추징)

제18장 통화에 관한 죄
제207조(통화의 위조 등)~제213조(예비, 음모)

제19장 유가증권, 우표와 인지에 관한 죄
제214조(유가증권의 위조 등)~제224조(예비, 음모)

제20장 문서에 관한 죄
제225조(공문서등의 위조·변조)~제237조
의2(복사문서등)

제21장 인장에 관한 죄
제238조(공인 등의 위조, 부정사용)~제
240조(미수범)

제22장 성풍속에 관한 죄
제241조 삭제~제245조(공연음란)

제23장 도박과 복표에 관한 죄
제246조(도박, 상습도박)~제249조(벌금의
병과)

제24장 살인의 죄
제250조(살인, 존속살해)~제256조(자격정
지의 병과)

제25장 상해와 폭행의 죄
제257조(상해, 존속상해)~제265조(자격정
지의 병과)

제26장 과실치사상의 죄
제266조(과실치상)~제268조(업무상과실·
중과실 치사상)

제27장 낙태의 죄
제269조(낙태)~제270조(의사 등의 낙태,
부동의낙태)

제28장 유기와 학대의 죄
제271조(유기, 존속유기)~제275조(유기등
치사상)

제29장 체포와 감금의 죄
제276조(체포, 감금, 존속체포, 존속감금)~
제282조(자격정지의 병과)

제30장 협박의 죄
제283조(협박, 존속협박)~제286조(미수범)

제31장 약취(略取), 유인(誘引) 및 인
신매매의 죄
제287조(미성년자의 약취, 유인)~제296조
의2(세계주의)

제32장 강간과 추행의 죄
제297조(강간)~제306조 삭제

제33장 명예에 관한 죄
제307조(명예훼손)~제312조(고소와 피해
자의 의사)

제34장 신용, 업무와 경매에 관한 죄
제313조(신용훼손)~제315조(경매, 입찰의
방해)

제35장 비밀침해의 죄
제316조(비밀침해)~제318조(고소)

제36장 주거침입의 죄
제319조(주거침입, 퇴거불응)~제322조(미
수범)

제37장 권리행사를 방해하는 죄
제323조(권리행사방해)~제328조(친족간
의 범행과 고소)

제38장 절도와 강도의 죄
제329조(절도)~제346조(동력)

제39장 사기와 공갈의 죄
제347조(사기)~제354조(친족간의 범행,
동력)

제40장 횡령과 배임의 죄 제355조(횡령, 배임)~제361조(친족간의 범 행, 동력)	**제42장 손괴의 죄** 제366조(재물손괴등)~제372조(동력) **부칙**
제41장 장물에 관한 죄 제362조(장물의 취득, 알선 등)~제365조 (친족간의 범행)	

2. 「형법」에 나타난 학교폭력 관련 조항

1) 「형법」의 기초

「형법」에 나타난 학교폭력과 직·간접적으로 관련된 조항들을 살펴보기 전에 「형법」에 대한 기초적 이해를 위해 간단한 퀴즈를 풀어보자.

번호	문제	○	×	관련조항
1	범죄의 성립과 처벌은 행위 시의 법률에 따른다.			§1(범죄의 성립과 처벌)①
2	14세 되지 아니한 자의 행위는 벌하지 아니한다.			§9(형사미성년자)
3	저항할 수 없는 폭력이나 자기 또는 친족의 생명, 신체에 대한 위해를 방어할 방법이 없는 협박에 의하여 강요된 행위는 벌하지 아니한다.			§12(강요된 행위)
4	범죄의 실행에 착수하여 행위를 송료하지 못하였거나 결과가 발생하지 아니한 때에는 미수범으로 처벌한다.[1]			§25(미수범)①

---

[1] 소매치기를 하려고 피해자에게 접근하여 그가 들고 있는 핸드백에 손을 댔다면 그 핸드백을 아직 열지 못하였다 할지라도 절도행위의 실행의 착수가 있다고 보아야 하므로 처벌 대상이 된다. 서울고등법원 1982. 11. 5. 선고 82노2006 제4형사부 판결 참조.

번호	문제	○	×	관련조항
5	범죄의 음모 또는 예비행위가 실행의 착수에 이르지 아니한 때에는 법률에 특별한 규정이 없는 한 벌하지 아니한다.			§28(음모, 예비)
6	미수범을 처벌할 죄는 각칙의 해당 죄에서 정한다.			§29(미수범의 처벌)
7	2인 이상이 공동하여 죄를 범한 때에는 각자를 그 죄의 정범으로 처벌한다.			§30(공동정범)
8	타인을 교사하여 죄를 범하게 한 자는 죄를 실행한 자와 동일한 형으로 처벌한다.			§31(교사범)①
9	타인의 범죄를 방조한 자는 종범으로 처벌한다.			§32(종범)①
10	사형, 무기 또는 장기 4년 이상의 징역에 해당하는 범죄를 목적으로 하는 단체 또는 집단을 조직하거나 이에 가입 또는 그 구성원으로 활동한 사람은 그 목적한 죄에 정한 형으로 처벌한다. 다만, 형을 감경할 수 있다.			§114(범죄단체 등의 조직)

2) 「형법」에 나타난 학교폭력 관련 조항

이제 「형법」에 나타난 학교폭력과 직·간접적으로 관련된 조항과 그 내용, 처벌 범위들을 살펴보자.

① 소요죄(§115) 및 다중불해산죄(§116)

다중이 집합하여 폭행, 협박 또는 손괴의 행위를 한 자는 1년 이상 10년 이하의 징역이나 금고 또는 1,500만 원 이하의 벌금에 처한다(§115).

또한 폭행, 협박 또는 손괴의 행위를 할 목적으로 다중이 집합하여 그를 단속할 권한이 있는 공무원으로부터 3회 이상의 해산명령을 받고 해산하지 아니한 자는 2년 이하의 징역이나 금고 또는 300만 원 이하의 벌금에 처한다(§116).

관련 조항	행위	처벌범위
§115 (소요)	다중이 집합하여 폭행, 협박 또는 손괴 행위	1년-10년 징역, 금고 또는 1,500만 원 이하의 벌금
§116 (다중불해산)	폭행, 협박 또는 손괴의 행위를 할 목적으로 다중이 집합하여 그를 단속할 권한이 있는 공무원으로부터 3회 이상의 해산명령을 받고 해산하지 아니한 자	2년 이하의 징역, 금고 또는 300만 원 이하의 벌금

② 폭발물 사용죄(§119)

폭발물을 사용하여 사람의 생명, 신체 또는 재산을 해하거나 기타 공안을 문란한 자는 사형, 무기 또는 7년 이상의 징역에 처한다. 미수범은 처벌한다.

관련 조항	행위	처벌범위
§119 (폭발물사용)①, ③	폭발물을 사용하여 사람의 생명, 신체 또는 재산을 해하거나 기타 공안을 문란한 자	사형, 무기 또는 7년 이상의 징역(미수범은 처벌)

③ 음행매개, 음화반포, 음화제조, 공연문란죄(§242~§245)

영리의 목적으로 사람을 매개하여 간음하게 한 자는 3년 이하의 징역 또는 1,500만 원 이하의 벌금에 처한다(§242). 음란한 문서, 도화, 필름 기타 물건을 반포, 판매 또는 임대하거나 공연히 전시 또는 상영한 자는 1년 이하의 징역 또는 500만 원 이하의 벌금에 처한다(§243). 음란한 물건을 제조, 소지, 수입 또는 수출한 자는 1년 이하의 징역 또는 500만 원 이하의 벌금에 처한다(§244).

한편, 공연히 음란한 행위를 한 자는 1년 이하의 징역, 500만 원 이하의 벌금, 구류 또는 과료에 처한다(§245).

관련 조항	행위	처벌범위
§242 (음행매개)	영리의 목적으로 사람을 매개하여 간음하게 한 자	3년 이하의 징역 또는 1,500만 원 이하의 벌금

관련 조항	행위	처벌범위
§243 (음화반포등)	음란한 문서, 도화, 필름 기타 물건을 반포, 판매 또는 임대하거나 공연히 전시 또는 상영한 자	1년 이하의 징역 또는 500만 원 이하의 벌금
§244 (음화제조 등)	음란한 물건을 제조, 소지, 수입 또는 수출한 자	1년 이하의 징역 또는 500만 원 이하의 벌금
§245 (공연음란)	공연히 음란한 행위를 한 자	1년 이하의 징역, 500만 원 이하의 벌금, 구류 또는 과료

④ 살인죄, 상해죄, 폭행죄 등(§250~§261)

사람을 살해한 자[2]는 사형, 무기 또는 5년 이상의 징역에 처한다. 자기 또는 배우자의 직계존속을 살해한 자는 사형, 무기 또는 7년 이상의 징역에 처한다(§250).

직계존속이 치욕을 은폐하기 위하거나 양육할 수 없음을 예상하거나 특히 참작할 만한 동기로 인하여 분만 중 또는 분만직후의 영아를 살해한 때에는 10년 이하의 징역에 처한다(§251).

사람의 촉탁이나 승낙을 받아 그를 살해한 자는 1년 이상 10년 이하의 징역에 처한다. 사람을 교사하거나 방조하여 자살하게 한 자도 같은 형에 처한다(§252).

사람의 신체를 상해한 자는 7년 이하의 징역, 10년 이하의 자격정지 또는 1천만원 이하의 벌금에 처한다. 자기 또는 배우자의 직계존속에 대하여 제1항의 죄를 범한 때에는 10년 이하의 징역 또는 1,500만 원 이하의 벌금에 처한다(§257).

2　자신의 여자친구를 45일 동안 감금하여 수차례 폭행한 결과 사망에 이른 사건에서 살인죄를 인정하여 징역 장기 15년 단기 7년을 선고한 사례. 살인죄에서 살인의 범의는 반드시 살해의 목적이나 계획적인 살해의 의도가 있어야 인정되는 것은 아니고, 자기의 행위로 인하여 타인의 사망이라는 결과를 발생시킬 만한 가능성 또는 위험이 있음을 인식하거나 예견하면 족한 것이며, 그 인식이나 예견은 확정적인 것은 물론 불확정적인 것이라도 이른바 미필적 고의로 인정되는 것인바, 피고인이 범행 당시 살인의 범의는 없었고 단지 상해 또는 폭행의 범의만 있었을 뿐이라고 다투는 경우에, 피고인에게 범행 당시 살인의 범의가 있었는지 여부는 피고인이 범행에 이르게 된 경위, 범행의 동기, 준비된 흉기의 유무·종류·용법, 공격의 부위와 반복성, 사망의 결과발생가능성 정도 등 범행 전후의 객관적인 사정을 종합하여 판단할 수밖에 없다. 대법원 2006. 4. 14. 선고 2006도734 판결 참조.

사람의 신체를 상해하여 생명에 대한 위험을 발생하게 한 자, 신체의 상해로 인하여 불구 또는 불치나 난치의 질병에 이르게 한 자는 1년 이상 10년 이하의 징역에 처한다. 자기 또는 배우자의 직계존속에 대하여 전2항의 죄를 범한 때에는 2년 이상 15년 이하의 징역에 처한다(§258).

단체 또는 다중의 위력을 보이거나 위험한 물건을 휴대하여 제257조제1항 또는 제2항의 죄를 범한 때에는 1년 이상 10년 이하의 징역에 처한다. 단체 또는 다중의 위력을 보이거나 위험한 물건을 휴대하여 제258조의 죄를 범한 때에는 2년 이상 20년 이하의 징역에 처한다(§258의2).

사람의 신체를 상해하여 사망에 이르게 한 자는 3년 이상의 유기징역에 처한다. 자기 또는 배우자의 직계존속에 대하여 전항의 죄를 범한 때에는 무기 또는 5년 이상의 징역에 처한다(§259).[3]

사람의 신체에 대하여 폭행을 가한 자는 2년 이하의 징역, 500만 원 이하의 벌금, 구류 또는 과료에 처한다. 자기 또는 배우자의 직계존속에 대하여 제1항의 죄를 범한 때에는 5년 이하의 징역 또는 700만 원 이하의 벌금에 처한다. 제1항 및 제2항의 죄는 피해자의 명시한 의사에 반하여 공소를 제기할 수 없다(§260).

단체 또는 다중의 위력을 보이거나 위험한 물건을 휴대하여 제260조제1항 또는 제2항의 죄를 범한 때에는 5년 이하의 징역 또는 1천만 원 이하의 벌금에 처한다(§261).

관련 조항	행위	처벌범위
§250 (살인, 존속살해)	사람을 살해한 자	사형, 무기 또는 5년 이상의 징역
	자기 또는 배우자의 직계존속을 살해한 자	사형, 무기 또는 7년 이상의 징역

---

3   일명 "수원여중생 노숙소녀 피살사건"(2007.5.14.)에서 가해자 1은 범행 당시 18세였으나 판결 선고 당시 19세가 넘어 「소년법」의 적용을 받지 않아 징역 4년, 나머지 가해자 3명은 징역 단기 2년, 장기 3년 처분을 받았다. 수원지방법원 2008. 7. 16. 선고 2008고합45,64(병합),73(병합),117(병합) 판결 참조.

관련 조항	행위	처벌범위
§251 (영아살해)	직계존속이 치욕을 은폐하기 위하거나 양육할 수 없음을 예상하거나 특히 참작할 만한 동기로 인하여 분만중 또는 분만직후의 영아를 살해한 때	10년 이하의 징역
§252 (촉탁, 승낙에 의한 살인 등)	사람의 촉탁이나 승낙을 받아 그를 살해한 자, 사람을 교사하거나 방조하여 자살하게 한 자	1년-10년 이하의 징역
§257 (상해, 존속상해)	① 사람의 신체를 상해한 자	7년 이하의 징역, 10년 이하의 자격정지 또는 1천만 원 이하의 벌금
	② 자기 또는 배우자의 직계존속에 대하여 위와 같은 죄를 범한 때	10년 이하의 징역 또는 1,500만 원 이하의 벌금
§258 (중상해, 존속중상해)	① 사람의 신체를 상해하여 생명에 대한 위험을 발생하게 한 자 ② 신체의 상해로 인하여 불구 또는 불치나 난치의 질병에 이르게 한 자	1년-10년 이하의 징역
	③ 자기 또는 배우자의 직계존속에 대하여 위와 같은 죄를 범한 때	2년-15년 이하의 징역
§258의2 (특수상해)	① 단체 또는 다중의 위력을 보이거나 위험한 물건을 휴대하여 제257조제1항 또는 제2항의 죄를 범한 때	1년-10년 이하의 징역
	② 단체 또는 다중의 위력을 보이거나 위험한 물건을 휴대하여 제258조의 죄를 범한 때	2년-20년 이하의 징역
§259 (상해치사)	① 사람의 신체를 상해하여 사망에 이르게 한 자	3년 이상의 유기징역
	② 자기 또는 배우자의 직계존속에 대하여 위와 같은 죄를 범한 때	무기 또는 5년 이상의 징역
§260 (폭행, 존속폭행) : 반의사 불벌죄	① 사람의 신체에 대하여 폭행을 가한 자	2년 이하의 징역, 500만 원 이하의 벌금, 구류 또는 과료
	② 자기 또는 배우자의 직계존속에 대하여 위와 같은 죄를 범한 때	5년 이하의 징역 또는 700만 원 이하의 벌금

관련 조항	행위	처벌범위
§261 (특수폭행)	단체 또는 다중의 위력을 보이거나 위험한 물건을 휴대하여 제260조제1항 또는 제2항의 죄를 범한 때	5년 이하의 징역 또는 1천만 원 이하의 벌금

⑤ 체포 및 감금죄(§276~§281)

사람을 체포 또는 감금한 자는 5년 이하의 징역 또는 700만 원 이하의 벌금에 처한다. 자기 또는 배우자의 직계존속에 대하여 제1항의 죄를 범한 때에는 10년 이하의 징역 또는 1,500만 원 이하의 벌금에 처한다(§276).[4]

사람을 체포 또는 감금하여 가혹한 행위를 가한 자는 7년 이하의 징역에 처한다. 자기 또는 배우자의 직계존속에 대하여 전항의 죄를 범한 때에는 2년 이상의 유기징역에 처한다(§277).

단체 또는 다중의 위력을 보이거나 위험한 물건을 휴대하여 전 2조의 죄를 범한 때에는 그 죄에 정한 형의 2분의 1까지 가중한다(§278).

제276조 내지 제280조의 죄를 범하여 사람을 상해에 이르게 한 때에는 1년 이상의 유기징역에 처한다. 사망에 이르게 한 때에는 3년 이상의 유기징역에 처한다. 자기 또는 배우자의 직계존속에 대하여 제276조 내지 제280조의 죄를 범하여 상해에 이르게 한 때에는 2년 이상의 유기징역에 처한다. 사망에 이르게 한 때에는 무기 또는 5년 이상의 징역에 처한다(§281).

4　감금행위가 강간치상행위가 있기 전에 장소를 달리하여 이루어졌다면 별도의 감금죄가 성립된다. 광주고등법원 1976. 7. 13. 선고 76노192 제2형사부 판결 참조.

관련 조항	행위	처벌범위
§276 (체포, 감금, 존속체포, 존속감금)	① 사람을 체포 또는 감금한 자	5년 이하의 징역 또는 700만 원 이하의 벌금
	② 자기 또는 배우자의 직계존속에 대하여 위와 같은 죄를 범한 때	10년 이하의 징역 또는 1,500만 원 이하의 벌금
§277 (중체포, 중감금, 존속중체포, 존속중감금)	① 사람을 체포 또는 감금하여 가혹한 행위를 가한 자	7년 이하의 징역
	② 자기 또는 배우자의 직계존속에 대하여 전항의 죄를 범한 때	2년 이상의 유기징역
§278 (특수체포, 특수감금)	단체 또는 다중의 위력을 보이거나 위험한 물건을 휴대하여 전 2조의 죄를 범한 때	그 죄에 정한 형의 2분의 1까지 가중
§281 (체포·감금 등의 치사상)	① 제276조 내지 제280조의 죄를 범하여 사람을 상해에 이르게 한 때	1년 이상의 유기징역
	사망에 이르게 한 때	3년 이상의 유기징역
	② 자기 또는 배우자의 직계존속에 대하여 제276조 내지 제280조의 죄를 범하여 상해에 이르게 한 때	2년 이상의 유기징역
	사망에 이르게 한 때	무기 또는 5년 이상의 징역

⑥ 협박죄 및 특수협박죄(§283~§284)

사람을 협박한 자는 3년 이하의 징역, 500만 원 이하의 벌금, 구류 또는 과료에 처한다. 자기 또는 배우자의 직계존속에 대하여 제1항의 죄를 범한 때에는 5년 이하의 징역 또는 700만 원 이하의 벌금에 처한다.[5] 제1항 및 제2항의 죄는 피해자의 명시한 의사에 반하여 공소를 제기할 수 없다(§283).

---

5   혼인 외 성관계 사실을 폭로하겠다는 등의 내용으로 유부녀인 피해자를 협박하여 간음 또는 추행한 사안에서 강간죄 및 강제추행죄가 성립한다고 한 사례가 있다. 대법원 2007. 1. 25. 선고 2006도5979 판결 참조.

단체 또는 다중의 위력을 보이거나 위험한 물건을 휴대하여 전조제1항, 제2항의 죄를 범한 때에는 7년 이하의 징역 또는 1천만 원 이하의 벌금에 처한다(§284).

관련 조항	행위	처벌범위
§283 (협박, 존속협박) : 반의사 불벌죄	사람을 협박한 자	3년 이하의 징역, 500만 원 이하의 벌금, 구류 또는 과료
	자기 또는 배우자의 직계존속에 대하여 제1항의 죄를 범한 때	5년 이하의 징역 또는 700만 원 이하의 벌금
§284 (특수협박)	단체 또는 다중의 위력을 보이거나 위험한 물건을 휴대하여 전조제1항, 제2항의 죄를 범한 때	7년 이하의 징역 또는 1천만 원 이하의 벌금

⑦ 약취, 유인죄(§287~§292)

미성년자를 약취 또는 유인한 사람은 10년 이하의 징역에 처한다(§287). 추행, 간음, 결혼 또는 영리의 목적으로 사람을 약취 또는 유인한 사람은 1년 이상 10년 이하의 징역에 처한다. 노동력 착취, 성매매와 성적 착취, 장기적출을 목적으로 사람을 약취 또는 유인한 사람, 국외에 이송할 목적으로 사람을 약취 또는 유인하거나 약취 또는 유인된 사람을 국외에 이송한 사람은 2년 이상 15년 이하의 징역에 처한다(§288).

사람을 매매한 사람은 7년 이하의 징역에 처한다. 추행, 간음, 결혼 또는 영리의 목적으로 사람을 매매한 사람은 1년 이상 10년 이하의 징역에 처한다. 노동력 착취, 성매매와 성적 착취, 장기적출을 목적으로 사람을 매매한 사람은 2년 이상 15년 이하의 징역에 처한다. 국외에 이송할 목적으로 사람을 매매하거나 매매된 사람을 국외로 이송한 사람도 2년 이상 15년 이하의 징역에 처한다(§289).

제287조부터 제289조까지의 죄를 범하여 약취, 유인, 매매 또는 이송된 사람을 상해한 때에는 3년 이상 25년 이하의 징역에 처한다. 제287조부터 제289조까지의 죄를 범하여 약취, 유인, 매매 또는 이송된 사람을 상해에 이르게 한 때에는 2년 이상 20년 이하의 징역에 처한다(§290).

제287조부터 제289조까지의 죄를 범하여 약취, 유인, 매매 또는 이송된 사람을 살해한 때에는 사형, 무기 또는 7년 이상의 징역에 처한다. 제287조부터 제289조까지의 죄를 범하여 약취, 유인, 매매 또는 이송된 사람을 사망에 이르게 한 때에는 무기 또는 5년 이상의 징역에 처한다(§291).

제287조부터 제289조까지의 죄로 약취, 유인, 매매 또는 이송된 사람을 수수(授受) 또는 은닉한 사람은 7년 이하의 징역에 처한다. 제287조부터 제289조까지의 죄를 범할 목적으로 사람을 모집, 운송, 전달한 사람도 7년 이하의 징역에 처한다(§292).

관련 조항	행위	처벌범위
§287 (미성년자의 약취, 유인)	미성년자를 약취 또는 유인한 사람	10년 이하의 징역
§288 (추행 등 목적 약취, 유인 등)	추행, 간음, 결혼 또는 영리의 목적으로 사람을 약취 또는 유인한 사람	1년-10년 이하의 징역
	노동력 착취, 성매매와 성적 착취, 장기적출을 목적으로 사람을 약취 또는 유인한 사람	2년-15년 이하의 징역
	국외에 이송할 목적으로 사람을 약취 또는 유인하거나 약취 또는 유인된 사람을 국외에 이송한 사람	2년-15년 이하의 징역
§289 (인신매매)	사람을 매매한 사람	7년 이하의 징역
	추행, 간음, 결혼 또는 영리의 목적으로 사람을 매매한 사람	1년-10년 이하의 징역
	노동력 착취, 성매매와 성적 착취, 장기적출을 목적으로 사람을 매매한 사람	2년-15년 이하의 징역
	국외에 이송할 목적으로 사람을 매매하거나 매매된 사람을 국외로 이송한 사람	2년-15년 이하의 징역

관련 조항	행위	처벌범위
§290 (약취, 유인, 매매, 이송 등 상해·치상)	제287조부터 제289조까지의 죄를 범하여 약취, 유인, 매매 또는 이송된 사람을 상해한 때	3년-25년 이하의 징역
	제287조부터 제289조까지의 죄를 범하여 약취, 유인, 매매 또는 이송된 사람을 상해에 이르게 한 때	2년-20년 이하의 징역
§291 (약취, 유인, 매매, 이송 등 살인·치사)	제287조부터 제289조까지의 죄를 범하여 약취, 유인, 매매 또는 이송된 사람을 살해한 때	사형, 무기 또는 7년 이상의 징역
	제287조부터 제289조까지의 죄를 범하여 약취, 유인, 매매 또는 이송된 사람을 사망에 이르게 한 때	무기 또는 5년 이상의 징역
§292 (약취, 유인, 매매, 이송된 사람의 수수·은닉 등)	제287조부터 제289조까지의 죄로 약취, 유인, 매매 또는 이송된 사람을 수수(授受) 또는 은닉한 사람	7년 이하의 징역
	제287조부터 제289조까지의 죄를 범할 목적으로 사람을 모집, 운송, 전달한 사람	7년 이하의 징역

⑧ 강간, 유사강간, 강제추행죄 등(§297~§305)

폭행 또는 협박으로 사람을 강간한 자는 3년 이상의 유기징역에 처한다(§297).[6]

6　강간죄가 성립하려면
　① 가해자의 폭행·협박은 피해자의 항거를 불가능하게 하거나 현저히 곤란하게 할 정도의 것이어야 하고, 그 폭행·협박이 피해자의 항거를 불가능하게 하거나 현저히 곤란하게 할 정도의 것이었는지 여부는 그 폭행·협박의 내용과 정도는 물론, 유형력을 행사하게 된 경위, 피해자와의 관계, 성교 당시와 그 후의 정황 등 모든 사정을 종합하여 판단하여야 한다.
　② 가해자가 폭행을 수반함이 없이 오직 협박만을 수단으로 피해자를 간음 또는 추행한 경우에도 그 협박의 정도가 피해자의 항거를 불가능하게 하거나 현저히 곤란하게 할 정도의 것(강간죄)이거나 또는 피해자의 항거를 곤란하게 할 정도의 것(강제추행죄)이면 강간죄 또는 강제추행죄가 성립하고, 협박과 간음 또는 추행 사이에 시간적 간격이 있더라도 협박에 의하여 간음 또는 추행이 이루어진 것으로 인정될 수 있다면 달리 볼 것은 아니다.
　③ 유부녀인 피해자에 대하여 혼인 외 성관계 사실을 폭로하겠다는 등의 내용으로 협박하여 피해자를 간음 또는 추행한 경우에 있어서 그 협박이 강간죄와 강제추행죄에 해당하는 폭행의 정도의 것이었는지 여부에 관하여는, 일반적으로 혼인한 여성에 대하여 정조의 가치를 특히 중시하는 우리 사회의 현실이나 형법상 간통죄로 처벌하는 조항이 있는 사정 등을 감안할 때 혼인 외 성관계 사실의 폭로 자

폭행 또는 협박으로 사람에 대하여 구강, 항문 등 신체(성기는 제외)의 내부에 성기를 넣거나 성기, 항문에 손가락 등 신체(성기는 제외)의 일부 또는 도구를 넣는 행위를 한 사람은 2년 이상의 유기징역에 처한다(§297조의2).

폭행 또는 협박으로 사람에 대하여 추행을 한 자는 10년 이하의 징역 또는 1,500만 원 이하의 벌금에 처한다(§298). 사람의 심신상실 또는 항거불능의 상태를 이용하여 간음 또는 추행을 한 자는 제297조, 제297조의2 및 제298조의 예에 의한다(§299). 제297조, 제297조의2, 제298조 및 제299조의 미수범은 처벌한다(§300).

제297조, 제297조의2 및 제298조부터 제300조까지의 죄를 범한 자가 사람을 상해하거나 상해에 이르게 한 때에는 무기 또는 5년 이상의 징역에 처하고(§301), 사람을 살해한 때에는 사형 또는 무기징역에, 사망에 이르게 한 때에는 무기 또는 10년 이상의 징역에 처한다(§301조의2).

미성년자 또는 심신미약자에 대하여 위계 또는 위력으로써 간음 또는 추행을 한 자는 5년 이하의 징역에 처한다(§302).

13세 미만의 사람에 대하여 간음 또는 추행을 한 자는 제297조, 제297조의2, 제298조, 제301조 또는 제301조의2의 예에 의하고, 13세 이상 16세 미만의 사람에 대하여 간음 또는 추행을 한 19세 이상의 자는 제297조, 제297조의2, 제298조, 제301조 또는 제301조의2의 예에 의한다(§305).

체가 여성의 명예손상, 가족관계의 파탄, 경제적 생활기반의 상실 등 생활상의 이익에 막대한 영향을 미칠 수 있고 경우에 따라서는 간통죄로 처벌받는 신체상의 불이익이 초래될 수도 있으며, 나아가 폭로의 상대방이나 범위 및 방법(예를 들면 인터넷 공개, 가족들에 대한 공개, 자녀들의 학교에 대한 공개 등)에 따라서는 그 심리적 압박의 정도가 심각할 수 있으므로, 단순히 협박의 내용만으로 그 정도를 단정할 수는 없고, 그 밖에도 협박의 경위, 가해자 및 피해자의 신분이나 사회적 지위, 피해자와의 관계, 간음 또는 추행 당시와 그 후의 정황, 그 협박이 피해자에게 미칠 수 있는 심리적 압박의 내용과 정도 등 모든 사정을 종합하여 신중하게 판단하여야 한다.

④ 유부녀인 피해자에 대하여 혼인 외 성관계 사실을 폭로하겠다는 등의 내용으로 협박하여 피해자를 간음 또는 추행한 사안에서 위와 같은 협박이 피해자를 단순히 외포시킨 정도를 넘어 적어도 피해자의 항거를 현저히 곤란하게 할 정도의 것이었다고 보기에 충분하다는 이유로, 강간죄 및 강제추행죄가 성립한다고 판시하였다. 대법원 2007. 1. 25. 선고 2006도5979 판결 참조.

관련 조항	행위	처벌범위
§297 (강간)	폭행 또는 협박으로 사람을 강간한 자	3년 이상의 유기징역
§297조의2 (유사강간)	폭행 또는 협박으로 사람에 대하여 구강, 항문 등 신체(성기는 제외)의 내부에 성기를 넣거나 성기, 항문에 손가락 등 신체(성기는 제외)의 일부 또는 도구를 넣는 행위를 한 사람	2년 이상의 유기징역
§298 (강제추행)	폭행 또는 협박으로 사람에 대하여 추행을 한 자	10년 이하의 징역 또는 1,500만 원 이하의 벌금
§299 (준강간, 준강제추행)	사람의 심신상실 또는 항거불능의 상태를 이용하여 간음 또는 추행을 한 자	제297조, 제297조의2 및 제298조의 예에 의함.
§300 (미수범)	제297조, 제297조의2, 제298조 및 제299조의 미수범	처벌
§301 (강간 등 상해·치상)	제297조, 제297조의2 및 제298조부터 제300조까지의 죄를 범한 자가 사람을 상해하거나 상해에 이르게 한 때	무기 또는 5년 이상의 징역
§301조의2 (강간등 살인·치사)	제297조, 제297조의2 및 제298조부터 제300조까지의 죄를 범한 자가 사람을 살해한 때	사형 또는 무기징역
	사망에 이르게 한 때	무기 또는 10년 이상의 징역
§302 (미성년자 등에 대한 간음)	미성년자 또는 심신미약자에 대하여 위계 또는 위력으로써 간음 또는 추행을 한 자	5년 이하의 징역
§305 (미성년자에 대한 간음, 추행)	13세 미만의 사람에 대하여 간음 또는 추행을 한 자	제297조, 제297조의2, 제298조, 제301조 또는 제301조의2의 예에 의함.
	13세 이상 16세 미만의 사람에 대하여 간음 또는 추행을 한 19세 이상의 자	제297조, 제297조의2, 제298조, 제301조 또는 제301조의2의 예에 의함.

⑨ 명예훼손죄 등(§307~§309)

㉠ 일반적인 명예훼손: 공연히 사실을 적시하여 사람의 명예를 훼손한 자는 2년 이하의 징역이나 금고 또는 500만 원 이하의 벌금[7]

㉡ 허위사실에 의한 명예훼손: 공연히 허위의 사실을 적시하여 사람의 명예를 훼손한 자는 5년 이하의 징역, 10년 이하의 자격정지 또는 1천만 원 이하의 벌금(§307).[8]

㉢ 사자(死者)의 명예훼손: 공연히 허위의 사실을 적시하여 사자의 명예를 훼손한 자는 2년 이하의 징역이나 금고 또는 500만원 이하의 벌금(§308).[9]

㉣ 출판물에 의한 명예훼손: 사람을 비방할 목적으로 신문, 잡지 또는 라디오 기타 출판물에 의하여 제307조제1항의 죄를 범한 자는 3년 이하의 징역이나 금고 또는 700만 원 이하의 벌금에 처하고, 같은 방법으로 제307조제2항의 죄를 범한 자는 7년 이하의 징역, 10년 이하의 자격정지 또는 1,500만 원 이하의 벌금(§309).[10]

---

7 「형법」 제310조(위법성의 조각) "제307조제1항의 행위가 진실한 사실로서 오로지 공공의 이익에 관한 때에는 처벌하지 아니한다." 이와 관련된 판례로는 세 가지가 있다.

[1] 2004. 4. 22. 학교를 사랑하는 학부모 모임(학사모)이 "학부모 참여 교사평가제의 즉각적인 시행과 부적격 교사의 교단축출을 촉구한다!"라는 부제목이 기재된 기자회견문을 배포한 사건에서 ① 피고들(학사모 및 임원)이 기자회견을 함에 있어서 원고 등을 부적격 교사로 지칭하는 등 비판적인 내용을 부가하였다고 하더라도 그 전체적인 취지는 원고 등에 대한 허위사실이 아니라 '진실한 사실'에 해당하고, ② 나아가 피고들이 제기한 부적격 교사의 선별문제는 널리 국가·사회 기타 일반 다수인의 이익에 관련된 사항으로서 객관적으로 볼 때 공적 관심 사안에 관한 것임이 분명하며, ③ 기자들에게 배포된 기자회견문 및 기자회견용 자료의 기재 내용 등의 표현방법, 그 표현에 의하여 훼손될 수 있는 부적격 교사들의 명예침해의 정도 등 제반 사정을 고려할 때 이 사건 기자회견은 공공의 이익에 관한 것으로 보아야 할 것이므로 이를 위법하다고 할 수 없다고 하여, 학사모의 기자회견이 허위사실 적시에 의한 명예훼손이 아니라고 판시하였다. 대법원 2008. 5. 8. 선고 2006다45275 판결 참조.

[2] 충남 예산의 초등학교 여성 기간제교사가 같은 학교 교장의 차 접대 요구의 부당성을 주장하는 글을 해당 군청의 홈페이지에 게재한 사안에서, 법원은 이 사안이 형법 제310조에 의하여 위법성이 조각된다고 판시하였다. 대전지법 홍성지원 2007. 2. 7. 선고 2004고단230 판결 참조.

[3] 국립대학교 교수가 자신의 연구실 내에서 제자인 여학생을 성추행하였다는 내용의 글을 지역 여성단체가 인터넷 홈페이지 또는 소식지에 게재한 행위가 공공의 이익을 위한 것으로서 비방의 목적이 있다고 단정할 수 없다고 한 사례. 대법원 2005. 4. 29. 선고 2003도2137 판결 참조.

8 제307조의 죄는 피해자의 명시한 의사에 반하여 공소를 제기할 수 없다. 「형법」 제312조(고소와 피해자의 의사)

9 고소가 있어야 공소를 제기할 수 있음. 「형법」 제312조(고소와 피해자의 의사)

10 제309조의 죄는 피해자의 명시한 의사에 반하여 공소를 제기할 수 없다. 「형법」 제312조(고소와 피해자

관련 조항	행위	처벌범위
§307 (명예훼손)	공연히 사실을 적시하여 사람의 명예를 훼손한 자	2년 이하의 징역, 금고 또는 500만 원 이하의 벌금
	공연히 허위의 사실을 적시하여 사람의 명예를 훼손한 자	5년 이하의 징역, 10년 이하의 자격정지 또는 1천만 원 이하의 벌금
§308 (사자의 명예훼손)	공연히 허위의 사실을 적시하여 사자의 명예를 훼손한 자	2년 이하의 징역, 금고 또는 500만 원 이하의 벌금
§309 (출판물 등에 의한 명예훼손)	사람을 비방할 목적으로 신문, 잡지 또는 라디오 기타 출판물에 의하여 제307조제1항의 죄를 범한 자	3년 이하의 징역, 금고 또는 700만 원 이하의 벌금
	제1항의 방법으로 제307조제2항의 죄를 범한 자	7년 이하의 징역, 10년 이하의 자격정지 또는 1,500만 원 이하의 벌금

⑩ 모욕죄(§311)

공연히 사람을 모욕한 자는 1년 이하의 징역이나 금고 또는 200만 원 이하의 벌금에 처한다(§311).[11]

관련 조항	행위	처벌범위
§311(모욕)	공연히 사람을 모욕한 자	1년 이하의 징역, 금고 또는 200만 원 이하의 벌금

⑪ 비밀침해죄(§316)

봉함 기타 비밀장치한 사람의 편지, 문서 또는 도화를 개봉한 자는 3년 이하의 징역이나

의 의사)

11   이 죄는 고소가 있어야 공소를 제기할 수 있음. 「형법」 제312조(고소와 피해자의 의사)

금고 또는 500만 원 이하의 벌금에 처한다. 봉함 기타 비밀장치한 사람의 편지, 문서, 도화 또는 전자기록 등 특수매체기록을 기술적 수단을 이용하여 그 내용을 알아낸 자도 제1항의 형과 같다(§316).[12]

관련 조항	행위	처벌범위
§316 (비밀침해)	봉함 기타 비밀장치한 사람의 편지, 문서 또는 도화를 개봉한 자, 봉함 기타 비밀장치한 사람의 편지, 문서, 도화 또는 전자기록등 특수매체기록을 기술적 수단을 이용하여 그 내용을 알아낸 자	3년 이하의 징역, 금고 또는 500만 원 이하의 벌금

⑫ 주거침입죄 및 퇴거불응죄(§319)

사람의 주거, 관리하는 건조물, 선박이나 항공기 또는 점유하는 방실에 침입한 자는 3년 이하의 징역 또는 500만 원 이하의 벌금에 처한다.[13] 같은 장소에서 퇴거요구를 받고 응하지 아니한 자도 3년 이하의 징역 또는 500만 원 이하의 벌금에 처한다(§319).[14] 단체 또는 다

---

12   이 죄는 고소가 있어야 공소를 제기할 수 있음. 「형법」 제318조(고소)

13   2006. 8. 3. 11:20 무렵 피고인(가해자)이 부산 동구 좌천4동에 있는 피해자(여, 9세)의 집에 잠겨 있지 않은 대문을 통해 집안으로 침입한 다음, 작은 방 책상의자에 앉아 컴퓨터로 게임을 하고 있던 피해자를 강간하고, 이로 인하여 피해자로 하여금 약 2주간의 치료를 요하는 질벽열상 등을 입게 하였다는 공소사실로 기소된 사건이 있다. 쟁점은 강간 피해자가 경찰의 범인식별 절차에서 피고인을 범인으로 지목한 사안인데, 경찰이 목격자 진술의 신빙성을 높이기 위하여 준수하여야 할 절차를 지키지 못하였다고 보아 대법원은 피해자 진술의 신빙성을 배척하여 피고인에게 무죄를 선고한 원심판결(부산고등법원 2007. 6. 8. 선고 2007노129 판결)을 지지하였다. 대법원 2008. 1. 17. 선고 2007도5201 판결 참조.

14   피고인 2는 전국교직원노동조합(이하 '전교조') 충남지부 사무처장, 피고인 3은 전교조 충남지부 초등위원회 사무국장이었는데, 위 피고인들은 전교조 소속 조합원으로서 ○○초등학교의 교사였던 피고인 4, 5 및 전교조 소속 조합원인 교직원 10여 명 등과 함께 ○○초등학교 교장의 서면사과를 요구하기 위해서 예산군 교육장을 면담한다는 명목으로, 2003. 3. 31. 16:30경 충남 예산읍 산성리 319-3 소재 예산군 교육청으로 찾아가 교육장 부속실에서 교육장과의 면담을 요구하다가 부속실 여직원인 피해자(공소외 2), 학무과장인 피해자(공소외 3)로부터 교육장이 출장 중이니 나가달라는 요구를 받았음에도 불구하고, 이에 응하지 아니한 채 약 1시간가량 단체원들과 함께 부속실에 머무르면서 위 서면사과를 요구하는 항의집회를 가짐으로써 단체 또는 다중의 위력으로써 정당한 이유 없이 퇴거요구에 불응하였다는 이유

중의 위력을 보이거나 위험한 물건을 휴대하여 제319조의 죄를 범한 때에는 5년 이하의 징역에 처한다(§320).

관련 조항	행위	처벌범위
§319(주거침입, 퇴거불응)	① 사람의 주거, 관리하는 건조물, 선박이나 항공기 또는 점유하는 방실에 침입한 자	3년 이하의 징역 또는 500만 원 이하의 벌금
	② 전항의 장소에서 퇴거요구를 받고 응하지 아니한 자	위와 같음.
§320 (특수주거침입)	단체 또는 다중의 위력을 보이거나 위험한 물건을 휴대하여 전조의 죄를 범한 때	5년 이하의 징역

⑬ 주거 및 신체수색죄(§321)

사람의 신체, 주거, 관리하는 건조물, 자동차, 선박이나 항공기 또는 점유하는 방실을 수색한 자는 3년 이하의 징역에 처한다(§321).

관련 조항	행위	처벌범위
§321 (주거·신체 수색)	사람의 신체, 주거, 관리하는 건조물, 자동차, 선박이나 항공기 또는 점유하는 방실을 수색한 자	3년 이하의 징역

⑭ 권리행사방해죄(§323)

타인의 점유 또는 권리의 목적이 된 자기의 물건 또는 전자기록 등 특수매체기록을 취거, 은닉 또는 손괴하여 타인의 권리행사를 방해한 자는 5년 이하의 징역 또는 700만 원 이

로 피고인 2는 징역 8월, 피고인 3은 징역 6월의 형을 선고 받았다. 대전지방법원 홍성지원 2007. 2. 7. 선고 2004고단230 판결 참조.

하의 벌금에 처한다.[15]

관련 조항	행위	처벌범위
§323 (권리행사방해)	타인의 점유 또는 권리의 목적이 된 자기의 물건 또는 전자기록 등 특수매체기록을 취거, 은닉 또는 손괴하여 타인의 권리행사를 방해한 자	5년 이하의 징역 또는 700만 원 이하의 벌금

⑮ 강요죄(§324)

폭행 또는 협박으로 사람의 권리행사를 방해하거나 의무 없는 일을 하게 한 자는 5년 이하의 징역 또는 3천만 원 이하의 벌금에 처하고, 단체 또는 다중의 위력을 보이거나 위험한 물건을 휴대하여 제1항의 죄를 범한 자는 10년 이하의 징역 또는 5천만 원 이하의 벌금에 처한다.

관련 조항	행위	처벌범위
§324 (강요)	① 폭행 또는 협박으로 사람의 권리행사를 방해하거나 의무 없는 일을 하게 한 자	5년 이하의 징역 또는 3천만 원 이하의 벌금
	② 단체 또는 다중의 위력을 보이거나 위험한 물건을 휴대하여 제1항의 죄를 범한 자	10년 이하의 징역 또는 5천만 원 이하의 벌금

⑯ 점유강취, 준점유강취죄(§325)

폭행 또는 협박으로 타인의 점유에 속하는 자기의 물건을 강취(强取)한 자는 7년 이하의

---

15   「형법」 제328조(친족 간의 범행과 고소) ① 직계혈족, 배우자, 동거친족, 동거가족 또는 그 배우자간의 제323조의 죄는 그 형을 면제한다. 〈개정 2005. 3. 31.〉
② 제1항 이외의 친족 간에 제323조의 죄를 범한 때에는 고소가 있어야 공소를 제기할 수 있다. 〈개정 1995. 12. 29.〉
③ 전 2항의 신분관계가 없는 공범에 대하여는 전 이항을 적용하지 아니한다.

징역 또는 10년 이하의 자격정지에 처한다. 타인의 점유에 속하는 자기의 물건을 취거(取去)하는 과정에서 그 물건의 탈환에 항거하거나 체포를 면탈하거나 범죄의 흔적을 인멸할 목적으로 폭행 또는 협박한 때에도 제1항의 형에 처한다. 제1항과 제2항의 미수범은 처벌한다.

관련 조항	행위	처벌범위
§325 (점유강취, 준점유강취)	① 폭행 또는 협박으로 타인의 점유에 속하는 자기의 물건을 강취(強取)한 자	7년 이하의 징역 또는 10년 이하의 자격정지
	② 타인의 점유에 속하는 자기의 물건을 취거(取去)하는 과정에서 그 물건의 탈환에 항거하거나 체포를 면탈하거나 범죄의 흔적을 인멸할 목적으로 폭행 또는 협박한 때	위와 같음.
	③ 제1항과 제2항의 미수범	처벌

⑰ 강도죄(§333)

폭행 또는 협박으로 타인의 재물을 강취하거나 기타 재산상의 이익을 취득하거나 제삼자로 하여금 이를 취득하게 한 자는 3년 이상의 유기징역에 처한다.

관련 조항	행위	처벌범위
§333 (강도)	폭행 또는 협박으로 타인의 재물을 강취하거나 기타 재산상의 이익을 취득하거나 제삼자로 하여금 이를 취득하게 한 자	3년 이상의 유기징역

⑱ 사기죄(§347)

사람을 기망하여 재물의 교부를 받거나 재산상의 이익을 취득한 자, 같은 방법으로 제삼자로 하여금 재물의 교부를 받게 하거나 재산상의 이익을 취득하게 한 자는 10년 이하의 징역 또는 2천만 원 이하의 벌금에 처한다(§347).

미성년자의 사리분별력 부족 또는 사람의 심신장애를 이용하여 재물을 교부받거나 재산상 이익을 취득한 자, 또는 같은 방법으로 제3자로 하여금 재물을 교부받게 하거나 재산 상 이익을 취득하게 한 자는 10년 이하의 징역 또는 2천만 원 이하의 벌금에 처한다(§348).

관련 조항	행위	처벌범위
§347 (사기)	① 사람을 기망하여 재물의 교부를 받거나 재산상의 이익을 취득한 자	10년 이하의 징역 또는 2천만 원 이하의 벌금
	② 전항의 방법으로 제삼자로 하여금 재물의 교부를 받게 하거나 재산상의 이익을 취득하게 한 때	위와 같음.
§348 (준사기)	① 미성년자의 사리분별력 부족 또는 사람의 심신장애를 이용하여 재물을 교부받거나 재산상 이익을 취득한 자	10년 이하의 징역 또는 2천만 원 이하의 벌금
	② 제1항의 방법으로 제3자로 하여금 재물을 교부받게 하거나 재산상 이익을 취득하게 한 경우	위와 같음.

⑲ 편의시설 부정이용죄(§348조의2)

부정한 방법으로 대가를 지급하지 아니하고 자동판매기, 공중전화 기타 유료자동설비를 이용하여 재물 또는 재산상의 이익을 취득한 자는 3년 이하의 징역, 500만 원 이하의 벌금, 구류 또는 과료에 처한다.

관련 조항	행위	처벌범위
§348조의2 (편의시설부정이용)	부정한 방법으로 대가를 지급하지 아니하고 자동판매기, 공중전화 기타 유료자동설비를 이용하여 재물 또는 재산상의 이익을 취득한 자	3년 이하의 징역, 500만 원 이하의 벌금, 구류 또는 과료

⑳ 부당이득죄(§349)

사람의 곤궁하고 절박한 상태를 이용하여 현저하게 부당한 이익을 취득한 자, 또는 제3

자로 하여금 부당한 이익을 취득하게 한 자는 3년 이하의 징역 또는 1천만 원 이하의 벌금에 처한다.

관련 조항	행위	처벌범위
§349 (부당이득)	① 사람의 곤궁하고 절박한 상태를 이용하여 현저하게 부당한 이익을 취득한 자	3년 이하의 징역 또는 1천만 원 이하의 벌금
	② 제1항의 방법으로 제3자로 하여금 부당한 이익을 취득하게 한 경우	위와 같음.

㉑ 공갈죄 및 특수공갈죄(§350-§350조의2)

사람을 공갈하여 재물의 교부를 받거나 재산상의 이익을 취득한 자, 또는 제삼자로 하여금 재물의 교부를 받게 하거나 재산상의 이익을 취득하게 한 자는 10년 이하의 징역 또는 2천만원 이하의 벌금에 처한다.

단체 또는 다중의 위력을 보이거나 위험한 물건을 휴대하여 제350조의 죄를 범한 자는 1년 이상 15년 이하의 징역에 처한다.

관련 조항	행위	처벌범위
§350 (공갈)	① 사람을 공갈하여 재물의 교부를 받거나 재산상의 이익을 취득한 자	10년 이하의 징역 또는 2천만 원 이하의 벌금
	② 전항의 방법으로 제삼자로 하여금 재물의 교부를 받게 하거나 재산상의 이익을 취득하게 한 때	위와 같음.
§350조의2 (특수공갈)	단체 또는 다중의 위력을 보이거나 위험한 물건을 휴대하여 제350조의 죄를 범한 자	1년-15년 이하의 징역

㉒ 장물의 취득, 알선죄(§362)

장물을 취득, 양도, 운반 또는 보관한 자, 그 행위를 알선한 자는 7년 이하의 징역 또는 1천500만 원 이하의 벌금에 처한다.

관련 조항	행위	처벌범위
§362 (장물의 취득, 알선 등)	① 장물을 취득, 양도, 운반 또는 보관한 자	7년 이하의 징역 또는 1,500만 원 이하의 벌금
	② 전항의 행위를 알선한 자	위와 같음.

㉓ 재물손괴죄(§366) 및 특수손괴죄(§369)

타인의 재물, 문서 또는 전자기록 등 특수매체기록을 손괴 또는 은닉 기타 방법으로 기 효용을 해한 자는 3년 이하의 징역 또는 700만 원 이하의 벌금에 처한다.

단체 또는 다중의 위력을 보이거나 위험한 물건을 휴대하여 제366조의 죄를 범한 때에는 5년 이하의 징역 또는 1천만 원 이하의 벌금에 처하고, 제1항의 방법으로 제367조의 죄를 범한 때에는 1년 이상의 유기징역 또는 2천만 원 이하의 벌금에 처한다.

관련 조항	행위	처벌범위
§366 (재물손괴등)	타인의 재물, 문서 또는 전자기록 등 특수매체기록을 손괴 또는 은닉 기타 방법으로 기 효용을 해한 자	3년 이하의 징역 또는 700만 원 이하의 벌금
§369 (특수손괴)	① 단체 또는 다중의 위력을 보이거나 위험한 물건을 휴대하여 제366조의 죄를 범한 때	5년 이하의 징역 또는 1천만 원 이하의 벌금
	② 제1항의 방법으로 제367조의 죄를 범한 때	1년 이상의 유기징역 또는 2천만 원 이하의 벌금

3. 학교폭력 관련 판례

1) 미성년자 강제추행

◉◉◉ 미성년자에게 뽀뽀를 하도록 한 행위는 "아동에게 성적 수치심을 주는 성희롱·성폭력 등의 학대행위"에 해당하는가? (대법원 2016. 8. 30. 선고 2015도3095, 2015전도47 판결)

판례

〈사건개요〉

1. 피고인(초등학교 야구부 코치)은 피해자(피고인이 소속한 초등학교의 여학생)를 야구부 숙소에 데리고 간 다음 출입문을 잠근 상태에서 안마를 해달라고 하여 피해자가 2분간 주먹으로 피고인의 어깨를 두드리게 하였고, 피해자의 머리를 쓰다듬으면서 피해자에게 "가슴살 좀 빼야겠다"라고 말하였는데, 이와 같이 피고인이 다른 사람이 없는 폐쇄된 공간에서 피해자에게 안마를 시키고 피해자의 신체 부위를 평가하는 말을 하였고, 피해자는 경찰 조사 당시 피고인의 "가슴살을 빼야겠다"는 말에 대하여 불쾌감을 느꼈다고 진술하였다.

2. 피고인은 야구부 숙소 후문을 통해 밖으로 나가는 피해자를 따라 나와 계단에 서서 피해자를 앞에서 안은 뒤에 자신의 얼굴을 들이밀면서 3회에 걸쳐 뽀뽀를 해달라고 요구하였는데, 그 과정에서 피해자와 상당한 정도의 신체 접촉이 있었고, 주위에 다른 사람이 없는 상태에서 3회에 걸쳐 뽀뽀를 해달라고 요구하는 행위는 피해자가 성적 수치심을 느끼기에 충분한 행위이며, 피고인은 검찰에서 피해자의 외모가 성숙해 보이고 여자로 느껴져서 순간적으로 그와 같은 행위를 하였다고 진술하였다.

3. 항소심을 담당한 서울고등법원은 피고인의 피해자 공소외인에 대한 행위가 추행에 해당한다고 하더라도 피고인이 피해자에게 항거를 곤란하게 할 정도의 폭행 또는 협박을 가하였다거나 피고인의 행위가 폭행행위 자체로서 추행행위라고 인정되는 경우에 해당한다는 점이 합리적인 의심을 할 여지가 없을 정도로 증명되었다고 보기 어렵다는 이유로 이 부분 주위적 공소사실을 무죄로 판단하였다.

4. 서울고등법원은 구 「아동복지법」의 취지와 문언에 비추어 볼 때, 피고인의 피해

자 공소외인에 대한 행위가 성적 수치심을 주는 성희롱 행위라고 하더라도 그것만으로 피해자의 정상적 발달을 저해할 수 있는 성적 폭력이나 그 행위의 수단이나 결과가 가혹한 행위에 해당한다고 보기 어렵고, 피고인의 행위가 학대행위에 해당한다는 점이 합리적인 의심을 할 여지가 없을 정도로 증명되었다고 보기 어렵다는 이유로 이 부분 예비적 공소사실을 무죄로 판단하였다.

5. 이에 검사가 대법원에 상고를 하게 되었다.

〈판결요지〉

1. 피해자가 피고인의 일련의 행위에 대하여 행위 당시 적극적으로 거부의 의사표시를 한 것으로 보이지는 않지만, 피해자는 그 나이 등에 비추어 볼 때 성적 자기결정권을 제대로 행사할 수 있을 정도의 성적 가치관과 판단능력을 갖추었다고 할 수 없고, 피해자가 자신의 성적 행위에 관한 자기결정권을 자발적이고 진지하게 행사한 것으로 보기 어렵다.

2. 사정이 이러하다면, 피고인은 피해자 공소외인을 상대로 이 부분 예비적 공소사실 기재 행위를 하였음을 알 수 있고, 이는 피해 아동에게 성적 수치심을 주는 성희롱으로서 피해 아동의 정상적 발달을 저해할 수 있는 가혹행위에 해당한다고 보아야 한다. 그런데도 피고인의 행위가 학대행위에 해당하지 않는다는 이유로 이 부분 예비적 공소사실을 무죄로 판단한 원심판결에는 구 「아동복지법」 제17조 제4호의 "아동에게 성적 수치심을 주는 성희롱·성폭력 등의 학대행위"에 관한 법리를 오해하여 판결 결과에 영향을 미친 잘못이 있다.

〈주문〉

원심판결 중 2014. 7. 3. 성폭력범죄의 처벌 등에 관한 특례법위반(13세 미만 미성년자 강제추행)의 점과 아동복지법위반의 점에 대한 부분을 파기하고, 사건을 서울고등법원에 환송한다.

해석

- 원심(2심) 판결: 패
- 검사: 승

> 대법원은 2심 법원인 서울고등법원이 '피고인의 행위가 학대행위에 해당하지 않는다는 이유로 무죄로 판단한 것은 구 「아동복지법」 제17조 제4호의 아동에게 성적 수치심을 주는 성희롱·성폭력 등의 학대행위에 관한 법리를 오해하여 잘못 판결한 것'이므로 이 사건을 서울고등법원으로 환송한 것이다.

2) 미성년자 성적 학대

◯◯◯ 초등학교 4학년 학생에게 알몸을 촬영하여 보여주도록 한 행위는 미성년자 성적 학대행위에 해당하는가? (**대법원 2015. 7. 9. 선고 2013도7787 판결**)[16]

판례

〈사건개요〉

1. 육군 이병이던 피고인은 인터넷 게임을 통하여 알게 된 초등학교 4학년의 피해자 (여, 10세)와 휴대폰을 이용하여 영상통화를 하던 중 '화장실에 가서 배 밑에 있는 부분을 보여달라'고 요구하였고, 이에 피해자는 영상통화를 하면서 피고인에게 바지와 팬티를 벗고 음부를 보여주거나 아예 옷을 전부 다 벗고 음부를 보여주기도 하였다.

2. 피고인은 2012. 7. 21. 피해자와 처음으로 전화통화를 한 이후 2012. 7. 25.까지 약 50여 회 이상 음성통화 또는 SMS를 통해 피해자와의 연락을 시도하였고, 그 과정에서 피해자는 2012. 7. 21., 2012. 7. 22., 2012. 7. 24. 3일 동안 3회에 걸쳐 영상통화를 통해 피고인에게 음부를 보여주었다.

3. 그러다가 위와 같은 영상통화 사실을 알게 된 피해자의 모친이 피고인에게 전화

---

16 이와 유사한 판례로 남자소년이 인터넷에서 알게 된 16세 여학생, 13세 여학생1, 13세 여학생2에게 알몸 및 여학생 본인의 손가락으로 음부를 만지는 영상, 관장약을 넣게 한 후 대변을 보는 장면, 여학생2의 남동생으로 하여금 여학생2의 알몸을 만지게 하는 영상통화를 하게 한 피고인을 징역 장기 2년, 단기 1년 6월, 80시간의 성폭력 치료프로그램 이수를 명하고 압수된 휴대폰 1개를 몰수한 사건이 있다(서울북부지방법원 2011. 11. 11. 선고 2011고합116 판결).

를 하여 경찰에 신고를 하겠다는 등의 의사를 전달하자 그제야 피고인도 피해자에 대한 위와 같은 요구나 피해자와의 전화통화를 중단하였다.

4. 한편 위 각 영상통화 과정에서 피해자는 음부를 보여주는 행동을 그만하겠다거나 못하겠다는 의사를 표시하기도 하였다.

5. 항소심을 담당한 고등군사법원은 피고인이 피해자에게 물리적 내지 정신적 위해를 가하기 어려웠고, 피해자가 피고인의 요구를 거부하지 아니한 사정에 주목하여 피고인의 행위가 성적 학대행위에 해당하지 아니한다고 판단하였다.

6. 이에 검찰관이 대법원에 상고를 하게 되었다.

⋯⋯⋯

〈판결요지〉

1. 위 사실관계를 앞서 본 법리에 비추어 살펴보면, 만 10세에 불과한 피해자는 성적 가치관과 판단능력이 충분히 형성되지 아니하여 성적 자기결정권을 제대로 행사하기 어렵고 자신을 보호할 능력도 상당히 미약하다고 볼 수 있는데, 피고인은 위와 같은 피해자의 성적 무지와 타인의 부탁을 쉽게 거절하지 못하는 피해자의 성향을 이용하여 자신의 성적 만족을 얻기 위한 의도로 영상통화를 하면서 음부를 보여 달라는 요구를 반복하였던바, 피고인의 이러한 행위는 일반인의 선량한 성적 도덕관념을 기준으로 볼 때 피해자에게 성적 수치심을 주는 성희롱으로서 피해자의 건강·복지를 해치거나 정상적 발달을 저해할 수 있는 가혹행위, 즉 성적 학대행위에 해당한다고 보아야 할 것이고, 설령 피해자가 피고인의 위와 같은 요구에 특별한 저항 없이 응하였다거나 이 때문에 현실적으로 육체적 또는 정신적 고통을 느끼지 아니한 사정이 있다 하더라도 당시 피해자가 자신의 성적 행위에 관한 자기결정권을 자발적이고 진지하게 행사한 것으로 보기는 어려우므로, 위와 같은 사정 때문에 피고인의 피해자에 대한 위와 같은 행위가 성적 학대행위에 해당하지 아니한다고 볼 수는 없다.

2. 원심판결(고등군사법원 2013. 6. 25. 선고 2013노32 판결)에는 구 「아동복지법」 제29조 제2호에서 정한 '성적 학대행위'의 의미와 해석에 대한 법리를 오해하여 판결 결과에 영향을 미친 위법이 있다. 이를 지적하는 취지의 상고이유 주장은 이유 있다.

3. 파기의 범위

원심판결 중 '아동에게 성적 수치심을 주는 성희롱 등의 학대행위'로 인한 각 구

「아동복지법」 위반 부분은 위에서 본 바와 같은 위법이 있어 파기를 면할 수 없는데, 이 부분은 원심이 무죄로 판단한 '아동에게 음행을 시키는 행위'로 인한 각 구「아동복지법」 위반 부분과 상상적 경합관계에 있으므로, 결국 원심판결은 전부 파기되어야 한다.

4. 결론

그러므로 원심판결을 파기하고, 사건을 다시 심리·판단하게 하기 위하여 원심법원에 환송하기로 하여, 관여 대법관의 일치된 의견으로 주문과 같이 판결한다.

....

〈주문〉

원심판결을 파기하고, 사건을 고등군사법원에 환송한다.

해석

• 원심(2심) 판결: 패

• 검찰관: 승

이 사건은 군인이 저지른 범죄에 관한 내용이다. 군인의 범죄는 군형법으로 규율을 한다. 대법원은 이 사건을 다룸에 있어서 고등군사법원은 "피고인이 피해자에게 물리적 내지 정신적 위해를 가하기 어려웠고 피해자가 피고인의 요구를 거부하지 아니한 사정에만 주목하여 피고인의 행위가 성적 학대행위에 해당하지 아니한다고 판단하였으니, 이러한 원심판결에는 구 아동복지법 제29조 제2호에서 정한 '성적 학대행위'의 의미와 해석에 대한 법리를 오해하여 판결 결과에 영향을 미친 위법"이 있으므로 고등군사법원의 판결을 파기하고 이 사건을 다시 고등군사법원으로 돌려보낸 것이다.

3) 심신미약자 추행

○○○ 여고생과 성매매 및 필로폰 투입에 합의한 후 심신미약에 이르게 한 상태에서 추행을 한 경우, 법적 처벌을 받는가? **(대법원 2019. 6. 13. 선고 2019도3341 판결)**

판례

〈사건개요〉

1. 피고인은 2018. 3. 11. 01:35경부터 같은 날 03:50경까지 사이에 광명시 소재 ○○ 호텔 △△△호실에서 피해자에게 필로폰을 주사하여, 약물로 인해 사물을 변별하거나 의사를 결정할 능력이 미약한 상태에 빠진 피해자가 제대로 저항하거나 거부하지 못한다는 사정을 이용하여 피해자를 추행하기로 마음먹고, 화장실에서 샤워를 하고 있던 피해자에게 다가가 샤워기 호스의 헤드를 분리하여 그 호스를 피해자의 항문에 꽂아 넣은 후 물을 주입함으로써, 약물로 인하여 사물을 변별하거나 의사를 결정할 능력이 미약한 심신미약자를 위력으로 추행하였다.

2. 이 사건이 문제가 된 것은 피해자의 어머니가 경찰에 112신고를 하면서부터이다. 피해자가 범행 전날 밤 11시경 친구를 만난다고 나갔다가 새벽 4시에 귀가하였는데, 성인 남자를 만난 것 같고 술에 취하지 않았음에도 횡설수설하고 팔에 주사 자국이 있는 것으로 보아 마약을 한 것 같다는 내용이었다.

3. 1심은 피고에게 유죄를 선고하였으나, 2심(수원지방법원 2019. 2. 12. 선고 2018노6057 판결)은 이 사건이 피해자인 원고와 피고 간에 합의에 의한 성매매 및 필로폰 투약이라는 점을 들어 피고에게 무죄를 선고하였다.

4. 이에 검사는 대법원에 상고를 하게 되었다.

⋯⋯⋯⋯⋯⋯⋯⋯⋯⋯⋯⋯⋯⋯⋯⋯⋯⋯⋯⋯⋯⋯⋯⋯⋯⋯⋯⋯⋯⋯⋯⋯⋯⋯⋯⋯

〈판결요지〉

1. 「형법」 제302조는 "미성년자 또는 심신미약자에 대하여 위계 또는 위력으로써 간음 또는 추행을 한 자는 5년 이하의 징역에 처한다."라고 규정하고 있다. 「형법」은 제2편 제32장에서 '강간과 추행의 죄'를 규정하고 있는데, 이 장에 규정된 죄는 모두 개인의 성적 자유 또는 성적 자기결정권을 침해하는 것을 내용으로 한다. 여기에서 '성적 자유'는 적극적으로 성행위를 할 수 있는 자유가 아니라 소극적으로 원치 않는 성행위를 하지 않을 자유를 말하고, '성적 자기결정권'은 성행위를 할

것인가 여부, 성행위를 할 때 그 상대방을 누구로 할 것인가 여부, 성행위의 방법 등을 스스로 결정할 수 있는 권리를 의미한다.

2. '추행'이란 객관적으로 피해자와 같은 처지에 있는 일반적·평균적인 사람으로 하여금 성적 수치심이나 혐오감을 일으키게 하고 선량한 성적 도덕관념에 반하는 행위로서 구체적인 피해자를 대상으로 하여 피해자의 성적 자유를 침해하는 것을 의미한다.

3. '위력'이란 피해자의 성적 자유의사를 제압하기에 충분한 세력으로서 유형적이든 무형적이든 묻지 않으며, 폭행·협박뿐 아니라 행위자의 사회적·경제적·정치적인 지위나 권세를 이용하는 것도 가능하다.

4. 이 부분 공소사실과 같은 피고인의 행위는 피해자에 대하여 위력으로써 추행을 한 경우에 해당한다고 볼 여지가 충분하다. 그 이유는 다음과 같다. 무엇보다도 피고인의 행위는 그 경위 및 태양, 피해자의 연령 등에 비추어 볼 때 피해자와 같은 처지에 있는 일반적·평균적 사람이 예견하기 어려운 가학적인 행위로서 성적 수치심이나 혐오감을 일으키는 데에서 더 나아가 성적 학대라고 볼 수 있다. 피해자가 성매매에 합의하였다 하더라도 이와 같은 행위가 있을 것으로 예상하였다거나 또는 이에 대하여 사전 동의를 하였다고 보기 어렵다. 또한 피해자가 필로폰 투약에 동의하였다 하여 이를 들어 피해자에게 어떠한 성적 행위를 하여도 좋다는 승인을 하였다고 볼 수도 없다.

5. 그런데도 원심은 그 판시와 같은 이유로 이 부분 공소사실에 대하여 무죄를 선고하였다. 이러한 원심판결에는 논리와 경험의 법칙에 반하여 자유심증주의의 한계를 벗어나거나, 형사재판에서 유죄를 인정하기 위한 증거의 증명력의 정도에 관한 법리 및 심신미약자추행죄에 관한 법리를 오해하여 판결에 영향을 미친 잘못이 있다.

6. 결론

그러므로 원심판결 중 무죄 부분을 파기하고, 이 부분 사건을 다시 심리·판단하도록 원심법원에 환송하기로 하여, 관여 대법관의 일치된 의견으로 주문과 같이 판결한다.

....

〈주문〉

원심판결 중 무죄 부분을 파기하고, 이 부분 사건을 수원지방법원에 환송한다.

해석

- 원심(2심) 판결: 패
- 검사: 승

필로폰 투약 후 샤워기 호스를 항문에 투입한 피고인을 심신미약자 추행으로 인정하고, 법리를 오해하여 무죄를 선고한 원심을 파기한 사례이다.

4) 드라마 "여왕의 교실"에 적용되는 「형법」

드라마 "여왕의 교실"을 보자. 화가 난 또래 친구들이 심하나의 휴대전화를 내던지며, 그녀를 샤워실의 락커룸 주변에 있는 캐비닛에 가두는 장면이 나온다. 이것은 세 가지 범죄행위에 해당한다.

첫째, 재물손괴죄. 「형법」 제366조(재물손괴 등)는 "타인의 재물, 문서 또는 전자기록 등 특수매체기록을 손괴 또는 은닉 기타 방법으로 기 효용을 해한 자는 3년 이하의 징역 또는 700만 원 이하의 벌금에 처한다."고 명시되어 있다.

둘째, 감금죄. 「형법」 제276조(체포, 감금)제1항에 해당하는 것으로, 사람을 체포 또는 감금한 자는 5년 이하의 징역 또는 700만 원 이하의 벌금에 처한다.

셋째, 특수감금죄. 이 행위는 「형법」 제278조(특수체포, 특수감금)에도 해당된다. 제278조는 "단체 또는 다중의 위력을 보이거나 위험한 물건을 휴대하여 전 2조의 죄를 범한 때에는 그 죄에 정한 형의 2분의 1까지 가중한다."고 되어 있다. 드라마에서 보면 친구들이 단체로 연합하여 감금하는 등 다중의 위력을 보였으므로 특수감금에 해당한다.

〈참고자료〉| 학교폭력 사례와 처벌범위

경남신문

'얼굴에 침 뱉고 돈 뜯고' 김해 한 중3 학교폭력 실형

피해 학생 집에서 가져오란 돈 훔치다가 들켜 범행 발각

재판부 "소년범 감안해도 사회서 격리시킬 필요 있어"

기사입력 : 2020-09-15 12:08:59

창원지방법원 형사6단독 강세빈 부장판사는 15일 김해 한 중학교에 다니며 학교 폭력을 저지른 혐의(상해·협박·폭행 등)로 A(15)군에게 징역 장기 10월, 단기 6월과 벌금 15만원을 선고했다.

재판부는 "피해 학생이 학교 측에 피해를 호소하자 피고인이 보복을 하거나 신고를 못 하게 위협해 죄질이 지극히 불량하다"며 "사리 분별력이 미약한 소년이란 사정을 감안하더라도 준법의식 자체가 떨어지는 점 등에서 일정 기간 격리시킬 필요가 있다"고 판시했다.

A군은 김해 한 중학교 3학년이던 2019년 4월, 교실에서 시험을 보고 쉬는 피해 학생에게 다가가 "마음에 안 든다"며 입을 벌리도록 한 뒤 그 안에 침을 뱉고, 그 다음 달엔 피해 학생이 자신의 역사 공부를 도와줬음에도 성적이 오르지 않은 것에 불만을 품고 넘어뜨린 뒤 발로 허벅지를 몇 차례 걸어찼다. 또 같은 해 8월에는 "니 휴대전화와 에어팟을 팔아야겠다"고 말해 피해 학생이 "못 주겠다"고 답하자 "때려 죽인다"고 협박을 하고, 9월에는 "현금 10만원을 달라"며 상해를 가하는 등 2019년 3~9월 사이 피해 학생에게 8차례 범행을 저지른 혐의로 기소됐다.

A군의 범행은 피해 학생이 A군이 가져오라는 돈을 집에서 훔치다가 가족에게 발각되면서 범행이 드러났다. A군은 별개로 올해 3월 열쇠가 꽂혀있는 오토바이를 훔쳐 약 600m 구간을 무면허로 운전한 혐의도 받고 있다.

김재경 기자
jkkim@knnews.co.kr

출처: http://www.knnews.co.kr/news/articleView.php?idxno=1333987

8장.　「민법」과 학교폭력

　　학교폭력사건이 발생한 경우 피해학생은 학교 자체 내에서의 조사, 또는 교육지원청에 설치된 '학교폭력대책심의위원회'의 분쟁조정절차에 따라 합의하거나 가해자 측과 피해학생 측이 합의하여 사건을 해결할 수 있다.

　　하지만 원만하게 합의가 이루어지지 않을 경우, 학교폭력을 겪은 피해학생은 가해자 측을 상대로 법원에 민사소송을 제기하여 병원치료비, 요양비, 상담비 등에 들어간 금전적인 손실(직접적 피해)과 정신적 피해(간접적 피해로서의 위자료)에 대한 손해배상을 받을 수 있다.

　　민사책임은 학생 여부를 상관하지 않는다. 자퇴를 하거나 다른 이유에서 학교를 재학하지 않는 사람이 학생을 대상으로 무력을 행하는 경우에도 학교폭력으로 본다. 민법에 대해서 알아보도록 하자.

　　「민법」이란 개인과 개인 간의 사적인 관계를 규율하는 사법(私法, private law)의 하나로써 일반인의 사적 생활관계인 재산이나 가족관계를 규율하는 법이다. 「민법」상 학교폭력과 관련해서는 주로 법정감독의무자인 부모 또는 보호자, 대리감독자인 담임교사, 교장 또는 지방자치단체(시·도교육청) 등이 학교폭력을 예방하고 대처해야 할 감독자로서의 의무를 다하지 못했다고 하여 그들에게 손해배상이 청구된다.[1] 이 장에서는 「민법」에 명시되어 있는 학교폭력과 관련된 내용들을 살펴본다.

1. 「민법」의 구성

「민법」은 총 1,118개 조항으로 구성되어 있다. 우선 「민법」의 구성을 살펴보자. 학교폭력과 관련된 조항을 살펴보기에 앞서 「민법」 전체의 구성을 살펴보는 이유는 「민법」은 7장에서 배운 「형법」과 함께 모든 사람들의 생활관계를 규율하기 때문에 학생 여러분들이 조의 제목만이라도 보게 된다면 미래의 삶에 큰 도움을 얻을 수 있기 때문이다.

---

1   학교폭력 피해 학생은 다음과 같은 3가지 방법으로 가해자 측으로부터 손해배상을 청구할 수 있다.
    ① 소극적 손해: 학교폭력의 영향으로 감소한 미래 수입, 장래 기대수익
    ② 적극적 손해: 학교폭력의 영향으로 실제 소비한 요양비, 상담 및 치료비
    ③ 위자료: 자유, 생명, 명예, 신체 등의 침해로 인한 정신적인 고통에 대한 배상

민법

[시행 2020. 10. 20.] [법률 제17503호, 2020. 10. 20., 일부개정]

제1편 총칙

제1장 통칙

제1조(법원)~제2조(신의성실)

제2장 인(人)

제1절 능력

제3조(권리능력의 존속기간)~제17조(제한
능력자의 속임수)

제2절 주소

제18조(주소)~제21조(가주소)

제3절 부재와 실종

제22조(부재자의 재산의 관리)~제30조(동
시사망)

제3장 법인(法人)

제1절 총칙

제31조(법인성립의 준칙)~제39조(영리법인)

제2절 설립

제40조(사단법인의 정관)~제56조(사원권
의 양도, 상속금지)

제3절 기관

제57조(이사)~제76조(총회의 의사록)

제4절 해산

제77조(해산사유)~제96조(준용규정)

제5절 벌칙

제97조(벌칙)

제4장 물건

제98조(물건의 정의)~제102조(과실의 취득)

제5장 법률행위

제1절 총칙

제103조(반사회질서의 법률행위)~제106
조(사실인 관습)

제2절 의사표시

제107조(진의 아닌 의사표시)~제113조(의
사표시의 공시송달)

제3절 대리

제114조(대리행위의 효력)~제136조(단독
행위와 무권대리)

제4절 무효와 취소

제137조(법률행위의 일부무효)~제146조
(취소권의 소멸)

제5절 조건과 기한

제147조(조건성취의 효과)~제154조(기한
부권리와 준용규정)

제6절 기간

제155조(본장의 적용범위)~제161조(공휴
일 등과 기간의 만료점)

제7절 소멸시효
제162조(채권, 재산권의 소멸시효)
~제184조(시효의 이익의 포기 기타)

제2편 물권(物權)
제1장 총칙
제185조(물권의 종류)~제191조(혼동으로
인한 물권의 소멸)

제2장 점유권
제192조(점유권의 취득과 소멸)~제210조
(준점유)

제3장 소유권
제1절 소유권의 한계
제211조(소유권의 내용)~제244조(지하시
설 등에 대한 제한)

제2절 소유권의 취득
제245조(점유로 인한 부동산소유권의 취득
기간)~제261조(첨부로 인한 구상권)

제3절 공동소유
제262조(물건의 공유)~제278조(준공동소유)

제4장 지상권
제279조(지상권의 내용)~제290조(준용규정)

제5장 지역권
제291조(지역권의 내용)~제302조(특수지
역권)

제6장 전세권
제303조(전세권의 내용)~제319조(준용규정)

제7장 유치권
제320조(유치권의 내용)~제328조(점유상
실과 유치권소멸)

제8장 질권
제1절 소유권의 한계
제329조(동산질권의 내용)~제344조(타법
률에 의한 질권)

제2절 권리질권
제345조(권리질권의 목적)~제355조(준용
규정)

제9장 저당권
제356조(저당권의 내용)~제372조(타법률
에 의한 저당권)

제3편 채권(債權)
제1장 총칙
제1절 채권의 목적
제373조(채권의 목적)~제386조(선택의 소
급효)

제2절 채권의 효력
제387조(이행기와 이행지체)~제407조(채
권자취소의 효력)

제3절 수인의 채권자 및 채무자
제1관 총칙
제408조(분할채권관계)

제2관 불가분채권과 불가분채무
제409조(불가분채권)~제412조(가분채권,
가분채무에의 변경)

제3관 환매
제590조(환매의 의의)~제595조(공유지분의 환매)

제4절 교환
제596조(교환의 의의)~제597조(금전의 보충지급의 경우)

제5절 소비대차
제598조(소비대차의 의의)~제608조(차주에 불이익한 약정의 금지)

제6절 사용대차
제609조(사용대차의 의의)~제617조(손해배상, 비용상환청구의 기간)

제7절 임대차
제618조(임대차의 의의)~제654조(준용규정)

제8절 고용
제655조(고용의 의의)~제663조(사용자파산과 해지통고)

제9절 도급
제664조(도급의 의의)~제674조(도급인의 파산과 해제권)

제9절의2 여행계약
제674조의2(여행계약의 의의)~제674조의9(강행규정)

제10절 현상광고
제675조(현상광고의 의의)~제679조(현상광고의 철회)

제11절 위임
제680조(위임의 의의)~제692조(위임종료의 대항요건)

제12절 임치
제693조(임치의 의의)~제702조(소비임치)

제13절 조합
제703조(조합의 의의)~제724조(청산인의 직무, 권한과 잔여재산의 분배)

제14절 종신정기금
제725조(종신정기금계약의 의의)~제730조(유증에 의한 종신정기금)

제15절 화해
제731조(화해의 의의)~제733조(화해의 효력과 착오)

제3장 사무관리
제734조(사무관리의 내용)~제740조(관리자의 무과실손해보상청구권)

제4장 부당이득
제741조(부당이득의 내용)~제749조(수익자의 악의인정)

제5장 불법행위
제750조(불법행위의 내용)~제766조(손해배상청구권의 소멸시효)

제4편 친족(親族)
제1장 총칙
제767조(친족의 정의)~제777조(친족의 범위)

제2장 가족의 범위와 자의 성과 본
제778조 삭제~제799조 삭제

제3장 혼인
제1절 약혼
제800조(약혼의 자유)~제806조(약혼해제
　와 손해배상청구권)

제2절 혼인의 성립
제807조(혼인적령)~제814조(외국에서의
　혼인신고)

제3절 혼인의 무효와 취소
제815조(혼인의 무효)~제825조(혼인취소
　와 손해배상청구권)

제4절 혼인의 효력
제1관 일반적 효력
제826조(부부간의 의무)~제828조 삭제

제2관 재산상 효력
제829조(부부재산의 약정과 그 변경)~제
　833조(생활비용)

제5절 이혼
제1관 협의상 이혼
제834조(협의상 이혼)~제839조의3(재산
　분할청구권 보전을 위한 사해행위취소권)

제2관 재판상 이혼
제840조(재판상 이혼원인)~제843조(준용
　규정)

제4장 부모와 자(子)
제1절 친생자
제844조(남편의 친생자의 추정)~제865조
　(다른 사유를 원인으로 하는 친생관계존
　부확인의 소)

제2절 양자
제1관 입양의 요건과 효력
제866조(입양을 할 능력)~제882조의2(입
　양의 효력)

제2관 입양의 무효와 취소
제883조(입양 무효의 원인)~제897조(준용
　규정)

제3관 파양(罷養)
제1항 협의상 파양
제898조(협의상 파양)~제904조(준용규정)

제2항 재판상 파양
제905조(재판상 파양의 원인)~제908조
　(준용규정)

제4관 친양자
제908조의2(친양자 입양의 요건 등)~제
　908조의8(준용규정)

제3절 친권
제1관 총칙
제909조(친권자)~제912조(친권 행사와
　친권자 지정의 기준)

제2관 친권의 효력
제913조(보호, 교양의 권리의무)~제923조
　(재산관리의 계산)

2. 「민법」에 나타난 학교폭력 관련 조항

1) 「민법」의 기초

「민법」에 나타난 학교폭력과 직·간접적으로 관련된 조항들을 살펴보기 전에 「민법」에 대한 이해를 높이기 위해서 이 법에 대하여 간단한 퀴즈를 풀어보자.

번호	문제	○	×	관련조항
1	민사에 관하여 법률에 규정이 없으면 관습법에 의하고 관습법이 없으면 조리에 의한다.			§1(법원)
2	사람은 19세로 성년에 이르게 된다.			§4(성년)
3	선량한 풍속 기타 사회질서에 위반한 사항을 내용으로 하는 법률행위는 무효로 한다.			§103(반사회질서의 법률행위)
4	당사자의 궁박, 경솔 또는 무경험으로 인하여 현저하게 공정을 잃은 법률행위는 무효로 한다.			§제104조(불공정한 법률행위)
5	사기나 강박에 의한 의사표시는 취소할 수 있다.			§110(사기, 강박에 의한 의사표시)
6	① 타인을 사용하여 어느 사무에 종사하게 한 자는 피용자가 그 사무집행에 관하여 제삼자에게 가한 손해를 배상할 책임이 있다. 그러나 사용자가 피용자의 선임 및 그 사무감독에 상당한 주의를 한 때 또는 상당한 주의를 하여도 손해가 있을 경우에는 그러하지 아니하다. ② 사용자에 갈음하여 그 사무를 감독하는 자도 전항의 책임이 있다. ③ 전2항의 경우에 사용자 또는 감독자는 피용자에 대하여 구상권²을 행사할 수 있다.			§756(사용자의 배상책임)
7	만 18세가 된 사람은 혼인할 수 있다.			§807(혼인적령)
8	부모는 미성년자인 자의 친권자가 된다. 양자의 경우에는 양부모(養父母)가 친권자가 된다.			§909(친권자)①

2　구상권(求償權): 배상을 청구할 권리. 즉, 사용자 또는 감독자가 우선 손해배상을 해 준 이후에, 자기가 배상한 금액을 피용자(고용된 사람)에게 다시 청구하는 권리.

번호	문제	○	×	관련조항
9	친권자는 자를 보호하고 교양할 권리의무가 있다.			§913(보호, 교양의 권리의무)

2) 「민법」에 나타난 학교폭력 관련 조항

이제 「민법」에 나타난 학교폭력과 직·간접적으로 관련된 조항과 그 내용들을 살펴보자.

① 불법행위에 따른 손해배상 책임(§750)

"고의 또는 과실로 인한 위법행위로 타인에게 손해를 가한 자는 그 손해를 배상할 책임이 있다(§750)." 따라서 피해학생은 치료비, 상담료 등과 같이 금전상의 손해가 있을 경우에는 가해자 측에게 그 손해에 대한 배상책임을 요구할 수 있다.

관련 조항	행위
§750 (불법행위의 내용)	고의 또는 과실로 인한 위법행위로 타인에게 손해를 가한 자는 그 손해를 배상할 책임이 있다.

② 재산 이외의 손해배상(§751)

"타인의 신체, 자유 또는 명예를 해하거나 기타 정신상 고통을 가한 자는 재산 이외의 손해에 대하여도 배상할 책임이 있다(제1항). 법원은 전항의 손해배상을 정기금채무로 지급할 것을 명할 수 있고, 그 이행을 확보하기 위하여 상당한 담보의 제공을 명할 수 있다(제2항)."

다른 사람의 신체뿐만 아니라 명예를 훼손한 경우, 그밖에 정신적 고통을 가한 경우에 피해학생은 그에 대한 손해배상인 위자료를 가해자 측에게 청구할 수 있다. 법원은 금전적 손해배상을 확실히 하기 위하여 가해자 측은 피해자에게 "연 ○%의 금원을 지급하라"는 판결을 내릴 수 있고, 법원에 일정액의 금액을 공탁하도록 명할 수 있다.

관련 조항	행위
§751 (재산 이외의 손해의 배상)	① 타인의 신체, 자유 또는 명예를 해하거나 기타 정신상고통을 가한 자는 재산 이외의 손해에 대하여도 배상할 책임이 있다. ② 법원은 전항의 손해배상을 정기금채무로 지급할 것을 명할 수 있고 그 이행을 확보하기 위하여 상당한 담보의 제공을 명할 수 있다.

③ 생명침해로 인한 위자료(§752)

"타인의 생명을 해한 자는 피해자의 직계존속, 직계비속 및 배우자에 대하여는 재산상의 손해가 없는 경우에도 손해배상의 책임이 있다(§752)."

학교폭력으로 인해 피해자가 사망한 경우, 재산상의 피해가 없다고 하더라도 가해자 측은 피해자의 가족들에게 손해배상을 해야 할 책임을 진다.

관련 조항	행위
§752 (생명침해로 인한 위자료)	타인의 생명을 해한 자는 피해자의 직계존속, 직계비속 및 배우자에 대하여는 재산상의 손해없는 경우에도 손해배상의 책임이 있다.

④ 미성년자의 책임능력(§753)

"미성년자가 타인에게 손해를 가한 경우에 그 행위의 책임을 변식할 지능이 없는 때에는 배상의 책임이 없다(§753)."

관련 조항	행위
§753 (미성년자의 책임능력)	미성년자가 타인에게 손해를 가한 경우에 그 행위의 책임을 변식할 지능이 없는 때에는 배상의 책임이 없다.

미성년자에게 배상책임을 지울 수 없다면 누가 책임을 져야할까? 이를 위해 「민법」 제755조에서는 미성년자를 감독하고 있는 부모 또는 후견인, 학교 교직원 및 시·도교육청에게 그 책임을 지도록 하고 있다.[3]

⑤ 감독자의 책임(§755)

「민법」 제755조에서는 "다른 자에게 손해를 가한 사람이 제753조 또는 제754조에 따라 책임이 없는 경우에는 그를 감독할 법정의무가 있는 자가 그 손해를 배상할 책임이 있다. 다만, 감독의무를 게을리하지 아니한 경우에는 그러하지 아니하다."(제1항). "감독의무자를 갈음하여 제753조 또는 제754조에 따라 책임이 없는 사람을 감독하는 자도 제1항의 책임이 있다."(제2항)고 규정하고 있다.

관련 조항	행위
§755 (감독자의 책임)	① 다른 자에게 손해를 가한 사람이 제753조 또는 제754조에 따라 책임이 없는 경우에는 그를 감독할 법정의무가 있는 자가 그 손해를 배상할 책임이 있다. 다만, 감독의무를 게을리하지 아니한 경우에는 그러하지 아니하다. ② 감독의무자를 갈음하여 제753조 또는 제754조에 따라 책임이 없는 사람을 감독하는 자도 제1항의 책임이 있다.

⑥ 공동불법행위자의 책임(§760)

여러 사람이 공동으로 다른 사람에게 손해를 끼친 때에는 그 행위에 가담한 모든 사람들이 그 손해를 연대하여 배상해야 한다. 「민법」 제760조는 "수인이 공동의 불법행위로 타인에게 손해를 가한 때에는 연대하여 그 손해를 배상할 책임이 있다. 공동 아닌 수인의 행위 중 어느 자의 행위가 그 손해를 가한 것인지를 알 수 없는 때에도 전항과 같다. 교사자나 방조자는 공동행위자로 본다."고 규정하고 있다.

3　　판례에서는 보통 만15세부터 책임능력이 있는 것으로 보고 있다.

관련 조항	행위
§760 (공동불법행 위자의 책임)	① 수인이 공동의 불법행위로 타인에게 손해를 가한 때에는 연대하여 그 손해를 배상 할 책임이 있다. ② 공동 아닌 수인의 행위중 어느 자의 행위가 그 손해를 가한 것인지를 알 수 없는 때 에도 전항과 같다. ③ 교사자나 방조자는 공동행위자로 본다.

⑦ 명예훼손에 대한 손해배상과 처분(§764)

법원은 타인의 명예를 훼손한 자에게 피해자의 청구에 따라 손해배상에 갈음하거나 손해배상과 함께 명예회복에 대한 적당한 처분을 명할 수 있다.

관련 조항	행위
§764 (명예훼손의 경우의 특칙)	타인의 명예를 훼손한 자에 대하여는 법원은 피해자의 청구에 의하여 손해배상에 갈음하거나 손해배상과 함께 명예회복에 적당한 처분을 명할 수 있다.

⑧ 손해배상청구권의 소멸시효(§766)

미성년자가 성폭력, 성추행, 성희롱, 그 밖의 성적(性的) 침해를 당한 경우에 이로 인한 손해배상청구권의 소멸시효는 그가 성년이 될 때까지는 진행되지 아니한다.

관련 조항	행위
§766(손해배상 청구권의 소멸시효)③	미성년자가 성폭력, 성추행, 성희롱, 그 밖의 성적(性的) 침해를 당한 경우에 이로 인한 손해배상청구권의 소멸시효는 그가 성년이 될 때까지는 진행되지 아니한다.

3. 학교폭력 관련 판례

학교폭력 사건이 발생하여 상대학생에게 손해를 입힌 경우, 가해학생의 거의 대부분은 책임능력이 없는 미성년자이므로 「민법」상 1차적인 책임은 가해학생의 법정감독의무자인 부모(부모가 없을 경우에는 후견인)가 그 손해에 대한 배상책임을 지게 된다.[4]

몇몇 사람들은 일단 자녀를 학교에 등교시킨 이상, 학교생활 중에서 벌어지는 사건사고에 대해서는 부모의 책임은 면제되고 학교가 그 책임을 지는 것이라고 주장하는데, 이것은 잘못된 생각이다. 법원은 자녀가 학교에 있든 없든 자녀로부터 발생된 문제에 대해서는 부모가 그 책임을 지게하고 있다.[5]

다음에서 살펴 볼 판례들은 동일 사건에 대해서 부모 또는 후견인이 손해배상을 하는 이외에도, 가해·피해학생의 대리감독자인 학교 교직원, 학교 교직원의 사용자인 국가(국립학교의 경우) 및 지방자치단체(공립학교의 경우), 또는 학교법인(사립학교의 경우)까지도 동일한 책임을 지는가를 살펴보고자 한다.[6]

---

4   「민법」 제755조에 의하여 책임능력 없는 미성년자를 감독할 법정 의무가 있는 자 또는 그에 갈음하여 무능력자를 감독하는 자가 지는 손해배상책임은 그 미성년자에게 책임이 없음을 전제로 하여 이를 보충하는 책임이고, 그 경우에 감독의무자 자신이 감독의무를 해태하지 아니하였음을 입증하지 아니하는 한 책임을 면할 수 없는 것이나, 반면에 미성년자가 책임능력이 있어 그 스스로 불법행위책임을 지는 경우에도 그 손해가 당해 미성년자의 감독의무자의 의무위반과 상당인과관계가 있으면 감독의무자는 일반 불법행위자로서 손해배상책임이 있다고 할 것이다(대법원 1994. 2. 8. 선고 93다13605 판결 참조). 대법원 1994. 8. 23. 선고 93다60588 판결. p. 2.

5   "원심판결(대구고법 1996. 9. 5. 선고 96나465 판결)은, 소외 1의 부모들인 피고 1, 2는 그들의 아들인 소외 1에 대하여 급우 등 타인을 구타하는 등의 불법행위를 함이 없이 정상적으로 학교생활에 적응할 수 있도록 일반적인 지도, 조언 등을 하여야 할 감독상의 의무가 있음에도 이를 게을리 한 나머지 이 사건 사고를 미리 막지 못한 과실이 있다는 이유로 위 피고들의 손해배상책임을 긍정하고 있는바, 위와 같은 원심의 판단에는 학교생활 중에는 친권자인 위 피고들의 감독의무는 소멸하고 담임교사에게만 감독의무가 있다는 위 피고들의 주장을 배척하는 취지가 포함되어 있다 할 것이므로 거기에 판단유탈의 위법이 있다고 할 수 없다. 또한 원심판결 이유를 기록에 비추어 살펴보면, 원심이 위 피고들에게 그 판시와 같은 과실이 있다고 판단한 것은 정당한 것으로 수긍이 가고, 거기에 채증법칙을 위배하여 사실을 오인하였거나, 감독의무자의 감독의무에 관한 법리오해 등의 잘못이 있다고 할 수 없다." 대법원 1997. 6. 13. 선고 96다44433 판결. p. 4.

6   「국가배상법」에 따르면, '국가나 지방자치단체는 공무원 또는 공무를 위탁받은 사인(이하 "공무원"이라

1) 「민법」상 손해배상 사건 1

☐☐☐ 쉬는 시간에 도시락을 먹다가 폭행사건이 일어난 경우, 담임교사 및 지방자치단체에게 법적 책임을 물을 수 있는가? **(대법원 1997. 6. 13. 선고 96다44433 판결)**

판례

〈사건개요〉

1. 1994. 8. 30. 경북 구미의 ○○중학교 1학년 4반 교실에서 1학년생이 휴식 시간에 먹고 있던 도시락에 급우가 오물을 떨어지게 했다는 이유로 그 급우를 구타하여 상해(좌안 열공성 망막박리상)를 입힌 사건이다.

2. 가해자 측 부모는 학교생활 중에는 부모의 감독의무는 소멸되고, 담임교사에게만 감독의무가 있다며 소송을 했으나 1심, 2심에서 패소하자 대법원에까지 상고를 하게 되었다.

···

〈판결요지〉

1. 사고가 일어난 3교시 수업 직후의 휴식 시간은 다음 수업을 위하여 잠시 쉬거나 수업의 정리, 준비 등을 하는 시간으로서 교육 활동과 질적, 시간적으로 밀접 불가분의 관계에 있어, 그 시간 중의 교실 내에서의 학생의 행위에 대하여는 교사의 일반적 보호·감독의무가 미친다고 할 수 있으나, 가해자의 성행, 피해자와의 관계, 사고 발생의 때와 장소 등을 고려할 때 사고가 담임교사가 이를 예측하였거나 예측할 수 있었다고 보기 어려운 돌발적이거나 우연한 사고로서 담임교사에게 보호·감독의무 위반의 책임을 물을 수 없다.

2. 그러므로 원심판결 중 피고 경상북도의 패소 부분을 파기하고, 이 부분 사건을 대구고등법원에 환송한다. 피고 1, 2(가해학생의 부모)의 상고를 모두 기각한다. 상고기각 부분에 대한 상고비용은 피고 1, 2의 각 부담으로 한다.

한다)이 직무를 집행하면서 고의 또는 과실로 법령을 위반하여 타인에게 손해를 입히거나, 「자동차손해배상 보장법」에 따라 손해배상의 책임이 있을 때에는 이 법에 따라 그 손해를 배상하여야 한다. 다만, 이 경우에 공무원에게 고의 또는 중대한 과실이 있으면 국가나 지방자치단체는 그 공무원에게 구상(求償)할 수 있다.'고 규정하고 있다. 「국가배상법」 제2조(배상책임) 참조.

> **해석**
>
> • 원고(가해자 측): 패
>
> • 피고(담임교사 및 지방자치단체): 승
>
> 쉬는 시간에 일어난 사고는 예측가능성이 없다는 이유로 담임교사에게 보호감독 의무위반에 대한 책임을 물을 수 없다고 판결한 사례이다. 따라서 피고(담임교사)의 사용자인 지방자치단체(경상북도)에서도 그 책임을 묻지 않았다.

2) 「민법」상 손해배상 사건 2

고적답사를 겸한 졸업여행 중 숙소 내에서 휴식시간에 학생들 사이의 폭력사고로 말미암아 한쪽 눈이 실명된 경우, 교사(담임교사 및 학생주임 교사)에게 보호·감독의무 위반의 책임을 물을 수 있는가? **(대법원 1999. 9. 17. 선고 99다23895 판결)**

〈사건개요〉

1. 경기도 포천의 ○○중학교 3학년인 가해학생 A(만 16세 1개월, 1년 휴학 후 복학)가 졸업여행 중 숙소에서 휴식시간에 다른 반에 있는 B학생의 얼굴을 발로 차 오른쪽 눈이 실명하게 된 상해를 가한 사건이다.

2. 피해자의 부모는 이 사건 사고가 학교 교육행사 중에 발생한 사고이므로 이 책임을 담임교사와 학생주임이 져야한다며 2심 선고에 불복하여 대법원에 상고하게 되었다.

〈판결요지〉

1. 지방자치단체가 설치·경영하는 학교의 교사는 학생들을 보호·감독할 의무를 지는 것이지만 이러한 학생에 대한 보호·감독의무는 학교 내에서의 학생의 모든 생활관계에 미치는 것이 아니고 학교에서의 교육활동 및 이와 밀접불가분의 관계에

있는 생활관계에 한하며, 그 의무범위 내의 생활관계라 하더라도 교육활동의 때, 장소, 가해자의 분별능력, 가해자의 성행, 가해자와 피해자의 관계 기타 여러 사정을 고려하여 사고가 학교생활에서 통상 발생할 수 있다고 하는 것이 예측되거나 예측가능성이 있는 경우에 한하여 교사가 보호·감독의무 위반에 대한 책임을 진다고 할 것이다(대법원 1993. 2. 12. 선고 92다13646 판결, 1997. 6. 13. 선고 96다44433 판결, 1997. 6. 27. 선고 97다15258 판결 참조).

2. 원심이 적법하게 확정한 위와 같은 사실관계에 비추어 보면, 학생주임이나 담임교사의 입장에서 학교 측의 안전교육이나 사전지시에 따르지 않고 돌발적으로 벌어진 이 사건 사고를 예측하였거나 예측할 수 있었다고 보기 어렵다 할 것이므로, 원심이 같은 취지에서 교사들에게 보호·감독의무 위반의 책임을 물을 수 없다고 판단한 것은 위에서 본 교사의 보호·감독의무에 관한 법리에 따른 것으로서 정당하고, 거기에 그에 관한 법리를 오해한 위법이 없다.

3. 그러므로 상고를 모두 기각하고, 상고비용은 상고인인 원고들의 부담으로 하기로 관여 법관의 의견이 일치되어 주문과 같이 판결한다.

〈주문〉

상고를 모두 기각한다. 상고비용은 원고들의 부담으로 한다.

해석

• 원고(피해자 측): 패
• 피고(담임교사 및 지방자치단체): 승

앞의 사건과 마찬가지로, 쉬는 시간에 일어난 사고는 예측가능성이 없다는 이유로 담임교사 및 학생주임에게 보호감독 의무위반에 대한 책임을 물을 수 없다고 판결한 사례이다. 따라서 교사의 사용자인 지방자치단체(경기도)도 면책되었다.

3) 「민법」상 손해배상 사건 3

●○● 언어폭력으로 정신과 치료 등을 받은 경우, 가해학생의 부모, 담임교사, 지방자치단체에게 손해배상책임을 물을 수 있는가? **(울산지방법원 2013. 9. 27. 선고 2012가단 38222 판결)**

판례

〈사건개요〉

중학교 1학년생인 A는 경상도 사투리를 사용하면서 발음이 정확하지 않다는 이유로 2010. 3. 말경부터 2012. 7. 2. 경까지 H학생으로부터 총 18회에 걸쳐 언어폭력을 당했다. A는 이로 인하여 '외상 후 스트레스장애, 적응장애' 진단을 받은 뒤 여러 병원에서 심리치료, 정신치료 및 약물치료를 받고 있다. A의 부모는 가해학생의 부모와 담임교사, 관할 교육청을 대상으로 손해배상청구소송을 제기했다.

〈판결요지〉

1. 피고 D, E(H의 부모)는 연대하여 원고 A에게 12,917,488원, 원고 B, C(A의 부모)에게 각 2,000,000원 및 위 각 돈에 대하여 2012. 8. 15.부터 2013. 9. 27.까지는 연 5%의, 그 다음날부터 다 갚는 날까지는 연 20%의 각 비율로 계산한 돈을 지급하라.

2. 원고들의 피고 F(담임교사), G(지방자치단체)에 대한 각 청구 및 피고 D, E에 대한 각 나머지 청구를 각 기각한다.

3. 소송비용 중 원고들과 피고 D, E 사이에 생긴 부분의 3/5은 원고들이, 나머지는 위 피고들이 각 부담하고, 원고들과 피고 F, G 사이에 생긴 부분은 원고들이 부담한다.

4. 제1항은 가집행할 수 있다.

> **해석**
>
> - 원고(피해자 측): 패(단, 가해자의 부모가 손해를 배상하는 것은 당연한 것임.)
> - 피고(담임교사 및 지방자치단체): 승
>
> 가해학생의 부모는 배상능력이 없는 자녀를 대신하여 법정감독의무자로서 피해자 측이 입은 손해를 배상하는 것은 당연하다. 이 판결의 또 다른 쟁점은 대리감독자인 담임교사가 학생지도에 상당한 주의를 기울였다면 담임교사에게 사고에 대한 책임을 물을 수 없다고 판결한 사례이다. 따라서 피고(담임교사)의 사용자인 지방자치단체에게도 그 책임을 묻지 않는다는 판결이다.

4) 「민법」상 손해배상 사건 4

◼◉◉◉ 중학교 3학년 여학생이 급우들의 집단따돌림으로 인해 자살한 경우, 담임교사 및 지방자치단체에게 보호감독의무 위반에 대한 법적 책임을 물을 수 있는가? **(대법원 2007. 11. 15. 선고 2005다16034 판결)**[7]

> **판례**
>
> 〈사건개요〉
> 2001. 9. 27. 중학교 3학년 여학생이 급우들 사이의 집단따돌림으로 인하여 자신이 살고 있던 아파트 건물 16층에서 투신하여 자살한 사건에서 원고(여학생의 어머니)가 여학생의 담임교사 및 담임교사가 소속한 지방자치단체(강원도교육청)에게 보호

---

7   한편, 가해학생에 대한 감독의무를 지는 교장과 그 학생의 담임교사가 개학 직후부터 상해 발생 전까지 학생들을 상대로 여러 차례 학교폭력에 대한 예방지도 등을 실시한 점 등에 비추어, 교장과 담임교사가 상해 발생을 예측하였다거나 예측할 수 있었다고 보기는 어려우므로, 그 학교를 관할하는 지방자치단체는 국가배상법 제2조에 따른 감독자로서의 의무를 소홀히 한 책임을 지지 않는다고 한 사례도 있다(대구지방법원 2015. 4. 3. 선고 2013가단9021 판결 참조).

감독의무 위반에 대한 손해를 배상하라는 소송을 제기하였다.

〈판결요지〉

1. 이 사건 사고 발생 당시 담임교사가 망인의 자살에 대한 예견가능성이 있었다고 인정하기는 어렵다고 할 것이다.

2. 다만, 앞서 본 사실에 의하면, 담임교사로서는 망인이 소외 1 등과 친밀한 관계를 맺고 싶어 함에도 이러한 관계를 맺지 못하고 집단에서 배척되었다가 끼워졌다 하는 등의 갈등이 있음을 알고 있었음에도 이러한 일들이 학창 시절 교우관계에서 발생할 수 있는 일상적인 문제로 생각하고 이에 대한 대처를 소홀히 한 과실을 인정할 수 있으므로, 그의 직무상 불법행위로 발생한 집단따돌림의 피해에 대하여는 그가 소속한 지방자치단체인 피고가 손해배상책임을 부담한다고 할 것이다.

3. 그럼에도 불구하고, 원심은 위와 같은 집단따돌림으로 인한 피해를 넘어서서 자살의 결과에 대하여 까지도 피고(담임교사)에게 손해배상책임을 인정하였으니, 원심판결에는 교사의 보호감독의무 위반 책임에 관한 법리를 오해한 위법이 있고, 이는 판결에 영향을 미쳤음이 분명하다. 상고이유 중 이 점을 지적하는 부분은 이유 있다.

〈주문〉

원심판결 중 피고 패소 부분을 파기하고, 이 부분 사건을 서울고등법원에 환송한다. 원고의 상고를 기각한다.

해석

- 원고(피해자 측): 일부 승, 일부 패
- 피고(담임교사): 승
- 피고(강원도): 패

학급담임교사로서 자신의 학급에 속해 있는 학생이 자살을 하게 될 것까지 예측하기

는 어렵다는 이유로 담임교사에게 보호감독 의무위반에 대한 법적 책임을 물을 수
없다고 판결한 사례이다.

반면, 피고(담임교사)가 대처를 소홀히 한 과실을 인정하여 담임교사의 사용자인 지
방자치단체에게는 피해자 측이 입은 손해를 배상하라는 판결이다.

5) 「민법」상 손해배상 사건 5

▣▣▣ 수업중인 교실에 가해학생이 칼을 들고 들어와 피해학생을 찔러 사망에 이르
게 한 경우, 소속교사 및 지방자치단체에게 손해배상책임을 물을 수 있는가? (**대법원 2007.
6. 15. 선고 2004다48755 판결**)

판례

〈사건개요〉

수업중인 교실에 가해학생이 칼을 들고 들어와 피해학생을 찔러 사망에 이르게 한
사건으로, 원심(서울고법 2004. 8. 11. 선고 2003나71916 판결)은 소속교사의 보호감
독의무 위반을 이유로 지방자치단체인 서울특별시교육청에게 손해배상책임이 있다
고 판결하였다.

그러나 서울특별시교육청은 이에 불복하여 손해배상처분을 취소해 달라고 대법원에
상고소송을 제기하였다.

〈판결요지〉

1. 이 사건 사고는 수업시간 중에 발생한 것으로 학교에서의 교육활동 중에 발생한
   것이므로 교장이나 교사의 일반적 보호감독의무가 미친다고 할 수 있다.

2. 이 사건 사고는 학교 수업시간 중에 담당교사가 수업을 진행하는 면전에서 일어
   났다는 점 등을 종합하여 보면, 이 사건 사고가 피고나 그 소속교사들의 예견가능
   성의 범위를 벗어난 영역에서 발생하였다고 보기는 어렵다.

3. 이 사건 사고에 대한 교사들의 보호감독의무 위반을 인정하여 피고에게 배상책

임을 인정한 원심의 판단은 정당하고, 거기에 상고이유로 주장하는 바와 같은 교사들의 보호감독의무와 관련한 법리오해의 위법이 있다고 할 수 없다.

....

〈주문〉

상고를 기각한다. 상고비용은 피고(서울특별시교육청)가 부담한다.

해석

- 원고(피해자 측): 승
- 피고(담임교사 및 지방자치단체): 패

수업 시간 중에 일어난 사고는 학교에서의 교육활동 중에 발생한 것이므로 교장이나 교사에게 일반적 보호감독의무 소홀에 대한 책임을 묻는다. 따라서 피고(교사)의 사용자인 지방자치단체(서울특별시)의 상고를 기각한 판결이다.

한편, 「국가배상법」 제2조의 규정에 따라 공무원에게 고의 또는 중대한 과실이 있으면 국가나 지방자치단체는 그 공무원에게 구상(求償)할 수 있다.

---

6) 「민법」상 손해배상 사건 6

●●● 공립중학교에서 다수의 중학교 1학년 학생들이 같은 반 급우를 집단적으로 괴롭혀 상처를 입히고 우울증 등의 증상을 겪게 한 경우, 가해학생들의 부모들과 지방자치단체에게 손해배상책임을 물을 수 있는가? (**울산지방법원 2006. 12. 21. 선고 2005가단35270 판결**)[8]

---

8   초등학교 6학년 학생들 사이에서 발생한 폭행 등 괴롭힘이 상당 기간 지속되어 그 고통과 그에 따른 정신장애로 피해학생(초6)이 자살에 이른 경우, 다른 요인이 자살에 일부 작용하였다 하더라도 가해학생들

〈사건개요〉

울산 북구 ○○동 소재 ○○중학교 1학년생인 박군은 2005. 6. 20. 오전과 오후 두
차례에 걸쳐 급우들로부터 집단폭행을 당했다. 박군은 이로 인하여 안면부 좌상, 구
내 열상 등 약 3주간의 치료를 요하는 상해를 입게 되었고, 폭행을 당한 이후 사고 상
황에 대한 반복적 회상, 대인관계 기피, 가해자에 대한 적개심, 우울증 등의 증상으로
울산 ○○병원에서 외상후 스트레스장애의 진단을 받고, 신경정신과적 치료를 받았
다. 이에 박군의 부모는 가해학생들의 부모와 관할 교육청을 대상으로 손해배상청구
소송을 했다.

〈판결요지〉

피고들은 연대하여 원고 박○○(子)에게 6,000,000원, 원고 박○○(父)에게

의 폭행 등 괴롭힘이 주된 원인인 이상 학교폭력 가해학생들의 부모의 과실과 담임교사, 교장의 과실이
경합하여 피해학생의 자살 사건이 발생하였으므로, 가해학생들의 부모들과 지방자치단체인 경기도교육
청에게 공동불법행위자로서의 손해배상책임을 인정한 사례도 있다. 대법원 2007. 4. 26. 선고 2005다
24318 판결 참조. 이 사건의 판결요지는 다음과 같다.

① 원심(서울고법 2005. 3. 31. 선고 2004나52844 판결)은 망인의 담임교사인 소외 1로서는 학생들의
동향 등을 보다 면밀히 파악하였더라면 망인에 대한 폭행 등을 적발하여 망인의 자살이라는 결과를
사전에 예방할 수 있었던 것으로 보이며, 나아가 망인에 대한 폭행사실이 적발된 후에도 소외 1, 2(학
교장)는 망인의 정신적 피해상태를 과소 평가한 나머지 망인의 부모로부터 가해학생들과 망인을 격
리해 줄 것을 요청받고도 이를 거절하면서 가해학생들로부터 반성문을 제출받고 가해학생들의 부모
들로부터 치료비에 대한 부담과 재발방지 약속을 받는 데 그치는 등 미온적으로 대처하였고, 또한 그
이후의 수학여행 중에도 망인에 대하여 보다 특별한 주의를 기울였어야 함에도 불구하고, 특별교우
관계에 있는 학생을 붙여주는 이외에 별다른 조치를 취하지 아니함으로써 결과적으로 망인이 자살에
이르게 하도록 한 원인을 제공한 과실이 있다고 할 것이므로, 피고 경기도는 국가배상법 제2조 제1
항에 의하여 그 소속 공무원인 소외 1(담임교사), 2(학교장)의 위와 같은 공무수행상의 과실로 인하여
망인 및 원고들이 입은 손해를 배상할 책임이 있다고 판단하였다.

② 원심판결 이유를 앞서 본 법리와 기록에 의하여 살펴보면, 원심의 이러한 사실인정과 판단은 정당한
것으로 수긍이 간다. 원심판결에는 상고이유에서 주장하는 바와 같은 심리미진이나 채증법칙 위반으
로 인한 사실오인 또는 손해배상책임에서의 상당인과관계 및 자살에 대한 예측가능성에 관한 법리오
해나 교사 등의 안전의무 위반에 관한 법리오해 등의 위법이 없다.

③ 그러므로 피고들의 상고를 모두 기각하고, 상고비용은 패소자가 부담하기로 하여 관여 대법관의 일치
된 의견으로 주문과 같이 판결한다.

11,477,910원, 원고 박○○(母)에게 2,000,000원 및 위 각 금원에 대하여 2005. 6. 21.부터 2005. 11. 9.까지는 연 5%, 그 다음날부터 완제일까지는 연 20%의 각 비율로 계산한 금원을 지급하라.

해석

- 원고(피해자 측): 승
- 피고(가해학생들(8명)의 부모들, 시방자치단체(울산광역시)): 패

공립중학교의 학생들이 같은 반의 학생을 집단적으로 괴롭혀 상처를 입히고 우울증 등의 증상을 겪게 한 경우, 담임교사로서는 당시의 사회분위기나 자신이 맡고 있는 학급 내 상황에 비추어 피해학생이 가해학생들로부터 집단괴롭힘이나 집단폭행을 당할 수도 있다는 것을 어느 정도 예상할 수 있었으므로, 수업시간 전후로 수시로 돌아보고, 학급의 반장을 통하여 학급 내에서의 집단괴롭힘이나 폭행사건이 발생할 경우 즉각적으로 보고를 하도록 하며, 학급 내에서 종종 동료 학생들을 괴롭히는 가해학생들에 대하여는 보다 적극적인 자세로 훈육을 하고, 위와 같은 집단괴롭힘 등이 발생하지 않도록 필요한 예방조치를 취해야 할 주의의무가 있음에도 불구하고 이를 소홀히 함으로써 결과적으로 피해학생으로 하여금 위와 같이 집단따돌림을 당하도록 하는 상황에 이르게 하였으므로, 위 중학교의 설치·경영자인 지방자치단체는 「국가배상법」 제2조에 따라 소속 공무원인 담임교사의 위와 같은 위법한 공무수행으로 인하여 피해학생 및 그 부모가 입은 손해를 배상할 책임이 있다고 판결하였다.

7) 「민법」상 손해배상 사건 7

●●● 고등학교에서 다수의 학생들이 같은 반 급우를 폭행, 모욕한 경우 가해학생 및 그들의 부모, 지방자치단체, 학교안전공제회에게 손해배상책임을 물을 수 있는가? (**대구지방법원 2013. 10. 17. 선고 2011가합11843 판결**)

판례

〈사건개요〉

1. 고등학교 1학년생인 정○○은 2011년 3월경부터 2011년 5월경까지 다수의 가해학생들로부터 폭력과 모욕, 괴롭힘을 당해왔다.

2. 학교는 학교폭력자치위원회를 개최하였고, 회의 결과 피고 현○○, 피고 현○△, 피고 전○○는 권고전학, 피고 강○○은 사회봉사 2주, 선정자 박○○, 선정자 이○○는 교내봉사 2주 처분을 받았다.

3. 원고 정○○은 이 사건 가해행위를 당한 이후인 2011년 5월경부터 극심한 우울감 및 불안감, 수면장애를 비롯한 환청, 망상 등을 겪어 적응장애, 기타 비기질적 정신병적 장애 등의 진단을 받았고, 위 증상으로 2011. 6. 23.부터 2013. 8. 14.까지 여러 병원에서 치료받았다.

4. 이에 정○○과 그의 부모는 가해학생들, 그들의 부모, 학교를 감독하는 지방자치단체, 관할 구역의 학교안전공제회를 대상으로 손해배상청구소송을 했다.

〈판결요지〉

1. 피고 현○○, 현○△(父 현△△, 母 송○○), 전○○(父 전 △△), 강○○(父 강△△, 母 최○○), 피고(선정당사자) 한○○, 피고(선정당사자) 최○○, 피고 대구광역시, 선정자 박○○, 선정자 박△△, 선정자 이○○, 선정자 이△△은 각자(부진정 연대하여) 원고 정○○에게 4,851,820원, 원고 정△△, 원고 김○○에게 각 700,000원, 피고 대구광역시 학교안전공제회는 위 피고들과 각자(부진정 연대하여) 원고 정○○에게 위 금액 중 3,351,820원을 각 지급하라.

2. 원고 정△△, 원고 김○○의 피고 대구광역시 학교안전공제회에 대한 각 청구, 원고 정○○의 피고들, 피고(선정당사자)들 및 선정자들에 대한 각 나머지 청구 및 원고 정△△, 원고 김○○의 피고 대구광역시 학교안전공제회를 제외한 나머지 피고들, 피고(선정당사자)들 및 선정자들에 대한 각 나머지 청구를 모두 기각한다.

3. 소송비용 중 95%는 원고들이, 5%는 피고들, 피고(선정당사자)들 및 선정자들이 각 부담한다.

4. 제1항은 가집행할 수 있다.

해석

- 원고(피해자 측): 승

- 피고(담임교사 및 대구광역시, 대구광역시 학교안전공제회): 패

① 피고 학생들은 원고 1을 폭행하거나 욕설을 하는 등으로 원고 1에게 이 사건 가해행위를 하였고, 이 때문에 원고 1이 외상 후 스트레스 장애 등을 앓게 된 점, ② 피고 부모들은 평소 그들의 사녀인 이 사건 피고 학생들이 타인을 폭행하거나 집단으로 괴롭히는 등의 불법행위를 저지르지 않도록 일상적인 지도·조언 등으로 보호·감독하여야 할 의무를 부담하고 있음에도 이를 게을리 한 점, ③ 이 사건 가해행위는 교사의 일반적인 보호·감독의무가 미치는 범위 내의 생활관계 즉, 학교에서의 교육활동 또는 이와 밀접 불가분의 관계에 있는 생활관계에서 발생한 점, ④ 「학교폭력 예방 및 대책에 관한 법률」 등 관련 법령에 의하면 피고 공제회는 위 법률이 정하는 범위 내에서 원고들에게 비용을 지급할 책임이 있는 점 등을 이유로, 학교폭력의 고등학교 가해학생 및 그 학부모, 교육당국인 대구광역시(교육청) 및 대구광역시 학교안전공제회에게 민사 책임을 인정한 판례이다.

민사소송의 이해를 돕기 위해 아래의 판결 원자료를 참고자료로 제시한다.

울 산 지 방 법 원
판 결

사건	2005가단35270 손해배상(기)
원고	1. 박○○ (59****-)
	2. 박○○ (63****-)
	3. 박○○ (92****-)

원고들 주소 울산

원고들 소송대리인 변호사 정원식

피고	1. 울산광역시

    대표자 교육감 직무대행자 서○○

2. 권○○

3. 김○○ (67****-)

    피고 2, 3의 주소 울산

4. 김○○ (58****-)

5. 박○○ (68****-)

    피고 4, 5의 주소 울산

6. 박○○ (68****-)

7. 최○○ (71****-)

    피고 6, 7의 주소 울산

8. 신○○ (68****-)

9. 전○○ (65****-)

    피고 8, 9의 주소 울산

10. 이○○

11. 황○○ (65****-)

　피고 10, 11의 주소 울산

12. 이○○ (56****-)

13. 이○○ (67****-)

　피고 12, 13의 주소 울산

14. 최○○ (60****　)

15. 이○○ (67****-)

　피고 14, 15의 주소 울산

16. 최○○ (63****-)

17. 김○○ (65****-)

　피고 16, 17의 주소 울산

피고 1 소송대리인 법무법인 원율

담당변호사 곽지환

피고 2, 3, 10, 11, 14, 15의 소송대리인 변호사 하석철

피고 4 내지 9, 12, 13, 16, 17의 소송대리인 변호사 손영섭

변론종결　　2006. 11. 16.

판결선고　　2006. 12. 21.

주문

1. 피고들은 연대하여 원고 박○○(子)에게 6,000,000원, 원고 박○○(父)에게 11,477,910원, 원고 박○○(母)에게 2,000,000원 및 위 각 금원에 대하여 2005. 6. 21.부터 2005. 11.9.까지는 연 5%, 그 다음날부터 완제일까지는 연 20%의 각 비율로 계산한 금원을 지급하라.

2. 원고들의 나머지 청구를 각 기각한다.

3. 소송비용 중 7/10은 원고들이, 나머지는 피고들이 각 부담한다.

4. 제1항은 가집행할 수 있다.

청구취지

피고들은 연대하여 원고 박○○(子)에게 50,665,600원, 원고 박○○(父)에게 18,194,640원, 원고 박○○(母)에게 5,000,000원 및 위 각 금원에 대하여 2005. 6. 21.부터 이 사건 소장부본 최종송달일까지는 연 5%, 그 다음날부터 완제일까지는 연 20%의 각 비율에 의한 금원을 지급하라.

이유

1. 손해배상책임의 발생

가. 인정사실

다음 사실은 갑1호증, 갑2호증의 1 내지 7, 갑3호증의 1, 2, 갑6, 8호증, 을1호증의 1 내지 45의 각 기재에 변론 전체의 취지를 종합하면 이를 인정할 수 있다.

(1) 소외 이○○(1992. 9. 27.생), 권○○(1992. 8. 31.생), 최○○(1992. 3. 24.생), 박○○(1992. 8. 11.생), 이○○(1993. 1. 15.생), 최○○(1992. 10. 5.생), 김○○(1992. 9. 29.생), 신○○(1992. 8. 24.생)(이하 동인들을 모두 "가해학생들"이라 한다)과 원고는 모두 울산북구 천곡동 소재 ○○중학교 1학년 6반 학생들인바, 위 이○○는 2005. 6. 20. 09:05경 천곡중학교 1학년 6반 교실 안에서 원고 박○○(子)이 자율학습시간임에도 책상에 엎드려 있다는 이유만으로 동인의 등을 2회 주먹으로 때렸고, 옆에 있던 위 권○○은 주먹으로 위 원고의 얼굴과 팔을 때렸으며, 소외 최○○은 옆에서 위 원고의 멱살을 잡았다.

(2) 그 후, 위 이○○는 2005. 6. 20. 16:15경 학교수업이 끝난 후 청소시간에 장난삼아주먹으로 원고 박○○(子)의 등을 수 회 때렸고, 이를 보고 있던 권○○도 이에 합세하여 특별한 이유 없이 위 원고의 등과 팔을 주먹으로 각 1회씩 때렸으며, 위 최○○도 위 원고의 머리를 손으로 1회 때렸고, 위 박○○도 옆에서 공놀이를 하고 있다가 덩달아서 위 원고의 가슴을 오른발로 2번 차고, 자신의 왼손을 위 원고의 얼굴에 갖다 댄 뒤 오른손으로 자신의 왼손바닥을 때렸으며, 위 이○○도 겁을 먹고 있던 위 원고의 가슴부위를 오른발로 2 내지 3회 정도 걸어 찼고, 위 최○○도 친구들이 때리는 것을 보고 분위기에 휩쓸려 자신의 주먹으로 위 원고의 등을 세 차례 때렸으며, 위 김○○도 위 원고의 등을 주먹으로 2회 때린 후, 발로 위 원고의 오른쪽 어깨를 걸어 찼고, 신○○도 자신의 발로

위 원고의 다리와 팔꿈치를 두 번 걸어 찼다.

(3) 그런데 원고 박○○(子)은 평소에도 수업시간에 이따금 엎드려 잠을 자고, 친구들과 말을 거의 하지 않으며, 친구들이 장난을 걸어도 대꾸도 하지 않는다는 등의 이유로 같은 반 친구들로부터 놀림을 당하거나 따돌림을 당하는 일이 가끔 있었다.

(4) 원고 박○○(子)은 가해학생들의 폭행으로 인하여 안면부 좌상, 구내 열상 등약 3주간의 치료를 요하는 상해를 입게 되었고, 위와 같이 폭행을 당한 이후 사고상황에 대한 반복적 회상, 대인관계기피, 기해지에 대한 직개심, 우울증 등의 증상으로 2005. 7. 12. 울산 중구 태화동 123-3 소재 동강병원에서 외상후 스트레스장애의 진단을 받고 그 무렵부터 2005. 9. 8.까지 위 병원에서 신경정신과적 치료를 받았다.

(5) 한편, 원고 박○○(父), 박○○(母)은 원고 박○○(子)의 부모이고, 피고 권○○, 김○○는 위권○○의, 피고 김○○, 박○○은 위 김○○의, 피고 박○○, 최○○는 위 박○○의, 피고 신○○, 전○○는 위 신○○의, 피고 이○○, 황○○은 위 이○○의, 피고 이○○, 이○○은 위 이○○의, 피고 최○○, 이○○는 위 최○○의, 피고 최○○, 김○○은 위 최○○의 각 부모들이며, 위 권○○, 김○○, 박○○, 신○○, 이○○, 이○○, 최○○, 최○○은 모두 각자의 부모들(이하 위 가해학생들의 부모들을 "피고 부모들"이라 한다)의 주거지에서 부모들의 보호, 감독하에 살면서 경제적으로도 각자의 부모들에게 완전히 의존하고 있었다.

(6) 피고 울산광역시는 위 ○○중학교를 설립, 운영하고 있는 지방자치단체이고, 당시 그 소속 교육공무원인 ○○○이 위 ○○중학교 1학년 6반의 담임교사였는데, 위 ○○○은 이 사건 집단폭행이 있기 전에 가해학생들 중 한 명이 원고 박○○(子)을 괴롭히고 있다는 사실을 듣고 그 학생과 상담을 한 적이 있고, 2005. 6. 11.경 가해학생들이 같은 반의 여학생을 집단적으로 괴롭힌다는 이야기를 듣고 동인들을 불러 질타하기도 하였다.

나. 판단

(1) 피고 부모들의 손해배상책임

살피건대, 책임능력이 있는 미성년자의 불법행위로 인하여 손해가 발생한 경우에도 그 발생된 손해가 미성년자의 감독의무자의 부주의와 상당인과관계가 있으면 당해 감독의무자는 민법 제750조에 따라 손해배상책임을 진다고 할 것이다. 그런데 위 인정사실에 의하면, 가해학생들은 모두 이 사건 집단폭행 당시 12세 5개월부터 13세 2개월 남짓된 중학교 1학년생들로서 자신들의 행위에 대한 책임을 변식할 지능이 있었다고 할 것이지만, 경제적인 면에서는 전적으로 각자의 부모들에게 의존하면서 부모들의 보호·감독을 받고 있었고, 당시 우리사회에서는 학교내 폭력과 집단따돌림 등이 이미 사회문제화 되어 있었으므로, 피고 부모들로서는 나이가 어려서 변별력이 부족한 가해 학생들이 다른 학생을 폭행하거나 집단적으로 괴롭히는 등의 행위를 하지 않도록 교육하고, 보호감독하여야 할 주의의무가 있음에도 이를 게을리한 과실로 가해학생들이 원고 박○○에게 이 사건 집단폭행을 가하는 것을 방치하였다고 할 것이므로, 피고 부모들은 민법 제750조에 따라 이 사건 집단폭행으로 인하여 원고들이 입은 손해를 배상할 의무가 있다.

(2) 피고 울산광역시의 손해배상책임

지방자치단체가 설치, 경영하는 학교의 교장이나 교사는 학생을 보호·감독할 의무를 지는 것인바, 이러한 보호감독의무는 교육관계법령에 따라 학생들을 친권자 등 법정감독의무자에 대신하여 감독을 하여야 하는 의무로서 학교 내에서의 학생의 전 생활관계에 미치는 것은 아니고 학교에서의 교육활동 및 이에 밀접 불가분의 관계에 있는 생활관계에 한하고, 그 의무의 범위 내의 생활관계라고 하더라도 교육활동의 때, 장소, 가해자의 분별능력, 가해자의 성행, 가해자와 피해자의 관계, 기타 여러 사정을 고려하여 사고가 학교생활에서 통상 발생할 수 있다고 하는 것이 예측되거나 또는 예측가능성(사고발생의 구체적 위험성)이 있는 경우에 한하여 위 의무가 인정된다 할 것인바(대법원 1994. 8. 23. 선고 93다60588 판결 등 참조), 위에서 본 바와 같이 이 사건 집단폭행은 두 차례 모두 교실 내에서 수업이 시작되기 전의 자율학습시간과 수업이 끝난 후 청소시간에 같은 반 급우들인 가해학생들에 의하여 이루어진 점, 위 집단폭행이 이루어질 당시 우리 사회에서는 교내폭력과 집단따돌림 등이 심각한 사회문제로 대두되어 있었던 점, 가해학생들은 모두 한창 장난기가 많을 뿐 아니라 성숙하지 못한 사고로 인하여 때로는 동료 학생들에게 거친 행동을 할 수 있는 연령대의 중학생들인 점, 당시 담임교사인 ○○○도 이 사건 폭행이 발생하기 이전에 가해학생들 중 1명이 원고 박○○(子)을 가끔 괴롭히고 있다는 것을 들었고, 같은 반 여학생 중 1명이 가해학생들로부터 집단 괴롭힘을 당하기도 했다는 이야기를 듣고, 가해학생들을 불러서 질타를 하기도 한 점에 비추어 보면, 담임교사인 ○○○으로서는 당시의 사회분위기나 자신이 맡고 있는 학급내 상황에 비추어 원고 박○○(子)이 가해학생들로부터 집단 괴롭힘이나 집단폭행을 당할 수도 있다는 것을 어느 정도 예상할 수 있었다 할 것이므로, 이러한 경우 ○○○으로서는 담임교사로서 수업시간 전후로 수시로 돌아보고, 학급의 반장을 통하여 학급 내에서의 집단 괴롭힘이나 폭행사건이 발생할 경우 즉각적으로 보고를 하도록 하며, 학급 내에서 종종 동료 학생들을 괴롭히는 가해학생들에 대하여는 보다 적극적인 자세로 훈유을 하고 위와 같은 집단 괴롭힘 등이 발생되지 않도록 필요한 예방조치를 취해야 할 주의의무가 있음에도 불구하고 이를 소홀히 함으로써 결과적으로 원고 박○○(子)으로 하여금 위와 같이 집단폭행을 당하도록 하는 상황에 이르도록 하였다고 할 것이므로, 피고 울산광역시는 국가배상법 제2조에 따라 그 소속 공무원인 ○○○의 위와 같은 위법한 공무수행으로 인하여 원고들이 입은 손해를 배상할 책임이 있다.

2. 손해배상책임의 범위

가. 원고 박○○(子)의 일실수입

원고들은 가해학생들의 폭행으로 인하여 원고 박○○(子)이 단순근로자로서 약 16%의 노동능력을 상실하였다면서 만 23세가 되는 2015. 8. 16.부터 만 60세가 되는 2052. 8. 15.까지의 일실수입 40,665,600원의 지급을 구한다. 살피건대, 원고 박○○(子)이 가해학생들의 폭행으로 인하여 영구적으로 16%의 노동능력을 상실하였는지에 관하여는 갑3호증의 1, 2, 갑4, 7, 10호증의 각 기재만으로는 이를 인정하기에 부족하고, 달리 이를 인정할만한 증거가 없으므로, 원고들의 위 주장은 이유 없다.

나. 적극적 손해

갑5호증, 갑9호증의 1 내지 5의 각 기재에 의하면, 원고 박○○(父)은 원고 박○○(子)의 치료비로 총 9,477,910원을 지출한 사실을 인정할 수 있다(원고들은 원고 박○○(子)의 향후치료비로 10,000,000원의 지급을 구하나, 원고 박○○(子)이 향후 지속적인 치료비의 지출이 필요하다는 점에 관하여는 갑3호증의 1, 2, 갑4, 10호증의 각 기재만으로는 이를 인정하기에 부족하고, 달리 이를 인정할만한 증거가 없다).

다. 위자료

가해학생들의 불법행위로 인하여 원고 박○○(子)과 그의 부모들인 원고 박○○ (父), 박○○(母)이 상당한 정신적 고통을 받았을 것임은 경험칙상 명백하므로, 공동불법행위자인 피고들은 이를 금전으로나마 위자할 의무가 있다고 할 것인데, 앞서 본 이 사건 불법행위의 내용 및 정도, 원고 박○○(子)의 상해 정도, 가해학생들의 연령, 이 사건 불법행위 이후의 정황, 위 집단폭행으로 인하여 부산지방법원 가정지원에서 위 법원 2005푸1023호로 가해학생들에 대하여 폭력행위 등 처벌에 관한 법률 위반사건의 재판이 진행되는 도중인 2005. 7. 26. 피고 부모들이 원고 박○○(父)을 피공탁자로 하여 3,000,000원을 공탁한 점, 피고 부모들의 재산상태 등 이 사건 변론에 나타난 제반사정을 참작하면, 피고들이 지급하여야 할 위자료 액수는 원고 박○○(子)에 대하여 6,000,000원, 원고 박○○(父), 박○○(母)에 대하여 각 2,000,000원으로 정함이 상당할 것이다.

3. 결론

그렇다면, 피고들은 연대하여 원고 박○○(子)에게 6,000,000원, 원고 박○○(父)에게 11,477,910원(9,477,910원 + 2,000,000원), 원고 박○○(母)에게 2,000,000원 및 위 각 금원에 대하여 위 불법행위일 이후로서 원고들이 구하는 바에 따라 2005. 6. 21.부터 이 사건 소장부본 최종송달일인 2005. 11. 9.까지는 민법이 정하는 연 5%의, 그 다음날부터 완제일까지는 소송촉진 등에 관한 특례법이 정하는 연 20%의 각 비율에 의한 지연손해금을 지급할 의무가 있으므로, 원고들의 피고들에 대한 이 사건 청구는 위 인정범위 내에서 이유 있어 이를 인용하고, 나머지 청구는 모두 이유 없으므로 이를 각 기각하기로 하여 주문과 같이 판결한다.

판사 백승엽 _____

출처: https://www.scourt.go.kr/portal/dcboard/DcNewsViewAction.work?bub_name=&currentPage=&searchWord=&searchOption=&gubun=44&seqnum=1455

3부.
학생의 이해

3부에서는 학생의 이해에 대해서 공부한다. 이 책의 제목이 '학교폭력 예방 및 학생의 이해'이므로 전반부에서는 주로 학교폭력의 유형, 사례, 예방 및 대처에 초점을 맞추었다면, 후반부에서는 학생들을 보다 잘 지도하기 위해서 필요한 내용들을 공부한다.

9장에서는 초·중·고교생들의 특징과 각 단계별 학교폭력의 특징을 다루었다. 10장과 11장에서는 학생인권과 교권을 다루었는데, 우선 10장은 「서울특별시 학생인권 조례」를 통해서 학교현장에서 직면하고 있는 교권 보호 측면과 학생인권 보호 측면을 살피고 있다.

11장에서는 「양성평등기본법」을 통해서 학교에서 뿐만이 아니라 학생들이 장차 사회에 진출하여 실천해 나가야 할 양성평등의 원칙과 내용, 그리고 이와 관련된 판례들을 공부한다.

12장에서는 날로 심각해지고 있는 '아동학대'를 주제로 하여 부모교육권과 학생인권(아동인권)의 조화로운 발전을 모색하고자 하였다.

9장.   초·중·고교생의 특징

자녀를 잘 키우기 위해서는 발달단계별 특징을 잘 알아야하는데, 대부분의 부모들은 자기의 경험에 의존하는 경우가 많다. 여러분들이 장차 지도하게 될 학생들을 잘 이해하기 위해서는 각 단계별 어떤 특징이 있는지를 숙지할 필요가 있다. 이러한 이유에서 이 장에서는 초·중·고교생의 특징을 살펴보기로 한다.

1. 초등학생들의 특징

초등학교는 6년제이기 때문에 1-3학년까지를 저학년, 4-6학년을 고학년으로 분류한다. 우선 각 단계별 특징을 살펴보자.

1) 초등학교 저학년 학생들의 특징

① 신체적 특징

- 젖니에서 유치로 이갈이를 한다.
- 자기 몸을 자신의 뜻대로 잘 가누지 못한다.
- 소근육과 균형감각이 발달한다.
- 손과 발의 협응이 발전한다.
- 몸을 움직이는 것을 좋아한다.
- 신체 동작이 빨라지고 손기술이 는다.
- 쉽게 피곤해 한다.
- 에너지가 넘치고 놀이 활동에 집중한다.
- 신체발달에 개인차가 나타난다.
- 비만아가 나타나기 시작한다.

② 정신적 특징

- 부모님에게 많이 의존한다. 부모님이 자주 학교에 오기를 바라고, 늦게 귀가하는 부모님에 대한 스트레스를 받는다.[1]
- 어린이인 티가 난다.
- 남보다 먼저하고 싶어 한다.
- 초보적인 자아개념이 생겨난다.
- 점차 자기중심성이 약해진다.
- 집중력이 부족하다.
- 칭찬에 민감하다.
- 교사에게 몹시 인정받고 싶어 한다.

---

1   https://steinerinstitute.tistory.com/entry

- 선악의 기준을 자신에게 잘 해주는 것으로 판단한다.

- 이성에 대한 관심이 드러난다.

- '초등학생'이라는 자신의 신분에 자부심을 가진다.

- 높임말을 어려워한다(예: ~~했다요).

③ 지적 특징

- 호기심이 많다. 그래서 아는 것도 자꾸 물어 본다.

- 수업시간에도 자기가 흥미를 느끼는 주제가 나오면 개인적 이야기를 늘어놓는다.

- 새로운 지식을 받아들이는 것을 좋아한다.

- 인지 능력이 떨어진다.

- 사고 판단이 흐리다.

- 미술표현 활동을 즐긴다.

- 크기에 대한 감각이 부족하다.

- 지리적 개념이 부족하다.

- 점차 위치를 지각하는 능력이 생긴다.

- 책읽기를 좋아한다. 마음에 드는 책은 여러 번 반복해서 읽는다.

- 상상의 세계에 빠져 있다. 즉, 자기 나름의 판타지 세계를 가지고 있다.

- 이야기 듣고 상상하기를 좋아한다.

- 관찰력이 높아진다.

- 여러 가지 탐구활동에 관심이 많다.

- 학습습관이 생기는 시기이다.

- 점차 읽고 쓰기가 안정된나.

- 다른 연령대에 비해 공감능력이 높다.

④ 사회적 특징

- 질문이 무척 많고, 작은 일도 꼬박꼬박 고자질 한다.

- 모방을 잘한다. 그래서 친구의 행동을 따라 하게 된다.
- 일일이 구체적으로 알려주어야 한다.
- 사실과 상상을 제대로 구별하지 못하고, 거짓말을 아무 생각 없이 잘 한다.
- 놀이문화에서 상업적인 영향을 많이 받는다.
- 작은 일이 몸싸움으로 번지는 경우가 많다.
- 별 것 아닌 일로 싸우고 금방 다시 친해진다.
- 자기중심적이고 싸움이 잦다.
- 관심대상과 친구가 자주 바뀐다.
- 가족 중심이다.
- 질서의식이 싹 튼다.
- 집단 안에서의 경쟁심과 협동심이 발달한다.
- 친구와의 관계가 중요시 되어 자기들끼리 몰려다는 것을 좋아한다.
- 친한 친구가 생겨 또래집단이 생기고 돋보이고 싶어하며 따돌림 현상이 나타나기도 한다.
- 남자 아이들 사이에 눈에 보이지 않는 서열이 생긴다.

2) 초등학교 고학년 학생들의 특징

① 신체적 특징
- 신체가 건강해진다.
- 신체발달에서 개인차가 뚜렷해진다.
- 남녀 간의 차이가 들어나고 본인들도 그것을 느낀다.
- 본격적인 스포츠 활동이 도입된다.
- 대부분의 운동기술을 습득한다.
- 남녀의 운동 능력 차이가 두드러진다.
- 성장통을 앓는 학생들이 많아진다.

- 2차성장기로 진입하며, 신체적으로 변화가 오기 시작한다(예: 초경, 몽정, 변성기 등)
- 이러한 신체적 특징으로 고민하는 아이가 많아진다.

② 정신적 특징

- 사춘기가 시작된다.
- 신체 변화에 적응이 서툴다.
- 이성에 대해 관심이 높아지고 표현도 적극적이다.
- 성에 대한 관심이 많아진다.
- 연애에 진지하게 응한다.
- 외모에 신경 쓰는 아이들이 늘어난다.
- 유행에 민감해지기 시작한다(옷, 머리, 글씨체, 공책 정리 등).
- 짜증이 많아 감정기복이 심할 수 있다. 작은 일로도 버럭 화를 낸다.
- 자아가 형성되어가는 단계이다.
- 자립심이 생겨난다.
- 사회적 이슈에 관심을 보이고 정의감이 높다.
- 자기통제력이 높아진다.
- 자기중심적인 사고를 가졌다.
- 비판적인 시각이 생긴다.
- 주체의식이 발달되기 시작하고 자기주장이 강해진다.
- 반항심이 드러나기 시작한다.
- 선악 판단력이 높아진다.
- 신체적 공격보다 도덕적 침해를 당하면 화를 낸다.
- 차별과 편애에 예민하다.
- 애정의 중심이 부모에서 친구에게로 향해지고, 이성에 대한 성적매력과 친근감이 생기며 특정인물과 같이 있고자 한다.
- 고민은 많지만 어른에게 말하지는 않는다.

• 어른을 비판하고 분노를 느낀다.

• 상대방을 비난하며 스스로 위안을 삼는다.

③ 지적 특징

• 글쓰기를 매우 싫어한다.

• 공부에 대한 부담이 높아진다(특히 수학교과).

• 좋아하고 싫어하는 과목이 생긴다.

• 관심과 탐색영역이 확장된다.

• 좋아하는 관심 분야가 있다.

• 역사의식이 생긴다.

• 논리적 의견제시가 가능하다.

• 필요한 내용이나 자료를 간추리는데 어려움을 겪는다.

• 학생들 간에 개인차가 나타난다(학습능력, 학습습관, 학습태도 등).

• 학력 차이가 뚜렷해진다.

• 자기주장은 강하나 이유 제시가 부족하다.

• 독서를 할 때 간접 경험을 도입한다.

• 고학년으로 올라갈수록 기억력이 최고조에 다다르는 시기이다.

• 모르는 것을 물어보기를 꺼린다.

• 주변 친구들을 의식하고 발표에 소극적이다.

④ 사회적 특징

• 다른 사람의 관점에서 바라보며 타인의 입장을 고려할 수 있다.

• 다른 사람도 똑같이 할 수 있다는 것을 인식한다.

• 타인의 사고 과정을 이해하고 타인의 생각에 관심을 갖게 된다.

• 도덕의식과 책임감을 함양한 친구를 선호한다.

• 몰려다니는 것을 좋아한다.

- 또래 문화에 속하지 않는 아이가 등장한다.
- 친한 언니 동생이나 형 동생 사이를 과시한다.
- 어른 대접을 받고 싶어 한다.
- 윗사람이고 싶어 한다.
- 학교 폭력에 노출되어 있어 불안해한다.
- 가족보다는 친구 중심이다.
- 반 대항 운동 경기를 통해 우월성을 증명하고 싶어 한다.
- 서열을 매기며 상하 관계를 중요시 한다.
- 남자 아이들 사이에 눈에 띄는 서열이 생긴다.
- 여자 아이들은 배타적인 소집단을 만들어 행동한다.
- 부모와 논쟁하는 일이 일어난다.

3) 초등학교 학교폭력의 특징

① 초등학교 저학년 학생들의 학교폭력 특징

- 장난과 폭력을 구분하지 못하는 경우가 많다.
- 성교육 부족으로 인한 성추행 문제가 발생한다(예: 바지 벗기기, 치마 들추기 등).
- 아직 자아가 형성되지 않은 성장단계로 호기심이나 장난 등이 심해져서 학교폭력으로 이어지는 경우가 많으며, 초등학교 저학년의 경우 잘 타이르고 상대방의 입장을 고려하도록 지도하면 금방 수긍하고 잘못을 인정하는 편이다.

② 초등학교 고학년 학생들의 학교폭력 특징

- 새로운 폭력유형이 등장한다(예: 기절놀이, 수술놀이, 노예놀이, 빵치기, 왕따 대물림 등).
- 급식시간, 방과후수업 등 담임 선생님의 부재 시 학교폭력이 더 많이 발생하는 경향이 있다(증거 수집이 어려움).
- 초등학생의 학교폭력은 피해학생, 가해학생 간에 힘의 불균형의 존재로 발생되며 상

대적으로 힘이 약한 피해학생은 심리적, 정신적으로 큰 충격을 겪게 된다.

• 초등학교 고학년 학생들의 경우, 저학년 학생들과 큰 차이는 없지만 자아가 형성되어 가는 단계이므로 상대방의 입장을 고려하도록 이끌어도 자신의 감정이 앞서서 상대 방보다는 자기중심적인 생각을 갖게 된다. 한마디로 이기적인 특성을 보인다.

2. 중학생들의 특징

① 신체적 특징

• 2차성징이 본격적으로 나타나는 시기이다.

• 초등 5~6학년에 걸쳐 몸이 급격히 성장하는 바람에 각종 성장통이 자주 발생한다.

• 몸도, 마음도, 지식수준도 이제부터 커나가는 수준이라 초등학생보다는 강하지만 고 등학생보다는 허약하다.

• 자신의 신체변화에 대해 자각을 하게 되고 자신의 신체에 대한 관심이 많다.

② 정신적 특징

▶ 중1

• 초등학교 5, 6학년 동안 가장 많은 나이에서 새내기가 되는 경험을 한다.

• 초등학생 개념이 남아 있어서 아직까지는 말을 듣는 편이다.

• 선생님들에 대한 두려움을 가지고 있다.

• 어른에 대한 두려움 및 존경심을 가지고 있다.

• 자아의식의 발달로 심리적 이유현상을 나타낸다.

• 친구들의 신체 변화정도를 비교하고 우월감이나 신체적 열등감을 갖기도 한다.

• 성에 눈뜬 남학생이 많다.

• 성적으로 성숙해 이성에 관심이 많아진다.

- 외모에 관심이 많아진다. 남학생들은 헤어스타일에, 여학생들은 수업시간에도 거울을 보며 머리를 빗거나 비비크림이나 틴트 등을 바른다.

▶ 중2

- 본격적인 사춘기로 접어들게 되면서 초등학생 시절에 비해서 성격의 변화가 생겨 다소 거칠어지고 신경질적이거나 예민한 반응을 보이는 경우가 있다.
- 장난의 정도가 심해진다.
- 자신만의 생각에 잡혀 있다.
- 강압적 방법이 통하지 않는다.
- 권위에 반항심이 강하며 갈등으로 깊이 고민하고 자기감정에 도취한다.
- 신체와 정신적 급격한 변화 때문에 불안정한 초조감이 일어난다.
- 일부 학생들의 경우에는 무단결석은 기본이요, 도둑질, 기물파손, 가출, 흡연 등이 많아지는 시기이다.
- 반항심이 극에 달한다. 그래서 부모와 선생님께 대드는 경우가 많아지고, 기성세대에 대한 반발이 심해진다(일명 "중2병").
- 반면, 학교폭력에 대해서 보고 들은 것이 많아 얌전해지는 시기이기도 하다.
- 성 호르몬의 분비는 성적 욕구의 발달을 동반하며, 성적 욕구는 죄의식과 충동조절의 문제를 초래한다.

▶ 중3

- 곧 고등학생이 되는 시기라서 중1, 2보다는 상대적으로 성숙한 편이다.
- 중학교의 최상위 학년이라는 자부심을 가진 반면, 고등학교 진학이라는 진로고민을 한다.
- 아직도 중2병이 남아있을 수 있다.
- 주관이 발달하여 친구, 이성, 기호, 취미 등의 선택이 뚜렷해진다.

③ 지적 특징

▶ 중1

- 아직 공부의 필요성을 잘 모른다.
- 서서히 학업에 대한 불안감과 불만을 쌓아가기 시작한다.
- 충동 억제와 이성적인 판단을 주관하는 전두엽이 발달한다.
- 추상적인 사고를 할 수 있는 지적 능력이 발달한다.
- 공감 능력이 발달하고 감정이 풍부해진다.
- 도덕성의 수준도 점점 높은 단계에 도달한다.

▶ 중2

- 과도기적 현상으로 부적응과 비행도 많은 시기이다.
- 자기 안정을 찾기 위하여 초월적인 절대적인 존재에 의지하여 신앙이 생기게 된다.

▶ 중3

- 사고는 추상적, 관념적이면서 비판적, 합리적이다.
- 깊은 철학과 영적 감동감화의 욕구가 일어난다.
- 공부에 흥미를 가질 수 있는 가장 좋은 학년이지만 쉽게 지쳐서 포기하기도 한다.
- 공부에 대한 압박이 심한 시기이다.

④ 사회적 특징

▶ 중1

- 점점 초등학생 티가 벗겨진다.
- 도덕성 발달은 사회성을 발달시켜 청소년들이 사회에 적응하고 부모님이나 선생님, 친구들과의 관계를 원만하게 유지해 나가도록 도와준다.

- 학교폭력을 경험하거나 보게 되는 경우가 많아진다.
- 학교폭력에 대해 가르쳐도 폭력을 하는 학생이 있다.

▶ 중2

- 또래끼리 어울리는 것을 가장 좋아하여 무리지어 행동하며 폭력성이 커진다.
- 자신이 하는 행동이 올바르지 않더라도 하고 싶으면 하는 시기이다.[2]
- 차별과 편애에 더욱 민감해 진다. 다른 사람이 자기에 대한 관심과 사랑을 가장 절실히 바라는 시기이므로 학생을 대할 때 가장 유념해야할 사항이다.
- 물질적 욕심이 생긴다.
- 자기중심적 사고에서 점차로 이웃, 지역사회, 국가, 세계 등으로 넓어진다.

▶ 중3

- 고교입시 때문에 진학 희망학교에 따라 어울리는 친구들이 구분된다.
- 자신의 소속감에 대한 의식이 싹튼다.

⑤ 중학생 때 공통적으로 나타나는 특징

- 급격한 신체변화로 자신의 신체에 관심이 많아진다.
- 성호르몬 분비로 성적욕구가 발달한다.
- 자아정체성이 발달하는 중요한 시기이다.
- 집단을 형성하며 자신들만의 집단에 더욱 흥미를 느낀다. 따라서 가족보다 친구에게 의지하는 시간이 더 많아진다.
- 자신을 나타내려고도 하며, 자신을 숨기려고 하는 양면성을 가지고 있나.
- 사춘기를 겪으며 부모와 갈등이 잦아진다.
- 권위에 무조건 반항하려고 한다.

---

2   https://blog.naver.com/god6129/150180141600

• 일반상식에 만족하지 않고 자기들끼리의 비정상적인 생활을 좋아한다.

⑥ 중학생들의 학교폭력 특징

• 중학생부터는 폭력성이 점차 심각해져 간다. 피해자에게 상해를 입히는 수위가 높아
  지고, 범행행위가 악랄해 진다.

• 학교폭력에 대해 많은 것을 가르쳐도 꼭 폭력을 가하는 학생들이 있다.

• 학교폭력에 대한 개념이 확실하게 정립되지 않았기 때문에 큰 사고를 저지를 가능성
  이 있다.

• 자신들이 잘못하고 있는 행동이란 것을 망각하기도 한다. 때로는 이런 행동이 멋지다
  고 착각하기도 한다.

3. 고등학생들의 특징

① 신체적 특징

• 급격한 신체적, 심리적, 사회적 변화를 겪으면서 신체적으로는 성인의 수준에 가깝게
  성장한다.

• 신체 내부기관의 급격한 발달로 인해 생식기와 생식기능이 발달하고 체격이 발달하
  여 신체 윤곽과 운동능력이 발달하는 등 이른바 제 2차 성징이 뚜렷하게 일어난다.

• 육체적 습관이 형성된다(예: 공부하는 자세, 앉는 자세 등).

② 정신적 특징

• 신체적으로 성인에 이르렀기에 자신이 이미 성인인 줄 착각하고 어른스러운 행동을
  하려고 하지만, 경험이 적어 생각은 단순한 경우가 많다.

• 사회생활을 위한 지식이나 방법이 미숙하다.

• 성경험을 하고 싶어 한다. 신체발달이 급격하게 일어나게 되면서 신체 내부에서 성적,

심리적인 충동이 일어나 갈등을 일으키게 되는 시기이다. 그래서 미성년자가 하면 안 되는 금지된 행동을 거리낌 없이 하려 한다.

- 허무주의적인 생각이 많고 자포자기나 일탈행위, 심지어 자살에 이르기까지 극단적인 행동과 생각을 많이 한다.
- 자신을 발견하기 위한 내면적 고독이 강하다.
- 자아정체감이 형성됨으로써 사회적 역할에 대해 고민이 많아진다.
- 심리적인 충동이 많이 일어난다.
- 자기 상황에 대하여 민감하게 반응을 한다.
- 남들과 비교하며 남을 따라 하려고 한다.
- 입시에 대한 부담감이 큰 시기이다. 그래서 대학입시나 사회진출 때문에 방황과 갈등을 겪는다.
- 뚜렷하고 확실한 것들에 대한 생각이 별로 없다.
- 자신이 처해 있는 위치에 대한 불만이나 미래에 대한 불안과 초조함 때문에 주위에 대해 반항적이 되기 쉽다.
- 이와 같은 과정을 거치면서 점차 자신의 신체와 정신을 자기 스스로 조절해 나가게 된다.

③ 지적 특징
- 사유하기보다는 감각적으로 느끼기 원한다.
- 자아 정체감(self identity)이 대략 완성된다.
- 자신의 가치관이 뚜렷하게 형성된다.
- 학습에 대한 스트레스를 가장 많이 받는다.
- 학업을 포기하는 학생들이 많이 있다.

④ 사회적 특징
- 사회생활을 위한 지식이나 방법이 미숙하며, 경제적으로도 여전히 부모의 도움이 필

요한 시기이다.

- 고민이 많아도 어른들과 공유하지 않는다.
- 부모와의 대화가 없고 비밀스러운 전화나 만남이 증가한다.
- 귀가시간이 늦어지고 불규칙하며 밤새도록 잠을 자지 않는다.
- 구설수에 휘말리는 것을 꺼려한다.
- 타인 지향적이다. 연예인이나 운동선수에게 모델링을 받는다.[3]
- 독립된 한 사람으로 살아가는 방법을 터득하는 시기이다. 즉, 고등학생 시기는 타율적인 생활에서 자율적인 생활로 점차 발전해 가는 과도기이면서 의존적인 생활에서 자립을 준비하는 준비기라고 할 수 있다.[4]

⑤ 고등학생들의 학교폭력 특징

- 입시에 민감한 고등학생이라서 징계 받는 것에 민감하다. 그래서 가해자들은 어떻게든 징계를 모면해 보고자 대부분 재심신청을 하며 시간을 끈다. 생활기록부에 기록이 남을까봐 입시가 끝날 때까지 시간을 끄는 경우도 많다. 자신의 잘못을 뉘우치기 보다는 자신의 앞날을 걱정해 사건을 무마하려는 경향이 크다.

구분	연령	처벌
범법소년	만10세 미만	어떤 처벌도 받지 않음.
촉법소년	만10세~14세 미만	형사처벌 없음 (보호처분은 받음)
범죄소년	만14세~19세 미만	최고징역 20년 (사형, 무기징역 처분은 없음)

3   https://m.blog.naver.com/PostView.nhn?blogId=ysgoodfriend&logNo=110031487682&proxyReferer=https:%2F%2Fwww.google.com%2F

4   https://cte7109.tistory.com/entry/%EA%B3%A0%EB%93%B1%ED%95%99%EC%83%9D-%EC%8B%9C%EA%B8%B0%EC%9D%98-%EC%9D%BC%EB%B0%98%EC%A0%81%EC%9D%B8-%ED%8A%B9%EC%A7%95

4. 학교폭력 관련 판례

1) 미래에 발생될 질병에 대한 책임

███ 장래에 발생될 질병에 대해 손해배상 책임을 물을 수 있는가? (**인천지방법원 2015. 7. 3. 선고 2013가합30895 판결**)

판례

〈사건개요〉

1. 원고 1(1994. ○○. ○○.생)은 2010. 3. 2.부터 2010. 8. 25.까지 ○○고등학교 1학년 5반에 재학하던 학생이었고, 원고 2는 원고 1의 모(母)이다.

2. 피고 1, 피고 4, 피고 7, 피고 10(이하 '피고 학생들')은 2010년 당시 원고 1과 ○○고등학교 1학년 5반에 같이 재학한 동급생들이었고, 피고 2, 3은 피고 1의 부모, 피고 5, 6은 피고 4의 부모, 피고 8, 9는 피고 7의 부모, 피고 11은 피고 10의 부(父)이다.

3. 피고 인천광역시는 ○○고등학교를 설립·운영하는 지방자치단체이고, 그 소속 교육공무원인 피고 12는 2010년 당시 원고 1과 피고 학생들이 속해 있던 ○○고등학교 1학년 5반의 담임교사였다.

4. 피고 학생들은 2010. 4. 2.경부터 2010. 7. 20.경까지 아래 내용과 같이 원고 1을 집단적으로 따돌리며 괴롭혔다(이하 '이 사건 집단괴롭힘'이라 한다).

가해자	순번	일시	장소	불법행위 내용
피고 1, 피고 4	1	2010.4.5. 13:00경	학교 식당	배식을 받기 위해 줄을 서 있던 원고 1을 밀치며 비키라는 발언을 함.
	2	2010.5.26. 16:00경	속초시 노학동 소재 △△ 리조트 숙소	같은 반 학생과 '마피아 게임'을 하던 중 눈을 감고 있던 원고 1의 뒤통수를 약 5회 때렸고, 이어 소외 1과 원고 1의 싸움을 유도함.

가해자	순번	일시	장소	불법행위 내용
	3	2010.5.27. 10:00경	위와 같은 곳	피고 1은 원고 1의 팔을 잡아 소외 1의 얼굴을 수회 때렸고, 피고 4는 소외 1의 팔을 잡아 원고 1을 수회 때려 원고 1과 소외 1의 싸움을 유도함.
	4	2010.6.28. 12:00경	학교 화장실	담배를 피우면서 원고 1을 협박하여 망을 보게 함.
피고 4	5	2010.5.11.	교실	원고 1에게 '눈치게임'에 참여할 것을 강요하였고, 원고 1이 계속 벌칙을 받도록 유도하여 원고 1의 이마를 손바닥으로 3회 때림.
	6	2010.5.17.	교실	원고 1에게 운동화를 내놓지 않으면 때릴 것이라고 협박하여 운동화를 빼앗음.
	7	2010.5.27.	속초시 노학동 소재 △△ 리조트 숙소	자고 있던 원고 1의 얼굴에 낙서를 하고 얼굴을 4회 때렸으며, 놀라 일어난 원고 1에게 "소외 1하고 싸워야지, 안 싸우면 맞는다."는 발언을 하며 원고 1과 소외 1의 싸움을 유도함.
	8	2010.6.5. 10:00경	교실	수업시간에 심심하다는 이유로 원고 1의 머리를 7회 때림.
	9	2010.7.3. 15:00경	교실	원고 1의 허벅지를 수회 발로 참.
	10	2010.7.6. 13:00경	교실	원고 1의 허벅지를 발로 참.
	11	2010.7.20. 16:00경	교실	원고 1에게 피고 1과 자리를 바꿀 것을 강요하였고, 원고 1이 자리를 바꿔주자 '장애인'이라는 발언을 함.

가해자	순번	일시	장소	불법행위 내용
피고 7	12	2010.4.2. 20:00경	교실	야간자율학습을 하던 중 원고 1에게 침을 뱉으면서 "어이 찐따, 안 꺼져."라는 발언을 함.
피고 10	13	2010.5.6. 18:00경	학교 식당	혼자 밥을 먹으려고 앉아있던 원고 1을 비웃으며 큰소리로 "원고 1 혼자 밥 먹는다."는 발언을 함.
	14	2010.7.20. 16:30경	교실	원고 1에게 "소외 1 따라서 자퇴하냐?"라는 발언을 함.

5. 원고 1은 피고 학생들의 집단괴롭힘으로 인하여 학교생활에 적응하지 못하고 2010. 8. 25. ○○고등학교에서 자퇴하였다.

6. 원고 1은 이후에도 대인관계에 두려움을 느끼고 단체생활에 적응하지 못하는 등 심리적인 고통을 겪다가 2012. 6. 28. 인천 부평구 소재 □□□병원에서 상세불명의 우울병 에피소드 진단을 받았다.

7. 원고 1은 피고 학생들의 집단괴롭힘 이전에 특별히 정신병적 증상을 나타내거나 정신병에 대한 치료를 받은 적이 없었고, 원고 1의 부모인 소외 2, 원고 2 역시 특별히 정신병에 대한 치료를 받은 적이 없다.

8. 피고 학생들은 이 사건 집단괴롭힘 행위로 인하여 인천지방법원에 소년보호사건으로 송치되었고, 인천지방법원은 2013. 6. 5. 피고 1에 대하여 강요죄 등으로 보호처분결정(2013푸837), 2013. 7. 3. 피고 4에 대하여 강요죄 등으로 보호처분결정(2013푸836), 2013. 6. 5. 피고 7에 대하여 폭행죄로 보호처분결정(2013푸839), 2013. 6. 5. 피고 10에 대하여 모욕죄로 보호처분결정(2013푸838)을 각 내렸다.

9. 이 법원의 ◇◇대학교 ☆병원에 대한 원고 1의 신체감정촉탁 결과의 요지는 다음과 같다.

○ 원고 1의 **현재 증상 및 객관적인 진단명**: 현실 검증력의 저하, 사고장애, 지각의 이상, 인지적 통제력의 저하, 정서증상, 사회적 위축 등 제반 정신과적 증상이 관찰되며, 뇌 단일광자방출단층촬영 검사상 대뇌피질(전두엽, 두정엽, 측두엽) 기능의 이상 소견이 관찰됨. 조현병 진단에 해당함.

○ **현재의 자각적 증상의 유무 및 그 내용과 정도**: 불안, 우울감, 무력감, 두려움, 피해

적 사고, 분노감 등의 증상이 있으며, 중등도 이상의 심각도로 관찰됨.

○ **향후 치료가 필요하다면 그 치료의 내용과 기간:** 조현병 질환의 특성상 향후 부정 장기간 지속적인 치료가 필요하고, 치료기간을 한정하기 어려울 것으로 사료 됨.

○ **후유증:** 치료 후에도 정신기능의 장해가 예상되고, 조현병 질환의 특성상 영구적 일 것으로 판단됨. 맥브라이드 노동능력상실평가 규준에 근거, 노동력 상실의 정 도는 옥외 일반근로에 종사할 경우 38%로 판단됨.

10. 이에 원고의 부모 등은 가해학생들과 그들의 부모 및 학교를 설립·운영하는 인 천시교육청에게 손해배상책임을 묻는 소송을 제기하였다.

⟨판결요지⟩

1. **피고 학생들의 손해배상책임:** 이 사건 집단괴롭힘 당시 15세 남짓의 고등학교 1학 년 학생들로서 책임능력이 있었던 피고 학생들은 공동불법행위자로서 원고들이 입은 손해를 배상할 책임이 있다.

2. **피고 부모들의 손해배상책임:** 피고 부모들은 공동불법행위자로서 이 사건 집단괴 롭힘으로 인하여 원고들이 입은 손해를 배상할 책임이 있다.

3. **피고 인천광역시의 손해배상책임:** 피고 인천광역시는 국가배상법 제2조 제1항에 따라 그 소속 공무원인 피고 12(담임교사)의 위와 같은 보호·감독의무 위반으로 인하여 원고들이 입은 손해를 배상할 책임이 있다.

4. **피고 12(담임교사)의 손해배상책임:** 피고 12가 원고 1과 피고 학생들에 대한 보호· 감독의무를 위반하였음을 부정할 수는 없으나, 앞서 본 바와 같이 ① 피고 12는 2010년경 반 학생들에게 학교폭력이 발생한 사실이 있는지 여부에 대해 질문을 하거나 종례시간에 학교폭력 예방교육을 하는 등 반 학생들 사이의 집단괴롭힘을 예방하기 위해 일정 부분 노력을 한 점, ② 원고 1은 담임교사인 피고 12와 상담을 할 기회가 있었음에도 피고 학생들로부터 집단괴롭힘을 당하고 있다는 사실을 이 야기하지 않은 점 등을 종합적으로 고려하여 보면, 피고 학생들의 이 사건 집단괴 롭힘을 방치한 피고 12의 과실이 고의에 가까운 현저한 주의를 결여한 상태에 해 당한다고 볼 수는 없으며, 오히려 피고 12의 위 과실은 경과실의 수준에 머문다고 봄이 상당하다. 따라서 원고들의 피고 12에 대한 손해배상청구에 관한 주장은 이 유 없다.

〈주문〉

1. 피고 12(담임교사)를 제외한 나머지 피고들은 공동하여,

   가. 원고 1에게 164,172,260원 및 그 중 100,000,000원에 대하여는 2013. 9. 24.부터, 64,172,260원에 대하여는 2014. 10. 23.부터 각 2015. 7. 3.까지 연 5%, 그 다음 날부터 다 갚는 날까지 연 20%의,

   나. 원고 2에게 2,000,000원 및 이에 대하여 2013. 9. 24.부터 2015. 7. 3.까지 연 5%, 그 다음 날부터 다 갚는 날까지 연 20%의 각 비율로 계산한 돈을 각 지급하라.

2. 원고들의 피고 12에 대한 청구 및 피고 12를 제외한 나머지 피고들에 대한 나머지 청구를 각 기각한다.

3. 소송비용 중 원고들과 피고 12 사이에 생긴 부분은 원고들이, 원고들과 피고 12를 제외한 나머지 피고들 사이에 생긴 부분의 1/2은 원고들이, 나머지는 위 피고들이 각 부담한다.

4. 제1항은 가집행할 수 있다.

해석

- 원고(피해자 측): 승
- 피고(가해학생들, 가해학생들의 부모들, 인천광역시): 패

가해학생들의 학교폭력으로 인해 피해가 장래에도 미칠 경우, 그 손해를 배상할 책임이 있다는 판결이다. 디만, 담임교사는 담임으로서 학급의 학생들에게 주의의무를 다하였으므로 손해배상의 책임이 면제된 것이다.

10장.

학생인권과 교권 1:
「서울특별시 학생인권 조례」

이 장에서는 학생인권과 교권에 대해서 배운다. 학생인권이란 학생과 인권이라는 말이 합쳐진 말이다. 인권이란 인간으로서 당연히 누리고 행사하는 기본적인 자유와 권리이며, 학생인권은 학생으로서 당연히 누려야 할 기본적인 자유와 권리를 뜻한다. 좁은 의미에서의 교권이란 교육자의 가르칠 권리(수업권)를 말한다.

교육현장에서는 종종 학생인권과 교권이 충돌하는 상황이 벌어진다. 이 장에서는 학생인권과 교권이 충돌할 때 주의해야 할 사항들을 짚어보기로 한다.

조례는 지방자치단체의 의회에서 제정 또는 개정(폐지 포함)하는 자치법규이다. 지방자치단체는 전국 17개 시·도의 광역자치단체와 전국 226개 시·군·구의 기초자치단체가 있다. 여기서 잠시 법령의 순서와 제정권자를 보자.

법령의 순위와 제정권자

순위	법령	제·개정권자	비고
1	헌법	국회의원 2/3 이상 동의 후 국민투표	
2	~법, ~법률	국회의원	
3	~법시행령, ~법률시행령 ~규정	대통령	
4	~법시행규칙, ~법률시행규칙 ~규칙	각부 장관	
5	조례	시·도의회 의원, 시·군·구의회 의원	
6	규칙 (교육규칙)	시장·도지사, 시장·군수·구청장 (교육규칙은 교육감)	

1. 학생인권 관련 조례 제정 현황

2021년 5월 현재 전국 17개 시·도의 학생인권 관련 조례제정 현황은 다음과 같다.

17개 시·도의 학생인권 관련 조례제정 현황

(기준: 2021.5월 현재)

번호	자치단체	법규명	종류	제정일자
1	경기도 교육청	경기도 학생인권 조례	조례	2010.10.5.
2	경기도 교육청	경기도 학생인권 조례 시행규칙	교육규칙	2011.3.1.
3	광주광역시 교육청	광주광역시 학생인권 조례	조례	2011.10.28.
4	서울특별시 교육청	서울특별시 학생인권 조례	조례	2012.1.26.

5	광주광역시 교육청	광주광역시 학생인권 조례 시행규칙	교육규칙	2012.3.1.
6	서울특별시 교육청	서울특별시 학생인권 조례 시행규칙	교육규칙	2012.6.22.
7	전라북도 교육청	전라북도 학생인권 조례	조례	2013.7.12.
8	전라북도 교육청	전라북도 학생인권 조례 시행규칙	조례	2013.12.20.
9	충청남도 교육청	충청남도 학생인권 조례	조례	2020.7.10.
10	제주특별자 치도교육청	제주특별자치도교육청 학생인권 조례	조례	2021.1.8.
11	서울특별시 교육청	서울특별시교육감 소속 학생인권옹호 관 조례	조례	2013.3.21.
12	대전광역시 교육청	대전광역시교육청 장애학생 인권지원 단 조례	조례	2016.6.10.
13	제주특별자 치도교육청	제주특별자치도교육청 학생 노동인권 교육 조례	조례	2019.11.20.

위의 표에서 보는 바와 같이 전국 17개 시·도 중에서 학생인권 조례를 제정·시행하고 있는 곳은 경기도, 광주광역시, 서울특별시, 전북, 충남, 제주특별자치도 등 6개 시·도이다. 해당 시·도에서 학생인권 조례를 제정했으나 보다 구체적인 내용을 담은 시행규칙이 마련되지 않은 곳도 있다.

또한 서울의 경우 「서울특별시교육감 소속 학생인권옹호관 조례」, 대전광역시의 「대전광역시교육청 장애학생 인권지원단 조례」, 제주특별사지도의 「제주특별자치도교육청 학생 노동인권교육 조례」 등은 특기할만하다.

최근 논란이 되고 있는 학생선수들의 학습권 보장 및 인권보호를 위한 조례들도 정비되어 가고 있다.

17개 시·도의 학생선수 학습권 보장 및 인권보호 관련 조례제정 현황

(기준: 2021.5월 현재)

번호	자치단체	법규명	종류	제정일자
1	서울특별시 교육청	서울특별시교육청 학생선수 학습권 보장 및 인권보호 조례	조례	2017.5.18.
2	인천광역시 교육청	인천광역시교육청 학생선수 학습권 보장 및 인권보호 조례	조례	2018.1.2.
3	충청북도 교육청	충청북도교육청 학생선수 학습권 보장 및 인권보호 조례	조례	2018.11.9.
4	제주특별자 치도교육청	제주특별자치도교육청 학생선수 학습권 보장 및 인권보호 조례	조례	2019.1.9.
5	경기도 교육청	경기도교육청 학생선수 학습권 보장 및 인권보호 조례	조례	2019.4.29.
6	충청남도 교육청	충청남도교육청 학생선수 학습권 보장 및 인권보호 조례	조례	2019.7.30.
7	울산광역시 교육청	울산광역시교육청 학생선수 학습권 보장 및 인권보호 조례	조례	2020.2.27.
8	광주광역시 교육청	광주광역시교육청 학생선수 학습권 보장 및 인권보호 조례	조례	2020.3.1.
9	부산광역시 교육청	부산광역시교육청 학생선수 학습권 보장 및 인권보호 조례	조례	2021.1.6.
10	강원도 교육청	강원도교육청 학생선수 학습권 보장 및 인권보호 조례	조례	2021.3.12.
11	전라남도 교육청	전라남도교육청 학생선수 학습권 보장 및 인권 보호 조례	조례	2021.4.8.

이 장에서 살펴보고자 하는 것은 「서울특별시 학생인권 조례」인데, 이 조례는 2012년 1월 26일에 제정되었다. 이제 이 조례의 내용을 살펴보자.

2. 「서울특별시 학생인권 조례」의 구성

「서울특별시 학생인권 조례」는 5장, 51개 조항으로 구성되어 있다. 우선 「서울특별시 학생인권 조례」의 구성을 살펴보자.

서울특별시 학생인권 조례

[시행 2020. 1. 9.] [서울특별시조례 제7436호, 2020. 1. 9., 타법개정]

제1장 총칙
제1조(목적)
제2조(정의)
제3조(학생인권의 보장 원칙)
제4조(책무)

제2장 학생인권
제1절 차별받지 않을 권리
제5조(차별받지 않을 권리)

제2절 폭력 및 위험으로부터의 자유
제6조(폭력으로부터 자유로울 권리)
제7조(위험으로부터의 안전)

제3절 교육에 관한 권리
제8조(학습에 관한 권리)
제9조(정규교육과정 이외의 교육활동의
　　자유)
제10조(휴식권)
제11조(문화활동을 향유할 권리)

**제4절 사생활의 비밀과 자유 및 정보의
권리**
제12조(개성을 실현할 권리)
제13조(사생활의 자유)
제14조(개인정보를 보호받을 권리)
제15조(개인정보를 열람할 권리 등)

제5절 양심·종교의 자유 및 표현의 자유
제16조(양심·종교의 자유)
제17조(의사 표현의 자유)

제6절 자치 및 참여의 권리
제18조(자치활동의 권리)
제19조(학칙 등 학교규정의 제·개정에 참여
　　할 권리)
제20조(정책결정에 참여할 권리)

제7절 복지에 관한 권리
제21조(학교복지에 관한 권리)
제22조(교육환경에 대한 권리)
제23조(급식에 대한 권리)
제24조(건강에 관한 권리)

3. 「서울특별시 학생인권 조례」에 나타난 학교폭력 관련 조항

1) 제1장 총칙

① 조례 제정의 목적(§1)

이 조례는 「대한민국헌법」, 「교육기본법」 제12조[1] 및 제13조,[2] 「초·중등교육법」 제18조의4[3] 및 「유엔 아동의 권리에 관한 협약」에 근거하여 학생의 인권을 보장함으로써 모든 학생의 인간으로서의 존엄과 가치를 실현하며 자유롭고 행복한 삶을 이루어나갈 수 있도록 하는 것을 목적으로 한다.

② 학생인권의 정의(§2⑥)

"학생인권"이란 「대한민국헌법」 및 법률에서 보장하거나 「유엔 아동의 권리에 관한 협약」 등 대한민국이 가입·비준한 국제인권조약 및 국제관습법에서 인정하는 권리 중 학생에게 적용될 수 있는 모든 권리를 말한다.

1　　**제12조(학습자)** ① 학생을 포함한 학습자의 기본적 인권은 학교교육 또는 사회교육의 과정에서 존중되고 보호된다.
　　　② 교육내용·교육방법·교재 및 교육시설은 학습자의 인격을 존중하고 개성을 중시하여 학습자의 능력이 최대한으로 발휘될 수 있도록 마련되어야 한다.
　　　③ 학생은 학습자로서의 윤리의식을 확립하고, 학교의 규칙을 준수하여야 하며, 교원의 교육·연구활동을 방해하거나 학내의 질서를 문란하게 하여서는 아니 된다.[전문개정 2007. 12. 21.]

2　　**제13조(보호자)** ① 부모 등 보호자는 보호하는 자녀 또는 아동이 바른 인성을 가지고 건강하게 성장하도록 교육할 권리와 책임을 가진다.
　　　② 부모 등 보호자는 보호하는 자녀 또는 아동의 교육에 관하여 학교에 의견을 제시할 수 있으며, 학교는 그 의견을 존중하여야 한다.[전문개정 2007. 12. 21.]

3　　**제18조의4(학생의 인권보장)** 학교의 설립자·경영자와 학교의 장은 「헌법」과 국제인권조약에 명시된 학생의 인권을 보장하여야 한다.[본조신설 2007. 12. 14.]

③ 학생인권의 보장 원칙(§3)

이 조례에서 규정하는 학생인권은 인간으로서의 존엄성을 유지하고 행복을 추구하기 위하여 반드시 보장되어야 하는 기본적인 권리이며, 교육과 학예를 비롯한 모든 학교생활에서 최우선적으로 그리고 최대한 보장되어야 한다(제1항). 학생의 인권은 이 조례에 열거되지 않았다는 이유로 경시되어서는 아니 되며(제2항), 학칙 등 학교 규정은 학생인권의 본질적인 내용을 제한할 수 없다(제3항).

④ 각 구성원들의 책무(§4)

학생인권을 존중하고 실현하기 위하여 교육감, 학교설립자 및 경영자, 학교의 장, 교사, 학생 등 학교 구성원들이 해야 할 책무는 다음과 같다.

주체	책무	비고
교육감	교육·학예에 관한 사무를 집행하고 정책을 수립할 경우 학생인권을 실현하도록 노력해야 함.	제1항
학교설립자·경영자, 학교장, 교직원, 보호자 등	학생의 인권을 존중·보호·실현하고 학생의 인권 침해를 방지하기 위하여 노력해야 함.	제2항
교육감 및 학교장	학생의 학습권과 교사의 수업권 보장을 위하여 대책을 마련하고 그에 필요한 지원을 해야 함.	제3항
교육감, 학교설립자·경영자, 학교장 및 교직원	학생의 인권이 실질적으로 보장될 수 있는 여건을 마련해야 함.	제4항
학생	인권을 학습하고 자신의 인권을 스스로 보호하며, 교사 및 다른 학생 등 다른 사람의 인권을 침해하여서는 아니 됨.	제5항
학생	학교의 교육에 협력하고 학생의 참여 하에 정해진 학교 규범을 존중해야 함.	제6항

2) 제2장 학생인권

(1) 제1절 차별받지 않을 권리

제1절에서는 차별받지 않을 권리(§5)에 대하여 규정하고 있다.

영역	주체	권리와 의무	비고
차별받지 않을 권리 (§5)	학생	성별, 종교, 나이, 사회적 신분, 출신지역, 출신국가, 출신민족, 언어, 장애, 용모 등 신체조건, 임신 또는 출산, 가족형태 또는 가족상황, 인종, 경제적 지위, 피부색, 사상 또는 정치적 의견, 성적 지향, 성별 정체성, 병력, 징계, 성적 등을 이유로 차별받지 않을 권리	제1항
	학교설립자·경영자, 학교장 및 교직원	제1항에 예시한 사유로 어려움을 겪는 학생의 인권을 보장하기 위하여 적극적으로 노력하여야 함.	제2항
	학교설립자·경영자, 학교장, 교직원, 학생	제1항에서 예시한 사유를 이유로 차별적 언사나 행동, 혐오적 표현 등을 통해 다른 사람의 인권을 침해하여서는 아니 됨.	제3항

학생은… 임신 또는 출산 … 성적 지향, 성별 정체성 … 성적 등을 이유로 차별받지 않을 권리를 가진다.

(2) 제2절 폭력 및 위험으로부터의 자유

제2절에서는 폭력으로부터 자유로울 권리(§6)와 위험으로부터의 안전(§7)에 대해서 규정하고 있다.

영역	주체	권리와 의무	비고
폭력으로부터 자유로울 권리 (§6)	학생	체벌, 따돌림, 집단괴롭힘, 성폭력 등 모든 물리적 및 언어적 폭력으로부터 자유로울 권리	제1항
		특정 집단이나 사회적 소수자에 대한 편견에 기초한 정보를 의도적으로 누설하는 행위나 모욕, 괴롭힘으로부터 자유로울 권리	제2항
	교육감, 학교장, 교직원	체벌, 따돌림, 집단괴롭힘, 성폭력 등 모든 물리적 및 언어적 폭력을 방지하여야 함.	제3항
위험으로부터의 안전 (§7)	교육감, 학교설립자·경영자, 학교장, 교직원	학생의 안전을 확보할 수 있도록 안전관리체계를 정비하고 유지하여야 함.	제1항
	학교장, 교직원	학교에서 사고가 발생한 경우에 학교의 장 및 교직원은 신속하게 피해자를 구조하고, 그 피해를 예방하기 위하여 관계기관 및 지역주민과 협력하여야 함.	제2항

(3) 제3절 교육에 관한 권리

제3절에서는 학습에 관한 권리(§8), 정규교육과정 이외의 교육활동의 자유(§9), 휴식권(§10), 문화활동을 향유할 권리(§11)에 대해서 규정하고 있다.

영역	주체	권리와 의무	비고
학습에 관한 권리 (§8)	학생	자신의 소질과 적성 및 환경에 합당한 학습을 할 권리	제1항
	교육감, 학교장, 교직원	학생의 특성에 따른 다양하고 효율적인 교육, 상담, 돌봄의 프로그램을 마련하고 실천함으로써 학생의 학습권이 충실히 실현될 수 있도록 노력하여야 함.	제2항
	특성화 고교장, 교직원	현장실습 과정에서 학생의 안전과 학습권을 보장하여야 함.	제3항
	교육감, 학교장, 교직원	장애학생(일시적 장애를 포함한다), 다문화가정 학생, 이주민 가정 학생을 비롯한 외국인 학생, 예체능학생, 학습곤란을 겪는 학생 등의 학습권을 보장하여야 함.	제4항
	학생	다른 학생과 비교되지 않고 정당하게 평가받을 권리	제5항
	교육감, 학교장	학생들을 과도하게 경쟁시켜 학생들의 학습권 및 휴식권을 침해하지 않도록 하여야 함.	
	학교장, 교직원	과도한 선행학습을 실시하거나 요구하여서는 아니 됨.	제6항
정규교육과정 이외의 교육활동의 자유 (§9)	학생	자율학습, 방과 후 학교 등 정규교육과정 외의 교육활동을 자유롭게 선택할 권리	제1항
	학교	교육과정을 자의적으로 운영하거나 학생에게 임의적인 교내·외 행사에 참여하도록 강요해서는 아니 됨.	제2항
	학교장, 교직원	학생의사에 반하여 학생에게 자율학습, 방과 후 학교 등을 강제해서는 아니 되며, 정규교육과정 이외의 교육활동에 참여하지 않았다는 이유로 불이익을 주어서는 아니 됨.	제3항
		방과 후 학교 등 정규교육과정 이외의 교육활동에서 학생의 의견을 수렴하여 다양한 프로그램을 개발·운용함으로써 학생의 실질적인 선택권이 보장될 수 있도록 하여야 함.	제4항

영역	주체	권리와 의무	비고
휴식권 (§10)	학생	건강하고 개성 있는 자아의 형성·발달을 위하여 과중한 학습 부담에서 벗어나 적절한 휴식을 누릴 권리	제1항
	학교장	학생의 휴식을 누릴 권리를 보장하기 위하여 충분한 휴식시간과 휴식공간을 확보해야 함.	제2항
	학교장, 교직원	학생의사에 반하여 정규교육과정 이외의 교육활동을 강요함으로써 학생의 휴식권을 침해하여서는 아니 됨.	제3항
	교육감	학생의 휴식권을 보장하기 위하여 정규교육과정 이외의 교육활동을 제한할 수 있음.	제4항
문화활동을 향유할 권리 (§11)	학생	다양한 문화활동을 누릴 권리	제1항
		건강한 문화를 형성하고 누리기 위하여 행·재정적 지원을 받을 권리	제2항
	학교장, 교직원	학생의 다양한 문화활동을 지원하기 위하여 학생의 의견을 수렴하고, 교육, 공연, 전시 등 다양한 문화프로그램을 개발·운용할 수 있음.	제3항
	교육감	제3항의 원활한 운영을 위하여 학교 및 지역 사회의 관계기관과 협조체계를 만들어야 함.	제4항

학교는… 학생에게 임의적인 교내·외 행사에 참여하도록 강요해서는 아니 된다.(§9②)

(4) 제4절 사생활의 비밀과 자유 및 정보의 권리

제4절에서는 개성을 실현할 권리(§12), 사생활의 자유(§13), 개인정보를 보호받을 권리(§14), 개인정보를 열람할 권리 등(§15)에 대해서 규정하고 있다.

영역	주체	권리와 의무	비고
개성을 실현할 권리 (§12)	학생	복장, 두발 등 용모에 있어서 자신의 개성을 실현할 권리	제1항
	학교장, 교직원	학생의 의사에 반하여 복장, 두발 등 용모에 대해 규제하여서는 아니 됨(다만, 복장에 대해서는 학교규칙으로 제한할 수 있음).	제2항

영역	주체	권리와 의무	비고
사생활의 자유 (§13)	학생	소지품과 사적 기록물, 사적 공간, 사적 관계 등 사생활의 자유와 비밀이 침해되거나 감시받지 않을 권리	제1항
	교직원	• 학생과 교직원의 안전을 위하여 긴급한 필요가 있는 경우가 아니면 학생의 동의 없이 소지품을 검사하거나 압수하여서는 아니 됨. - 불가피하게 학생의 소지품 검사를 하는 경우에는 최소한의 범위로 한정되어야 하며, 불특정 다수의 학생을 대상으로 하는 일괄 검사 또는 검사의 목적물을 소지하고 있을 것이라는 합리적인 의심이 없는 학생을 대상으로 하는 검사를 하여서는 아니 됨.	제2항
		• 학생의 동의 없이 일기장이나 개인수첩 등 학생의 사적인 기록물을 열람하지 않는 것을 원칙으로 함.	제3항
	학교장, 교직원	• 학생의 휴대폰을 비롯한 전자기기의 소지 및 사용 자체를 금지하여서는 아니 됨(다만, 교육활동과 학생들의 수업권을 보장하기 위해 학생이 그 제정 및 개정에 참여한 학교규칙으로 학생의 전자기기의 사용 및 소지의 시간과 장소를 규제할 수 있음).	제4항
		• 다른 방법으로는 안전을 관리하기 어려운 경우에 한하여 학교 내에 폐쇄회로 텔레비전(CCTV)을 설치할 수 있음(다만, 설치 여부나 설치 장소에 관하여 미리 학생의 의견을 수렴하여 반영하여야 하며, 설치 후에는 설치장소를 누구나 쉽게 알 수 있게 표시하여야 함).	제5항
	학생	자기가 원하는 인간관계를 형성하고 그 관계를 존중받을 권리	제6항
개인정보를 보호받을 권리 (§14)	학생	가족, 교우관계, 성적, 병력, 징계기록, 교육비 미납사실, 상담기록, 성적지향 등의 개인 정보(이하 "개인정보"라 함)를 보호받을 권리	제1항
	학교장, 교직원	학생에게 교외에서의 이름표 착용을 강요해서는 아니 됨.	제2항

영역	주체	권리와 의무	비고
	교육감, 학교 설립자·경영자, 학교장, 교직원	학생의 개인정보를 수집·처리·관리할 경우에 적법하고 적정한 수단과 절차에 따라야 함. 교육활동과 관련 없는 학생 또는 보호자의 개인 정보를 조사하거나 확인해서는 아니 됨.	제3항
	학교장, 교직원	학생에 관한 개인정보를 본인의 동의 없이 공개하거나 타인에게 제공하여서는 아니 됨.	제4항
	모든 사람	학생에게 불이익이 될 수 있는 개인정보를 알게 된 경우에는 이를 함부로 누설하여서는 아니 됨.	제5항
개인정보를 열람할 권리 등 (§15)	학생 또는 보호자	학생 본인에 관한 학교 기록 등 개인정보를 열람할 수 있고, 그 정정이나 삭제, 혹은 개인정보의 처리정지를 요구할 권리	제1항
	학교장, 교직원	자신이 보유하고 있는 학생에 관한 개인정보로써 다음 각 호에 해당하는 경우에는 지체 없이 그 개인정보를 파기하는 등 적절한 조치를 취하여 학생의 개인정보를 보호하여야 함. 1. 부정확한 경우 2. 교육활동과 직접적인 관련이 없는 경우 3. 정보수집의 목적이 달성되어 더 이상 보유할 필요가 없게 된 경우 4. 그 내용이 학생의 권리를 부당하게 침해하거나 그러할 우려가 있는 경우 5. 그 밖에 개인정보를 보유하는 것이 적절하지 않는 경우	제2항
	학생	학교에 대해 학생에게 영향을 미치는 정보의 공개를 청구할 권리(이 경우 학교의 장은 「개인정보 보호법」, 「공공기관의 정보공개에 관한 법률」 및 「교육관련기관의 정보공개에 관한 특례법」에 의한 절차에 따라 처리하여야 함).	제3항
	학교장	예·결산 등 학교 재정 관련 정보를 학생이 쉽게 알 수 있는 내용과 방법으로 공개하여야 함.	제4항

학교의 장 및 교직원은 학생의 의사에 반하여 복장, 두발 등 용모에 대해 규제하여서는 아니 된다. 다만, 복장에 대해서는 학교규칙으로 제한할 수 있다.(§12②)

- 학생은 … 성적지향 등의 개인 정보를 보호받을 권리를 가진다(§14①).
- 학교의 장 및 교직원은 … 교외에서의 이름표 착용을 강요해서는 아니 된다(§14②).

(5) 제5절 양심·종교의 자유 및 표현의 자유

제5절에서는 양심·종교의 자유(§16), 의사 표현의 자유(§17)에 대해서 규정하고 있다.

영역	주체	권리와 의무	비고
양심· 종교의 자유 (§16)	학생	세계관, 인생관 또는 가치적·윤리적 판단 등 양심의 자유와 종교의 자유	제1항
	학교 설립자· 경영자, 학교장, 교직원	• 학생에게 양심에 반하는 내용의 반성, 서약 등 진술을 강요하여서는 아니 됨.	제2항
		• 학생의 종교의 자유를 침해하는 다음 각 호의 어느 하나에 해당하는 행위를 하여서는 아니 됨. 1. 학생에게 예배·법회 등 종교적 행사의 참여나 기도·참선 등 종교적 행위를 강요하는 행위 2. 학생에게 특정 종교과목의 수강을 강요하는 행위 3. 종교과목의 대체과목에 대하여 과제물의 부과나 시험을 실시하여 대체과목 선택을 방해하는 행위 4. 특정 종교를 믿거나 믿지 아니한다는 등의 이유로 학생에게 이익 또는 불이익을 주는 등의 차별행위 5. 학생의 종교 선전을 제한하는 행위 6. 특정 종교를 비방하거나 선전하여 학생에게 종교적 편견을 일으키는 행위 7. 종교와 무관한 과목 시간 중 특정 종교를 반복적, 장시간 언급하는 행위	제3항
	학교장	• 교직원이 제2항 및 제3항을 위반하지 않도록 지도·감독하여야 함.	제4항
		• 특정 종교과목의 수업을 원하지 않는 학생들을 위하여 이를 대체할 과목을 마련해야 함.	제5항

영역	주체	권리와 의무	비고
의사 표현의 자유 (§17)	학생	• 다양한 수단을 통하여 자유롭게 자신의 생각을 표현하고 그 의견을 존중받을 권리	제1항
		• 서명이나 설문조사 등을 통하여 학교 구성원의 의견을 모을 권리	제2항
		• 집회의 자유(다만, 학교 내의 집회에 대해서는 학습권과 안전을 위해 필요한 최소한의 범위에서 학교규정으로 시간, 장소, 방법을 제한할 수 있음).	제3항
	학교장, 교직원	• 학생이 표현의 자유를 행사하는 경우 이를 지도·감독할 수 있음(다만, 부당하고 자의적인 간섭이나 제한을 하여서는 아니 됨).	제4항
		• 교지 등 학생 언론활동, 인터넷 홈페이지 운영 등 표현의 자유를 최대한 보장하고, 이에 필요한 행·재정적 지원을 하도록 노력하여야 함.	제5항

(6) 제6절 자치 및 참여의 권리

제6절에서는 자치활동의 권리(§18), 학칙 등 학교규정의 제·개정에 참여할 권리(§19), 정책결정에 참여할 권리(§20)에 대해서 규정하고 있다.

영역	주체	권리와 의무	비고
자치활동의 권리 (§18)	학생	동아리, 학생회 및 그 밖에 학생자치조직의 구성, 소집, 운영, 활동 등 자치적인 활동을 할 권리	제1항
	학교장, 교직원	• 학생자치조직의 구성과 소집 및 운영 등 학생자치활동의 자율과 독립을 보장하고 학생자치활동에 필요한 행·재정적 지원을 하도록 노력하여야 함.	제2항
		• 성적, 징계기록 등을 이유로 학생자치조직의 구성원 자격을 제한하여서는 아니 되며, 학생자치조직의 대표는 보통, 평등, 직접, 비밀 선거에 의해 선출되어야 함.	제3항

영역	주체	권리와 의무	비고
	학생자치조직	다음 각 호의 권리를 가짐. 1. 학생자치활동에 필요한 예산과 공간, 비품을 제공받을 권리 2. 학교운영, 학교규칙 등에 대하여 의견을 개진할 권리 3. 학생자치조직이 주관하는 행사를 자유롭게 개최할 수 있는 권리	제4항
	학생회	학생 대표 기구로서 다음 각 호의 권리를 가짐. 1. 학생회에서 함께 일할 임원을 선출할 권리 2. 학생총회, 대의원회의를 비롯한 각종 회의를 소집하고 개최할 수 있는 권리 3. 납부금 징수, 성금 모금, 학교생활, 학생복지 등에 관련한 정보를 제공받고 의견을 밝힐 수 있는 권리 4. 학생회 예산안과 결산에 대해 심사·의결할 수 있는 권리 5. 학생에게 중대한 영향을 미치는 사항에 대한 학생회 의결 사항을 학교의 장 및 학교운영위원회에 전달하고 책임 있는 답변을 들을 권리 6. 다른 학교 학생회나 단체들과 연합하여 정보와 경험을 교류하고 활동 내용을 협의할 권리 7. 학생회를 담당할 교사를 추천할 권리	제5항
	학교장, 교직원	부당하게 학생 자치활동을 금지·제한하여서는 아니 되며, 학생과 교직원의 안전 등을 위하여 일시적인 제한이 필요한 경우에는 제한 사유의 사전 통지, 소명기회의 보장, 학생자치조직의 의견 수렴 등 적법한 절차에 따라 이루어져야 함.	제6항

영역	주체	권리와 의무	비고
학칙 등 학교 규정의 제·개정에 참여할 권리 (§19)	학생	학칙 등 학교 규정의 제·개정에 참여할 권리	제1항
	학생 또는 학생 자치조직	학칙 등 학교 규정의 제·개정안에 대하여 의견을 제출할 권리	제2항
	학교운영 위원회	제2항의 의견이 제출되었을 경우에는 학교규칙소위원회를 구성하여야 함.	제3항
	학교규칙 소위원회	설문조사, 토론회, 공청회 등의 방법으로 전체 학생을 비롯한 학교 구성원의 의견을 수렴하는 절차를 진행하여 그 결과를 반영해야 함(다만 학생자치조직의 요구가 있거나 학교규정의 제·개정안에 학생의 권리를 제한하는 내용이 포함되어 있을 때에는 반드시 전체 학생의 의견을 수렴할 수 있는 학내 공청회를 거쳐 그 결과를 반영하여야 함).	제4항
	학교장, 학교운영 위원회	학교 규정 제·개정에 대한 심의절차에 학생자치조직의 의견 제출권을 보장해야 하며, 학생의 인권을 존중·보호·실현하는 방향으로 학칙 등 학교 규정을 제·개정하여야 함.	제5항
정책결정에 참여할 권리 (§20)	학생	학교의 운영 및 서울특별시교육청(이하 "교육청")의 교육정책결정과정에 참여할 권리	제1항
	학생회 등 학생 자치조직 및 학생들의 자발적 결사	학생의 권리와 관련된 사항에 대하여 의견을 밝힐 수 있는 권리	제2항
	학교장, 교직원	학생대표와의 면담 등을 통하여 정기적으로 학생의 의견을 청취하도록 노력하여야 함.	제3항
	학생대표	학교운영위원회에 참석하여 발언할 권리	제4항
	교육감, 학교 설립자·경영자, 학교장, 교직원	학생에게 영향을 미치는 사항을 결정할 경우 학생의 참여가 효과적으로 이루어질 수 있도록 보장하여야 함.	제5항

(7) 제7절 자치 및 참여의 권리

제7절에서는 학교복지에 관한 권리(§21), 교육환경에 대한 권리(§22), 급식에 대한 권리(§23), 건강에 대한 권리(§24)에 대해서 규정하고 있다.

영역	주체	권리와 의무	비고
학교복지에 관한 권리 (§21)	학생	학습부진, 폭력피해, 가정위기, 비행일탈 등의 각종 위기 상황 극복과 적성발견, 진로모색 등 정체성 발달을 위하여 학교에서 상담 등의 적절한 지원을 받을 권리	제1항
	교육감, 학교 설립자·경영자, 학교장	• 빈곤 학생, 장애 학생, 다문화가정 학생, 외국인 학생, 성소수자 학생, 일하는 학생 등 경제적·사회적·문화적 사유로 권리 실현에 어려움을 겪는 학생을 배려하는 데에 우선적으로 예산 등의 자원을 배정할 수 있도록 노력하여야 함.	제2항
		• 학생이 사회복지에 관한 권리를 향유할 수 있도록 하기 위하여 이에 필요한 상담을 제공하고 구체적이고 실질적인 지원 제도를 수립 또는 정비하여야 함.	제3항
		• 특별한 상담 및 돌봄이 필요한 학생을 위하여 아동복지 및 인권과 관련된 지역 사회의 관계기관과 협조체계를 구축하여야 하며, 특히 보호자를 교육하고 보호자의 참여와 협력을 유도할 수 있는 프로그램을 개발·운용하여야 함.	제4항
교육환경에 대한 권리 (§22)	학생	건강하고 쾌적한 환경에서 교육을 받을 권리	제1항
	교육감, 학교 설립자·경영자, 학교장,교직원	적정한 양과 질의 도서 및 도서관 공간 확보, 청결한 환경의 유지, 화장실과 적절한 탈의 및 휴식공간의 확보, 적절한 냉난방 관리, 녹지공간 확대 등 최적의 교육환경 조성을 위하여 노력하여야 함.	제2항
급식에 대한 권리 (§23)	학생	안전한 먹을거리에 의한 급식을 제공받을 권리	제1항
	학교장	급식재료, 급식업체 등 급식 관련 정보를 학생에게 제공하고 정기적으로 급식에 관한 의견조사를 실시하며 그 결과를 급식에 반영하여야 함.	제2항

영역	주체	권리와 의무	비고
	교육감, 학교장	친환경 농산물에 기초한 급식을 제공하기 위하여 노력하여야 함.	제3항
	교육감	의무교육과정에서의 직영급식과 무상급식을 실시하기 위하여 노력하여야 함.	제4항
건강에 대한 권리 (§24)	학생	최적의 건강상태를 유지하고, 아플 때 적정한 치료를 받고 보건시설을 편리하게 이용할 수 있는 권리	제1항
	여학생	생리로 인한 고통 때문에 결석하거나 수업에 참여하지 못하는 경우 그로 인하여 불이익을 받지 않을 권리(학교의 장 및 교직원은 생리 중에 있는 여학생에게 불이익이 없도록 적절한 배려조치를 취하여야 함)	제2항
	교육감, 학교장	• 학교보건사업을 실시하는데 있어 학생에게 정확한 정보를 제공하고 학생의 선택권을 존중하여야 함.	제3항
		• 학생이 아플 때 이용할 수 있는 보건실의 시설 및 기구를 충분히 확보하도록 노력하여야 함.	제4항

(8) 제8절 징계 등 절차에서의 권리

제8절에서는 징계 등 절차에서의 권리(§25)에 대해서 규정하고 있다.

영역	주체	권리와 의무	비고
징계 등 절차에서의 권리 (§25)	학생	학생에 대한 징계는 징계사유에 대한 사전 통지, 공정한 심의기구의 구성, 소명기회의 보장, 대리인 선임권 보장, 재심요청권의 보장 등 인권의 기준에 부합하는 정당한 규정과 적법절차에 따라 이루어져야 함.	제1항
	학교장, 교직원	• 징계와 그 전후의 절차에서 징계대상 학생의 회복과 복귀를 목표로 하여야 하며, 그것을 위하여 지역사회, 보호자 등과 협력하여야 함.	제2항
		• 피징계자를 식별할 수 있는 표현이나 방법을 사용하여 징계내용을 공고하여서는 아니 됨.	제3항
		• 상벌점제를 포함한 학생에 대한 지도방법의 결정 및 그 집행의 절차에서 학생의 인권을 보호하기 위해 노력하여야 함.	제4항

(9) 제9절 권리침해로부터 보호받을 권리

제9절에서는 권리를 지킬 권리(§26), 상담 및 조사 등 청구권(§27)에 대해서 규정하고 있다.

영역	주체	권리와 의무	비고
권리를 지킬 권리 (§26)	학생	인권을 옹호하고 자기나 다른 사람의 인권을 지키기 위한 활동에 참여할 권리를 가지며, 그 행사로 인하여 불이익을 받지 아니함.	제1항
상담 및 조사 등 청구권 (§27)	모든 사람	• 학생인권이 침해당했을 경우에는 학생인권옹호관에게 상담 및 조사 등을 청구할 권리	제1항
		• 학생인권 관련 사항에 관하여 학교의 장, 교육청, 교육지원청 그 밖의 관계기관에 문서 등으로 청원할 권리	제2항
		• 제1항과 제2항의 청구권 및 청원권 행사에 관하여 비밀을 보장받으며, 그 행사로 인하여 불합리한 처우를 받지 아니함.	제3항
	학생 인권 옹호관	제1항의 청구에 대하여 교육감 및 학교의 장 등은 제2항의 청원에 대하여 심사할 의무를 지며, 그 처리결과를 청구 및 청원한 사람에게 통보하여야 함.	제4항

(10) 제10절 소수자 학생의 권리 보장

제10절에서는 소수자 학생의 권리 보장(§28)에 대해서 규정하고 있다.

영역	주체	권리와 의무	비고
소수자 학생의 권리 보장 (§28)	교육감, 학교 설립자·경영자, 학교장, 교직원	빈곤 학생, 장애 학생, 한부모가정 학생, 다문화가정 학생, 외국인 학생, 운동선수, 성소수자, 일하는 학생 등 소수자 학생(이하 "소수자 학생"이라 한다)이 그 특성에 따라 요청되는 권리를 적정하게 보장받을 수 있도록 하여야 함.	제1항

영역	주체	권리와 의무	비고
	교육감, 학교장, 교직원	사회구조나 문화에 따라 누구나 권리 실현에 어려움을 겪는 소수자 학생이 될 수 있음에 유념하면서 소수자에 대한 편견과 차별의식을 해소하는 데 필요한 인권교육프로그램과 소수자 학생을 위한 진로 및 취업 프로그램, 상담프로그램을 별도로 마련하여야 함.	제2항
	교육감	소수자 학생에 대하여 그 특성에 따라 요청되는 권리의 보장을 위하여 전문 상담 등의 적절한 지원 및 조력을 하여야 함.	제3항
	교육감, 학교장, 교직원	• 장애 학생에 대하여 교내외 교육활동에서 정당한 편의를 제공하고 참여를 보장하여야 하며, 장애 유형 및 정도에 따라 적절한 교육 및 평가방법을 제공하여야 함.	제4항
		• 빈곤 학생이 가정형편으로 말미암아 수학여행 등 교육활동에서 소외되지 않도록 시책을 강구하여야 함.	제5항
		• 다문화가정 학생, 이주민가정 학생을 비롯한 외국인 학생의 인권은 당사자 또는 보호자의 체류자격과 무관하게 보호되어야 함(교육감, 학교의 장 및 교직원은 다문화가정 학생, 이주민가정 학생을 비롯한 외국인 학생에 대하여 교육활동에서 언어·문화적 차이 등으로 인한 차별 없이 학교생활을 할 수 있도록 시책을 강구하여야 하며, 전·입학 기회가 부당하게 침해되지 않도록 노력하여야 함).	제6항
	교육감, 학교 설립자·경영자, 학교장, 교직원	다문화가정 학생, 이주민가정 학생을 비롯한 외국인 학생 등에 대하여 그의 문화적 정체성을 학습하고 경험할 수 있는 기회를 마련하고 그에 적합한 교육환경을 조성하기 위하여 노력하여야 함.	제7항
	교육감, 학교장, 교직원	학생의 성적지향과 성별 정체성에 관한 정보나 상담 내용 등을 본인의 동의 없이 다른 사람(보호자는 제외한다. 이하 같다)에게 누설해서는 아니 되며, 학생의 안전상 긴급을 요하는 경우에도 본인의 의사를 최대한 존중하여야 함.	제8항

3) 제3장 학생인권 증진을 위한 체계

(1) 제1절 학생인권교육과 홍보

제1절에서는 학생인권교육(§29), 홍보(§30), 교직원 및 보호자에 대한 인권교육(§31), 서울특별시 학생인권의 날(§32)에 대하여 규정하고 있다.

영역	주체	권리와 의무	비고
학생인권교육 (§29)	교육감, 학교 설립 자·경영자, 학교장, 교직원	모든 사람의 학생인권 의식을 깨우치고 향상시키기 위하여 필요한 학생인권교육을 하여야 함.	제1항
	학생인권 옹호관	학생인권위원회의 심의를 거쳐 학생인권교육에 관한 종합계획을 수립하고 이를 시행하여야 함(학생인권옹호관은 학생인권교육을 위하여 필요한 경우 교육감, 학교의 설립자·경영자, 학교장 및 교직원 등과 협의할 수 있음).	제2항
	교육감	• 학생인권옹호관의 학생인권교육업무 수행을 위한 지원 체제를 갖추어야 함.	제3항
		• 학생인권교육을 위하여 교육자료 및 교육프로그램을 개발·보급하여야 함.	제4항
		• 필요한 경우 학생인권교육에 관하여 이 조례에서 정한 업무의 전부 또는 일부를 학생인권옹호관에게 위임할 수 있음.	제5항
	학교장	• 학생들에게 학생인권에 관한 교육을 학기당 2시간 이상 실시하여야 함.	제6항
		• 제6항에서 정한 교육을 실시할 경우에는 산업수요맞춤형 고등학교 및 특성화 고등학교 현장실습, 일하는 학생의 증가 등을 고려하여 노동권에 관한 내용을 포함시켜야 함.	제7항
		• 학생 스스로 행하는 자율적인 인권학습활동을 보장하고 이를 지원하여야 함.	제8항

영역	주체	권리와 의무	비고
홍보 (§30)	교육감	• 「유엔 아동의 권리에 관한 협약」의 내용과 이 조례의 내용 등 학생인권에 관한 일반인용과 중·고등학생용, 초등학생용, 유치원생용 설명서 및 교육용 교재를 제작·배포하는 등 홍보를 위하여 노력하여야 함.	제1항
		• 학교의 장으로 하여금 학교 홈페이지에 게시하고 매년 가정통신문의 형태로 발송하는 등의 방법으로 보호자 및 학생에게 이 조례 전문을 알려야 함.	제2항
	학생인권 옹호관	제29조제2항의 학생인권교육에 관한 종합계획을 수립할 경우 학생인권 홍보에 관한 사항을 반영하여야 함.	제3항
교직원 및 보호자에 대한 인권교육 (§31)	교육감	• 교육청 주관의 모든 자격연수에서 학생인권에 관한 교육 내용을 연 2시간 이상 편성하여야 함.	제1항
		• 교육청 주관의 교직원 직무 연수에 학생인권에 관한 교육 내용을 반영하도록 노력하여야 함.	제2항
	학교장	• 교직원에 대하여 연 2시간 이상 학생인권에 관한 교육을 실시하여야 함.	제3항
		• 학생의 보호자에 대하여 학생의 인권에 관한 교육 또는 간담회를 연 1회 이상 추진하여야 함.	제4항
학생인권의 날 (§32)	교육감	• 학생인권에 대한 관심과 참여를 확대하기 위해 「서울특별시 학생인권의 날」을 지정할 수 있음.	제1항
		• 「서울특별시 학생인권의 날」의 취지에 어울리는 사업을 실시하고, 학생, 교직원 및 시민의 참여를 보장하여야 함.	제2항

(2) 제2절 학생인권위원회와 학생참여단

제2절에서는 학생인권위원회(§33), 위원회의 구성(§34), 위원회의 운영(§35), 운영세칙(§36), 학생참여단(§37)에 대하여 규정하고 있다.

① 학생인권위원회(§33)

교육청의 학생인권 증진 및 인권 친화적 교육문화 형성에 관한 중요 정책과 교육현장의 인권 침해 사안에 대한 구제방안을 심의하고, 학생인권에 관한 지역사회의 공론을 형성하고 협력을 이끌어 내기 위하여 학생인권위원회(이하 "위원회")를 두며(제1항), 다음 각 호의 업무를 수행한다(제2항).

학생인권위원회의 업무

1. 학생인권종합계획 수립에 대한 심의 및 결과에 대한 평가
2. 학생인권종합계획의 연도별 시행 계획에 대한 자문 및 결과에 대한 개선 권고
3. 학생인권이 중대하게 침해되어 특별한 구제조치가 필요하다고 인정되는 경우 또는 정책적 대책이 필요하다고 인정되는 경우 그 사안에 대한 학생인권옹호관의 조사결과의 심의 및 구제 조치 권고
4. 교육감의 교육정책 및 입법 활동에 대한 학생인권영향평가 및 개선 권고
5. 학생인권에 영향을 미치는 제반 입법, 정책, 교육활동 및 그 밖의 사회활동에 대한 의견 표명 〈개정 2020. 1. 9.〉
6. 학생인권에 대한 지역사회의 여론 형성을 위한 토론회 등의 공론화 활동
7. 학생인권 현황에 대한 연례 보고서 등 연구·조사 보고서의 발간
8. 이 조례에서 정한 교육규칙의 제정에 관한 자문
9. 학생인권교육센터의 활동에 관한 평가 〈개정 2018. 1. 4.〉
10. 그 밖에 교육감, 학생인권옹호관 또는 위원회 위원 3명 이상이 제안한 사안에 대한 심의

위원회는 제2항의 업무 수행에 있어 교육감 또는 학생인권옹호관에게 관련 자료의 제출을 요구하거나 회의에 출석하여 의원의 질의에 답변할 것을 요구할 수 있으며, 학생인권 정책에 관하여 의견을 제시할 수 있다(제3항).

② 위원회의 구성(§34)

위원회는 위원장 1명과 부위원장 1명을 포함한 20명 이내로 구성하며, 위원장 및 부위원장은 위원 중에서 호선한다(제1항). 위원회는 인권에 관하여 올바른 관점을 가지고 있으며, 소수자들이 겪는 차별문제에 대하여 높은 감수성을 가지고 있는 사람을 위원으로 한다(제2항). 위원은 다음 각 호의 사람 중에서 제2항의 자격을 갖춘 사람으로 교육감이 위촉하거나 임명한다(제3항).

학생인권위원의 자격

1. 교육, 아동복지, 청소년, 의료, 법률, 인권 전문가로서 관련 비영리민간단체의 추천을 받은 사람 또는 공개모집절차를 통해 신청을 받은 사람 5명 이상
2. 학생참여단에서 위원회 위원으로 선출된 사람 2명 이상
3. 시민 중에서 학생인권문제에 대한 관심이 높고, 참여의지가 있는 사람으로 공개모집절차를 통해 신청을 받은 사람
4. 교육청의 학생인권 관련 담당 공무원으로 교육감이 임명하는 사람 2명 이상
5. 교원 단체의 추천을 받은 사람 2명 이상
6. 학부모 단체의 추천을 받은 사람 2명 이상
7. 서울특별시의회 교육위원회의 추천을 받은 사람 1명 이상

위원회의 위촉위원은 특정성별이 10분의 6을 넘어서는 아니 되며, 위원의 임기는 2년으로 하되 연임할 수 있다.

③ 학생참여단의 설치와 운영(§37)

교육감은 학생인권 증진 및 인권친화적 교육 문화 조성을 위한 정책 수립에서 학생의 의견을 수렴하기 위하여 학생참여단(이하 "참여단")을 구성·운영하여야 하고, 참여단은 100

명 이내로 구성한다.

참여단은 공개모집을 통하여 모집한 학생들 중에서 추첨을 통하여 선발한다. 다만, 참여단의 구성을 다양하게 하고 소수자 학생의 의견을 반영하기 위하여 20명 이내의 범위에서 별도의 절차를 밟아 교육감이 선발할 수 있다. 한편, 교육감은 교육지원청별로 참여단을 둘 수 있다.

학생참여단의 업무

1. 교육감의 교육정책에 대한 의견 제시

2. 「서울특별시 학생인권 조례」의 개정에 관한 의견 제시

3. 학생인권실태조사에 관한 의견 제시

4. 학생인권실천계획에 관한 의견 제시

5. 학생인권옹호관의 조사 및 그 권고에 대한 의견 제시

6. 「서울특별시 학생인권의 날」 자치행사 주관

7. 학교규칙을 포함한 제반 학교규율에 대한 의견 제시

8. 그 밖의 학생인권 증진 및 학생참여 활성화를 위해 필요한 사항

---

(3) 제3절 학생인권옹호관

제3절에서는 학생인권옹호관의 설치(§38), 학생인권옹호관의 직무(§39), 보고의무(§40), 겸직의 제한 등(§41)에 대하여 규정하고 있다.

① 학생인권옹호관의 설치(§38)

교육감은 학생인권 증진 및 인권 친화적 교육문화 조성의 업무를 집행하기 위하여 교육청에 학생인권옹호관 1명을 둔다(제1항). 학생인권옹호관은 인권에 대한 올바른 관점과 차별에 대한 높은 감수성을 가지고 있으며, 학생인권에 관한 학식이나 경험이 풍부한 사람 중

에서 위원회의 동의를 얻어 교육감이 임명하되, 학생인권옹호관은 일반임기제공무원으로 한다.

학생인권옹호관의 신분은 보장되며, 임기는 2년으로 하되, 1회에 한하여 연임할 수 있다. 학생인권옹호관은 학생인권에 대한 「대한민국헌법」과 관련 법령 그리고 「유엔 아동의 권리에 관한 협약」을 비롯한 국제인권규범의 정신에 따라 그 직무를 독립적으로 성실하게 수행하여야 할 의무가 있다.

② 학생인권옹호관의 직무(§39)

학생인권옹호관은 다음 각 호의 사항을 수행한다.

학생인권옹호관의 직무

1. 학생인권 관련 실태조사 및 정책, 지침 등의 연구·개발

2. 학생인권침해 및 학생복지에 관한 상담

3. 학생인권침해 사안에 대한 조사 및 직권조사

4. 인권피해자에 대한 지원 프로그램 운영

5. 학생인권침해에 대한 적절한 시정 및 조치권고

6. 학생인권향상을 위한 제도 개선 권고

7. 인권교육에 대한 교재개발 등의 지원 및 정기적인 인권교육 시행

8. 학생인권위원회 및 참여단의 업무 지원

9. 학생인권위원회가 결정한 사항의 집행

10. 학생인권영향평가서 작성 지원 등 그 밖에 교육감이 필요한 사항

③ 보고의무(§40) 및 겸직 제한 등(§41)

학생인권옹호관은 학생인권침해사건의 처리결과를 교육감과 학생인권위원회에 매년 분기별로 보고하여야 하고(§40), 「지방공무원법」 제56조에 따르며, 교육청과 특별한 이해관계가 있는 기업이나 단체의 임원을 겸할 수 없다.

(4) 제4절 학생인권교육센터와 학생인권영향평가

제4절에서는 학생인권교육센터(§42), 학생인권영향평가(§43)에 대하여 규정하고 있다.

① 학생인권교육센터(§42)

교육청에 학생인권옹호관의 효율적인 업무 수행을 위해 학생인권옹호관을 장으로 하는 학생인권교육센터(이하 "센터")를 두며(제1항), 센터는 학생인권옹호관의 지휘에 따라 다음 각 호의 업무를 수행한다(제2항).

학생인권교육센터의 업무

1. 학생인권에 관한 법령·제도·정책·관행 등의 조사와 연구 및 그 개선에 관한 사항
2. 학생인권침해사건에 대한 조사와 구제, 유형 및 판단기준, 그 예방조치 등에 관한 사항
3. 학생인권상황에 관한 실태 조사 및 정보·자료의 조사·수집·정리·분석 및 보존
4. 인권에 관한 교육 및 홍보
5. 인권의 옹호와 신장을 위하여 활동하는 단체 및 개인과의 협력
6. 그 밖에 학생인권옹호관이 인권의 보장과 향상을 위하여 필요하다고 인정하는 사항

학생인권옹호관은 센터의 운영과 활동을 매년 교육감과 위원회에 보고하여야 한다.

② 학생인권영향평가(§43)

학생인권영향평가에 대한 각 주체별 권리와 의무를 정리하면 다음과 같다.

주체	권리와 의무	비고
학생 인권 위원회	교육감이 제정, 입안하려고 하는 조례나 정책 등이 학생의 인권 및 인권 친화적 교육문화 조성에 미치는 영향 등을 사전에 평가하고 그에 관한 의견을 제시할 수 있음.	제1항
교육감	조례나 정책을 입안할 경우 학생인권영향평가서를 작성하여 위원회에 검토를 요청하여야 함.	제2항
위원회	교육감이 특별한 사유 없이 학생인권영향평가서를 제출하지 않거나 추진 중인 조례나 정책 등이 학생인권의 보장에 반한다고 판단할 경우 이의 개선 또는 중단을 권고할 수 있음.	제3항
교육감	제3항의 위원회 권고를 받은 경우 특별한 사유가 없는 한 이에 따라야 함.	제4항

(5) 제5절 학생인권종합계획

제5절에서는 학생인권종합계획의 수립(§44), 연도별 시행계획 및 실태조사(§45), 공청회 등(§46)에 대하여 규정하고 있다.

① 학생인권종합계획의 수립(§44)

교육감은 학생인권을 증진하고, 학교문화와 교육환경을 개선하는 등 인권 친화적 교육 문화를 실질적으로 증진시키기 위한 종합계획(이하 "학생인권종합계획")을 위원회의 심의를 거쳐 3년마다 수립하여 시행하여야 하며(제1항), 학생인권종합계획은 다음 각 호의 사항을 포함하여야 한다(제2항).

학생인권종합계획에 포함해야 할 사항

1. 학생인권 증진 및 인권 친화적 교육문화 형성의 기본 방향

2. 제1호의 기본 방향에 따른 단계별 실천전략

3. 학생인권종합계획의 실행을 위한 재원 조달 방안

4. 학생인권 관련 정기적인 조사·연구 및 인권 교육 실시 방안

5. 지방자치단체를 포함한 지역사회의 협력과 공론화 방안

6. 교육부 및 다른 지역 교육청과의 학생인권 증진을 위한 협력 방안

7. 학생인권종합계획 실행에 대한 평가방안

8. 그 밖에 학생인권 증진 및 인권 친화적 교육문화 형성에 관한 주요 사항

② 연도별 시행계획 및 실태조사(§45)

교육감은 연도별 시행계획 및 실태조사에 대한 다음의 의무를 진다.

주체	의무	비고
교육감	• 학생인권종합계획을 기초로 하여 매년 연도별 시행계획을 수립하고 평가하여야 함.	제1항
	• 학생인권 관련 실태조사를 매년 실시하고, 그 결과를 학생인권종합계획 수립에 반영하여야 함.	제2항
	• 학생인권의 증진을 위하여 필요한 경우 구체적 지침을 마련하여 각 학교에 제시하고 정당한 사유 없이 이를 이행하지 않는 학교의 장을 지도·감독하여야 함.	제3항
	• 제1항의 평가결과를 위원회에 보고하여야 함.	제4항

③ 공청회 등(§46)

공청회 등에 대한 교육감의 의무를 정리하면 다음과 같다.

주체	의무	비고
교육감	• 학생인권종합계획을 수립할 경우 공청회, 토론회, 지역순회 간담회 등을 통하여 학생, 교직원, 보호자, 시민 등의 의견을 수렴하여야 함.	제1항
	• 학생인권 증진을 위하여 노력하는 시민활동을 지원하고 협조체제를 구축하여야 함.	제2항

4) 제4장 학생인권침해에 대한 구제

제4장에서는 학생인권침해 구제신청(§47), 학생인권침해사건의 조사(§48), 학생인권침해 사건의 처리(§49), 비밀유지의무(§50)에 대하여 규정하고 있다.

영역	주체	권리와 의무	비고
학생인권침해 구제신청 (§47)	모든 사람	학생이 인권을 침해당하였거나 침해당할 위험이 있는 경우에는 학생을 비롯하여 누구든지 학생인권옹호관에게 그에 관한 구제신청을 할 수 있음.	제1항
	교육 지원청	• 학생인권침해 구제신청의 효율적인 처리를 위하여 각 교육지원청 별로 학생인권상담실을 둠.	제2항
		• 제2항의 학생인권상담실은 학생인권에 관한 상담과 학생인권침해 구제신청의 접수를 담당하며, 그 결과를 매월 정기적으로 학생인권옹호관에게 보고하여야 함(다만, 조속한 조치가 필요한 경우 등 시급한 경우에는 즉시 보고하여야 함).	제3항

영역	주체	권리와 의무	비고
		• 제1항의 신청이 다음 각 호의 어느 하나에 해당하여 학생인 권옹호관이 상담 및 조사를 하는 것이 적절하지 아니하다고 인정하는 경우 그 신청을 수리하지 않을 수 있음. 　1. 피해학생 이외의 제3자가 한 구제신청에 대하여 피해학생 본인이 조사를 원하지 않는 것이 명백한 경우 　2. 구제신청의 원인이 된 사실에 관하여 법원의 재판, 수사기관의 수사 또는 그 밖의 법령에 따른 권리구제절차나 조정절차가 진행 중이거나 종결된 경우 　3. 그 밖에 구제신청이 현저하게 이유가 없거나 허위의 사실에 의거하고 있거나 인권보호 이외의 다른 목적을 위하여 이루어졌음이 명백한 경우	제4항
학생인권침해 사건의 조사 (§48)	학생 인권 옹호관	• 제47조제1항의 구제 신청이 있는 경우에는 인권침해를 받았다고 주장되는 당사자(이하 "피해당사자")의 동의를 얻어 사건에 대하여 조사함(다만, 사안이 중대하거나 향후 유사한 사건의 예방을 위하여 필요하다고 인정되는 경우 등 조사를 하여야 할 상당한 이유가 있다고 판단하는 경우 이 항의 규정에도 불구하고 학생인권옹호관은 피해당사자의 동의가 없이 조사할 수 있음).	제1항
		• 제1항에 따른 조사를 위하여 필요한 경우 교육청 및 학교 등에 자료를 요청할 수 있고, 학교의 설립자 및 경영자, 학교의 장, 교직원, 학생의 보호자, 학생 및 관계 공무원 등(이하 "관계인")에게 질의할 수 있음.	제2항
		• 필요한 경우에는 현장방문조사를 할 수 있음.	제3항
	관계인	학생인권옹호관의 자료요청 및 질의와 현장방문조사에 성실하게 협조하여야 함.	제4항

영역	주체	권리와 의무	비고
학생인권침해 사건의 처리 (§49)	학생 인권 옹호관	• 조사 중이거나 조사가 끝난 사건에 대하여 사건의 공정한 해결을 위하여 필요한 구제 조치를 당사자에게 제시하고 합의를 권고할 수 있음.	제1항
		• 제47조제1항의 구제신청을 받은 학생인권옹호관은 사건을 신속하게 조사한 후 인권침해나 차별행위가 있었다고 판단될 경우에는 가해자나 관계인 또는 교육감에게 다음 각 호의 사항을 권고할 수 있음. 1. 학생인권침해 행위의 중지 2. 인권회복 등 필요한 구제조치 3. 인권침해에 책임이 있는 사람에 대한 주의, 인권교육, 징계 등 적절한 조치 4. 동일하거나 유사한 인권침해의 재발을 방지하기 위하여 필요한 조치	제2항
		• 조사의 결과 그 사안이 중대하거나 재발의 방지를 위하여 특별한 조치가 필요한 사안에 대하여는 위원회의 심의를 요청하여 그 결과를 받아 권고 등 적절한 조치를 취할 수 있음.	제3항
		• 학생인권옹호관이 제2항 또는 제3항의 조치를 취한 경우에는 이를 즉시 교육감에게 통보하여야 함.	제4항
	가해자, 관계인 또는 교육감	• 제2항 또는 제3항에 따라 권고를 받은 가해자나 관계인 또는 교육감은 그 권고사항을 존중하고 정당한 사유가 없는 한 이를 성실히 이행하여야 하며, 그 조치결과를 가해자나 관계인은 학생인권옹호관이나 교육감에게, 교육감은 학생인권옹호관에게 즉시 알려야 함.	제5항
		• 제2항 또는 제3항에 따라 권고를 받은 가해자나 관계인 또는 교육감이 권고 내용을 이행하지 아니할 경우 이유를 붙여 서면으로 학생인권옹호관에게 통보하여야 함.	제6항
	학생 인권 옹호관	• 제2항 또는 제3항에 따른 권고가 제대로 이행되지 않았다고 판단되는 경우, 가해자나 관계인에게 적절한 조치를 취할 것을 교육감에게 권고할 수 있음.	제7항
		• 제5항부터 제7항까지의 규정에 따라 관계인, 교육감 등의 조치결과 및 통보내용, 학생인권옹호관이 교육감에 대하여 한 권고 등을 공표할 수 있음.	제8항

영역	주체	권리와 의무	비고
비밀유지의무 (§50)	학생인권옹호관, 학생인권교육센터의 구성원	제48조제1항의 구제신청과 학생인권침해에 관한 조사와 관련하여 알게 된 사항에 대하여는 비밀을 유지하여야 함.	제1항
	위원회 위원	학생인권침해의 구제와 관련한 심의를 하면서 알게 된 사항에 대하여는 비밀을 유지하여야 함(다만, 정책적인 성격이 강하여 관련된 당사자의 인격권을 침해할 우려가 없는 사항은 그러하지 아니 함).	제2항

4. 학생인권조례 관련 판례

1) 학생인권조례 무효소송

◉◉◉ 지방의회가 의결한 학생인권조례안에 대하여 교육부장관이 조례안 의결에 대한 효력 배제를 구하는 소송을 제기한 것은 적법한가? **(인천지방법원 2015. 7. 3. 선고 2013가합30895 판결)**

판례

〈사건개요〉

1. 피고(전라북도의회)는 2013. 6. 25. 그 소속 의원 9인에 의하여 발의된 전라북도 학생인권조례안(이하 '이 사건 조례안')을 의결하여 2013. 6. 26. 피고보조참가인(전라북도교육감)에게 이송하였다.

2. 원고(교육부장관)는 2013. 7. 11. 피고보조참가인(전라북도교육감)에게 이 사건 조례안 중 학생의 학습에 관한 권리를 정한 규정(제5조)을 비롯하여 아래에서 보는

바와 같은 여러 규정들[4]이 법령에 위반되고 피고보조참가인(전라북도교육감)의 조례안 제안권을 침해하였다는 등의 이유로 재의요구를 하도록 요청하였으나, 피고보조참가인(전라북도교육감)은 이에 따르지 아니하고 2013. 7. 12. 전라북도 학생인권조례를 공포하였다.

3. 이에 원고(교육부장관)는 「지방교육자치에 관한 법률」 제3조에 의하여 준용되는 「지방자치법」 제172조 제7항에 따라 이 사건 조례안 의결의 효력 배제를 구하는 이 사건 소를 직접 제기하였다.

〈판결요지〉

1. **조례제정권의 한계를 벗어났는지에 관하여**: 학기당 2시간 정도의 인권교육의 편성·실시는 지방자치법 제9조 제2항 제5호가 지방자치단체의 사무로 예시한 교육에 관한 사무로서 초등학교·중학교·고등학교 등의 운영·지도에 관한 사무에 속한다고 볼 수 있다. 따라서 이에 관한 이 사건 조례안 규정(제30조 제1항)은 조례제정권의 범위 내의 사항을 정한 것이므로, 원고의 위 주장은 이유 없다.

2. **법률유보원칙 및 법률우위원칙에 위배되는지에 관하여**: 이 사건 조례안 규정들이 헌법과 관련 법령에 의하여 인정되는 학생의 권리를 확인하거나 구체화하고 그에 필요한 조치를 권고하고 있는 데 불과한 이상 그 규정들이 교사나 학생의 권리를 새롭게 제한하는 것이라고 볼 수 없으므로, 국민의 기본권이나 주민의 권리의 제한에 있어 요구되는 법률유보원칙에 위배된다고 할 수 없고, 그 내용이 법령의 규정과 모순·저촉되어 법률우위원칙에 어긋난다고 볼 수도 없다. 그리고 더 나아가 이 사건 조례안 규정의 내용을 구체적으로 살펴보더라도 그 내용이 교육기본법과

---

4 이 사건 조례안은 「대한민국헌법」, 「국제연합 아동의 권리에 관한 협약」, 「교육기본법」, 「초·중등교육법」에 근거하여 학생의 인권이 학교 교육과정과 학교생활에서 실현될 수 있도록 하는 것을 목적으로 하고 있다(제1조). 그 주요내용은 학생의 학습에 관한 권리(제5조), 정규교과 이외 교육활동의 자유(제6조), 폭력으로부터 자유로울 권리(제9조), 휴식을 취할 권리(제11조), 개성을 실현할 권리(제12조), 사생활의 자유(제13조), 정보에 관한 권리(제15조), 표현의 자유(제17조), 자치활동의 권리(제18조), 정책결정에 참여할 권리(제20조), 복지에 관한 권리(제21조), 급식에 대한 권리(제24조) 등 학교생활과 학교 교육과정에서 보장되어야 할 학생의 권리를 확인하는 한편, 학생인권의 보장에 관한 학교의 설립자와 경영자, 학교의 장, 교직원의 의무(제27조, 제30조, 제31조)를 규정하고, 그 구체적 실현을 위한 조치로서 학생 인권교육을 실시하고 관련 행정기구 및 자문기관으로 학생인권심의위원회, 학생인권교육센터, 학생인권옹호관을 두도록 하는 것(제40조, 제42조, 제43조, 제47조) 등이다.

초·중등교육법 등 관련 법령에 위배된다고 볼 수 없다. 따라서 이 사건 조례안 규정들이 법률유보원칙이나 법률우위원칙에 위배된다는 원고의 주장은 받아들일 수 없다.

3. **지방자치단체의 장의 조례안 제안권 등을 침해하여 위법한지에 관하여:** 이 사건 조례안이 피고보조참가인의 행정기구 설치권한이나 조례안 제안권을 침해하였다고 볼 수는 없다.

4. **조례에 있는 그 밖의 여러 조항들이 위법·무효하다는 주장에 관하여:** 원고가 이 사건 소에서 새로이 위법·무효를 주장하는 이 사건 조례안의 위와 같은 규정들은 모두 이 사건 심리대상에 해당하지 아니하므로, 더 나아가 살필 것 없이 원고의 이 부분 주장은 받아들일 수 없다.

5. 결론

그러므로 원고의 청구는 이유 없어 기각하고, 소송비용은 보조참가로 인한 부분을 포함하여 원고가 부담하도록 하여 관여 대법관의 일치된 의견으로 주문과 같이 판결한다.

⋯⋯⋯

〈주문〉

원고(교육부장관)의 청구를 기각한다. 소송비용은 보조참가(전북교육감)로 인한 부분을 포함하여 원고가 부담한다.

해석

- 원고(교육부장관): 패
- 피고(전라북도의회): 승

교육부장관은 전북도의회에서 제정·의결한 「전라북도 학생인권조례」의 다수 내용들이 현행 법률에 위반되므로 이 조례의 의결 효력을 무효화해 달라는 소송을 제기했으나, 대법원은 검토 결과 조례 내용들이 현행 법률을 위반하지 않았으므로 교육부장관의 소송을 기각한 판결이다.

2) 문화향유권

[O·O·O] 복합영화상영관을 학교환경위생정화구역 내에 신축하는 것은 불법인가?(대전
지방법원 2006. 4. 26. 선고 2015구합3600 판결)

판례

〈사건개요〉

1. 원고(백○○)는 2005. 6. 15. 대전가오중학교의 경계선으로부터 54m, 출입문으로
부터 127m, 대전맹학교의 경계선으로부터 76m, 출입문으로부터 175m, 대전혜광
학교의 경계선으로부터 181m, 출입문으로부터 246m 정도 떨어진 곳에 위치한
토지로서 「학교보건법」 제5조 제1항,[5] 「학교보건법 시행령」 제3조 제1항[6] 소정의
학교환경위생정화구역(이하 '학교정화구역') 내에 위치한 대전 동구 가오동 557
지상 지하 3층, 지상 4층 건물 중 지상 3, 4층 4,013㎡에 복합영화상영관을 신축하

---

5 **제5조(학교환경위생정화구역의 설정)** ① 학교의 보건·위생 및 학습환경을 보호하기 위하여 교육감은 대통
령령이 정하는 바에 따라 학교환경위생정화구역을 설정하여야 한다. 이 경우 학교환경위생정화구역은
학교경계선으로부터 200미터를 초과할 수 없다. 〈개정 1991.3.8, 1997.12.13, 1998.12.31〉
② 제1항의 규정에 의한 교육감의 권한은 대통령령이 정하는 바에 따라 교육장에게 위임할 수 있다. 〈개
정 1991.3.8, 1998.12.31〉
 [전문개정 1981.2.28]

6 **제3조(학교환경위생정화구역)** ① 법 제5조제1항의 규정에 의하여 교육감이 학교환경위생정화구역(이하
"정화구역"이라 한다)을 설정할 때에는 절대정화구역과 상대정화구역으로 구분하여 설정하되, 절대정화
구역은 학교출입문으로부터 직선거리로 50미터까지의 지역으로 하고, 상대정화구역은 학교경계선으
로부터 직선거리로 200미터까지의 지역중 절대정화구역을 제외한 지역으로 한다. 〈개정 1990.12.31,
1993.9.27〉
② 교육감은 제1항의 규정에 의하여 정화구역을 설정한 때에는 그에 관한 사항을 특별시장·광역시장 또
는 도지사에게 알리고, 그 설정일자 및 설정구역을 공고하여야 한다. 〈개정 1993.9.27, 1998.1.16〉
③ 삭제 〈1993.9.27〉
 [전문개정 1981.10.8]

기 위하여 「학교보건법」 제6조 제1항 단서,[7] 「학교보건법 시행령」 제4조[8]에 의하여 피고(대전광역시 동부교육청 교육장)에게 학교정화구역 내 금지행위 및 시설 해제 심의신청을 하였다.

2. 피고는 대전 동부교육청 학교환경위생정화위원회의 심의를 거쳐 2005. 6. 28. 원고의 위 신청을 거부하는 처분을 하였다.

3. 이에 원고는 대전지방법원에 이 사건 처분의 취소를 구하는 소송을 제기하였다.

〈판결요지〉

1. 「학교보건법」 제6조 제1항 단서의 규정에 의하여 시·도교육위원회 교육감 또는 교육감이 지정하는 자가 학교환경위생정화구역 안에서의 금지행위 및 시설의 해제신청에 대하여 그 행위 및 시설이 학습과 학교보건에 나쁜 영향을 주지 않는 것인지의 여부를 결정하여 그 금지행위 및 시설을 해제하거나 계속하여 금지(해제 거부)하는 조치는 시·도교육위원회 교육감 또는 교육감이 지정하는 자의 재량행위에 속하는 것으로서, 그것이 재량권을 일탈·남용하여 위법하다고 하기 위하여는 그 행위 및 시설의 종류나 규모, 학교에서의 거리와 위치는 물론이고, 학교의

---

7   **제6조(정화구역안에서의 금지행위 등)** ① 누구든지 학교환경위생정화구역안에서는 다음 각호의 1에 해당하는 행위 및 시설을 하여서는 아니된다. 다만, 대통령령이 정하는 구역안에서는 제2호, 제2호의2, 제4호, 제8호, 제10호 내지 제13호 및 제15호에 규정한 행위 및 시설중 교육감 또는 교육감이 위임한 자가 학교환경위생정화위원회의 심의를 거쳐 학습과 학교보건위생에 나쁜 영향을 주지 않는다고 인정하는 행위 및 시설은 제외한다. 〈개정 1991.3.8, 1998.12.31, 2002.8.26, 2004.1.29, 2004.2.9, 2005.3.24, 2005.12.7, 2005.12.29〉

1. 대기환경보전법·악취방지법 및 수질환경보전법에 의한 배출허용기준 또는 소음·진동규제법에 의한 규제기준을 초과하여 학습과 학교보건위생에 지장을 주는 행위 및 시설

2. 총포화약류(銃砲火藥類)의 제조장 및 저장소, 고압가스·천연가스·액화석유가스 제조소 및 저장소

2의2. 「영화진흥법」 제2조제13호의 영화상영관(「고등교육법」 제2조 각호의 규정에 의한 학교의 학교환경위생정화구역의 경우를 제외한다)

2의3. 「영화진흥법」 제2조제15호의 제한상영관

(이하 생략)

8   **제4조(행위제한이 완화되는 구역)** 법 제6조제1항 단서에서 "대통령령으로 정하는 구역"이라 함은 제3조제1항의 규정에 의한 상대정화구역(법 제6조제1항제2호의2의 영화상영관시설 및 법 제6조제1항제12호의 당구장시설을 하는 경우에는 절대정화구역을 포함한 전정화구역)을 말한다. 〈개정 1998.1.16, 2002.2.25, 2005.3.31〉

[전문개정 1981.10.8]

종류와 학생수, 학교주변의 환경, 그리고 위 행위 및 시설이 주변의 다른 행위나 시설 등과 합하여 학습과 학교보건위생 등에 미칠 영향 등의 사정과 그 행위나 시설이 금지됨으로 인하여 상대방이 입게 될 재산권 침해를 비롯한 불이익 등의 사정 등 여러 가지 사항들을 합리적으로 비교·교량하여 판단하여야 한다.

2. 이 사건에 관하여 보건대, 위 인정 사실과 앞서 든 각 증거들 및 각 영상, 증인 홍○○, 백○○, 이○○의 각 증언, 변론 전체의 취지를 종합하여 알 수 있는 다음과 같은 사정들을 고려할 때 이 사건 영화관이 설치됨으로 인해 학생들의 학습권을 해치고 보건위생에 나쁜 영향을 줄 우려보다 위 영화관의 설치 금지로 인해 원고 및 인근주민들이 입게 되는 불이익이 더 크다고 할 것이어서, 이 사건 처분은 피고가 원고의 학교정화구역 내에서의 금지행위 및 시설의 해제신청에 대하여 그 행위 및 시설이 학습과 학교보건에 나쁜 영향을 주지 않는 것인지의 여부를 판단하여 그 금지행위 및 시설을 해제함에 있어서 그 재량권을 일탈·남용한 위법이 있다고 할 것이므로, 원고의 위 주장은 이유 있다.

3. 헌법재판소도 2004. 5. 27. 2003헌가1, 2004헌가4(병합)구 「학교보건법」 제6조 제1항 제2호 위헌제청사건에서, 학교정화구역 내에서의 극장시설 및 영업을 금지하고 있는 구 「학교보건법」 제6조 제1항 제2호의 '극장' 부분 중 대학교의 정화구역 내에서도 극장 영업을 일반적으로 금지하고 있는 부분이 직업의 자유를 과도하게 침해하여 위헌이라고 판단하는 동시에 유치원 및 초·중·고등학교의 정화구역 중 극장 영업을 절대적으로 금지하고 있는 절대정화구역 부분이 극장 영업을 하고자 하는 자의 직업의 자유를 과도하게 침해하여 위헌이라는 취지로 판단한 바 있고, 그에 따라 교육감 또는 교육감이 위임하는 자가 청소년 학생들을 보호함에 문제가 없는 것으로 판단한 극장시설을 절대정화구역 내에서도 설치할 수 있도록 하는 등 극장시설 설치 제한을 상대적으로 완화하는 방향으로 「학교보건법」의 관련 규정들이 개정되었는바, 이러한 헌법재판소의 결정 취지는, 오늘날 영화 및 공연을 중심으로 하는 문화산업은 높은 부가가치를 실현하는 첨단산업으로서의 의미를 가지고 있음을 인정하고, 이러한 영화산업이 대중의 문화향유에 관한 권리 등을 충족시켜 주는 순기능이 있음에 착안하여, 학교정화구역 내에서도(다른 유해시설들의 경우 절대적으로 금지되는 절대정화구역 내에서까지도) 청소년 학생들의 보호에 지장이 없는 한 극장 영업을 비교적 폭넓게 인정하여 주는 것이 바람직하다는 것으로 풀이된다.

4. 2006. 2. 현재 대전의 5개 구에 총 13개소의 복합상영관이 설치되어 있는데, 그

중 2006. 1. 31. 현재 총 234,235명의 주민(그 중 19세 이상의 성인은 181,005명에 달한다.)이 거주하고 있는 동구 지역에는 1개소의 복합상영관만이 설치되어 있고, 또한 5개 구에 총 171개소의 문화시설이 있으나, 대전 동구 지역에는 19개소의 문화시설만이 설치되어 있는 등 대전 동구 지역은 문화기반시설 및 공연장 수에 있어 전체 5개 구에서 가장 취약하여 대전 동구 지역에는 주민들의 문화욕구를 충족시켜 줄 수 있는 문화시설 자체가 매우 부족하다고 할 수 있고, 대전 동구 지역의 2만 명이 넘는 인근 주민들이 이 사건 영화관의 설치를 원하는 청원서를 피고에게 제출한 바 있을 만큼, 대전 동구 주민들의 문화환경에 대한 불만족이 상대적으로 높다는 것을 알 수 있는바, 이 사건 영화관이 설치됨으로써 인근 주민들은 수준 높은 영화를 주변에서 관람할 수 있게 되어 삶의 질이 향상될 것임은 물론, 문화공간의 확보에 따른 가족휴식공간이 증대됨으로써 청소년들에게 사회 간접경험을 통한 미래 고찰과 자기 성찰 계기를 마련해 주어 바른 인성형성에 이바지할 수 있다.

5. 또한, 대전 동구 지역의 청소년들로서는 학교에서 일정한 거리 이상 떨어져 있는 곳에서 영업을 하고 있는 영화관을 방문하여 문화를 향유할 수밖에 없는데, 오늘날 청소년들이 입시교육의 압력과 중압감 속에서 생활하고 있는 점을 고려할 때, 대전 동구 지역 청소년들에게 문화시설과 학교 또는 자택과의 거리는 문화시설에 도착하고 다시 귀가하는 데에 소요되는 단순히 물리적인 시간만으로 계산할 수 없는 심리적 거리를 창출한다고 할 것이고 이는 결국, 대전 동구 지역 청소년들의 문화로부터의 소외를 가져오는 한 요인이 된다고 할 것이다.

6. 결론

그렇다면 원고의 이 사건 청구는 이유 있으므로 이를 인용하기로 하여 주문과 같이 판결한다.

· ·

〈주문〉

1. 피고가 2005. 6. 28. 원고에 대하여 한 학교환경위생정화구역 내 영화상영관 금지행위 및 시설 해제신청 거부처분을 취소한다.

2. 소송비용은 피고가 부담한다.

> **해석**
>
> - 원고(건설업자): 승
> - 피고(교육지원청): 패
>
> 복합영화상영관은 문화향유권의 하나로서 학교환경위생정화구역 내에서의 영화상영관 금지행위 및 시설 해제신청 거부처분은 거부처분을 통해 얻을 수 있는 공공적 이익보다 거부처분을 함으로써 잃을 수 있는 지역 주민들의 손해가 더 크기 때문에 위법하다고 한 판례이다.

3) 집회의 자유 1

○○○ 학교 측의 허가 없이 불법집회를 개최하였다는 이유로 집회개최자를 퇴학처분한 경우, 그 징계처분은 정당한가? (**서울지방법원 북부지원 1993. 2. 3. 선고 92가합9078 판결**)

> **판례**
>
> 〈사건개요〉
>
> 1. 피고는 대한민국 교육의 기본이념에 기하여 공업전문교육을 실시함을 목적으로 설립된 법인으로, ○○전문대학과 ○○공업고등학교를 경영하고 있고, 원고는 피고가 경영하는 ○○전문대학 건축과 2학년에 재학중이다가 피고로부터 1992.6.1.자로 권고퇴학처분을 받은 후 같은 달 10.자로 퇴학처분을 받은 학생이다.
>
> 2. 원고는 1989.1.29.부터 같은 해 3.24.까지의 학내소요사태로 징계중지처분(징계보류)을, 1991.6.10.부터 같은 달 28.까지의 교내폭력사태로 무기정학처분을 받은 바 있다.
>
> 3. 1992.5.18. 10:00경 게시판에서 ○○동아리 3패(그림패, 풍물패, 노래패)의 명의로 같은 날 17:00 광주항쟁 관련 비디오 상영 및 공개토론회를 개최한다는 사실

을 안 학생과에서는 원고를 불러 위 집회가 불법임을 경고하고 집회를 갖지 말도록 하였음에도 원고는 민주화에 위 집회가 필요하다고 하면서 이를 강행하였다.

4. 그동안 피고는 원고에 대하여 교육적 차원에서 수차례에 걸쳐 반성을 촉구하는 조치를 내렸으나 원고는 반성의 기미가 전혀 없으므로 피고로서는 이번에 부득이하게 이 사건 징계처분을 하게 되었고, 이에 원고는 위 징계처분의 무효를 구하는 소송을 제기하였다.

··

〈판결요지〉

1. 헌법은 모든 국민에게 집회의 자유를 보호하고 있고, 집회에 대한 허가는 인정하지 아니하고 있다(헌법 제21조 제1,2항). 집회의 자유는 국가안전보장 및 질서유지를 위하여 그 본질적인 내용을 침해하지 아니하는 범위내에서 법률로써 제한될 수 있는데(헌법 제37조 제2항), 「집회 및 시위에 관한 법률」은 위헌정당의 집회 및 폭력집회를 금지하고(위 법률 제5조 제1항), 옥외의 야간집회를 원칙적으로 금지하며 (같은 법 제10조), 교통소통에 방해가 되는 집회를 제한할 수 있고(같은 법 제12조), 옥외집회에 대하여는 사전에 신고하여야 한다(같은 법 제6조 제1항)라고 규정하고 있다.

2. 또한, 헌법은 학문의 자유(헌법 제22조 제1항)와 대학의 자율성(헌법 제31조 제4항)을 보장하고 있다. 따라서, 전문대학의 교육목적에 위배되지 아니하는 한 대학 구성원으로서의 학생의 활동도 마땅히 대학의 자유에 의한 보호를 받는다고 하겠다.

3. 집회의 자유 및 학문의 자유에 관한 헌법의 규정과 대학의 자율성에 포함되는 범위 내의 학생활동은 사립전문대학의 재학관계에서도 최대한 존중되어야 할 것이고, 피고가 학생에 대하여 교육목적의 합리적 범위를 넘어서서 이러한 기본권을 제한하는 것은 허용되지 아니한다고 할 것이다.

4. 피고는 이 사건 집회를 금지하면서 아무런 교육목적상의 합리성 제시한 바 없다. (중략) 전문대학에서도 전인격자의 육성을 위하여 다양한 의견들이 제시되고 폭넓은 토론이 전개될 수 있는 대학 내 학생활동의 자유가 보장되어야 할 것이고, 학생회뿐 아니라 학생단체도 이러한 학생활동을 위한 주체가 된다고 하겠다. 따라서 학생단체에 의하여 주도된 이 사건 집회는 건전한 비판의식과 올바른 역사인식을 위한 학생활동의 하나로서 위와 같은 교육목적 및 학생단체의 존립목적에

어긋나는 것이라고 할 수는 없다고 하겠다.

5. 헌법은 집회의 허가제를 금지하고 있다. 이 규정이 사립전문대학의 재학관계인 원·피고 사이의 관계에서 그대로 적용될 수는 없다고 하더라도, 위 학칙의 규정은 모든 집회에 대하여 획일적으로 허가제를 규정하는 한편, 불허가의 구체적 조건을 명시하지 아니한 채 전적으로 피고의 재량 하에 허가제를 운영할 수 있도록 규정하고 있어 합헌적이라고 보기는 어렵다고 할 것이다.

6. 결론

따라서, 이 사건 집회를 불법집회라고 보기는 어렵고 집회의 허가제를 규정한 위 전문대학의 학칙규정은 그 자체가 무효이거나, 허가규정을 헌법정신 및 교육목적상 합리성에 비추어 해석할 때 이 사건 집회가 학칙상 허가규정에 어긋나는 집회라고 보기는 어려우므로, 피고의 이 사건 징계처분은 그 징계사유가 없는 징계처분이거나, 형식적인 경미한 행위를 이유로 한 과중한 처분으로 재량권을 남용한 처분이어서 어느 모로 보나 무효라고 할 것이다. 그렇다면 이 사건 징계처분이 유효한 것이라고 다투는 피고에 대하여 그 무효확인을 구하는 원고의 청구는 이유 있어 이를 인용한다.

〈주문〉

1. 피고가 원고에 대하여 한 1992.6.1.자 권고퇴학처분 및 같은 달 10.자 퇴학처분은 무효임을 확인한다.

2. 소송비용은 피고의 부담으로 한다.

해석

• 원고(소송학생): 승

• 피고(대학교 재단): 패

학생들의 허가받지 않은 집회에 대한 징계처분은 그 자체가 위법하다는 판결이다. 집회의 자유는 학문사상의 자유를 보장하는 대학에서 뿐만이 아니라 일선 초·중·고교에서도 그대로 보장되는 헌법상의 권리이다.

따라서 일선 학교에서 학생들이 집회를 할 경우 그 집회로 말미암아 다른 학생들의 수업에 지장을 주지 않는 범위 내에서 진행되어야 할 것이다.

4) 집회의 자유 2

대학생들이 학교 강당에서 개최 중이던 시국토론회(범국민대토론회)에 참석하려던 피고인들이 학교당국과 경찰의 정문출입 봉쇄로 이 행사에 참석하지 못하게 되자, 학교당국과 경찰에 항의하는 의미로 위 집회에 참석하려던 다른 사람들과 함께 피고인들의 선창으로 즉석에서 약 20분간 그 당시 일반적으로 성행하던 구호와 노래를 제창한 경우, 이 피고인들에게 「집회 및 시위에 관한 법률」 위반에 대한 책임을 물을 수 있는가? **(대법원 1991. 4. 9. 선고 90도2435 판결)**

판례

⟨사건개요⟩

1. 피고인 A등은 1985.9.6. 15:00경 700여명의 학생들이 고려대학교 대강당에 모여 학교당국의 승인 없이 범국민대토론회라는 이름으로 개최 중이던 집회에 참석하려다가 학교당국과 경찰의 제지로 위 대학교 구내로 들어가지 못하게 되자, 같은 날 15:30경부터 15:50경까지 고려대학교 정문 앞에서 그곳에 모여 있던 민추협(민주화추진협의회) 회원들과 부근에 있던 시민 등 50여명을 모아 놓고, 피고인들이 돌아가면서 "폭력정권 물러가라"는 등의 구호를 외치고 애국가 등의 노래를 제창하는 등 시위를 하였다.

2. 이에 검사는 위 피고인들이 「집회 및 시위에 관한 법률」을 위반하였다는 취지로 대법원에 상고하였다.

⟨판결요지⟩

1. 원심(서울고등법원)은 위 범국민대토론회가 사후에 시위로 나아가기로 예정된 바

없이 평온한 분위기 속에서 진행되었던 것이므로, 위 피고인으로서도 그 토론회가 장차 집단적인 폭행·협박·손괴·방화 등으로 공공의 안녕질서에 직접적인 위협을 가할 것이 명백한 집회 또는 시위(이 뒤에는 "금지된 집회·시위"라고 약칭한다)로 발전하리라고 예측할 수 없었고, 자신의 언동으로 인하여 그 토론회가 금지된 집회·시위로 발전·전환되도록 의욕하였다거나 미필적으로라도 이를 인식하면서 이 사건 행위로 나아갔음을 인정할 만한 자료가 없으므로 위 피고인에게 선동의 범의가 있었다고는 단정하기 어렵고, 위 피고인이 학생대표들을 통하여 토론회의 참석자들에게 전달한 위 피고인의 언동의 내용은 위 피고인이 출입금지조치로 토론회에 참석할 수 없다는 것과 김민석의 옥중근황 및 그의 변호인으로서 접견과정에서 느낀 김민석의 생각하는 바를 요약·정리한 것에 불과하므로, 위 피고인의 이와 같은 행위를 가리켜 금지된 집회·시위를 할 것을 선동한 행위라고는 인정되지 아니하며, 토론회 종료 후의 시위와 투석전은 이미 위 피고인이 현장을 이탈한 후 위 집회를 주도하던 공소외 D가 경찰에 검거되면서 비로소 전개된 상황이므로, 위 시위와 투석전이 위 피고인의 이 사건 행위로 인하여 야기되었다고 인정되지도 아니한다는 이유로, 위 공소사실은 결국 범죄사실의 증명이 없는 때에 해당한다고 보아 위 피고인에 대한 위 공소사실에 대하여 무죄를 선고하였다.

2. 관계증거를 기록과 대조하여 검토하여 보면, 위 피고인에게 금지된 집회·시위를 할 것을 선동할 범의가 있었다고 인정할 만한 증거가 없고, 또 공소사실과 같은 위 피고인의 행위가 금지된 집회·시위를 할 것을 선동한 행위에 해당된다고 인정할 수도 없다고 본 원심의 사실인정과 판단은 정당한 것으로 수긍이 되고, 원심판결에 소론이 지적하는 바와 같이 증거에 의하지 않은 추단 내지 추측에 의한 독단적인 사실인정에 터잡아 공소사실에 관한 유죄의 증거에 대한 증거판단을 그르침으로써 사실을 오인한 채증법칙의 위배가 있다고 볼 수는 없다.

3. 집회및시위에관한법률에 의하면 옥외집회 또는 시위를 주최하고자 하는 자는 그 목적, 일시, 장소, 주최자 등을 기재한 신고서를 옥외집회 또는 시위의 48시간 전에 관할 경찰서장에게 제출하도록 규정되어 있고(제6조 제1항), 여기에서 집회 또는 시위의 "주최자"라 함은 자기 명의로 자기 책임 아래 집회 또는 시위를 개최하는 사람 또는 단체를 말하는 것인바(제2조 제3호), 사실관계가 위에서 본 바와 같이 위 시위가 사전에 피고인들에 의하여 계획되고 조직된 것이 아니고, 다만 피고인들이 위 범국민대토론회에 참석하려다가 학교당국과 경찰의 제지로 참석하지 못한 채 우연히 고려대학교 정문 앞에 모이게 된 다른 사람들과 함께 즉석에서 즉

홍적으로 학교당국과 경찰의 제지에 대한 항의의 의미로 위와 같이 시위를 하게 된 것인 만큼, 비록 그 시위에서의 구호나 노래가 피고인들의 선창에 의하여 제창되었다고 하더라도, 그와 같은 사실만으로는 피고인들이 위 시위의 주최자라고는 볼 수 없다고 할 것이고, 따라서 피고인들이 옥외집회 또는 시위를 주최하고자 하는 자로서 같은 법 제6조 제1항의 규정에 위반하여 집회 또는 시위를 주최하였다는 내용의 위 공소사실은 결국 범죄사실의 증명이 없는 때에 해당한다고 보지 않을 수 없으므로, 표현에 다소 미흡한 점이 없지는 않지만 같은 취지에서 피고인들에 대한 위 공소사실에 대하여 무죄를 선고한 원심판결에 소론과 같이 집회및시위에관한법률 제6조 제1항 소정의 옥외집회의 주최자와 신고의무에 관한 법리를 오해하여 판결에 영향을 미친 위법이 있다고 볼 수 없다. 결국 논지도 모두 이유가 없다.

4. 그러므로 검사의 피고인들에 대한 상고를 기각하기로 관여법관의 의견이 일치되어 주문과 같이 판결한다.

〈주문〉

상고를 기각한다.

해석

• 원고(전·현직 국회의원 등): 승

• 피고(검사): 패

단순히 집회에 참석한 것은, 결국 그 집회로 말미암아 폭행, 협박, 손괴, 방화 등이 일어났다고 하더라도 「집회 및 시위에 관한 법률」 위반에 대한 책임을 물을 수 없다는 판결이다.

위 판결문에서 보는바와 같이 "옥외집회 또는 시위를 주최하고자 하는 자는 그 목적, 일시, 장소, 주최자 등을 기재한 신고서를 옥외집회 또는 시위의 48시간 전에 관할 경찰서장에게 제출하도록 규정되어 있고(「집회 및 시위에 관한 법률」 제6조 제1항),

여기에서 집회 또는 시위의 주최자라 함은 자기 명의로 자기 책임 아래 집회 또는 시위를 개최하는 사람 또는 단체를 말하는 것인바(「집회 및 시위에 관한 법률」 제2조 제3호), 이 시위가 피고인들에 의하여 사전에 계획되고 조직된 것이 아니"므로 사전에 이를 신고하지 아니하였다 하여 일명 "미신고 시위죄"로 그 책임을 물을 수 없다는 판결이다.

앞으로 초·중·고교에서도 이와 유사한 사례가 발생할 가능성이 있기에 교사를 준비하고 있는 예비교사뿐만 아니라 일선학교의 교원들이 유념해야 할 부분이다.

5) 학칙준수의 의무

◐◐◐ 학생들이 학칙을 위반하고 학사행정에 개입하여 졸업이 늦어진 경우, 학교 측에게 그 손해에 대한 책임을 물을 수 있는가? (서울고등법원 1989. 10. 20. 선고 89나19110 제3민사부 판결)

판례

〈사건개요〉

1. 원고들은 1984.3.2. 피고법인(학교법인 감리교대전신학원)이 설치하여 운영하는 목원대학의 법학과에 입학하여 1987학년도 1학기(4학년 1학기)를 이수하고 그때까지 합계 130학점을 취득한 다음, 그 2학기에 이르러 졸업에 필요한 최소한도인 140학점을 취득하기 위하여 위 대학 법학과 전임강사로 재직 중인 A교수의 담당과목인 민사연습과 법학특강(각 3학점)을 비롯한 4과목(합계 12학점)에 관하여 수강신청을 하였다.

2. 그런데 위 대학 법학과 2학년 학생들은 1987.4.경부터 A교수의 학사처리에 불만을 품고 있다가 그후 그의 가정문제를 내세우면서 퇴임을 요구하는 시위를 하게 되었는데, 이러한 학내소요가 장기화되자 위 대학 학장인 B는 그해 9.10. 갑자기 A교수에 대하여 그해 12.9.까지 3개월간 직위해제처분을 하고 그 담당과목의 강의를 중단시킨 다음, 그해 10.12.경부터 충남대학교 문과대학의 시간강사를 역임하였던 변호사인 C에게 위 2강의를 담담하게 하였다.

3. 이에 원고들은 C가 담당하게 된 위 2과목에 관하여 수강을 신청한 일이 없다면서 수강을 거부하고 C의 성적평가에도 응하지 아니하였다.

4. 그러자 C는 원고들에 대하여 위 두 과목의 성적을 각 F로 처리함으로써 원고들은 각 그 학점 합계 6학점을 취득하지 못하게 되어 졸업에 필요한 학점에 미달되어 졸업예정일인 1988.2.22.에 졸업하지 못하고, 그달 27.부터 그해 3.12.까지 동계계절학기 수업을 받고 위 6학점을 취득하여 그해 8.20. 위 대학을 졸업하게 되었다.

5. 그리하여 원고들은 처음의 졸업예정일보다 약 6개월이나 늦게 위 대학을 졸업하게 되었고, 원고1은 한양대학교 대학원의 입학시험에 합격하고 이 대학원에 신입생등록금까지 납부하였다가 1988.2.22.에 졸업하지 못하여 이 대학원의 입학이 취소되었다.

6. 원고들은 이 사건 청구원인으로서, 피고 학교법인의 피용자인 목원대학교 학장인 B등의 불법행위로 원고들이 졸업예정일인 1988.2.22.에 졸업하지 못함으로써 원고들은 정신적 고통을 받았으므로 피고는 원고들에게 청구취지와 같은 돈 2,000만원을 지급하여 이를 위자하여야 할 의무가 있다고 주장하며 소송을 제기하였다.

....

〈판결요지〉

1. 학생이 학교법인이 운영하는 사립대학에 입학이 허가됨으로써 그 학교법인과 학생 간에 발생하는 법률관계는 학생이 학교법인의 학칙과 규정 등을 승인하는 것을 내용으로 한 사법상의 재학계약관계라고 할 것이고, 또한 학교법인은 인적·물적 수단을 포함한 교육시설을 가지고 학생들에 대하여 교육을 실시하는 것을 본질로 하는 것이므로, 그 교육시설의 질서를 유지하고 그 이용관계를 명확히 하기 위하여 학교법인은 일방적으로 학칙과 규정 등을 제정하여 학생들에 대하여 지시명령을 발할 수 있다 할 것이며, 입학허가를 받은 학생은 재학 중 입학당시에 그 학교법인이 일방적으로 정한 학칙과 규정 등에 기속된다고 봄이 상당하다 할 것이다.

2. 피고 학교법인의 학칙시행세칙 등을 보면, 피고법인이 운영하는 목원대학의 학생들은 피고 학교법인의 위 대학학장이 지명한 교수나 강사로부터 동 대학의 학장이 지정된 학과과목에 대하여 수강이 허용될 뿐이고, 학생들이 그 학사운영에 참가하여 그 교수과목을 교수할 교수나 강사 등의 임명과 변경을 좌우할 수는 없게 되어 있으므로, 이와 반대되는 견해로 나온 원고들의 주장은 받아들일 수 없다.

3. 원고들의 이 사건 청구는 나아가 위자료의 액수에 관하여 따져볼 필요 없이 이유 없어 기각할 것인바, 이를 탓하는 원고들의 항소는 이유 없어 기각하며, 항소비용은 패소자인 원고들의 부담으로 하여 주문과 같이 판결한다.

〈주문〉

원고들의 항소를 모두 기각한다.

항소비용은 원고들의 부담으로 한다.

해석

- 원고(지각졸업생들): 패
- 피고(목원대학교 재단): 승

학생은 학사행정에 관여할 수 없고, 정해진 학칙을 준수해야 한다는 판결이다.

서울특별시교육청 학생선수 학습권
보장 및 인권보호 조례

[시행 2019. 5. 16.] [서울특별시조례 제7126호, 2019. 5. 16., 일부개정]

서울특별시교육청(체육건강문화예술과), 02-3999-573

제1조(목적) 이 조례는 「학교체육 진흥법」 제6조에 따라 서울특별시 학생선수의 학습부진 해소를 위하여 필요한 학습지원에 관한 사항을 정함으로써 학생선수의 학습권을 보장하고 인권을 보호함을 목적으로 한다.

제2조(정의) 이 조례에서 사용하는 용어의 뜻은 다음과 같다.

1. "학교"란 서울특별시 내에 소재한 「초·중등교육법」 제2조의 학교를 말한다.

2. "학생선수"란 「학교체육 진흥법」 제2조제4호에 따른 학생을 말한다.

3. "학교운동부지도자"란 「학교체육 진흥법」 제2조제6호에 따른 사람을 말한다.

제3조(다른 법령 및 조례와의 관계) 학생선수의 학습권 보장 및 인권보호에 관하여 다른 법령 또는 조례에 특별한 규정이 있는 경우를 제외하고는 이 조례가 정하는 바에 따른다.

제4조(계획수립) 서울특별시교육감(이하 "교육감"이라 한다)은 학생선수의 학습권 보장 및 인권보호를 위하여 매년 다음 각 호의 사항이 포함된 시행계획을 수립하여야 한다.

1. 학생선수 대상 교육의 내용, 방법 및 지원체제의 연구·개선에 관한 사항

2. 학생선수에 대한 진로상담 및 직업교육에 관한 사항

3. 학생선수에 대한 교육프로그램의 개발·운영에 관한 사항

4. 학교운동부지도자의 교육·연수에 관한 사항

5. 폭력·성희롱·성폭력 등으로부터 학생선수 및 학교운동부지도자를 보호하기 위한 시책에 관한 사항 〈신설 2019. 5. 16.〉

6. 그 밖에 학생선수의 학습권 보장 및 인권 보호를 위하여 필요하다고 인정하는 사항 [종전의 제5호에서 이동 〈2019. 5. 16.〉]

제5조(인권보호) ① 교육감은 「서울특별시 학생인권 조례」에 따른 학생선수의 인권을 보호하기 위한 시책을 추진하여야 한다.

② 교육감은 학생선수의 학습권 보장 및 인권보호를 위한 실태조사를 하여야 한다.

③ 교육감은 제2항에 따른 실태조사를 위하여 필요한 경우 학교 및 관련 기관·단체 등에 의견의 진술이나 자료 제출에 대한 협조를 요청할 수 있다.

④ 교육감은 폭력·성희롱·성폭력 등으로부터 학생선수와 학교운동부지도자를 보호하기 위하여 매년 전수조사를 실시하고, 필요한 경우 신고·상담, 법률 지원, 심리치료 등의 지원을 실시할 수 있다. 〈신설 2019. 5. 16.〉

제6조(학교운동부지도자) ① 교육감은 학교운동부지도자의 자질 향상 및 전문성 강화를 위한 교육 및 연수를 정기적으로 실시하여야 한다.

② 제1항에 따른 교육 및 연수 과정에는 학생선수의 학습권 보장 및 인권보호에 관한 내용이 포함되어야 한다.

③ 학교운동부지도자는 학생선수의 학습권이 보장되고 인권이 보호될 수 있도록 운동과 훈련계획을 수립하여야 한다.

제7조(학업정보 및 상담프로그램 제공) 교육감은 학생선수를 대상으로 학업정보 및 상담 프로그램 등이 적정하게 제공될 수 있도록 노력하여야 한다.

제7조의2(도핑 방지 교육) 교육감은 도핑(「국민체육진흥법」 제2조제10호의 도핑을 말한다. 이하 같다)을 방지하기 위하여 학생선수와 학교운동부지도자를 대상으로 도핑 방지 교육을 실시하여야 한다. 〈신설 2018. 1. 4.〉

제7조의3(폭력 예방 교육) 교육감은 학생선수와 학교운동부지도자를 대상으로 연 1회 이상 「양성평등기본법」 제31조 및 「성폭력방지 및 피해자보호 등에 관한 법률」 제5조에 따른 폭력예방교육을 실시하여야 한다. 〈신설 2019. 5. 16.〉

제8조(위탁교육) 교육감은 제4조에 따른 학생선수와 학교운동부지도자의 교육 및 연수를 위하여 별도의 위탁교육기관을 지정할 수 있다.

제9조(협력체계 구축) 교육감은 학생선수의 학습권 보장 및 인권보호를 위하여 국가와 지방자치단체 및 관련 단체와 협력하여야 하며 필요할 경우 협의체를 구성·운영할 수 있다.

제10조(포상) 교육감은 학생선수의 학습권 보장 및 인권보호에 기여를 한 사람 또는 단체 등에 「서울특별시 교육·학예에 관한 표창 조례」에 따라 표창할 수 있다.

제11조(시행규칙) 이 조례의 시행에 필요한 사항은 교육규칙으로 정한다.

부칙 〈제7126호, 2019. 5. 16.〉

이 조례는 공포한 날부터 시행한다.

11장.

학생인권과 교권2: 「양성평등기본법」

이 장에서는 양성평등에 대해서 공부한다. 양성평등이란 성별에 따른 차별, 편견, 비하 및 폭력 없이 인권을 동등하게 보장받고 모든 영역에 동등하게 참여하고 대우받는 것을 말한다(「양성평등기본법」 제3조).

이 장에서 살펴보고자 하는 것은 「양성평등기본법」인데, 이 법은 1996년 7월 1일 「여성발전기본법」으로 제정되었다가 2014년 5월 28일에 지금의 「양성평등기본법」으로 전부개정된 법률이다.[1] 이제 이 법의 내용을 살펴보자.

---

1   그밖에 양성평등에 관한 법률로는 「남녀고용평등과 일·가정 양립 지원에 관한 법률」(약칭 "남녀고용평등법")이 있는데, 이 장에서는 「양성평등기본법」을 살펴보기로 한다.

1.「양성평등기본법」의 구성

「양성평등기본법」은 5장, 51개 조항으로 구성되어 있다. 우선 「양성평등기본법」의 구성을 살펴보자.

양성평등기본법

[시행 2020. 11. 20.] [법률 제17284호, 2020. 5. 19., 일부개정]

제1장 총칙
제1조(목적)
제2조(기본이념)
제3조(정의)
제4조(국민의 권리와 의무)
제5조(국가 등의 책무)
제6조(다른 법률과의 관계)

제2장 양성평등정책 기본계획 및 추진체계
제1절 양성평등정책 기본계획의 수립 등
제7조(양성평등정책 기본계획의 수립)
제8조(연도별 시행계획의 수립)
제9조(계획 수립 및 시행의 협조)
제10조(양성평등 실태조사 등)

제2절 양성평등정책 추진체계
제11조(양성평등위원회)
제11조의2(시·도 양성평등위원회)
제12조(양성평등실무위원회 등)
제13조(양성평등정책책임관의 지정 등)

제3장 양성평등정책의 기본시책
제1절 양성평등정책 촉진
제14조(성 주류화 조치)
제15조(성별영향평가)
제16조(성인지 예산)
제17조(성인지 통계)
제18조(성인지 교육)
제19조(국가성평등지수 등)

제2절 양성평등 참여
제20조(적극적 조치 등)
제21조(정책결정과정 참여)
제22조(공직 참여)
제23조(정치 참여)
제24조(경제활동 참여)
제25조(모·부성의 권리 보장)
제26조(일·가정 양립지원)
제27조(여성 인적자원의 개발)
제28조(여성인재의 관리·육성)

제3절 인권 보호 및 복지 증진 등
제29조(성차별의 금지)

2. 「양성평등기본법」에 나타난 학교폭력 관련 조항

1) 제1장 총칙

① 법률 제정의 목적(§1)

이 법은 「대한민국헌법」의 양성평등 이념을 실현하기 위한 국가와 지방자치단체의 책무 등에 관한 기본적인 사항을 규정함으로써 정치·경제·사회·문화의 모든 영역에서 양성평등을 실현하는 것을 목적으로 한다.

② 기본이념(§2)

이 법은 개인의 존엄과 인권의 존중을 바탕으로 성차별적 의식과 관행을 해소하고, 여성과 남성이 동등한 참여와 대우를 받고 모든 영역에서 평등한 책임과 권리를 공유함으로써 실질적 양성평등 사회를 이루는 것을 기본이념으로 한다.

③ 용어의 정의(§3)

용어	정의	비고
양성평등	성별에 따른 차별, 편견, 비하 및 폭력 없이 인권을 동등하게 보장받고 모든 영역에 동등하게 참여하고 대우받는 것	제1호
성희롱	업무, 고용, 그 밖의 관계에서 국가기관·지방자치단체 또는 대통령령으로 정하는 공공단체(이하 "국가기관등")의 종사자, 사용자 또는 근로자가 다음 각 목의 어느 하나에 해당하는 행위를 하는 경우 가. 지위를 이용하거나 업무 등과 관련하여 성적 언동 또는 성적 요구 등으로 상대방에게 성적 굴욕감이나 혐오감을 느끼게 하는 행위 나. 상대방이 성적 언동 또는 요구에 대한 불응을 이유로 불이익을 주거나 그에 따르는 것을 조건으로 이익 공여의 의사표시를 하는 행위	제2호

④ 국민의 권리와 의무(§4)

모든 국민은 가족과 사회 등 모든 영역에서 양성평등한 대우를 받고 양성평등한 생활을 영위할 권리를 가지며(제1항), 모든 국민은 양성평등의 중요성을 인식하고 이를 실현하기 위하여 노력하여야 한다(제2항).

⑤ 국가 등의 책무(§5)

주체	책무	비고
국가기관등	양성평등 실현을 위하여 노력하여야 함.	제1항
국가와 지방자치단체	양성평등 실현을 위하여 법적·제도적 장치를 마련하고 이에 필요한 재원을 마련할 책무를 짐.	제2항

2) 제2장 양성평등정책 기본계획 및 추진체계

(1) 제1절 양성평등정책 기본계획의 수립 등

제1절에서는 양성평등정책 기본계획의 수립(§7), 연도별 시행계획의 수립(§8), 계획 수립 및 시행의 협조(§9), 양성평등 실태조사 등(§10)에 대하여 규정하고 있다.

영역	주체	권리와 의무	비고
양성평등정책 기본계획의 수립 (§7)	여성가속부 장관	• 양성평등정책 기본계획(이하 "기본계획"이라 한다)을 5년마다 수립하여야 함.	제1항
		• 기본계획에는 다음 각 호의 사항이 포함되어야 함. 1. 양성평등정책의 기본 목표와 추진방향 2. 양성평등정책의 추진과제와 추진방법 3. 양성평등정책 추진과 관련한 재원의 조달 및 운용 방안 4. 그 밖에 양성평등정책을 위하여 필요하다고 대통령령으로 정하는 사항	제2항
		• 기본계획을 수립할 때에는 미리 관계 중앙행정기관의 장과 협의하여야 함.	제3항
		• 기본계획을 수립할 때에는 제19조에 따른 국가성평등지표를 활용하여야 함.	제4항

영역	주체	권리와 의무	비고
		• 기본계획은 제11조에 따른 양성평등위원회의 심의를 거쳐 확정됨(이 경우 여성가족부장관은 확정된 기본계획을 관계 중앙행정기관의 장과 특별시장·광역시장·특별자치시장·도지사·특별자치도지사(이하 "시·도지사")에게 알려야 함).	제5항
연도별 시행계획의 수립 (§8)	중앙행정기관의 장과 시·도지사	기본계획에 따라 연도별 시행계획(이하 "시행계획")을 각각 수립·시행하여야 함.	제1항
		해당 연도의 시행계획 및 전년도의 추진실적을 대통령령으로 정하는 바에 따라 매년 여성가족부장관에게 제출하여야 하며, 여성가족부장관은 제출된 시행계획을 점검하여 중앙행정기관의 장과 시·도지사에게 시행계획의 조정을 요청할 수 있음.	제2항
	여성가족부장관	제2항에 따라 제출받은 추진실적을 종합하여 평가하여야 함(이 경우 여성가족부장관은 평가에 필요한 조사·분석 등을 전문기관에 의뢰할 수 있음).	제3항
계획 수립 및 시행의 협조 (§9)	여성가족부장관	기본계획 및 시행계획을 수립·시행하기 위하여 필요하면 관계 중앙행정기관, 지방자치단체 또는 공공기관의 장에게 협조를 요청할 수 있음.	제1항
	중앙행정기관의 장과 시·도지사	시행계획을 수립·시행하기 위하여 필요하면 관계 중앙행정기관·지방자치단체·공공기관의 장, 비영리법인 및 비영리민간단체, 관계 전문가 등에게 협조를 요청할 수 있음.	제2항
	협조 요청을 받은 자	제1항에 따른 협조 요청을 받은 자는 특별한 사유가 없으면 이에 따라야 함.	제3항
양성평등 실태조사 등 (§10)	여성가족부장관	기본계획 수립 등을 위하여 5년마다 양성평등 관련 실태조사를 실시하여야 하며 그 결과를 공표할 수 있음.	제1항
		국민이 양성평등 관련 정보에 보다 쉽게 접근하여 일상적으로 활용할 수 있도록 필요한 조치를 취하여야 함.	제3항

2) 제2절 양성평등정책 추진체계

제2절에서는 양성평등위원회(§11), 시·도 양성평등위원회(§11조의2), 양성평등실무위원회 등(§12), 양성평등정책책임관의 지정 등(§13)에 대해서 규정하고 있다.

① 국무총리 소속 양성평등위원회의 설치와 구성(§11)

㉠ 양성평등위원회의 설치와 심의·조정 사항

양성평등정책에 관한 중요사항을 심의·조정하기 위하여 국무총리 소속으로 양성평등위원회(이하 "위원회")를 둔다.

양성평등위원회의 심의·조정 사항

1. 기본계획 및 시행계획에 관한 사항
2. 시행계획 등 양성평등정책 추진실적 점검에 관한 사항
3. 양성평등정책 관련 사업의 조정 및 협력에 관한 사항
4. 양성평등정책의 평가 및 제도 개선 등 성 주류화(性 主流化)에 관한 사항
5. 제19조에 따른 국가성평등지수에 관한 사항
6. 유엔여성차별철폐협약 등 대한민국이 체결한 여성 관련 국제조약 이행 점검에 관한 사항
7. 여성, 평화와 안보에 관한 유엔 안전보장이사회 결의 1325호에 따라 수립한 국가행동계획의 이행 평가 및 개선방안에 관한 사항
8. 그 밖에 양성평등정책을 위하여 필요하다고 대통령령으로 정하는 사항

㉡ 양성평등위원회의 구성

위원회는 위원장 1명과 부위원장 1명을 포함한 30명 이내의 위원으로 구성한다. 위원회의 위원장은 국무총리가 되고, 부위원장은 여성가족부장관이 되며, 위원은 다음 각 호의 사

람이 된다.

1. 대통령령으로 정하는 관계 중앙행정기관의 장 및 이에 준하는 기관의 장
2. 양성평등에 관한 전문지식과 경험이 풍부한 사람으로서 국무총리가 위촉하는 사람

② 시·도 양성평등위원회의 설치와 구성(§11조의2)

특별시·광역시·특별자치시·도·특별자치도(이하 "시·도")는 조례로 정하는 바에 따라 시·도의 양성평등정책에 관한 중요사항을 심의·조정하기 위하여 양성평등위원회(이하 "시·도위원회")를 둘 수 있다. 다만, 시·도위원회의 기능을 담당하기에 적합한 다른 위원회가 있는 경우에는 해당 지방자치단체의 조례로 정하는 바에 따라 그 위원회가 시·도위원회의 기능을 대신하거나 시·도위원회의 기능을 포함하여 운영할 수 있다.

③ 양성평등실무위원회의 설치와 구성(§12)

제11조제2항 각 호의 사항을 미리 검토하고 양성평등위원회가 위임한 사항을 처리하기 위하여 양성평등위원회에 여성가족부차관을 위원장으로 하는 양성평등실무위원회(이하 "실무위원회")를 두며, 양성평등위원회의 소관 사항을 전문적으로 검토하기 위하여 분과위원회를 둘 수 있다.

④ 양성평등정책책임관의 지정 등(§13)

중앙행정기관의 장과 시·도지사는 해당 기관의 양성평등정책을 효율적으로 수립·시행하기 위하여 소속 공무원 중에서 양성평등정책책임관을 지정하고, 필요한 전담전문인력을 두어야 한다.

3) 제3장 양성평등정책의 기본시책

(1) 제1절 양성평등정책 촉진

제1절에서는 성 주류화 조치(§14), 성별영향평가(§15), 성인지 예산(§16), 성인지 통계(§17), 성인지 교육(§18), 국가성평등지수 등(§19)에 대하여 규정하고 있다.

영역	주체	권리와 의무	비고
성 주류화 조치 (§14)	국가와 지방자치 단체	법령의 제정·개정 및 적용·해석, 정책의 기획, 예산 편성 및 집행, 그 밖에 법령에 따라 직무를 수행하는 과정에서 성평등 관점을 통합하는 성 주류화 조치를 취하여야 함.	제1항
		성 주류화 조치의 실효성을 높이기 위하여 다양한 방법과 도구를 적극 개발하여야 함.	제2항
성별영향평가 (§15)	국가와 지방자치 단체	제정·개정을 추진하는 법령(법률·대통령령·총리령·부령 및 조례·규칙을 말함)과 성평등에 중대한 영향을 미칠 수 있는 계획 및 사업 등이 성평등에 미치는 영향을 평가(이하 "성별영향평가")하여야 함.	제1항
성인지 예산 (§16)	국가와 지방자치 단체	관계 법률에서 정하는 바에 따라 예산이 여성과 남성에게 미치는 영향을 분석하고 이를 국가와 지방자치단체의 재정운용에 반영하는 성인지(性認知) 예산을 실시하여야 함.	제1항
	여성가족 부장관	기획재정부장관 및 행정안전부장관과 협의하여 제1항에 따른 성인지 예산에 필요한 기준제시, 자문 및 교육훈련 등 지원을 할 수 있음(이 경우 국가성평등지표 및 지역성평등지표 등을 활용하여야 함).	제2항
성인지 통계 (§17)	국가와 지방자치 단체	인적(人的) 통계를 작성하는 경우 성별 상황과 특성을 알 수 있도록 성별로 구분한 통계(이하 이 조에서 "성인지 통계"라 한다)를 산출하고, 이를 관련 기관에 보급하여야 함.	제1항
	여성가족 부장관	통계청장 등 관계 기관의 장과 협의하여 성인지 통계의 개발, 산출, 자문 및 교육훈련 등 필요한 사항을 지원할 수 있음.	제2항

영역	주체	권리와 의무	비고
성인지 교육 (§18)	국가와 지방자치 단체	사회 모든 영역에서 법령, 정책, 관습 및 각종 제도 등이 여성과 남성에게 미치는 영향을 인식하는 능력을 증진시키는 교육(이하 "성인지 교육")을 전체 소속 공무원 등에게 실시하여야 함.	제1항
		성인지 교육을 한국양성평등교육진흥원 또는 대통령령으로 정하는 관련 전문기관에 위탁할 수 있음.	제2항
국가성평등 지수 등 (§19)	여성가족 부장관	• 국가의 성평등수준을 계량적으로 측정할 수 있도록 성평등한 사회참여의 정도, 성평등 의식·문화 및 여성의 인권·복지 등의 사항이 포함된 국가성평등지표를 개발·보급하여야 함.	제1항
		• 제1항에 따른 국가성평등지표를 이용하여 국가의 성평등 정도를 지수화한 국가성평등지수를 매년 조사·공표하여야 함.	제2항
		• 제1항에 따른 국가성평등지표를 기초로 지역의 특성을 반영한 지역성평등지표를 개발·보급하고, 지역성평등지표를 이용하여 지역의 성평등 정도를 지수화한 지역성평등지수를 매년 조사·공표하여야 함.	제3항
		• 국가성평등지수 및 지역성평등지수 조사 결과, 성평등수준이 낮은 지표에 관해서는 관계 기관의 장에게 제8조제2항에 따른 시행계획 수립 시 개선방안을 마련하도록 요청할 수 있음.	제4항
		• 제2항 및 제3항에 따른 국가성평등지표 및 지역성평등지표에 관한 각 지표별 통계와 지표의 특성 등에 관한 정보를 국민들이 편리하게 사용할 수 있도록 필요한 조치를 하여야 함.	제5항

(2) 제2절 양성평등 참여

제2절에서는 적극적 조치 등(§20), 정책결정과정 참여(§21), 공직 참여(§22), 정치 참여(§23), 경제활동 참여(§24), 모·부성의 권리 보장(§25), 일·가정 양립지원(§26), 여성 인적자원의 개발(§27), 여성인재의 관리·육성(§28)에 대하여 규정하고 있다.

영역	주체	권리와 의무	비고
적극적 조치 등 (§20)	국가와 지방자치단체	차별로 인하여 특정 성별의 참여가 현저히 부진한 분야에 대하여 합리적인 범위에서 해당 성별의 참여를 촉진하기 위하여 관계 법령에서 정하는 바에 따라 적극적 조치를 취하도록 노력하여야 함.	제1항
	여성가족부장관	• 국가기관 및 지방자치단체의 장에게 제1항에 따른 적극적 조치를 취하도록 권고하고, 그 이행 결과를 점검하여야 함.	제2항
		• 「공공기관의 운영에 관한 법률」 제4조제1항에 따른 공공기관 및 「자본시장과 금융투자업에 관한 법률」 제159조제1항에 따른 사업보고서 제출대상법인의 성별 임원 수 및 임금 현황 등에 관하여 조사하고 그 결과를 매년 공표할 수 있음.	제3항
		• 제3항에 따른 성별 임원 수 및 임금 현황 등을 조사하기 위하여 관계 중앙행정기관의 장이나 그 밖의 관련 기관의 장에게 필요한 자료의 제공을 요청할 수 있음.	제4항
	자료 제공을 요청받은 기관의 장	제4항에 따라 자료 제공을 요청받은 기관의 장은 특별한 사유가 없으면 그 요청에 따라야 함.	제5항
정책결정과정 참여 (§21)	국가와 지방자치단체	정책결정과정에 여성과 남성이 평등하게 참여하기 위한 시책을 마련하여야 함.	제1항
		• 위원회(위원회, 심의회, 협의회 등 명칭을 불문하고 행정기관의 소관 사무에 관하여 자문에 응하거나 조정, 협의, 심의 또는 의결 등을 하기 위한 복수의 구성원으로 이루어진 합의제 기관을 말함)를 구성할 때 위촉직 위원의 경우에는 특정 성별이 위촉직 위원 수의 10분의 6을 초과하지 아니하도록 하여야 함(다만, 해당 분야 특정 성별의 전문인력 부족 등 부득이한 사유가 있다고 인정되어 다음 각 호의 구분에 따른 위원회의 의결을 거친 경우에는 그러하지 아니함). 1. 국가 및 시·도가 구성하는 위원회: 실무위원회 2. 시·군·구가 구성하는 위원회: 시·도위원회	제2항

영역	주체	권리와 의무	비고
		• 매년 위원회의 성별 참여현황을 여성가족부장관에게 제출하여야 하고, 여성가족부장관은 위원회의 성별 참여현황을 공표하고 이에 대한 개선을 권고할 수 있음.	제3항
		• 관리직위에 여성과 남성이 균형있게 임용될 수 있도록 다음 각 호의 사항을 고려하여 해당 기관의 연도별 임용목표비율을 포함한 중장기 계획(이하 "관리직 목표제") 등을 시행하여야 함. 1. 직종·직급·고용형태별 남녀 직원 현황 2. 관리직 남녀 비율 현황 3. 남녀 직원 근속연수 현황 4. 승진 대상자 중 남녀의 승진 비율 5. 남녀 관리직에 대한 연도별 임용 목표 및 달성 시기	제4항
	공공기관의 장	관리직 목표제 등을 시행하여야 하고, 해당 기관의 임원 임명 시 여성과 남성이 균형있게 임명될 수 있도록 노력하여야 함.	제5항
공직 참여 (§22)	국가와 지방자치단체	• 공직에 여성과 남성이 평등하게 참여하기 위한 시책을 마련하여야 함.	제1항
		• 공무원의 채용·보직관리·승진·포상·교육훈련 등에서 여성과 남성에게 평등한 기회를 보장하여야 함.	제2항
정치 참여 (§23)	국가와 지방자치단체	여성과 남성의 동등한 정치 참여를 지원하기 위한 시책을 마련하도록 노력하여야 함.	제1항
경제활동 참여 (§24)	국가와 지방자치단체	관계 법률에서 정하는 바에 따라 근로자의 모집·채용·임금·교육훈련·승진·퇴직 등 고용 전반에 걸쳐 양성평등이 이루어지도록 하여야 함.	제1항
	국가기관 등과 사용자	• 직장 내의 양성평등한 근무환경 조성을 위하여 필요한 조치를 취하여야 함.	제2항
		• 여성이 승진·전보 등 인사상 처우에서 성별에 따른 차별 없이 그 자질과 능력을 정당하게 평가받을 수 있도록 노력하여야 함.	제3항
		• 여성이 임신·출산·육아 등을 이유로 경력이 단절되지 아니하도록 노력하여야 함.	제4항

영역	주체	권리와 의무	비고
	국가와 지방자치 단체	관계 법률에서 정하는 바에 따라 경력단절여성 등의 경제활동 참여를 위하여 행정적·재정적 지원 등 필요한 시책을 마련하여야 함.	제5항
	여성가족 부장관	정기적으로 국가기관등과 사용자를 대상으로 근로자의 모집·채용·임금 등에 있어서의 성별을 이유로 한 차별적 내용을 조사·연구하여 법령, 제도 또는 정책 등의 개선이 필요하다고 인정되는 경우 고용노동부 등 관계 기관에 개선을 요청할 수 있음.	제6항
모·부성의 권리 보장 (§25)	국가기관 등과 사용자	임신·출산·수유·육아에 관한 모·부성권을 보장하고, 이를 이유로 가정과 직장 및 지역사회에서 불이익을 받지 아니하도록 하여야 함.	제1항
	국가와 지방자치 단체	제1항에 따른 모·부성권의 보장 등에 관련된 비용에 대하여 「사회보장기본법」에 따른 국가재정이나 사회보험 등을 통한 사회적 부담을 높여 나가야 함.	제2항
일·가정 양립지원 (§26)	국가기관 등과 사용자	일과 가정생활의 조화로운 양립을 위한 여건을 마련하기 위하여 노력하여야 함.	제1항
	국가와 지방자치 단체	일과 가정생활의 양립을 지원하기 위하여 영유아 보육, 유아교육, 방과 후 아동 돌봄, 아이돌봄 등 양질의 양육서비스 확충, 출산전후휴가와 육아휴직제 확대 및 대체인력 채용·운영의 활성화, 가족친화적인 사회환경 조성 등에 관한 시책을 마련하여야 함.	제2항
여성 인적자원의 개발 (§27)	국가와 지방자치 단체	양성평등 사회 실현을 위하여 여성 인적자원 개발에 필요한 시책을 마련하여야 함.	제1항
여성인재의 관리·육성 (§28)	여성가족 부장관	양성평등 사회 실현을 목적으로 여성인재의 육성 및 사회참여 확대를 지원하기 위하여 공공 및 민간 분야에서 일정한 자격을 갖춘 여성인재에 관한 정보를 수집하여 관리할 수 있음.	제1항
		여성인재를 육성하기 위하여 노력하여야 하며, 여성 관리자 역량을 강화하기 위한 프로그램을 운영할 수 있음.	제4항

(3) 제3절 인권 보호 및 복지 증진 등

제3절에서는 성차별의 금지(§29), 성폭력·가정폭력·성매매 범죄의 예방 및 성희롱 방지(§30), 성희롱 예방교육 등 방지조치(§31), 성희롱 실태조사(§32), 복지증진(§33), 건강증진(§34)에 대하여 규정하고 있다.

영역	주체	권리와 의무	비고
성차별의 금지 (§29)	국가와 지방자치단체	관계 법률에서 정하는 바에 따라 성차별 금지를 위한 시책 마련에 노력하여야 함.	제1항
성폭력·가정폭력·성매매 범죄의 예방 및 성희롱 방지 (§30)	국가와 지방자치단체	• 관계 법률에서 정하는 바에 따라 성폭력·가정폭력·성매매 범죄 및 성희롱을 예방·방지하고 피해자를 보호하여야 하며, 이를 위하여 필요한 시책을 마련하여야 함.	제1항
		• 관계 법률에서 정하는 바에 따라 성폭력·가정폭력·성매매 범죄의 예방을 위하여 교육을 실시하여야 하고, 각 교육과 제31조에 따른 성희롱 예방교육을 성평등 관점에서 통합하여 실시할 수 있음.	제2항
		• 관계 법률에서 정하는 바에 따라 성폭력·가정폭력·성매매·성희롱 피해자와 상담하고 가해자를 교정(矯正)하기 위하여 필요한 시책을 강구하여야 함.	제3항
성희롱 예방교육 등 방지조치 (§31)	국가 기관등의 장과 사용자	• 성희롱을 방지하기 위하여 대통령령으로 정하는 바에 따라 성희롱 예방교육의 실시, 자체 예방지침의 마련, 성희롱 사건이 발생한 경우 재발방지대책의 수립·시행 등 필요한 조치를 하여야 하고, 국가기관등의 장은 그 조치 결과를 여성가족부장관 및 주무부처의 장에게 제출하여야 함.	제1항
	여성 가족부장관	• 제1항에 따른 국가기관등의 성희롱 방지조치에 대한 점검을 대통령령으로 정하는 바에 따라 매년 실시하여야 함.	제2항

영역	주제	권리와 의무	비고
		• 제2항에 따른 점검결과 성희롱 방지조치가 부실하다고 인정되는 국가기관등에 대하여 대통령령으로 정하는 바에 따라 관리자에 대한 특별교육 등 필요한 조치를 취하여야 하며, 성희롱 방지조치가 부실하다고 인정되는 국가기관등의 장은 제2항에 따른 점검결과를 반영한 성희롱 방지조치 개선계획을 대통령령으로 정하는 바에 따라 여성가족부장관에게 제출하여야 함.	제3항
		• 제2항에 따른 국가기관등의 성희롱 방지조치 점검결과를 대통령령으로 정하는 바에 따라 언론 등에 공표하여야 한다. 다만, 다른 법률에서 공표를 제한하고 있는 경우에는 그러하지 아니함.	제4항
		• 국가인권위원회 또는 대통령령으로 정하는 기관을 통하여 다음 각 호의 어느 하나에 해당하는 사실이 확인된 경우에는 관련자의 징계 등을 그 관련자가 소속된 국가기관등의 장에게 요청할 수 있다. 1. 국가기관등에서 성희롱 사건을 은폐한 사실 2. 성희롱에 관한 국가기관등의 고충처리 또는 구제과정 등에서 피해자의 학습권·근로권 등에 대한 추가적인 피해가 발생한 사실	제5항
		• 제2항에 따른 국가기관등의 성희롱 방지조치 점검결과 및 제5항에 따라 확인된 사실을 다음 각 호의 평가에 반영하도록 해당 기관·단체의 장에게 요구할 수 있다. 〈개정 2015. 6. 22.〉 1. 「정부업무평가 기본법」 제14조제1항 및 제18조제1항에 따른 중앙행정기관 및 지방자치단체의 자체평가 2. 「공공기관의 운영에 관한 법률」 제48조제1항에 따른 공기업·준정부기관의 경영실적 평가 3. 「지방공기업법」 제78조제1항에 따른 지방공기업의 경영평가 4. 「초·중등교육법」 제9조제2항에 따른 학교 평가 5. 「고등교육법」 제11조의2제1항에 따른 학교 평가	제6항
성희롱 실태 조사 (§32)	여성 가족부장관	3년마다 성희롱에 대한 실태조사를 실시하여 그 결과를 발표하고, 이를 성희롱을 방지하기 위한 정책수립의 기초자료로 활용하여야 함.	제1항

영역	주체	권리와 의무	비고
복지 증진 (§33)	국가와 지방자치 단체	• 지역·나이 등에 따른 여성 복지 수요를 충족시키기 위한 시책을 강구하여야 함.	제1항
		• 관계 법률에서 정하는 바에 따라 장애인, 한부모, 북한이탈주민, 결혼이민자 등 취약계층 여성과 그 밖에 보호가 필요한 여성의 복지 증진을 위하여 필요한 조치를 하여야 함.	제2항
건강 증진 (§34)	국가와 지방자치 단체	보건의료에 대한 양성평등한 접근권을 보장하기 위하여 노력하여야 함.	제1항
		모성건강 등 여성의 생애주기에 따른 건강증진에 관한 시책을 마련하여야 함.	제2항

(4) 제4절 양성평등 문화 확산 등

제4절에서는 양성평등한 가족(§35), 양성평등 교육(§36), 양성평등 문화조성(§37), 여성의 날 등과 양성평등주간(§38), 여성친화도시(§39), 국제협력(§40), 평화·통일 과정 참여(§41)에 대하여 규정하고 있다.

영역	주체	권리와 의무	비고
양성 평등한 가족 (§35)	국가와 지방자치 단체	• 민주적이고 양성평등한 가족관계를 확립시키기 위하여 노력하여야 함.	제1항
		• 가사노동에 대한 경제적 가치를 정당하게 평가하여 이를 법령·제도 또는 시책에 반영하도록 노력하여야 함.	제2항
양성 평등 교육 (§36)	국가와 지방자치 단체	• 가정에서부터 양성평등에 관한 교육이 이루어지도록 노력하여야 함.	제1항
		• 「교육기본법」에 따른 학교교육에서 양성평등 의식을 높이는 교육이 실시되도록 노력하여야 함.	제2항
		• 국공립 연수기관, 「평생교육법」에 따른 평생교육시설의 연수교육 과정과 그 밖의 연수교육 과정에서 양성평등 의식을 높이는 교육이 실시되도록 노력하여야 함.	제3항

영역	주체	권리와 의무	비고
양성 평등 문화 조성 (§37)	국가와 지방자치 단체	• 양성평등한 문화조성을 위한 효과적인 사업을 발굴하고 추진하여야 함.	제1항
		• 신문, 방송, 잡지, 인터넷 등 대중매체에서 성별을 이유로 한 차별, 편견, 비하 또는 폭력적 내용이 개선되도록 지원하고, 대중매체를 통하여 양성평등 의식이 확산되도록 노력하여야 함.	제2항
	여성 가족부장관	정기적으로 대중매체에서의 성별을 이유로 한 차별, 편견, 비하 또는 폭력적 내용을 점검하여 법령, 제도 또는 정책 등의 개선이 필요하다고 인정되는 경우 방송통신위원회 등 관계 기관에 개선을 요청할 수 있음.	제3항
여성의 날 등과 양성평등주간 (§38)	국가 차원	• 범국민적으로 양성평등 실현을 촉진하기 위하여 매년 3월 8일을 여성의 날로 하고, 대통령령으로 정하는 바에 따라 1년 중 1주간을 양성평등주간으로 함.	제1항
		• 우리나라 최초의 여성인권선언문이 발표된 날을 기념하기 위하여 매년 9월 1일을 여권통문(女權通文)의 날로 함.	제2항
		• 제1항에 따른 양성평등주간 중 하루를 양성평등 임금의 날로 하고, 같은 날에 성별 임금 통계 등을 공표함.	제3항
여성친화도시 (§39)	국가와 지방자치 단체	지역정책과 발전과정에 여성과 남성이 평등하게 참여하고 여성의 역량강화, 돌봄 및 안전이 구현되도록 정책을 운영하는 지역(이하 "여성친화도시")을 조성하도록 노력하여야 함.	제1항
	여성 가족부장관	특별자치시·특별자치도 또는 시·군·자치구를 여성친화도시로 지정하고 이를 지원할 수 있음.	제2항

영역	주체	권리와 의무	비고
국제 협력 (§40)	국가와 지방자치 단체	• 양성평등 실현을 위한 국제조약을 체결하거나 이행하기 위하여 노력하여야 함.	제1항
		• 국제기구나 국제회의에서 여성과 남성의 평등한 참여를 지원하여야 함.	제2항
		• 국제개발협력을 실시함에 있어서 양성평등 실현을 위한 시책을 마련하여야 하고, 여성가족부장관은 특히 양성평등 실현을 위한 국제개발협력 사업을 추진하여야 함.	제3항
		• 국내외에 거주하는 한인 여성 간의 교류와 연대(連帶) 강화를 위하여 노력하여야 함.	제4항
	정부	유엔여성차별철폐협약 이행보고서 등 대한민국이 체결한 여성 관련 국제조약의 이행보고서를 제출하려는 때에는 이를 사전에 국회에 제출하여야 함.	제5항
평화·통일 과정 참여 (§41)	국가와 지방자치 단체	• 국내외 평화 문화 확산과 통일 추진과정에서 여성과 남성이 평등하게 참여할 수 있도록 노력하여야 함.	제1항
		• 국내외 여성평화증진 및 통일을 위한 활동을 지원할 수 있음.	제2항
	정부	여성, 평화와 안보에 관한 유엔 안전보장이사회 결의 1325호에 따라 국가행동계획을 수립하고 이행하여야 함.	제3항

4) 제4장 양성평등기금

제4장에서는 기금의 설치 등(§42), 기금의 용도(§43), 기금의 회계기관(§44)에 대하여 규정하고 있다.

5) 제5장 양성평등정책 관련 기관 및 시설과 단체 등의 지원

제5장에서는 양성평등정책 관련 기관 등(§45), 한국양성평등교육진흥원의 설립 등(§46), 한국여성인권진흥원의 설립 등(§46조의2), 여성인력개발센터의 설치·운영 등(§47), 여성인력개발센터의 지정취소 등(§48), 청문(§49), 여성사박물관의 설립·운영(§50), 비영리법인·비영

리민간단체의 지원(§51)에 대하여 규정하고 있다.

영역	주체	권리와 의무	비고
양성평등정책 관련 기관 등 (§45)	국가와 지방자치 단체	양성평등정책을 연구하거나 교육하기 위한 기관을 설치·운영할 수 있음.	제1항
		양성평등한 사회참여를 촉진하기 위하여 능력개발 및 교육훈련을 위한 양성평등정책 관련 시설을 설치·운영할 수 있음.	제2항
		제1항 및 제2항에 따른 양성평등정책 관련 기관 및 시설에 대하여 예산의 범위에서 그 경비의 전부 또는 일부를 보조할 수 있음.	제3항
한국양성평등 교육진흥원의 설립 등 (§46)	국가	양성평등교육 등을 효율적이고 체계적으로 추진하고 진흥시키기 위하여 한국양성평등교육진흥원(이하 "진흥원")을 설립함.	제1항
	한국 양성평등 교육 진흥원	진흥원은 다음 각 호의 사업을 함. 1. 양성평등을 위한 교육 및 진흥 사업 2. 공무원에 대한 성인지 교육 3. 여성과 남성의 지도력 함양 교육 4. 성희롱 예방교육 강사 등 전문인력 양성 사업 5. 공무원 교육훈련기관의 양성평등 교육과정을 강화하기 위한 교류 협력 지원 사업 6. 양성평등 교육 프로그램 개발과 교육 연구 사업 7. 양성평등 교육 관련 자료 출간 사업 8. 제1호부터 제7호까지의 사업에 부수되는 사업 또는 이와 관련하여 국가기관등으로부터 위탁받은 사업 9. 그 밖에 진흥원의 목적 달성을 위하여 대통령령으로 정하는 사업	제5항

영역	주체	권리와 의무	비고
한국여성인권진흥원의 설립 등 (§46조의 2)	국가	성폭력·가정폭력·성매매 등을 예방·방지하고 그 피해자를 보호·지원하기 위하여 한국여성인권진흥원을 설립함.	제1항
	한국 여성인권 진흥원	한국여성인권진흥원은 다음 각 호의 사업을 함. 1. 성폭력·가정폭력·성매매 등 피해자 보호·지원시설 종사자의 양성 및 보수교육 2. 성폭력·가정폭력·성매매 등 피해자 보호·지원시설 간 연계망 구축 및 운영 3. 성폭력·가정폭력·성매매 등 피해자 보호·지원을 위한 관련 기관 간 협력 사업 개발 및 지원 4. 성폭력·가정폭력·성매매 등 피해자 보호·지원시설에 대한 평가지원 및 컨설팅 5. 성폭력·가정폭력·성매매 등 피해자 보호·지원에 관한 종합관리시스템 구축·운영 6. 성폭력·가정폭력·성매매 등 예방·방지 및 피해자 보호·지원 프로그램 개발과 관련 연구사업 7. 제1호부터 제6호까지의 사업에 부수되는 사업 또는 이와 관련하여 국가기관등으로부터 위탁받은 사업 8. 그 밖에 한국여성인권진흥원의 목적달성을 위하여 대통령령으로 정하는 사업	제5항
여성인력개발센터의 설치·운영 등 (§47)	국가와 지방자치단체	여성인력 개발을 위한 시설(이하 "여성인력개발센터")을 설치·운영할 수 있음.	제1항
	일반인	국가 또는 지방자치단체 외의 자가 여성인력개발센터를 설치·운영하려면 시·도지사의 지정을 받아야 함.	제2항
	지방자치단체	제2항에 따른 여성인력개발센터에 대하여 예산의 범위에서 운영에 필요한 경비의 전부 또는 일부를 보조할 수 있음.	제3항

영역	주체	권리와 의무	비고
여성사박물관의 설립·운영 (§50)	여성 가족부장관	역사 속 여성의 역할과 역사발전에 기여한 인물을 조명하고, 여성을 위한 교육과 국민의 양성평등의식 고양을 위한 장으로 활용하기 위하여 여성사박물관을 설립·운영할 수 있음.	제1항
	여성사 박물관	여성사박물관은 다음 각 호의 사업을 함. 1. 여성 관련 문화유산의 수집·보존·연구·전시·교육 2. 여성사의 발굴 및 역사 속 여성의 역할과 경험·가치에 대한 연구 3. 역사발전·사회변화를 일구어 낸 여성인물과 업적 발굴 4. 여성문화·지역여성·여성운동·여성단체·여성정책의 역사에 대한 자료 발굴·보존·연구·교육 5. 미술·음악·문학 등 여성문화 활동 6. 그 밖에 여성사박물관의 설립 목적을 달성하기 위하여 필요한 사업	제2항
비영리 법인 · 비영리민간단체의 지원 (§51)	국가와 지방자치 단체	양성평등 참여 확대, 양성평등 문화 확산, 양성평등 촉진과 여성 인권보호 및 복지 증진 등을 위하여 활동하는 비영리법인 및 비영리민간단체에 대하여 그 활동에 필요한 행정적 지원 및 필요한 경비의 일부를 보조할 수 있음.	

3. 양성평등 관련 판례

1) 성차별

① 성역할 구분 및 성차별

●●● 초등학교 여성 기간제교사가 같은 학교 교장의 차 접대 요구의 부당성을 주장하는 글을 해당 군청의 홈페이지에 게재한 사안은 명예훼손에 해당하는가?**(대전지방법원 홍성지원 2007. 2. 7. 선고 2004고단230 판결)**

판례

〈사건개요〉

피고인 1(기간제 교사)은 충남 예산군 삽교읍 목리 소재 보성초등학교 기간제교사였던 자로서, 2003. 3. 20. 21:54경 충남 예산읍 주교리에 있는 피고인 4(동료교사)의 집에서, 그곳 컴퓨터를 이용하여 예산군청 인터넷 홈페이지 자유게시판에 '여교사라는 이유로 차 접대를 강요하는 현실(보성초 기간제 교사를 하면서)'이라는 제목으로 글을 게재함으로써 공연히 사실을 적시하여 피해자 공소외 1(교장)의 명예를 훼손하였다는 이유로 소송을 당하였다.

· ·

〈판결요지〉

1. 명예훼손 여부에 관한 판단

이 사건 글은 독자들에게 망 교장이 여성인 기간제교사에게 차 준비나 차 접대를 채용과 계약유지의 조건으로 내세우고 이를 거부하자 부당한 대우를 하여 사직하도록 하였다는 인상을 주고 있다고 할 것이므로, **이 사건 글에 의하여 망 교장의 명예가 훼손되었음은 객관적으로 명백하고** 피고인도 이러한 점을 충분히 인식하고 용인하였음을 넉넉히 인정할 수 있으므로 **피고인의 이 부분 주장은 받아들이지 아니한다.**

2. 위법성 여부에 관한 판단

검사가 지적하고 있는 것처럼 피고인이 이 사건 글에서 행위 주체가 교장인지 교감인지에 관한 명확한 구별을 하지 않음으로써 결과적으로 독자들로 하여금 망 교장에 대하여 일부 왜곡된 인상을 갖게 한 점, 다소 감정적이거나 거친 표현을 일부 사용한 점, 교육문제와 관련이 적은 예산군청 홈페이지에 글을 게재한 점 등이 있어 피고인에게 사익적인 동기나 목적이 전혀 없었다고 보기는 곤란하나, 여성 교원의 차 접대는 이 사건 발생 3년 전부터 교육부가 이를 금지하는 지침을 내렸었고 여성부 역시 같은 입장을 밝혀왔던 점, 우리 교육현장에서의 남녀평등은 우리나라의 바람직한 장래를 위하여 매우 중요한 헌법적 가치라는 점, 이 사건 글이 게재된 이후 교육 관련 국가기관들이 사안을 조사하고 교사 업무분장의 잘못과 부적절한 교내 장학에 대하여 시정조치를 취하도록 한 점, 교육문제는 교육관련자들만의 문제가 아니라 그 학부모와 학생 등 국민들 전체, 지역사회 전체의 문제라는 점, 교육에서의 국민주권을 실현하기 위해 교육에 관해 더 넓고 많은 공간에서 정보가 공개되고 공론의 장이 마련될 필요가 있다는 점 등에 비추어 보면 **이 사건 글의 주요한 동기 내지 목적은 공공의 이익에 관한 것이고 이 사건 글은 헌법이 보장하고 있는 언론의 자유의 한계 내에 있다고 판단된다.**

3. 결론

따라서 이 사건 피고인의 행위는 형법 제310조에 의하여 위법성이 조각되어 범죄로 되지 아니한다 할 것이므로 형사소송법 제325조 전단에 의하여 **무죄를 선고한다.**

해석

- 원고(교장의 유가족): 패
- 피고(기간제 여교사): 승

초등학교 여성 기간제교사가 같은 학교 교장의 차 접대 요구의 부당성을 주장하는 글을 해당 군청의 홈페이지에 게재한 사안에서, 교장에 대한 명예훼손은 인정되나 위 글의 주요한 동기 내지 목적이 공공의 이익에 관한 것이고 그 글이 헌법이 보장하고 있는 언론의 자유의 한계 내에 있다고 보아 형법 제310조[2]에 의하여 위법성이 조각된다고 본 판결이다.

재판부에 따르면, "민주주의는 국민 각자가 동등한 한 표를 행사하는 것을 전제로 하는 것이므로 민주국가에서 남녀평등은 당연한 것이고, 이 점에 관해 우리 헌법(제11조)[3]은 모든 국민은 법 앞에 평등하고, 누구든지 성별에 의하여 정치적·경제적·사회적·문화적 생활의 모든 영역에 있어서 차별을 받지 아니한다고 규정하고 있다. 남녀평등은 우리 헌법이 말하는 정의이고, 우리 삶의 곳곳에서 몸 속에 체화되고 생활화되어야 하는 것이며, 우리나라의 미래가 걸린 교육현장에서는 더욱 더 그러하다."는 입장이다.

② 성에 따른 근무기간 차별

●●● 국가정보원 소속 여성 계약직공무원으로 근무하다가 계약기간이 만료되어 퇴직처리를 한 경우, 이 조치는 「남녀고용평등과 일·가정 양립 지원에 관한 법률」에 위반되는가? (대법원 2019. 10. 31. 선고 2013두20011 판결)

판례

〈사건개요〉

1. 원고 1은 1986. 8. 21., 원고 2는 1986. 9. 22. 국가정보원에 기능 10급의 국가공무원으로 각 공채되어 출판물의 편집 등을 담당하는 '행정보조 직군', '입력작업 직렬' 업무를 수행하였다.

2 　제310조 (위법성의 조각) 제307조제1항의 행위가 진실한 사실로서 오로지 공공의 이익에 관한 때에는 처벌하지 아니한다.

3 　제11조 ① 모든 국민은 법 앞에 평등하다. 누구든지 성별·종교 또는 사회적 신분에 의하여 정치적·경제적·사회적·문화적 생활의 모든 영역에 있어서 차별을 받지 아니한다.
　② 사회적 특수계급의 제도는 인정되지 아니하며, 어떠한 형태로도 이를 창설할 수 없다.
　③ 훈장등의 영전은 이를 받은 자에게만 효력이 있고, 어떠한 특권도 이에 따르지 아니한다.

2. 이후 행정보조 직군에 '전산사식 직렬'이 신설되어 원고들은 1993. 12. 31.부터는 전산사식 직렬 소속으로 출판물의 편집 등을 담당하였다.

3. 1999. 3. 31. 국가정보원직원법 시행령 [별표 2]가 개정되어 기능직 직렬 중 전산사식, 입력작업, 전화교환, 안내, 영선, 원예의 6개 직렬이 폐지되었다. 이에 따라 원고들은 1999. 4. 30. 의원면직이 되었다가 1999. 5. 1. 계약직(전임계약직) 직원으로 다시 채용되어 정보업무 지원분야 중 전산사식 분야에서 같은 업무를 수행하였다.

4. 원고들은 주로 1년 단위로 계약을 갱신하며 계속하여 근무하던 중 원고 1은 2008. 12. 10., 원고 2는 2008. 3. 29. '국가정보원 계약직직원규정'에서 정한 전산사식의 근무상한연령인 만 43세에 도달하였다. 그러나 위 규정의 부칙(1999. 5. 1.) 제2조에 따라 국가정보원장이 별도로 정한 후속처리지침에 따라, 원고들은 그로부터 각 2년을 더 연장하여 근무하다가, 원고 1은 2010. 12. 31., 원고 2는 2010. 6. 30. 각 퇴직하였다.

5. 원고들은 퇴직 당시 특수경력직공무원 중 계약직공무원(국가정보원직원법 시행령 제2조의3에 의한 계약직직원)에 속하였다.

6. 원고들은 피고(대한민국)를 상대로 국가정보원 직원으로서의 미지급 임금을 청구하였고, 대법원은 국가정보원 전산사식 분야 직원으로서 만 45세까지만 근무하게 하고 퇴직시킨 조치의 근거가 된 국가정보원의 내부 규정들이 「남녀고용평등과 일·가정 양립 지원에 관한 법률」 제11조 제1항[4]을 위반하여 무효인지 여부에 관하여 판단하였다.

⋯⋯⋯⋯⋯⋯⋯⋯⋯⋯⋯⋯⋯⋯⋯⋯⋯⋯⋯⋯⋯⋯⋯⋯⋯⋯⋯⋯⋯⋯⋯⋯⋯⋯⋯⋯

〈판결요지〉

1. 원고들이 재직 및 퇴직하였을 당시의 구 국가공무원법, 구 국가정보원직원법이나 그 하위법령에는 계약직공무원의 근무상한연령을 분야별로 제한하거나 또는 국가정보원장으로 하여금 제한할 수 있도록 위임하는 규정이 전혀 없었다. '이 영의 시행을 위하여 필요한 세부사항은 국가정보원장이 정한다'라고 한 구 국가정보원

---

4   제11조(정년·퇴직 및 해고) ① 사업주는 근로자의 정년·퇴직 및 해고에서 남녀를 차별하여서는 아니 된다. ② 사업주는 여성 근로자의 혼인, 임신 또는 출산을 퇴직 사유로 예정하는 근로계약을 체결하여서는 아니 된다. [전문개정 2007.12.21]

직원법 시행령 제45조는 국가정보원장에게 계약직직원의 분야별 근무상한연령에 관하여 대외적 구속력 있는 규범을 제정할 수 있는 권한을 부여하는 구체적 위임 규정은 아니다. 따라서 이 사건 연령 규정은 국가정보원장이 상위법령의 구체적 위임 없이 정한 것이므로 대외적 구속력이 없는 행정규칙으로 보아야 한다.

2. 1999. 3. 31. 이 사건 직렬 폐지 당시 원고들이 속했던 전산사식 직렬은 사실상 여성 전용 직렬이었고, 영선, 원예 직렬은 사실상 남성 전용 직렬이었다. 이 사건 직렬 폐지 이후 개정·시행된 '국가정보원 계약직직원규정' 제20조는 전산사식 분야의 근무상한연령을 영선, 원예 분야의 근무상한연령에 비하여 14년이나 낮게 정하였고, 국가정보원장의 후속처리지침까지 고려하더라도 12년이나 낮게 규정하였다.

3. 사업주의 증명책임을 규정한 남녀고용평등법 제30조에 따라, 사실상 여성 전용 직렬로 운영되어 온 전산사식 분야의 근무상한연령을 사실상 남성 전용 직렬로 운영되어 온 다른 분야의 근무상한연령보다 낮게 정한 데에 합리적인 이유가 있는지는 국가정보원장이 증명하여야 하고, 이를 증명하지 못한 경우에는 **이 사건 연령 규정은** 강행규정인 남녀고용평등법 제11조 제1항과 근로기준법 제6조에 위반되어 **당연무효**라고 보아야 한다.

4. 따라서 원심(서울고등법원)으로서는 사실상 여성 전용 직렬로 운영되어 온 전산사식 분야의 근무상한연령을 사실상 남성 전용 직렬로 운영되어 온 다른 분야의 근무상한연령보다 낮게 정한 데에 합리적인 이유가 있는지를 구체적으로 심리·판단하였어야 한다. 그런데도 원심은, **이 사건 연령 규정이 남녀고용평등법 제11조 제1항에 위반되어 당연무효인 경우에는 대외적으로 국민과 법원을 구속하는 법규적 효력은 물론이고 행정내부적인 효력도 없게 된다는 점을 간과하고**, 이 사건 연령 규정이 남녀고용평등법 제11조 제1항에 위반되는지 여부를 전혀 심리·판단하지 않은 채, 이 사건 연령 규정을 행정내부 준칙으로 삼아 재계약 당시 계약기간 또는 계약기간 만료 이후 갱신 여부를 결정할 수 있다고 전제한 다음 그에 따라 이루어진 국가정보원장의 퇴직조치가 적법하다고 판단하였다. **이러한 원심판단에는 상위법령을 위반한 행정규칙의 효력, 남녀고용평등법 등에 관한 법리를 오해하여 필요한 심리를 다하지 않음으로써 판결 결과에 영향을 미친 위법이 있다.** 이를 지적하는 이 부분 상고이유 주장은 이유 있다.

5. 결론

그러므로 나머지 상고이유에 대한 판단을 생략한 채 원심판결을 파기하고, 사건을 다시 심리·판단하도록 원심법원에 환송하기로 하여 관여 대법관의 일치된 의견으로 주문과 같이 판결한다.

〈주문〉

원심판결을 파기하고, 사건을 서울고등법원에 환송한다.

해석

• 원고(계약직 여성공무원): 승

• 피고(대한민국): 패

「남녀고용평등과 일·가정 양립 지원에 관한 법률」(이하 "남녀고용평등법")은 '차별'을 사업주가 근로자에게 성별, 혼인, 가족 안에서의 지위, 임신 또는 출산 등의 사유로 합리적인 이유 없이 채용 또는 근로의 조건을 다르게 하거나 그 밖의 불리한 조치를 하는 경우[사업주가 채용조건이나 근로조건은 동일하게 적용하더라도 그 조건을 충족할 수 있는 남성 또는 여성이 다른 한 성(性)에 비하여 현저히 적고 그에 따라 특정 성에게 불리한 결과를 초래하며 그 조건이 정당한 것임을 증명할 수 없는 경우를 포함한다]를 말한다고 정의하고(제2조 제1호 본문), "사업주는 근로자의 정년·퇴직 및 해고에서 남녀를 차별하여서는 아니 된다."라고 규정하면서(제11조 제1항), 이 법과 관련한 분쟁해결에서 증명책임은 사업주가 부담한다고 규정하고 있다(제30조).

또한 「근로기준법」은 "사용자는 근로자에 대하여 남녀의 성(性)을 이유로 차별적 대우를 하지 못하고, 국적·신앙 또는 사회적 신분을 이유로 근로조건에 대한 차별적 처우를 하지 못한다."라고 규정하고 있다(제6조).

여기에서 말하는 '남녀의 차별'은 합리적인 이유 없이 남성 또는 여성이라는 이유만으로 부당하게 차별대우하는 것을 의미한다(대법원 2006. 7. 28. 선고 2006두3476 판결 등 참조). 사업주나 사용자가 근로자를 합리적인 이유 없이 성별을 이유로 부당하게 차별대우를 하도록 정한 규정은, 규정의 형식을 불문하고 강행규정인 '남녀고용평등법' 제11조 제1항과 「근로기준법」 제6조에 위반되어 무효라고 보아야 한다(대법원 1993. 4. 9. 선고 92누15765 판결 등 참조).[5]

2) 육아휴직

▣▣▣ 동일한 자녀에 대하여 약 20일의 간격을 두고 총 30일의 육아휴직을 1회 분할하여 사용한 후 육아휴직급여를 신청한 경우, 지방고용노동청장이 육아휴직을 30일 이상 부여받지 못하였다는 이유로 육아휴직급여 불지급(不支給) 결정을 한 처분은 위법한가? (광주고등법원 2020. 5. 8. 선고 2019누12509 판결)

판례

〈사건개요〉

1. 원고는 ○○○○○○△△△△본부에서 근무하던 중 동일한 자녀에 대하여 2019. 2. 18.부터 2019. 3. 17.까지 28일간, 2019. 4. 9.부터 2019. 4. 10.까지 2일간 육아휴직을 1회 분할하여 사용하였다.

2. 원고는 2019. 4. 26. 피고(광주지방고용노동청장)에게 육아휴직급여를 신청하였는데, 피고는 2019. 4. 30. 원고에게 육아휴직을 30일 이상 부여받지 못하였음을 이유로 육아휴직급여를 지급하지 아니한다는 결정(이하 '이 사건 거부처분'이라 한다)을 하였다.

3. 이에 원고는 피고의 거부처분이 부당하다며 육아휴직급여 부지급처분을 취소해 달라는 소송을 제기하였다.

〈판결요지〉

1. 육아휴직 제도는 여성근로에 대한 특별한 보호를 규정하고 있는 헌법 제32조 제

---

5   대법원 2019. 10. 31. 선고 2013두20011 판결문. pp. 3-4.

4항[6]과 국가의 모성보호의무를 규정하고 있는 헌법 제36조 제2항[7]에서 그 헌법적 근거를 찾아왔으나, 현재는 모성보호 및 근로여성의 직업능력 개발이라는 당초의 취지에서 한발 더 나아가 자녀양육의 지원을 통한 여성의 노동시장 참여 장려 및 직장과 가정의 양립, 출산장려와 아동복지 제고, 남성의 가족책임 분담과 이를 통한 실질적인 가족 내 양성 평등의 달성이라는 사회적 기능을 수행한다고 할 수 있다(헌법재판소 2008. 10. 30. 선고 2005헌마1156 전원재판부 결정 참조). 또한 근로자가 육아휴직을 사용한 경우 그 휴직기간 동안 소득을 보전하여 근로자의 복지를 증진하고, 육아휴직 제도의 사용을 촉진하기 위한 목적에서 육아휴직급여 제도가 제정되기도 하였다.

2. 육아휴직급여에 관한 「고용보험법」 조문은 2001. 8. 14. 신설되었는데, 신설 당시부터 "육아휴직을 30일 이상 부여받은 피보험자"를 요건으로 하고 있었으나, 입법자료 등을 살펴보아도 이와 같이 30일 이상을 육아휴직급여의 조건으로 한 정확한 이유는 확인하기 어렵다. 육아휴직급여 규정이 신설된 위 2001. 8. 14. 당시 육아휴직을 분할하여 사용할 수 없었는데, 이후 '남녀고용평등법'의 개정(2007. 12. 21. 법률 제8781호로 개정된 것)을 통하여 이를 분할하여 사용할 수 있게 된 점, 구 「고용보험법」(2001. 8. 14. 법률 제6509호로 개정된 것) 제55조의2가 육아휴직급여의 지급을 위해 갖추어야 할 요건으로 '육아휴직개시일 이후 1월부터 종료일 이후 6월 이내에 신청할 것'을 규정하였다가, 이후 육아휴직의 종료일로부터 '12월 이내'로 신청기간을 연장하고[구 「고용보험법」(2011. 7. 21. 법률 제10895호로 개정된 것)], 육아휴직 대신 근로시간 단축을 사용하는 근로자에게 근로시간

6　제32조 ① 모든 국민은 근로의 권리를 가진다. 국가는 사회적·경제적 방법으로 근로자의 고용의 증진과 적정임금의 보장에 노력하여야 하며, 법률이 정하는 바에 의하여 최저임금제를 시행하여야 한다.
　② 모든 국민은 근로의 의무를 진다. 국가는 근로의 의무의 내용과 조건을 민주주의원칙에 따라 법률로 정한다.
　③ 근로조건의 기준은 인간의 존엄성을 보장하도록 법률로 정한다.
　④ 여자의 근로는 특별한 보호를 받으며, 고용·임금 및 근로조건에 있어서 부당한 차별을 받지 아니한다.
　⑤ 연소자의 근로는 특별한 보호를 받는다.
　⑥ 국가유공자·상이군경 및 전몰군경의 유가족은 법률이 정하는 바에 의하여 우선적으로 근로의 기회를 부여받는다.

7　제36조 ① 혼인과 가족생활은 개인의 존엄과 양성의 평등을 기초로 성립되고 유지되어야 하며, 국가는 이를 보장한다.
　② 국가는 모성의 보호를 위하여 노력하여야 한다.
　③ 모든 국민은 보건에 관하여 국가의 보호를 받는다.

단축에 따른 소득 감소액을 보전하는 육아기 근로시간 단축 급여 규정을 신설[구 「고용보험법」(2011. 7. 21. 법률 제10895호로 개정된 것) 제73조의2]하는 등 육아 휴직급여 제도가 그 신청기간과 적용범위를 확대하는 방향으로 개정되어 온 점 등을 미루어 볼 때, 육아휴직급여를 신청하기 위해 30일 이상의 육아휴직을 부여 받을 것을 요구하는 것은 30일 이상 장기간의 육아휴직을 장려하고자 하는 취지 로 해석해야 할 것이지, 이를 국민의 권리를 제한하는 근거로 좁게 해석하는 것은 부당하다.

3. 따라서 위와 같은 육아휴직급여 제도의 입법 취지와 목적, 제·개정 연혁 및 다른 법률과의 관계, 육아휴직급여의 성격 등을 종합하여 볼 때, 「고용보험법」 제70조 제1항이 그 문언에 육아휴직을 '연속하여' 30일 이상 부여받을 것을 요건으로 하 고 있지 않은 이상, 육아휴직을 부여받은 기간이 합산하여 30일 이상인 근로자는 육아휴직을 연속해서 30일 이상 부여받은 경우가 아니더라도 육아휴직급여를 신 청할 수 있다고 봄이 타당하다.

4. 원고는 육아휴직을 30일 이상 부여받은 피보험자에 해당하므로 피고에게 육아휴 직급여를 청구할 수 있다. 따라서 육아휴직을 연속하여 30일 이상 부여받지 않았 다는 이유로 원고의 육아휴직급여 신청을 거부한 **이 사건 거부처분은 위법하다.**

5. 결론

그렇다면 원고의 이 사건 청구는 이유 있어 이를 인용할 것인바, 제1심판결은 이와 결론을 달리하므로, 이를 취소하고 원고의 이 사건 청구를 인용한다.

〈주문〉

1. 제1심판결을 취소한다.

2. 피고(광주지방고용노동청장)가 2019. 4. 30. 원고에 대하여 한 육아휴직급여 부 지급결정 처분을 취소한다.

3. 소송총비용은 피고가 부담한다.

해석

- 원고(육아휴직급여 신청자): 승

- 피고(광주지방고용노동청장): 패

육아휴직급여 제도의 입법 취지와 목적, 제·개정 연혁 및 다른 법률과의 관계, 육아 휴직급여의 성격 등을 종합하여 볼 때, 구 「고용보험법」(2019. 8. 27. 법률 제16557호 로 개정되기 전의 것, 이하 같다) 제70조 제1항이 문언에 육아휴직을 '연속하여' 30 일 이상 부여받을 것을 요건으로 하고 있지 않은 이상, 육아휴직을 부여받은 기간이 합산하여 30일 이상인 근로자는 육아휴직을 연속해서 30일 이상 부여받은 경우가 아니더라도 육아휴직급여를 신청할 수 있다고 봄이 타당하므로, 위 처분이 위법하다 고 한 사례이다.[8]

3) 외국인 고용 차별

⚙⚙⚙ 한국에서 원어민 영어보조교사로 활동하던 뉴질랜드 국민인 A가 재계약을 앞 두고 에이즈(HIV) 검사 등을 포함한 건강검진 수검 결과를 제출하라는 교육감의 요구를 거 절한 경우, 교육감이 A를 재계약 검토 대상에서 제외한 행위는 위법한가? (**서울중앙지방법 원 2019. 10. 29. 선고 2018가단5125207 판결**)[9]

---

8   광주고등법원 2020. 5. 8. 선고 2019누12509 판결. p. 1.

9   이와 유사한 판례로 후천성면역결핍증(AIDS)을 유발하는 인체면역결핍바이러스(HIV)에 감염되었다는 이유로 국내 체류 외국인을 출국하도록 한 명령은 그 처분으로 보호하고자 하는 전염병 예방이라는 공 익의 달성 여부가 확실하지 않은 반면, 외국인의 거주·이전의 자유, 가족결합권을 포함한 행복추구권 등 을 심각하게 침해하여 사회통념상 현저하게 타당성을 잃은 것으로서 재량권을 일탈·남용한 위법이 있다 고 한 사례가 있다. 서울행정법원 2008. 4. 16. 선고 2007구합24500 판결 참조.

〈사건개요〉

1. 뉴질랜드 국민인 A가 국가 산하 교육부가 시행하는 'EPIK(English Program in Korea) 사업'(이하 'EPIK 사업'이라 한다)의 신규 원어민 영어보조교사로 채용이 확정되어, 울산광역시교육청 교육감과 원어민 영어보조교사 고용계약을 체결하고 초등학교에서 원어민 영어보조교사로 근무하였는데, 재계약을 논의하는 과정에서 교육감이 EPIK 사업지침에 따라 A에 대하여 에이즈(HIV) 검사 등을 포함한 건강검진 수검 결과를 제출할 것을 요구하였으나, A가 교육감의 건강검진 수검 요구가 외국인에 대한 차별적 조치라는 이유로 이를 거절하였고 이에 교육감이 A에 대한 초등학교 교장과 동료 교사들의 평가 점수가 낮지 않았는데도, A를 재계약 검토 대상에서 제외한 결과 A에 대한 재계약이 체결되지 않은 사안이다.

2. 이에 원고(A)는 '피고(대한민국)가 2009년 재계약 논의 과정에서 원고에 대하여 HIV 검사 결과가 포함된 건강검진 결과의 제출을 요구한 것은 원고의 평등권, 근로의 자유, 직업선택의 자유 및 사생활비밀의 자유를 보장하는 헌법, 후천성면역결핍증 예방법, 시민적 및 정치적 권리에 관한 국제규약(이하 '자유권규약'이라 한다), 경제적·사회적 및 문화적 권리에 관한 국제규약(이하 '사회권규약'이라 한다), 모든 형태의 인종차별 철폐에 관한 국제협약(이하 '인종차별철폐협약'이라 한다) 등을 위반한 위법행위이다'라는 취지, 이 사건 요구는 법무부의 출입국정책에 발맞춘 교육부의 지침에 따라 정책적 차원에서 실시된 것으로 관련 공무원들은 위 정책, 지침 및 그에 따른 이 사건 요구가 위법함을 알았거나 알 수 있었음에도 이를 시행한 고의 또는 과실이 있다. 피고 또는 산하 공무원들의 위와 같은 불법행위로 인하여 원고는 근무성적이 좋았음에도 재계약을 하지 못하여 1년간 영어 원어민 보조교사로 근무하지 못하였고, 정신적 고통을 겪었다. 따라서 피고는 원고에게 1년간의 영어 원어민 보조교사 급여에 상당한 24,000,000원과 정신적 고통에 대한 위자료 6,000,100원 등 합계 30,000,100원을 지급하라며 손해배상 소송을 제기하였다.

〈판결요지〉

1. 구 후천성면역결핍증 예방법(2013. 4. 5. 법률 제11749호로 개정되기 전의 것, 이하 '구 에이즈예방법'이라 한다)의 입법 목적과 내용, 규정 형식 등에 비추어 보면,

사업자가 근로자에게 후천성면역결핍증에 관한 검진결과서를 제출할 것을 요구할 수 없도록 정한 구 에이즈예방법 제8조의2 제3항[10]은 외국인 근로자에 대하여도 적용되는 강행법규에 해당하는데, 교육감이 피고용자로서 구 후천성면역결핍증 예방법 시행령에 따른 에이즈 검진 대상자에 해당되지도 아니하는 A에 대해서 에이즈 검진결과서를 제출하도록 요구하는 것은 그 자체로 구 에이즈예방법 제8조의2 제3항에 위반되는 행위이거나 감염인 또는 감염인으로 오해받아 불이익을 입을 처지에 놓인 사람에 대한 보호의무를 저버린, 위법성이 농후한 행위로서 사회질서에 위반되는 행위이며, 교육감이 A에 대하여 후천성면역결핍증에 관한 검진결과서를 제출하도록 요구한 것은 국가의 지침에 따른 것이므로 비록 국가가 A와의 사이에 고용계약을 체결하거나 A에 대하여 직접 위 요구를 하지 않았다고 하더라도 교육감 등과 공동하여 객관적 정당성을 상실한 위법행위를 저질렀음을 인정할 수 있고, 국가 소속 공무원들의 과실 또한 인정되므로 국가가 그 손해를 배상하라.

....

〈주문〉

1. 피고(대한민국)는 원고(A)에게 30,000,100원 및 이에 대하여 2018. 6. 20.부터 2019. 5. 31.까지 연 15%, 그 다음 날부터 다 갚는 날까지 연 12%의 비율에 의한 금원을 지급하라.

2. 원고의 나머지 청구를 기각한다.

3. 소송비용은 피고가 부담한다.

4. 제1항은 가집행할 수 있다.

10　제8조의2(검진 결과의 통보) ① 후천성면역결핍증에 관한 검진을 한 자는 검진 대상자 본인 외의 사람에게 검진 결과를 통보할 수 없다. 다만, 검진 대상자가 군(軍), 교정시설 등 공동생활자인 경우에는 해당 기관의 장에게 통보하고, 미성년자, 심신미약자, 심신상실자인 경우에는 그 법정대리인에게 통보한다.
　② 제1항에 따른 검진 결과 통보의 경우 감염인으로 판정을 받은 사람에게는 면접통보 등 검진 결과의 비밀이 유지될 수 있는 방법으로 하여야 한다.
　③ 사업주는 근로자에게 후천성면역결핍증에 관한 검진결과서를 제출하도록 요구할 수 없다.[전문개정 2013.4.5]

> **해석**
>
> - 원고(뉴질랜드 출신 원어민 영어보조교사): 승
> - 피고(대한민국): 패
>
> 외국인이라는 이유로 내국인과 다른 차별을 하는 것은 국제법규 및 국제규약에 어긋난다는 판결이다. 「대한민국헌법」 제6조는 "① 헌법에 의하여 체결·공포된 조약과 일반적으로 승인된 국제법규는 국내법과 같은 효력을 가진다. ② 외국인은 국제법과 조약이 정하는 바에 의하여 그 지위가 보장된다."고 명시하고 있다.

4) 종중(宗中)의 구성원이 될 자격

●●● A가 어머니의 성과 본에 따라 성·본 변경신고를 한 후, 어머니가 구성원으로 있는 종중을 상대로 종원 지위의 확인을 구한 경우, A는 그 종중의 종원이라고 볼 수 있는가? (서울고등법원 2017. 8. 25. 선고 2017나2015421 판결)

> **판례**
>
> 〈사건개요〉
>
> 1. 피고는 ○○이씨(○○李氏) ○○(○○)의 자(子, 3형제)의 후손으로 구성된 종중이고, 원고의 어머니는 피고의 구성원이다.
>
> 2. 원고(어머니의 아들)는 1988. 11. 21.생으로, 아버지의 성과 본에 따라 성을 "김(金)"으로, 본을 "안동(安東)"으로 하여 출생신고 되었다가, 2013. 12. 6. 서울가정법원 2013느단30408호로 성과 본의 변경허가신청을 하였다. 위 법원은 2014. 6. 23. 어머니의 성과 본에 따라 원고의 성을 "이(李)"로, 본을 "○○(○○)"으로 변경할 것을 허가하는 심판을 하였으며, 원고는 2014. 7. 15. 위와 같은 내용의 성·본 변경신고를 하였다.
>
> 3. 원고 측은 2015. 11. 7. 피고에 대하여 원고에게 종원의 자격을 부여해줄 것을 요청하였는데, 이에 대하여 피고는 2016. 1. 9.자 임원회의에서 위 요청건을 안건으

로 상정하여 부결하는 결정을 하였다.

4. 이에 원고는 종원의 지위를 확인하는 소송을 제기하였다.

....

〈판결요지〉

1. 종래 대법원은 관습상의 단체인 종중을 공동선조의 분묘수호와 제사 및 종원 상호 간의 친목을 목적으로 공동선조의 후손 중 성년 남성을 종원으로 하여 구성되는 종족의 자연적 집단이라고 정의하면서, 혈족이 아닌 자나 여성은 종중의 구성원이 될 수 없다고 판단하였다.

그러나 2005. 7. 21. 대법원은, (1) 종원의 자격을 성년 남성으로만 제한하고 여성에게는 종원의 자격을 부여하지 않는 종래 관습에 대하여 우리 사회 구성원들이 가지고 있던 법적 확신은 상당 부분 흔들리거나 약화되어 있고, (2) 무엇보다도 헌법을 최상위 규범으로 하는 우리의 전체 법질서는 개인의 존엄과 양성의 평등을 기초로 한 가족생활을 보장하고, 가족 내의 실질적인 권리와 의무에 있어서 남녀의 차별을 두지 아니하며, 정치·경제·사회·문화 등 모든 영역에서 여성에 대한 차별을 철폐하고 남녀평등을 실현하는 방향으로 변화되어 왔으며, 앞으로도 이러한 남녀평등의 원칙은 더욱 강화될 것이므로, 공동선조의 후손 중 성년 남성만을 종중의 구성원으로 하고 여성은 종중의 구성원이 될 수 없다는 종래의 관습은 공동선조의 분묘수호와 봉제사 등 종중의 활동에 참여할 기회를 출생에서 비롯되는 성별만에 의하여 생래적으로 부여하거나 원천적으로 박탈하는 것으로서 변화된 우리의 전체 법질서에 부합하지 아니하여 정당성과 합리성이 있다고 할 수 없다고 판시하였다. 나아가 대법원은, 종중이란 공동선조의 분묘수호와 제사 및 종원 상호 간의 친목 등을 목적으로 하여 구성되는 자연발생적인 종족집단이므로, 종중의 이러한 목적과 본질에 비추어 볼 때 공동선조와 성과 본을 같이 하는 후손은 성별의 구별 없이 성년이 되면 당연히 그 구성원이 된다고 보는 것이 조리에 합당하다고 판단하였다(대법원 2005. 7. 21. 선고 2002다1178 전원합의체 판결 등 참조).

2. 제정 민법은 자의 성과 본에 대하여, 자는 부의 성과 본을 따르고 부가에 입적한다고 규정하면서(제781조 제1항), 부를 알 수 없는 자 및 부모를 알 수 없는 자에 대하여만 예외규정을 두었다.

그런데 이후 2005. 3. 31. 법률 제7427호로 개정되고 2008. 1. 1. 시행된 민법 제781조는, 자는 부의 성과 본을 따르되, 다만 부모가 혼인신고 시 모의 성과 본을 따르기로 협의한 경우에는 모의 성과 본을 따르고(제1항), 부가 외국인인 경우에는 자는 모의 성과 본을 따를 수 있으며(제2항), 부를 알 수 없는 자는 모의 성과 본을 따르고(제3항), 자의 복리를 위하여 자의 성과 본을 변경할 필요가 있을 때에는 부, 모 또는 자의 청구에 의하여 법원의 허가를 받아 이를 변경할 수 있도록 규정하고 있다(제6항).

한편 헌법재판소는 2005. 12. 22. 민법 제781조 제1항 본문(2005. 3. 31. 법률 제7427호로 개정되기 전의 것) 중 "자(子)는 부(父)의 성(姓)과 본(本)을 따르고" 부분에 대해, 부성주의를 규정한 것 자체는 헌법에 위반된다고 볼 수 없으나 가족관계의 변동 등으로 구체적인 상황하에서는 부성의 사용을 강요하는 것이 개인의 가족생활에 대한 심각한 불이익을 초래하는 것으로 인정될 수 있는 경우에도 부성주의에 대한 예외를 규정하지 않고 있는 것은 인격권을 침해하고 개인의 존엄과 양성의 평등에 반하는 것이어서 헌법 제10조, 제36조 제1항에 위반된다고 판단하고 헌법불합치결정을 선고하였다[헌법재판소 2005. 12. 22. 선고 2003헌가5, 6(병합) 전원재판부 결정 참조].

3. 위 기초 사실에서 인정한 바에 의하면, 원고는 피고의 공동선조와 성과 본을 같이하는 성년의 혈족이고, 앞서 본 종중에 관한 대법원판례, 성·본 변경 제도의 내용과 취지에 다음과 같은 제반 사정을 종합하여 보면, 원고가 여성 종원의 후손이라하더라도 공동선조의 분묘수호와 제사 및 종원 상호 간의 친목 등을 목적으로 하여 구성되는 자연발생적인 종족집단인 피고 종중의 구성원이 될 수 있다고 봄이 조리에 합당하며, 설사 여성 종원의 후손은 그 여성 종원이 속한 종중의 구성원이 될 수 없다는 종래의 관습 내지 관습법이 있었다 하더라도, 이는 변화된 우리의 전체 법질서에 부합하지 아니하여 정당성과 합리성을 상실하였다고 할 것이다.

4. 우리 헌법은, 모든 국민은 법 앞에 평등하고(제11조 제1항), 혼인과 가족생활은 개인의 존엄과 양성의 평등을 기초로 성립되고 유지되어야 하며, 국가는 이를 보장한다(제36조 제1항)고 천명하고 있다. 그리고 이러한 헌법정신에 따라 1990. 1. 13. 법률 제4199호로 개정된 민법 제777조는 '8촌이내의 혈족'을 친족으로 규정하여 부계혈족과 모계혈족을 차별하지 아니하고 있으며, 2005. 3. 31. 법률 제7427호로 개정된 민법은, 호주를 중심으로 가를 구성하고 직계비속의 남성을 통하여 이를 승계시키는 호주제도가 남녀평등의 헌법이념과 시대적 변화에 따른 다양한 가족형태에 부합하지 않는다는 의미에서 호주에 관한 규정과 호주제도를 전제로 한 입적·복적·일가창립·분가 등에 관한 규정을 삭제하고, 자녀의 성과 본은 부성주의를 원칙으로 하되 혼인신고 시 부모의 협의에 의하여 모의 성과 본을 따를 수

있고, 자의 복리를 위하여 자의 성과 본을 변경할 필요가 있을 때에는 법원의 허가를 받아 이를 변경할 수 있도록 규정하였다. 따라서 모의 성과 본을 따라 종중의 공동선조와 성과 본을 같이 하게 된 후손의 종원 자격을 판단함에 있어서는 우리 헌법상 개인의 존엄과 양성평등의 원칙, 그와 같은 헌법상 원칙에 따라 부성주의 및 성불변의 원칙을 완화한 민법의 규정 내용과 개정취지 등을 적극적으로 고려하여야 한다.

5. 모의 성과 본을 따라 출생신고가 된 자뿐만 아니라 출생 후 민법의 규정에 따라 모의 성과 본으로 변경된 자는 더 이상 부와는 성과 본을 같이 하지 않기 때문에 부가 소속한 종중에 속할 수 없거나 자연히 탈퇴하게 된다. 피고 종중의 정관도, 혈족이라도 타성으로 바꾸면 후손으로 인정하지 않기로 한다고 규정하고 있다. 특정 개인은 여러 종중의 구성원이 될 수 있고 어느 종중에도 속하지 않을 수도 있는 것이지만, 출생 시부터 모의 성과 본을 따르거나 출생 후 모의 성과 본으로 변경하였다는 사유만으로 종중의 구성원 자격을 원천적으로 박탈하는 것은 헌법상의 평등 원칙에 부합하지 아니한다.

6. 결론

그렇다면 원고는 피고 종중의 종원이고, 피고가 원고의 피고 종중의 종원으로서의 지위를 다투고 있는 이상 그 확인의 이익도 있으므로, 원고의 이 사건 청구는 이유 있어 이를 인용하여야 할 것이다. 제1심판결은 이와 결론을 같이하여 정당하고, 피고의 항소는 이유가 없으므로 이를 기각하기로 하여 주문과 같이 판결한다.

〈주문〉

1. 피고(○○이씨 ○○ 종중)의 항소를 기각한다.

2. 항소비용은 피고가 부담한다.

> ### 해석
>
> • 원고(어머니의 성과 본을 따른 자): 승
>
> • 피고(○○이씨 ○○종중): 패
>
> 「대한민국헌법」과 하위 법률에 명시된 양성평등의 정신에 근거하여 판단할 때, 종원의 지위를 인정하지 않은 것은 현행 법률에 위배된다는 판례이다.

5) 동성애자의 혼인신고

●●● 남성으로 동성인 A와 B가 혼인신고를 하자 관할 구청장이 신고불수리 통지를 한 경우, 이 처분은 위법한가? (서울서부지방법원 2016. 5. 25. 자 2014호파1842 결정)[11]

> ### 판례
>
> 〈사건개요〉
>
> 1. 남성으로 동성인 신청인들은 2005. 2.경 처음 만나 2005. 5. 15.경부터 교제를 시작하였다. 신청인 1은 2010. 4.경 신청인 2에게 평생 동안 사랑하고 동거하며 서로 부양하고 협조하며 살아갈 것을 제의하였고, 신청인 2는 이를 받아들였다(이하

---

11 유사한 사건으로, 원고는 피고와 동성(同性)으로서 1980. 5. 2.부터 2001. 3. 19.까지 20여 년간 동거하면서 유사 성관계를 맺는 등 사실혼관계를 유지하였고, 공동의 노력으로 재산을 형성·유지하여 왔는데, 피고가 모든 재산이 피고의 명의로 있게 되자 원고와 원고의 부모를 무시하고 원고를 의심하였으며, 폭행과 협박까지도 하는 등 피고의 책임 있는 사유로 원·피고 간의 사실혼관계가 파탄되었다고 주장하면서, 피고에 대하여 사실혼 부당파기로 인한 위자료(2억 원) 및 사실혼해소로 인한 재산분할금(1억 7,533만 5천 원)을 청구한 사건이 있다.

재판부는 이 사건에서 동성(同性) 간의 사실혼 유사의 동거관계가 일방의 의사 또는 책임 있는 사유로 파탄되었다고 하더라도, 상대방은 그 일방에 대하여 사실혼 부당파기로 인한 위자료 및 사실혼해소로 인한 재산분할을 가사소송 및 가사비송으로 청구할 수는 없다고 판시하였다. 인천지방법원 2004. 7. 23. 선고 2003드합292 판결 참조.

'이 사건 합의'라 한다).

2. 신청인들은 2012. 1. 3.경부터 서울 서대문구에 있는 집에서 함께 거주하고 있고, 2013. 9. 7. 양가 가족 및 친지를 초대하여 신청인들 사이에 이 사건 합의가 성립되었음을 확인한 후 이를 대외적으로 선언하는 의식을 치렀다.

3.. 신청인들은 이 사건 합의에 따라 혼인신고서의 '① 혼인당사자(신고인)'란에 '신고인1: 신청인 1', '신고인2: 신청인 2'를 기재하는 등으로 혼인신고서를 작성한 다음, 2013. 12. 11. 피신청인(서울특별시 서대문구청장)에 위와 같이 작성한 혼인신고서를 제출하였다.

4. 피신청인은 2013. 12. 13. 위 혼인신고에 대하여 '민법 제815조 제1호,[12] 제826조[13] 내지 제834조,[14] 제839조의3[15] 내지 제840조'[16]를 불수리 사유로 하여 신고불수리

---

12   제815조(혼인의 무효) 혼인은 다음 각 호의 어느 하나의 경우에는 무효로 한다. 〈개정 2005.3.31〉
　　1. 당사자간에 혼인의 합의가 없는 때
　　2. 혼인이 제809조제1항의 규정을 위반한 때
　　3. 당사자간에 직계인척관계(直系姻戚關係)가 있거나 있었던 때
　　4. 당사자간에 양부모계의 직계혈족관계가 있었던 때

13   제826조(부부간의 의무) ① 부부는 동거하며 서로 부양하고 협조하여야 한다. 그러나 정당한 이유로 일시적으로 동거하지 아니하는 경우에는 서로 인용하여야 한다.
　　② 부부의 동거장소는 부부의 협의에 따라 정한다. 그러나 협의가 이루어지지 아니하는 경우에는 당사자의 청구에 의하여 가정법원이 이를 정한다. 〈개정 1990.1.13〉
　　③ 삭제 〈2005.3.31〉
　　④ 삭제 〈2005.3.31〉

14   제834조(협의상 이혼) 부부는 협의에 의하여 이혼할 수 있다.

15   제839조의3(재산분할청구권 보전을 위한 사해행위취소권) ① 부부의 일방이 다른 일방의 재산분할청구권 행사를 해함을 알면서도 재산권을 목적으로 하는 법률행위를 한 때에는 다른 일방은 제406조제1항을 준용하여 그 취소 및 원상회복을 가정법원에 청구할 수 있다.
　　② 제1항의 소는 제406조제2항의 기간 내에 제기하여야 한다. [본조신설 2007.12.21]

16   제840조(재판상 이혼원인) 부부의 일방은 다음 각호의 사유가 있는 경우에는 가정법원에 이혼을 청구할 수 있다. 〈개정 1990.1.13〉
　　1. 배우자에 부정한 행위가 있었을 때
　　2. 배우자가 악의로 다른 일방을 유기한 때
　　3. 배우자 또는 그 직계존속으로부터 심히 부당한 대우를 받았을 때
　　4. 자기의 직계존속이 배우자로부터 심히 부당한 대우를 받았을 때
　　5. 배우자의 생사가 3년 이상 분명하지 아니한 때
　　6. 기타 혼인을 계속하기 어려운 중대한 사유가 있을 때

통지를 하였고(이하 '이 사건 처분'이라 한다), 위 통지는 같은 달 16일 신청인들에게 도달되었다.

5. 이에 원고(신청인들)는, 헌법, 「민법」 및 「가족관계의 등록 등에 관한 법률」(이하 '가족관계등록법'이라 한다)에 규정되어 있는 '혼인'은 동성 간의 혼인에 관하여 별도의 금지가 없는 한 헌법합치적 해석의 원칙과 기본권 최대 보장의 원칙에 따라 ① 헌법 제10조[17]의 행복추구권에서 도출되는 혼인에 있어서 상대방 결정의 자유, ② 혼인에 있어서 이성혼이든 동성혼이든 동등하게 취급하여야 한다는 평등의 원칙 등에 비추어 볼 때, '당사자의 성별을 불문하고 두 사람의 애정을 바탕으로 일생의 공동생활을 목적으로 하는 결합'으로 해석하여야 하는데, 신청인들이 혼인의 합의에 따라 적법하게 혼인신고를 하였음에도 피신청인(서울특별시 서대문구청장)은 법률상 근거 없이 혼인신고의 수리를 거부하는 이 사건 처분을 하여, 신청인들이 서로 상속이나 의료보험, 국민연금의 수급권자에서 제외되고 상대방에 대한 의료과정의 의사결정에서 배제되는 등 불이익을 받고 있으므로, 이 사건 처분은 위법하여 취소되어야 하고, 신청인들의 혼인신고는 수리되어야 한다, 그러므로 이 처분이 위법이라며 소송을 제기하였다.

⋯⋯

〈판결요지〉

1. 이 사건의 쟁점

헌법, 「민법」 및 가족관계등록법 등에 규정되어 있는 '혼인'이 신청인들이 주장하는 바와 같이 당사자의 성별을 불문하고 동성 간에도 인정될 수 있는 결합인지, 아니면 남녀 사이의 이성 간의 결합에 국한하여 인정되는 것인지가 이 사건의 쟁점이다.

2. 현행법의 해석론

인류가 지속할 수 있고 사회나 국가 제도가 존속할 수 있는 것은 상당 부분 결혼과 그로 인한 가족제도에 의존하고 있다. 결혼은 개인에게 안정감을 주고, 타인을 친인척으로 만들어 주며, 새로운 가족을 생성하고 가족 상호 간을 연결하여 주는 역할을 한다. 결혼제도는 지역에 따라 그리고 시대의 흐름에 따라 다양하게 변천

---

17   제10조 모든 국민은 인간으로서의 존엄과 가치를 가지며, 행복을 추구할 권리를 가진다. 국가는 개인이 가지는 불가침의 기본적 인권을 확인하고 이를 보장할 의무를 진다.

을 겪어오기는 하였지만 기본적으로 남녀가 결합하는 관계라는 점은 지금까지 변함이 없었고, 사회적 의미에서의 '결혼'을 법적인 측면에서 바라본 '혼인'의 경우에도 마찬가지다. 혼인생활에 있어서 가장 중요한 덕목으로 흔히 인정되는 사랑과 믿음 혹은 헌신이라는 가치도 기본적으로 남녀의 결합을 전제로 하는 것이지, 사랑과 믿음 혹은 헌신이 있는 사이라고 하여 모두 혼인관계가 성립할 자격이 있는 것은 아니다.

3. 이러한 혼인에 관한 개념을 바탕으로 대한민국헌법 제36조 제1항에서는 "혼인과 가족생활은 개인의 존엄과 양성(兩性)의 평등을 기초로 성립되고 유지되어야 하며, 국가는 이를 보장한다."라고 규정하고 있고, 민법에서는 혼인한 당사자를 지칭할 때 부부(夫婦), 혹은 부(夫) 또는 처(妻), 남편과 아내라는 용어를(민법 제826조, 제827조, 제847조, 제848조, 제850조, 제851조 등), 자녀에 대응하는 개념으로 부모(父母)라는 용어를 사용하고 있다(민법 제772조, 제781조 등). 이와 같이 우리 헌법이나 민법 등은 비록 명시적으로 혼인이 남자와 여자의 결합이라고 규정하지는 않았지만, 혼인과 가족생활에 있어서 남녀의 구별과 남녀의 결합을 전제로 한 양성(兩性), 부부(夫婦), 부(夫) 또는 처(妻), 남편과 아내, 부모(父母)라는 성구별적 용어를 사용한다.

4. 또한 우리 대법원은 지금까지 "혼인은 남녀의 애정을 바탕으로 하여 일생의 공동생활을 목적으로 하는 도덕적, 풍속적으로 정당시되는 결합이다."(대법원 1982. 7. 13. 선고 82므4 판결, 대법원 1999. 2. 12. 선고 97므612 판결, 대법원 2000. 4. 21. 선고 99므2261 판결, 대법원 2003. 5. 13. 선고 2003므248 판결, 대법원 2015. 2. 26. 선고 2014므4734, 4741 판결 등 참조)라고 하거나, "헌법 제36조 제1항은 '혼인과 가족생활은 개인의 존엄과 양성의 평등을 기초로 성립되고 유지되어야 하며, 국가는 이를 보장한다'라고 선언하고 있는바, 무릇 혼인이란 남녀 간의 육체적, 정신적 결합으로 성립하는 것으로서, 우리 민법은 이성(異性) 간의 혼인만을 허용하고 동성(同性) 간의 혼인은 허용하지 않고 있다."(대법원 2011. 9. 2.자 2009스117 전원합의체 결정)라고 하여, 여러 판결이나 결정의 이유에서 비록 방론이라 할지라도 혼인을 '남녀 간의 결합'으로 정의하여 왔다.

5. 헌법재판소도 결정 이유에서 "혼인이 1남 1녀의 정신적·육체적 결합이라는 점에 있어서는 변화가 없다."(헌법재판소 1997. 7. 16. 선고 95헌가6 전원재판부 결정)라고 하거나, 혹은 "혼인은 근본적으로 애정과 신뢰를 기초로 하여 남녀가 결합하는 것"(헌법재판소 2011. 11. 24. 선고 2009헌바146 전원재판부 결정)이라고 판시

하여, 혼인을 '남녀 간의 결합'으로 보고 있다.

6. 생각건대, 앞서 본 바와 같이 혼인제도가 다양하게 변천되어 왔지만 혼인이 기본적으로 남녀의 결합관계라는 본질에는 변화가 없었고, 아직까지는 일반 국민들의 인식도 이와 다르지 않은 점, 혼인은 가족 구성의 기본 전제가 되고 다음 세대를 길러내는 기초가 되므로 사회나 국가제도에서 차지하는 역할이 큰 점, 우리 헌법이나 민법 등 관련법에서 명문으로 혼인이 남녀 간의 결합이라고 규정하지는 않았지만 구체적으로 성구별적 용어를 사용하여 그것이 당연한 전제인 것으로 상정하고 있는 점, 앞서 본 대법원과 헌법재판소의 판단이 비록 동성 간의 혼인이 허용될 수 있는지 여부에 관한 쟁점을 직접 다루고 있는 것은 아니지만 모두 일치하여 혼인을 '남녀 간의 결합'으로 선언하고 있는 점 등의 여러 사정을 종합하여 보면, 헌법, 민법 및 가족관계등록법에 규정되어 있는 '혼인'은 '남녀의 애정을 바탕으로 일생의 공동생활을 목적으로 하는 도덕적, 풍속적으로 정당시되는 결합'을 가리키는 것으로 해석되고, 이를 넘어 '당사자의 성별을 불문하고 두 사람의 애정을 바탕으로 일생의 공동생활을 목적으로 하는 결합'으로 확장하여 해석할 수는 없다. 따라서 일단 현행법의 통상적인 해석으로는 동성(同性)인 신청인들 사이의 이 사건 합의를 혼인의 합의라고 할 수 없고 이 사건 합의에 따른 신고를 적법한 혼인신고라고 할 수 없으므로, 이 사건 불수리 처분은 적법하다.

7. 결국 시대적 상황 등이 다소 변경되기는 하였지만 별도의 입법조치가 없는 한 현행법상의 해석론만에 의하여 동성 간의 혼인이 허용된다고 보기는 어렵고, 이를 다투는 신청인들의 주장은 이유 없다.

8. 결론

그렇다면 이 사건 신청은 이유 없으므로 가족관계등록법 제111조를 적용하여 이를 각하하기로 하고 주문과 같이 결정한다.

⋯⋯

〈주문〉

이 사건 신청을 각하한다.

> **해석**
>
> - 원고(동성간 혼인신고자): 패
> - 피고(서울특별시 서대문구청장): 승
>
> 동성간의 혼인신고는 현행 법의 규정으로 보았을 때 위법하므로, 그에 따라 행정처리를 한 구청장의 처분행위는 정당하다는 판결이다.

6) 혼전 출산경험

🔘🔘🔘 아동성폭력범죄 등의 피해를 당해 임신을 하고 출산을 하였으나 자녀와의 관계가 단절되고 상당한 기간 양육이나 교류 등이 이루어지지 않은 경우, 출산 경력을 고지하지 않은 것이 혼인취소사유에 해당하는가? **(대법원 2016. 2. 18. 선고 2015므654,661 판결)**

〈사건개요〉

1. 원고(반소피고, 이하 '원고'라고만 한다)는 국제결혼중개업자의 소개로 베트남 국적의 피고(반소원고, 이하 '피고'라고만 한다)를 알게 되어 베트남에서 결혼식을 올린 후 2012. 4. 9. 김제시 ○○면장에게 혼인신고를 마쳤다.

2. 피고는 원고와 혼인하기 전에 베트남에서 아이를 출산한 적이 있는데, 피고와 결혼중개업자가 피고의 출산 경력을 원고에게 고지한 적이 없어, 원고는 혼인 당시 피고에게 출산 경력이 없는 것으로 알고 있었다.

3. 피고는 2012. 7. 28. 대한민국에 입국하여 원고, 원고의 모, 원고의 계부와 함께 거주하면서 혼인생활을 하였는데, 원고의 계부가 피고를 강간하고 강제추행한 사실로 기소되어 2013. 5. 30. 징역 7년의 유죄판결을 선고받았고, 위 판결은 항소와 상고가 모두 기각되어 그대로 확정되었다.

4. 그런데 원고는 위 형사사건 항소심 계속 중이던 2013. 8. 무렵 피고가 원고와 혼인하기 전에 베트남에서 아이를 출산하였다는 사실을 알게 되었다.

5. 이에 원고는 2013. 8. 28. 사기에 의한 혼인취소 등을 구하는 이 사건 본소를 제기하였다.

〈판결요지〉

1. 피고의 주장과 같이 피고가 아동성폭력범죄의 피해를 당해 임신을 하고 출산을 하였으나 곧바로 그 자녀와의 관계가 단절되고 이후 8년 동안 양육이나 교류 등이 전혀 이루어지지 않았다면, 이러한 출산 경력을 단순히 고지하지 않았다는 사실만으로 그것이 곧바로 제3호 혼인취소사유에 해당한다고 단정해서는 아니 된다. 원심으로서는 피고가 주장하는 바와 같은 사정, 즉 자녀를 임신하고 출산하게 된 경위 및 그 자녀와의 관계는 물론이거니와 원고가 당해 사항에 관련된 질문을 한 적이 있는지 여부, 혼인의 풍속과 관습이 상이한 국제결혼의 당사자들인 원고와 피고가 혼인에 이르게 된 경위 등에 관하여 충분히 심리한 다음, 그 심리 결과에 기초하여 고지의무의 존부와 그 위반 여부에 대하여 판단하였어야 했다.

2. 그런데도 원심은, 이에 이르지 아니한 채 민법 제816조 제3호[18] 소정의 혼인취소사유가 존재한다고 쉽게 단정하여 원고의 혼인취소청구와 위자료청구의 일부를 인용하고, 피고의 이혼청구와 위자료청구는 나아가 살펴볼 필요 없이 이유 없다고 하여 반소청구를 모두 기각하였다. 이러한 원심판결에는 제3호 혼인취소사유와 혼인취소를 원인으로 하는 손해배상책임의 성립에 관한 법리를 오해하여 필요한 심리를 다하지 아니한 잘못이 있다.

3. 그러므로 나머지 상고이유에 대한 판단을 생략한 채 원심판결 중 피고 패소 부분을 파기하고, 이 부분 사건을 다시 심리·판단하도록 원심법원에 환송하기로 하여, 관여 대법관의 일치된 의견으로 주문과 같이 판결한다.

---

18   제816조(혼인취소의 사유) 혼인은 다음 각 호의 어느 하나의 경우에는 법원에 그 취소를 청구할 수 있다.
〈개정 1990.1.13, 2005.3.31〉
1. 혼인이 제807조 내지 제809조(제815조의 규정에 의하여 혼인의 무효사유에 해당하는 경우를 제외한다. 이하 제817조 및 제820조에서 같다) 또는 제810조의 규정에 위반한 때
2. 혼인당시 당사자 일방에 부부생활을 계속할 수 없는 악질 기타 중대사유있음을 알지 못한 때
3. 사기 또는 강박으로 인하여 혼인의 의사표시를 한 때

〈주문〉

원심판결 중 피고(반소원고) 패소 부분을 파기하고, 이 부분 사건을 전주지방법원 합의부에 환송한다.

해석

- 원고(남편): 패
- 피고(아내): 승

혼전출산 경험 등은 사적 비밀에 해당하므로, 출산 경력을 고지하지 않은 것이 혼인 취소사유에 해당하지 않는다는 판결이다.

---

7) 성전환자의 성별정정

●●● A가 B와 혼인을 하여 미성년자인 자녀 C를 두고 있었는데 성전환수술 등을 받고 가족관계등록부상의 성별란 정정을 신청한 경우, 이 신청은 허용되는가? **(대법원 2011. 9. 2. 자 2009스117 전원합의체 결정)**

판례

〈사건개요〉

1. 신청인 A는 가족관계등록부상 남성으로 등재되어 있으나 학창시절부터 여성복을 즐겨 입고 여성을 동성처럼 여기는 등 여성적 성향을 보이며 심한 성정체성 장애를 겪어 왔으며, 그 때문에 수차례 정신과 치료를 받아오다가 2006. 8. 8. 태국에서 성전환수술과 유방성형수술을 받아 여성의 외부 성기와 신체 외관을 갖추게 되었고, 그 후 현재까지 계속하여 여성호르몬제를 투약해 왔다.

2. 원심(울산지방법원 2009. 9. 15.자 2009브1 결정)은 신청인이 1992. 10. 21. 혼인

을 한 적이 있고, 당시 부인과 사이에 1994. 11. 8.에 태어난 아들을 둔 사정을 들어 신청인의 가족관계등록부상 성별을 남성에서 여성으로 정정하는 것은 신분관계에 중대한 변동을 초래한다고 하여, 이 사건 신청을 기각한 제1심결정을 유지하였다.

3. 이에 신청인은 2심결정이 부당하다며 대법원에 재항고를 하였다.

〈판결요지〉

1. 성전환자의 성(性)의 결정과 성전환자에 대한 가족관계등록부상 성별 기재의 정정

성전환자의 경우에는 출생 시의 성과 현재 법률적으로 평가되는 성이 달라, 성에 관한 가족관계등록부의 기재가 현재의 진정한 신분관계를 공시하지 못하게 되므로, 「가족관계의 등록 등에 관한 법률」 제104조[19]의 절차에 따라 가족관계등록부의 성별란 기재의 성을 전환된 성에 부합하게 수정하는 것을 허용함이 상당하다. 한편 이러한 가족관계등록부 정정허가는 성전환에 따라 법률적으로 새로이 평가받게 된 현재의 진정한 성별을 확인하는 취지의 결정이므로, 그 정정허가 결정이나 이에 기초한 가족관계등록부상 성별란 정정의 효과는 기존의 신분관계 및 권리의무에 영향을 미치지 않는다고 해석하여야 한다. 대법원은 이미 대법원 2006. 6. 22.자 2004스42 전원합의체 결정에서 이러한 법리를 선언한 바 있다.

2. 혼인 중에 있거나 미성년자인 자녀가 있는 경우 성별정정을 허가할 것인지 여부

성전환수술 등으로 신체적 특성이나 사회적 활동을 함에 있어서는 전환된 성이 그 사람의 성으로 인식되더라도, 가족관계등록부상의 성별 표시에 대한 정정을 허가하기 위해서는, 다른 사람들과의 신분관계에 변동을 초래하거나 사회에 부정적인 영향을 주지 아니하여 사회적으로 허용된다고 볼 수 있는 등 여러 사정을 종합적으로 고려하여야 하므로, 성별정정으로 배우자나 자녀와의 신분관계에 중대한 변경을 초래하거나 사회에 미치는 부정적 영향이 현저한 경우 등 특별한 사정이 있다면, 성별정정을 허용하여서는 아니 된다.

---

[19] 제104조(위법한 가족관계 등록기록의 정정) 등록부의 기록이 법률상 허가될 수 없는 것 또는 그 기재에 착오나 누락이 있다고 인정한 때에는 이해관계인은 사건 본인의 등록기준지를 관할하는 가정법원의 허가를 받아 등록부의 정정을 신청할 수 있다.

3. 결론

그러므로 재항고를 기각하기로 하여 주문과 같이 결정한다.

〈주문〉

재항고를 기각한다.

해석

• 재항고인(성전환자로서 성별정정 요청자): 패

혼인을 하고 자녀를 둔 상황에서 성을 전환하여 성별정정을 요청한 경우는 자녀에게 혼란을 주는 것이 명백하기 때문에 허용해서는 안된다는 판결이다.

8) 성별에 따른 회원의 자격취득 가부

●●● 서울기독교청년회(서울YMCA)가 남성 회원에게는 별다른 심사 없이 총회의결권 등을 가지는 총회원 자격을 부여하면서도 여성 회원들에게는 지속적인 요구에도 불구하고 원천적으로 총회원 자격심사에서 배제하여 온 경우, 이러한 조치는 여성 회원들의 인격적 법익을 침해하여 불법행위를 구성하는가? **(대법원 2011. 1. 27. 선고 2009다19864 판결)**

판례

〈사건개요〉

1. 피고(서울기독교청년회)는 당초 서울YWCA에 대칭되는 남성단체로 출발하였으나 1967년 헌장을 개정하면서 회원 자격을 여성에게도 개방하였고, 이후 여성회원이 계속 증가하여 2004년을 기준으로 보면 오히려 여성 일반회원이 남성 일반회원보다 더 많아졌다.

2. 그런데 피고의 회원부는 피고가 남성단체로 출발하여 남성단체로 유지·운영되어 왔다는 점을 이유로 총회원 명단을 작성하면서 여성회원들을 전부 제외시켜 왔기 때문에 피고가 1967년 헌장을 개정하여 회원 자격을 여성에게 개방한 이후에도 여성회원은 사실상 총회원이 될 수 없었다. 반면 남성회원들의 경우는 일반적 요건을 충족하기만 하면 특별한 결격사유가 없는 이상 총회원으로 선정되어 왔다.

3. 원고들(회비를 냈으나 회원으로 인정받지 못한 여성들)은 2003년, 2004년, 2006년 피고에게 총회원 권한을 요청하거나 총회원 자격부여를 위한 절차수행 요청서를 피고에게 보냈고, 원심변론종결일 현재 총회원에 선정되지 못한 상태이며, 피고가 상고함으로써 대법원 판결을 받기에 이르렀다.

〈판결요지〉

1. 피고가 남성단체로 출발하였다는 연혁적 이유만으로 여성들을 차별 처우할 만한 합리적인 필요성이 있다고 볼 수 없는 점, 피고의 정체성 또한 이미 1967년도 헌장 개정으로 규범적인 의미에서뿐만 아니라, 실제 인적 구성면에서도 남성중심 단체를 탈피한 것으로 보이는 점, 비록 위와 같은 1967년의 헌장개정 이후에도 장기간에 걸쳐 남성중심의 총회운영이 관행으로 형성·유지되어 왔다고는 하나 2003년도 제100차 정기총회에서 단체 내 의사결정과정에 여성과 남성이 동등하게 참여하며 여러 가지 형태의 성차별적인 요인을 찾아 이를 해소하기로 하는 개선방향의 원칙을 분명하게 천명하고서도 이후 특별한 장애도 없이 남성단체로서의 연혁과 정체성을 들거나 헌장개정 사안이라는 이유만을 들어 실질적이고도 진지한 개선노력이 이루어지지 않았고 그 과정 중에 국가기관(국가인권위원회)으로부터 공식적으로 시정을 권고받기도 한 점, 특히 원고들은 비법인사단인 피고의 단체구성원으로서 회비를 부담하면서도 여성이라는 이유만으로 지속적으로 일반적인 사원에게 부여되는 고유하고 기본적인 권리인 총회의결권 등을 행사할 기회를 원천적으로 빼앗겨 온 점 등을 고려하면, 적어도 피고가 스스로 불합리한 총회운영에 대한 개선노력을 천명한 2003년도 제100차 정기총회 이후에도 원고들을 총회원 자격심사에서 원천적으로 배제한 성차별적 처우는 우리 사회의 건전한 상식과 법감정에 비추어 용인될 수 있는 한계를 벗어나 사회질서에 위반되는 것으로서 원고들의 인격적 법익을 침해하여 불법행위를 구성한다고 할 것이다.

2. 원심(서울고법 2009. 2. 10. 선고 2007나72665 판결)은 피고의 이 사건 차별의 내용과 성격, 성차별적 관행의 시정에 관한 소극적 태도, 이로 인하여 원고들이 이

사건 소송에 이르기까지 겪었을 심리적 고통 등을 감안하여, 피고가 원고들에게 지급하여야 할 위자료를 각 10,000,000원으로 정하였는바, 관련 증거 및 기록에 비추어 살펴보면, 원심의 위와 같은 위자료 수액의 확정은 정당한 것으로 수긍할 수 있고, 거기에 상고이유에서 주장하는 바와 같은 위자료 액수 산정에 관한 채증 법칙 위반 등의 위법이 없다.

3. 결론

그러므로 상고를 모두 기각하고 상고비용은 패소자의 부담으로 하기로 하여 관여 대법관의 일치된 의견으로 주문과 같이 판결한다.

⟨주문⟩

상고를 모두 기각한다. 상고비용은 피고가 부담한다.

해석

• 원고(회비를 냈으나 회원으로 인정받지 못한 여성들): 승

• 피고(서울기독교청년회): 패

서울기독교청년회가 회원의 자격 등에 대해서 자체적으로 수정하였음에도 불구하고 여성들을 회원으로 인정하지 않은 것은 위법하다는 판결이다.

9) 성별에 따른 종중 토지보상금 차별 분배

◼◼◼ 종중 이사회가 성별에 따라 차등적으로 토지보상금을 지불한 행위는 무효인가? 만약 그렇다면 종중 이사회가 아닌 종중 총회의 결의까지도 무효로 하라는 청구소송과 그에 따른 균등한 분배금을 지급하라는 소송은 적법한가? (**대법원 2010. 9. 30. 선고 2007다74775 판결**)[20]

---

20   이와 유사한 사건으로 620억 원에 매도한 종중토지 매매대금을 여자종원에게 남자종원의 절반 이하(남

〈사건개요〉

1. 피고는 ○○김씨(○○金氏)의 시조 ○○의 13대손인 소외인을 공동선조로 하고, 그 후손인 성인 남녀를 종중원으로 하는 종중이고, 원고들은 여자 종원이다.

2. 피고는 2005. 6. 2. SH공사로부터 종중 토지에 대한 수용보상금 13,748,779,530원을 수령하였다.

3. 피고는 2005. 10. 23. 총회를 소집하여 수용보상금 중 50억 원은 독립세대주에게 지급하고 40억 원은 20세 이상의 비세대원과 20세 이상의 딸들에게 지급하되, 구체적인 사항에 관하여는 이사회가 이를 결정하기로 한다는 결의를 하였다.

4. 이사회는 2005. 10. 29., 2005. 11. 9., 2005. 11. 26.에 걸쳐 수용보상금을 세대주에게 각 3,800만 원, 비세대주 성인 및 출가외인에게 각 1,500만 원, 미망인, 배우자, 종중 발전 기여자, 장애우, 취학 미성년자에게 각 700만 원, 미취학 미성년자에게 각 400만 원을 분배하되, 세대주는 ① 주민등록표상 1985. 5. 22. 이전에 출생한 남자가 2005. 5. 22. 현재 세대주로 되어 있는 종원, ② 종원 및 후손으로서 결혼하여 독립세대를 이끄는 아들이 없고, 주민등록표상 1985. 5. 22. 이후 출생한 종원 및 후손 또는 그 이전 출생한 종원 및 후손이라도 미혼으로서 모친이 세대주로 되어 있는 미망인, ③ 종원이 주민등록표상 세대원으로 되어 있고, 2005. 5. 22. 이전에 배우자가 세대주로 되어 있는 종원, ④ 종원이 주민등록표상 등재되어 있지 않아도 2005. 5. 22. 이전에 배우자가 세대를 구성하여 세대주로 등재되어 있는 종원, ⑤ 전 세대주가 사망하여 미망인이 세대주를 승계한 시점과 종원으로서 장자인 세대원의 호주승계 시점이 동일한 종원으로 정하는 결의를 하였다.

5. 피고의 연락가능한 종원의 수는 약 308명에 이르는데, 피고는 이 사건 이사회 결의에 따라 2005. 12. 30. 현재 세대주 125명에게 총 4,750,000,000원, 비세대

자종원 100%, 여자종원 40%, 며느리 18%, ○○이씨 ○○공파 △△후손 중 취학 미성년자 18%, 미취학 미성년자 11%)의 비율로 재산을 분배하는 것을 내용으로 하는 종중총회의 결의의 유효 여부가 문제된 사안에서, 오로지 성별을 이유로 여자종원을 남자종원에 비하여 불리하게 취급하고 있고, 이에 관하여 여자종원들의 동의를 얻었다거나 혹은 남자종원에 비하여 여자종원에게 재산을 적게 분배해야 할 만한 특별한 사정 역시 인정되지 않는다면, 그러한 종중총회의 결의는 무효로 보아야 한다고 한 판례가 있다. 수원지방법원 2009. 10. 8. 선고 2008가합19235 판결 참조.

주 성인 72명, 출가외인 100명, 취학 미성년자 77명, 미취학 미성년자 31명, 미망인 세대주 자녀 2명, 미망인 19명, 배우자 105명, 종중 발전 기여자 14명에게 총 4,223,000,000원을 지급하였다.

6. 원고들(여자종원)은 성별에 따라 토지보상금을 차등 분배하는 것은 무효라고 주장하며 종중총회 무효확인을 구하는 소송을 제기하였다.

....

〈판결요지〉

1. 종중은 공동선조의 분묘수호와 제사 및 종원 상호간의 친목 등을 목적으로 하여 구성되는 자연발생적인 종족집단으로 그 공동선조와 성과 본을 같이하는 후손은 그 의사와 관계없이 성년이 되면 당연히 그 구성원(종원)이 되는 종중의 성격에 비추어, 종중재산의 분배에 관한 종중총회의 결의 내용이 현저하게 불공정하거나 선량한 풍속 기타 사회질서에 반하는 경우 또는 종원의 고유하고 기본적인 권리의 본질적인 내용을 침해하는 경우 그 결의는 무효라고 할 것이다.

2. 공동선조와 성과 본을 같이하는 후손은 남녀의 구별 없이 성년이 되면 당연히 그 구성원(종원)이 되는 것이므로(대법원 2005. 7. 21. 선고 2002다13850 전원합의체 판결 참조), 종중재산을 분배함에 있어 단순히 남녀 성별의 구분에 따라 그 분배 비율, 방법, 내용에 차이를 두는 것은 개인의 존엄과 양성의 평등을 기초로 한 가족생활을 보장하고, 가족 내의 실질적인 권리와 의무에 있어서 남녀의 차별을 두지 아니하며, 정치·경제·사회·문화 등 모든 영역에서 여성에 대한 차별을 철폐하고 남녀평등을 실현할 것을 요구하는 우리의 전체 법질서에 부합하지 아니한 것으로 정당성과 합리성이 없어 무효라고 할 것이다.

3. 이 사건 이사회결의에 관하여 본다. 이 사건 총회결의에서 구체적인 분배기준을 정하도록 위임받은 이사회가, 세대주인 종원과 비세대주인 종원 사이에 분배금에 2배 이상의 차이를 두면서도 세대주의 세대원들인 미성년의 후손들, 나아가 배우자들에게까지 다시 별도로 분배금을 지급하고, 세대주에 1인 세대주까지 포함시키는 것으로 결의한 것은 단지 주민등록표상 세대주로 등재되었다는 사정만으로 종원을 차별하는 것으로서 합리적인 근거가 있다고 볼 수 없고, 또한 남자 종원의 경우는 혼인 여부에 관계없이 주민등록표상 세대주이면 1인 세대주라도 비세대주 종원에 비하여 많은 금액을 분배받을 수 있도록 하면서도 여자 종원의 경우에는 세대주 종원이 아닌 비세대주 종원으로서만 분배받을 수 있도록 한 것은 남녀 종원 사이의 성별에 따라 차별을 둔 것에 불과하여 합리적인 근거가 있다고 할 수

없으므로 결국 이 사건 이사회결의는 그 내용이 현저하게 불공정하여 무효라고 할 것이다. 또한 이사회가, 이 사건 총회결의로 비세대주 종원 및 여자 종원의 몫으로 배정된 40억 원 중 일부를 종원이 아닌 미성년자 및 배우자에게도 지급하기로 결의한 것은 총회로부터 위임받은 권한의 범위를 넘어서 결의한 것으로 이 역시 무효라고 보아야 할 것이다.

4. 그러나 이 사건 이사회결의는 이 사건 총회결의와는 별개의 결의이므로 이사회결의가 무효라고 하여 이 사건 총회결의까지 무효라고 볼 수는 없는데, 기록에 의하면 원고들은 이 사건 총회결의에 대하여만 무효확인을 구하고 있을 뿐이다.

5. 결국 이 사건 총회결의는 무효라고 볼 수 없고 원고들의 무효확인 청구를 배척한 원심(서울고법 2007. 9. 5. 선고 2006나112351 판결)의 판단은 비록 이유 설시에 있어서 부적절한 면이 있으나 결론에 있어서 정당하므로 원고들의 이 부분 상고이유의 주장은 이유 없다.

6. 총유물인 종중 토지에 대한 수용보상금의 분배는 정관 기타 규약에 달리 정함이 없는 한 종중총회의 결의에 의하여만 처분할 수 있고 이러한 분배결의가 없으면 종원이 종중에 대하여 직접 분배청구를 할 수 없다(대법원 1994. 4. 26. 선고 93다32446 판결 등 참조). 따라서 종중 토지에 대한 수용보상금의 분배에 관한 종중총회의 결의가 무효인 경우, 종원은 그 결의의 무효확인 등을 소구하여 승소판결을 받은 후 새로운 종중총회에서 공정한 내용으로 다시 결의하도록 함으로써 그 권리를 구제받을 수 있을 뿐이고 새로운 종중총회의 결의도 거치지 아니한 채 종전 총회결의가 무효라는 사정만으로 곧바로 종중을 상대로 하여 스스로 공정하다고 주장하는 분배금의 지급을 구할 수는 없다.

7. 같은 취지에서 균등한 분배금의 지급을 구하는 원고들의 청구를 배척한 원심 판단은 정당하고 거기에 상고이유에서 주장하는 바와 같은 법리 오해 등의 위법이 없다.

8. 결론

그러므로 원고들의 상고를 모두 기각하고, 상고비용은 패소자들이 부담하기로 하여 관여 법관의 일치된 의견으로 주문과 같이 판결한다.

....

〈주문〉

상고를 모두 기각한다. 상고비용은 원고들이 부담한다.

> **해석**
>
> • 원고(○○김씨 ○○공파 여성 종원): 패
>
> • 피고(○○김씨 ○○공파 종중): 승
>
> 종중의 토지보상비를 분배함에 있어서 남녀 간에 현격한 차별을 두어 분배하는 것은 그 자체가 무효이지만, 이를 분배한 것은 종중 총회의 위임을 받아 종중 이사회가 결정하고 집행한 것이기 때문에 원고들이 종중 이사회를 상대로 무효를 구하는 소송을 했어야 맞다. 그와는 달리 원고들은 종중총회의 결의를 무효로 해 달라는 소송을 제기했기 때문에 패소한 것이다.

10) 개명

○○○ 아버지의 성을 따라 노○○라는 성명을 가진 7세의 자(子)에 대하여 일상생활에서 부모 또는 친외가의 구분이 없는 진정한 양성평등을 보이고 싶다는 이유로 기존 이름 '○○'에 어머니의 성인 '최'를 붙인 '최○○'으로 개명하여 달라는 신청은 적법한가?(서울남부지법 2008. 3. 6. 자 2008호파887 결정)

> **판례**
>
> 〈사건개요〉
>
> 1. 신청인의 법정대리인은 일상생활에서 부·모 또는 친·외가의 구분이 없는 진정한 남녀평등을 아이들에게 보이고 싶어 신청인의 이름을 ' 최○○'으로 바꾸고 싶어 한다.
>
> 2. 이에 등록기준지에 비치된 가족관계등록부 중 신청인 겸 사건본인의 이름 ○○을 최○○(崔○○)으로 개명하는 것을 허가해 달라고 법원에 신청하였다.

〈판결요지〉

1. 우리나라의 성씨 중 '노최'씨가 없으므로, 신청인은 이름을 부를 때 성명을 함께 부르지 않는 한 최○○으로 불리는 것이 맞다. 이렇게 부르면 신청인의 성이 최씨인지 노씨인지 쉽게 알 수 없고, 따라서 현재 8세 남짓의 나이로 한창 자아를 형성하면서 성장 중인 신청인으로서는 자신의 의사와 관계없이 "노씨가 되기도 하고, 최씨가 되기도 한다."는 식의 주위에서의 놀림을 받아야 한다. 개명사유에서 보듯이 이 사건 개명은 전적으로 부모의 뜻이지 신청인의 의사가 포함되어 있다고 볼 수 없다. 신청인의 의사가 설령 포함되었다고 해도 신청인은 자유롭게 의사결정을 할 나이가 아니다.

2. 또한, 신청인의 부모가 주장하듯이 양성평등은 이름과 같은 형식적인 것보다는 자라나는 신청인에게 행동으로 양성평등의 모범을 보임과 함께 신청인에게 그와 같은 확고한 인식을 가지도록 줄기차게 훈육하는 것이 바람직하고 적절한 방법으로 판단된다.

3. 훗날 신청인이 더 성장하여 자신의 문제를 스스로 판단할 무렵이 되었을 때 부모의 뜻을 받아들여 신청취지와 같은 이름으로 불리기를 원한다면, 그때에 가서 개명 여부를 판단하는 것이 신청인 본인의 올바른 성장을 위하여 바람직하다. 부모가 자식의 이름을 지을 권리가 있더라도 이미 지어서 공부에 등록한 이름을 개명하려면 여러 가지를 고려하여 신중하게 결정하여야 한다. 그러므로 이 사건 개명허가 신청은 받아들일 수 없다.

....

〈주문〉

이 사건 개명허가신청을 기각한다.

해석

• 신청인(개명신청자): 패

신청인의 법정대리인의 뜻에 따라 7세된 자녀의 이름을 어머니의 성을 포함한 이름으로 바꾸는 것은 자녀의 올바른 성장을 위해서 바람직하지 않다는 이유로 개명허가 신청을 기각한 판례이다.

12장.

학생인권과 부모교육권: 아동학대

이 장에서는 날로 심각해져가고 있는 아동학대에 대해서 공부한다. 아동학대란 보호자를 포함한 성인이 아동의 건강 또는 복지를 해치거나 정상적 발달을 저해할 수 있는 신체적·정신적·성적 폭력이나 가혹행위를 하는 것과 아동의 보호자가 아동을 유기하거나 방임하는 것을 말한다(「아동복지법」 제3조). 아동학대는 아동이 속해 있는 가정, 학교, 유치원, 어린이집, 학원, 이웃·친척집, 아동복지시설, 기타 모든 장소에서 발생한다. 최근 5년간 아동학대 발생건수를 보면 다음과 같다.

표 | 연도별 아동학대사례 건수 및 아동보호전문기관 수

(단위 : 건, %, 개소)

구분	연도	2015	2016	2017	2018	2019
아동학대사례	건수	11,715	18,700	22,367	24,604	30,045
	증가율	16.8%	60%	20%	10%	22%
아동보호전문기관	기관수	56	59	60	62	67
	증가 기관수	5	4	1	2	5

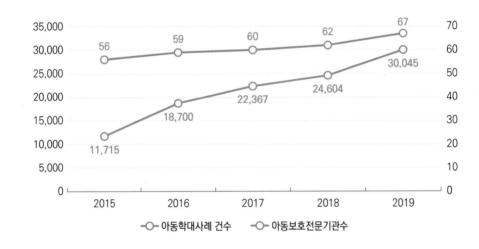

출처: 보건복지부(2020). 2019 아동학대 주요통계. p. 21.

1. 아동학대의 유형[1]

아동학대의 유형에는 신체적 학대, 정서적 학대, 성적 학대, 방임, 증복학대 등이 있다. 아동학대 예방 및 대책을 주사업으로 하고 있는 아동권리보장원의 자료에 따르면 중복학대 건수가 가장 많고, 그 다음으로 정서적 학대, 신체적 학대, 방임, 성적 학대 순으로 나타났다.

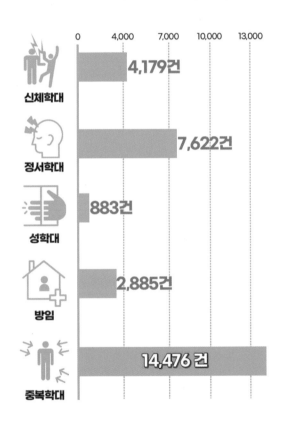

그림 | 아동학대 유형과 발생건수
출처: 아동권리보장원 홈페이지(https://www.ncrc.or.kr/ncrc/main.do)

---

1   아동학대의 유형과 발생원인은 아동권리보장원 홈페이지 내용을 수정·보완한 것임.

1) 신체적 학대(Physical Abuse)

신체적 학대는 보호자를 포함한 성인이 아동의 건강 또는 복지를 해치거나 정상적 발달을 저해할 수 있는 신체적 폭력이나 가혹행위를 하는 것으로써 성인이 아동에게 직접적이고 물리적인 공격을 포함한 정도가 심한 처벌을 가하는 것, 아동을 심각한 부상이나 죽음에 이르게 할 위험이 있는 곳에 두는 것, 타박상, 상처, 골절, 열상 등이 이에 해당한다.

구체적인 신체적 학대 행위의 사례는 다음과 같다.

- 직접적으로 신체에 가해지는 행위(손·발 등으로 때림, 꼬집고 물어뜯는 행위, 조르고 비트는 행위, 할퀴는 행위 등)
- 도구를 사용하여 신체를 가해하는 행위(도구로 때림, 흉기 및 뾰족한 도구로 찌름 등)
- 완력을 사용하여 신체를 위협하는 행위(강하게 흔듦, 신체부위 묶음, 벽에 밀어붙임, 떠밀고 잡음, 아동 던짐, 거꾸로 매달아 놓음, 물에 빠트림 등)
- 신체에 유해한 물질로 신체에 가해지는 행위(화학물질 혹은 약물 등으로 신체에 상해를 입히는 행위, 화상을 입힘 등)

2) 정서적 학대(Emotional Abuse)

정서적 학대는 보호자를 포함한 성인이 아동의 건강 또는 복지를 해치거나 정상적 발달을 저해할 수 있는 언어적 모욕, 정신적 폭력이나 가혹행위를 하는 것으로써 부모 또는 양육자가 아동의 인지적, 정서적, 사회적, 심리학적 발달에 심각한 영향을 끼치는 일련의 행동양식으로 정의할 수 있다.[2]

---

2   대구 ○○구청 가정복지과에서 위탁 운영하는 가정지원센터에 소속된 피고(아이돌보미)가 A아동(생후 10개월)의 집에서 A가 잠을 자지 않고 계속 운다는 이유로 A에게 "미쳤네, 미쳤어, 돌았나, 제정신이 아니제, 미친놈 아니가 진짜, 쯧, 또라이 아니가, 또라이, 쯧, 울고 지랄이고."라는 등 큰 소리로 욕설을 하고 A가 울고 있는데도 울음을 그치도록 조치하지 않은 채 피고인의 아들과 통화를 하거나 텔레비전을 시청함으로써 정서적 학대행위를 하였다는 내용으로 기소된 사건이 있다. 1심법원(대구지방법원 2018. 5. 11. 선고 2017고단6135 판결)은 피고에게 무죄를 선고하였으나 2심법원은 피고에게 벌금 3,000,000원, 40시간의 아동학대 치료프로그램 이수 명령을 내렸다. 대구지방법원 2019. 1. 24. 선고 2018노

구체적인 정서적 학대 행위의 예시는 다음과 같다.

- 원망적/거부적/적대적 또는 경멸적인 언어폭력 등

- 잠을 재우지 않는 것

- 벌거벗겨 내쫓는 행위

- 형제나 친구 등과 비교, 차별, 편애하는 행위

- 가족 내에서 왕따 시키는 행위

- 아동이 가정폭력을 목격하도록 하는 행위

- 아동을 시설 등에 버리겠다고 위협하거나 짐을 싸서 쫓아내는 행위

- 미성년자 출입금지 업소에 아동을 데리고 다니는 행위

- 아동의 정서 발달 및 연령상 감당하기 어려운 것을 강요하는 행위(감금, 약취 및 유인, 아동 노동 착취)

- 다른 아동을 학대하도록 강요하는 행위

3) 성적 학대(Sexual Abuse)

성적 학대는 보호자를 포함한 성인이 아동의 건강 또는 복지를 해치거나 정상적 발달을 저해할 수 있는 성적 폭력이나 가혹행위를 하는 것으로써 보호자를 포함한 성인이 자신의 성적 충족이나 영리추구를 목적으로 18세 미만의 아동에게 행하는 모든 성적 행위를 말한다.

즉, 아동에게 행위의 대가가 제공되는가와 상관없이 성적인 활동을 요청·권유하거나 강요하는 행위, 성적인 욕구를 충족하기 위해 아동에게 외설적인 자극을 노출하는 행위, 그러한 대상이 될 아동을 구하거나 협박하는 행위, 아동과의 성적인 신체 접촉, 아동 포르노를 제작하기 위해 아동을 이용하는 행위 등이다.[3]

1809 판결 참조.

3　피고인(1992년생, 당시 24세, 남자대학생)이 카카오톡 메신저를 이용하여 피해자(18세, 여고생)에게 돈을 주겠다고 말한 다음 피해자로 하여금 피해자의 스마트폰에 부착된 카메라로 피해자를 대상으로 한 자위행위 등 음란행위 장면을 촬영하도록 지시하였고, 그에 따라 피해자가 자신의 스마트폰에 부착된 카메라로 음란행위 장면을 촬영·전송한 사건이 있다. 원심(부산고등법원 2018. 5. 24. 선고 2017노756

구체적인 성적 학대행위의 예시는 다음과 같다.

- 자신의 성적만족을 위해 아동을 관찰하거나 아동에게 성적인 노출을 하는 행위(옷을 벗기거나 벗겨서 관찰하는 등의 관음적 행위, 성관계 장면을 노출, 나체 및 성기 노출, 자위행위 노출 및 강요, 음란물을 노출하는 행위 등)
- 아동을 성적으로 추행하는 행위(구강추행, 성기추행, 항문추행, 기타 신체부위를 성적으로 추행하는 행위 등)
- 아동에게 유사성행위를 하는 행위(드라이성교 등)
- 성교를 하는 행위(성기삽입, 구강성교, 항문성교)
- 성매매를 시키거나 성매매를 매개하는 행위

4) 방임(Neglect)

방임이란 아동의 보호자가 아동을 유기하거나 방임하는 것으로써 보호자가 아동에게 위험한 환경에 처하게 하거나 아동에게 필요한 의식주, 의무교육, 의료적 조치 등을 제공하지 않는 행위를 말하며, 유기란 보호자가 아동을 보호하지 않고 버리는 행위를 말한다.

구체적인 방임의 유형 예시는 다음과 같다.

- 물리적 방임
  - 기본적인 의식주를 제공하지 않는 행위
  - 불결한 환경이나 위험한 상태에 아동을 방치하는 행위

판결)은, 그와 같이 촬영된 영상정보가 피해자의 스마트폰 주기억장치에 입력되는 순간 아동·청소년이용음란물의 제작을 마쳤다고 판단하였다. 피고인은 항소이유로 피해자로부터 촬영된 동영상 파일을 전송받기만 하였을 뿐 이를 저장하거나 유포하지 않았으므로 아동·청소년이용음란물의 제작에 해당하지 않는다고 주장하였으나, 원심은 이를 받아들이지 않았고, 대법원 역시 원심판결이 정당하다며 피고인의 상고를 기각하였다. 그 결과 피고인은 징역 2년 6월, 80시간 성폭력 치료프로그램 이수 명령이 확정되었다. 세부내용은 부산고등법원 2018. 5. 24. 선고 2017노756 판결, 대법원 2018. 9. 13. 선고 2018도9340 판결 참조.

- 아동의 출생신고를 하지 않는 행위

- 보호자가 아동들을 가정 내 두고 가출한 경우

- 보호자가 친족에게 연락하지 않고 무작정 아동을 친족 집 근처에 두고 사라진 경우 등

- 아동을 병원에 입원시키고 사라진 경우

• 교육적 방임

- 보호자가 아동을 특별한 사유 없이 학교(의무교육)에 보내지 않거나 아동의 무단결석을 방치하는 행위[4]

• 의료적 방임

- 아동에게 필요한 의료적 처치 및 개입을 하지 않는 행위

• 유기

- 아동을 보호하지 않고 버리는 행위

- 시설근처에 버리고 가는 행위

5) 중복 학대

중복 학대는 위의 신체적 학대, 정서적 학대, 성적 학대, 방임 등이 두 가지 이상 복합적, 동시다발적으로 일어나는 학대행위를 말한다. 통계적으로 가장 많이 일어나는 학대 행위가 바로 중복 학대이다.

---

4   의무교육은 6년의 초등교육 및 3년의 중학교를 의미함(교육기본법 제8조 제1항).
초등학교 및 중학교의 장은 해당 학교에 취학할 예정인 아동이나 취학 중인 학생이
ㄱ 입학·재취학·전학 또는 편입학 기일 이후 2일 이내에 입학·재취학·전학 또는 편입학하지 아니한 경우,
ㄴ 정당한 사유 없이 계속하여 2일 이상 결석하는 경우,
ㄷ 학생의 고용자에 의하여 의무교육을 받는 것이 방해당하는 때 지체 없이 그 보호자 또는 고용자에게 해당 아동이나 학생의 취학 또는 출석을 독촉하거나 의무교육을 받는 것을 방해하지 아니하도록 경고하여야 함(초·중등교육법 시행령 제25조).

2. 아동학대의 발생 원인

아동학대가 발생하는 원인은 개인적 차원, 가족적 차원, 사회적 차원으로 나누어 설명할 수 있다.

구분	원인
개인	• 스트레스 해소 • 정신장애 • 학대경험 • 약물중독 • 자녀에 대한 비현실적 기대 • 충동 • 부모 역할에 대한 지식부족 등
가족	• 빈곤 • 실업 • 사회적 지지 체계 부족 • 원만하지 못한 부부관계 • 가정폭력 • 부모-자녀간 애착부족 등
사회	• 자녀를 부모의 소유물로 여김 • 체벌의 수용 • 피해아동에 대한 법적인 보호 부재 및 미비 등

「형법」상 학대죄는 단순히 상대방의 인격에 대한 반인륜적 침해만으로는 부족하고 적어도 유기에 준할 정도에 이르러야 한다고 해석되고 있다(대법원 2000. 4. 25. 선고 2000도223 판결 참조). 여기서 유기란 법률상·계약상 의무 있는 자가 요부조자를 보호 없는 상태에 둠으로써 생명·신체에 위험을 가져오는 행위를 의미하는 것으로 해석되고 있다(「형법」 제271조 참조). 「형법」상 학대죄는 생명, 신체를 그 보호법익으로 하고 있고 보호 또는 감독을 받는 자를 보호대상으로 하고 있음에 반하여, 「아동복지법」은 아동의 건강과 복지를 그 보호법익(「아동복지법」 제1조)으로 하고 있고 18세 미만인 사람만을 보호대상(같은 법 제3조 제1호)으로 하고 있으며, 아동의 경우 완전하고 조화로운 인격 발달을 위하여 사회적으로 두텁게 보호

할 필요성이 있으므로 성인에 비하여 보호가치가 더 크다고 할 것이어서, 「아동복지법」상 아동학대의 개념은 「형법」상 학대의 개념보다 넓게 해석하는 것이 타당하다는 것이 법원의 일관된 입장이다(춘천지방법원 2016. 1. 22. 선고 2015고단651 판결; 대구지방법원 2015. 4. 23. 선고 2014노2526 판결 참조).

3. 아동학대 관련 법률

아동학대와 관련된 법률은 「아동복지법」과 「아동학대범죄의 처벌 등에 관한 특례법」(이하 "아동학대처벌법")이 대표적이다.[5] 제한된 지면상 이 장에서 살펴보고자 하는 것은 아동학대처벌법이며, 「아동복지법」은 인터넷에서 관련 법령을 검색해서 읽어보면 도움이 될 것이다. 아동학대처벌법은 2014년 1월 28일에 제정되어 몇 차례 개정되어 오늘에 이르고 있다. 이제 이 법의 내용을 살펴보자.

1) 아동학대처벌법의 구성

아동학대처벌법은 6장, 64개 조항으로 구성되어 있다. 우선 아동학대처벌법의 구성을 살펴보자.

---

5   아동과 관련된 법률들은 이 외에도 「형법」, 「청소년보호법」, 「교육기본법」, 「초·중등교육법」, 「정신보건법」, 「경찰관 직무집행법」, 「가정폭력범죄의 처벌 등에 관한 특례법」, 「성폭력방지 및 피해자보호 등에 관한 법률」, 「아동·청소년의 성보호에 관한 법률」, 「아동보호심판규칙」 등이 있다.

아동학대범죄의 처벌 등에 관한 특례법

[시행 2021. 3. 16.] [법률 제17932호, 2021. 3. 16., 일부개정]

---

6   기소유예처분은 검사가 공소권을 포기하는 것이 아니고 하등의 기속력도 없으므로 한번 기소유예를 하였다고 하더라도 그 후 언제든지 이를 재기하여 다시 공소를 제기하여도 그 효력에는 아무런 영향이 없는 것이며, 또한 기소유예처분을 한 때로부터 아무런 사전변경이 없는데도 불구하고 다시 공소제기를 하여도 그 당부가 의심됨은 별론으로 하고 그것이 적법한 것임에는 의문이 여지가 없다. 대구고등법원 1982. 10. 26. 선고 82노1158 제2형사부 판결 참조.

2) 아동학대처벌법에 나타난 학교폭력 관련 조항

(1) 제1장 총칙

① 특례법 제정의 목적(§1)

이 법은 아동학대범죄의 처벌 및 그 절차에 관한 특례와 피해아동에 대한 보호절차 및 아동학대행위자에 대한 보호처분을 규정함으로써 아동을 보호하여 아동이 건강한 사회 구성원으로 성장하도록 함을 목적으로 한다.

② 용어의 정의(§2)

용어	정의	비고
아동	18세 미만인 사람	제1호
보호자	친권자, 후견인, 아동을 보호·양육·교육하거나 그러한 의무가 있는 자 또는 업무·고용 등의 관계로 사실상 아동을 보호·감독하는 자	제2호
아동학대	보호자를 포함한 성인이 아동의 건강 또는 복지를 해치거나 정상적 발달을 저해할 수 있는 신체적·정신적·성적 폭력이나 가혹행위를 하는 것과 아동의 보호자가 아동을 유기하거나 방임하는 것	제3호
아동학대범죄	보호자에 의한 아동학대로서 다음 각 목의 어느 하나에 해당하는 죄 가. 「형법」 제2편제25장 상해와 폭행의 죄 중 제257조(상해)제1항·제3항, 제258조의2(특수상해)제1항(제257조제1항의 죄에만 해당)·제3항(제1항 중 제257조제1항의 죄에만 해당), 제260조(폭행)제1항, 제261조(특수폭행) 및 제262조(폭행치사상)(상해에 이르게 한 때에만 해당)의 죄 나. 「형법」 제2편제28장 유기와 학대의 죄 중 제271조(유기)제1항, 제272조(영아유기), 제273조(학대)제1항, 제274조(아동혹사) 및 제275조(유기등 치사상)(상해에 이르게 한 때에만 해당)의 죄 다. 「형법」 제2편제29장 체포와 감금의 죄 중 제276조(체포, 감금)제1항, 제277조(중체포, 중감금)제1항, 제278조(특수체포, 특수감금), 제280조(미수범) 및 제281조(체포·감금등의 치사상)(상해에 이르게 한 때에만 해당)의 죄 라. 「형법」 제2편제30장 협박의 죄 중 제283조(협박)제1항, 제284조(특수협박) 및 제286조(미수범)의 죄	

용어	정의	비고
	마.「형법」제2편제31장 약취, 유인 및 인신매매의 죄 중 제287조(미성년자 약취, 유인), 제288조(추행 등 목적 약취, 유인 등), 제289조(인신매매) 및 제290조(약취, 유인, 매매, 이송 등 상해·치상)의 죄 바.「형법」제2편제32장 강간과 추행의 죄 중 제297조(강간), 제297조의2(유사강간), 제298조(강제추행), 제299조(준강간, 준강제추행), 제300조(미수범), 제301조(강간등 상해·치상), 제301조의2(강간등 살인·치사), 제302조(미성년자등에 대한 간음), 제303조(업무상위력 등에 의한 간음) 및 제305조(미성년자에 대한 간음, 추행)의 죄 사.「형법」제2편제33장 명예에 관한 죄 중 제307조(명예훼손), 제309조(출판물등에 의한 명예훼손) 및 제311조(모욕)의 죄 아.「형법」제2편제36장 주거침입의 죄 중 제321조(주거·신체 수색)의 죄 자.「형법」제2편제37장 권리행사를 방해하는 죄 중 제324조(강요) 및 제324조의5(미수범)(제324조의 죄에만 해당)의 죄 차.「형법」제2편제39장 사기와 공갈의 죄 중 제350조(공갈), 제350조의2(특수공갈) 및 제352조(미수범)(제350조, 제350조의2의 죄에만 해당)의 죄 카.「형법」제2편제42장 손괴의 죄 중 제366조(재물손괴등)의 죄 타.「아동복지법」제71조제1항 각 호의 죄(제3호의 죄는 제외) 파. 가목부터 타목까지의 죄로서 다른 법률에 따라 가중처벌되는 죄 하. 제4조(아동학대치사), 제5조(아동학대중상해) 및 제6조(상습범)의 죄	제4호

(2) 제2장 아동학대범죄의 처벌에 관한 특례

제2장에서는 아동학대치사(§4), 아동학대중상해(§5), 상습범(§6), 아동복지시설의 종사자 등에 대한 가중처벌(§7), 형벌과 수강명령 등의 병과(§8), 친권상실청구 등(§9)에 대하여 규정하고 있다.

영역	주체	처벌범위	비고
아동학대치사 (§4)	아동을 사망시킨 자	제2조제4호가목부터 다목까지의 아동학대범죄를 범한 사람이 아동을 사망에 이르게 한 때: 무기 또는 5년 이상의 징역	

영역	주체	처벌범위	비고
아동학대 중상해 (§5)	아동학대 중상해자	제2조제4호가목부터 다목까지의 아동학대범죄를 범한 사람이 아동의 생명에 대한 위험을 발생하게 하거나 불구 또는 난치의 질병에 이르게 한 때: 3년 이상의 징역	
상습범 (§6)	상습범	상습적으로 제2조제4호가목부터 파목까지의 아동학대범죄를 범한 자: 그 죄에 정한 형의 2분의 1까지 가중함(다만, 다른 법률에 따라 상습범으로 가중처벌되는 경우에는 그러하지 아니함).	
아동복지 시설의 종사자 등에 대한 가중처벌 (§7)	아동복지 시설의 종사자 등	제10조제2항 각 호에 따른 아동학대 신고의무자가 보호하는 아동에 대하여 아동학대범죄를 범한 때: 그 죄에 정한 형의 2분의 1까지 가중 【판례】 부산에 있는 '○○○○ 어린이집' 새싹반(만3세) 보육교사로 근무하던 피고인1은 2015.12.21.~2016.1.11.경까지 새싹반 교실 등에서 피해아동 7명에게 장구핀으로 등, 배, 발등, 혀, 잇몸 등을 찔러 신체적 학대행위 내지 정서적 학대행위를 하여 징역 3년 및 80시간의 아동학대 치료프로그램 이수명령을, 어린이집 원장인 피고인 2는 벌금 3,000만 원을 받았다(부산지방법원 2018. 11. 15. 선고 2018노686 판결).[7]	

7   이와 유사한 사건으로 두 가지가 있다. ① 어린이집 교사인 피고인 A가 아동인 피해자들의 입을 주먹으로 때리거나 귀를 잡아당기거나 머리를 주먹이나 손바닥으로 때리는 등 아동의 신체에 손상을 주는 학대행위를 하였다고 하여 피고인 A와 어린이집 원장인 피고인 B가 「아동복지법」 및 「아동학대범죄의 처벌 등에 관한 특례법」 위반으로 기소된 사안에서, 피고인 A의 체벌에 대하여 피해자들이 느낀 체벌의 강도와 두려움을 고려할 때 피고인 A의 각 행위는 아동복지법상 '아동의 신체에 손상을 주거나 신체의 건강 및 발달을 해치는 신체적 학대행위'에 해당하나, 피고인 B는 직접 아동학대 예방 온라인 교육을 수료하고 어린이집 교사들에게도 아동학대 관련 교육을 수료하도록 지도한 점, 매주 어린이집 교사들과 회의하면서 아동에 대한 교육을 직접 지도하고 어린이집 교육사정을 검토·관리한 점, 평소 어린이집 복도를 돌아다니며 아동들의 교육상황을 관찰하였고 학부모들과 정기적으로 소통하였으며, 교사들에게 업무일지, 교육일지를 쓰게 하여 이를 보며 교육상황을 점검한 점 등 제반 사정을 종합할 때 어린이집 원장으로서 그 업무에 관하여 상당한 주의와 감독을 게을리하였다고 단정하기 어렵다는 이유로 피고인 A에게 유죄(벌금 5,000,000원, 40시간의 아동학대 치료프로그램 이수 명령), 피고인 B에게 무죄를 선고한 사례가 있다. 춘천지방법원 2017. 1. 19. 선고 2015노945 판결 참조.
② 춘천시에 있는 ○○어린이집 보육교사인 피고인이, 낮잠을 자기 위해 누워 있던 원아인 A(3세)에게 휴대전화로 무서운 영상을 틀어 주어 이를 시청한 A가 다리가 떨릴 정도로 극도의 공포심을 느껴 울게 함으

영역	주체	처벌범위	비고
형벌과 수강명령 등의 병과 (§8)	법원	• 아동학대행위자에 대하여 유죄판결(선고유예는 제외)을 선고하면서 200시간의 범위에서 재범예방에 필요한 수강명령(「보호관찰 등에 관한 법률」에 따른 수강명령을 말함) 또는 아동학대 치료프로그램의 이수명령(이하 "이수명령")을 병과할 수 있음.	제1항
		• 아동학대행위자에 대하여 제1항의 수강명령은 형의 집행을 유예할 경우에 그 집행유예기간 내에서 병과하고, 이수명령은 벌금형 또는 징역형의 실형(實刑)을 선고할 경우에 병과함.	제2항
		• 아동학대행위자에 대하여 형의 집행을 유예하는 경우에는 제1항에 따른 수강명령 외에 그 집행유예기간 내에서 보호관찰 또는 사회봉사 중 하나 이상의 처분을 병과할 수 있음.	제3항
		• 제1항에 따른 수강명령 또는 이수명령은 형의 집행을 유예할 경우에는 그 집행유예기간 내에, 벌금형을 선고할 경우에는 형 확정일로부터 6개월 이내에, 징역형의 실형을 선고할 경우에는 형기 내에 각각 집행함.	제4항
	보호관찰소의 장 또는 교정시설의 장	제1항에 따른 수강명령 또는 이수명령이 벌금형 또는 형의 집행유예와 병과된 경우에는 보호관찰소의 장이 집행하고, 징역형의 실형과 병과된 경우에는 교정시설의 장이 집행함 (다만, 징역형의 실형과 병과된 이수명령을 모두 이행하기 전에 석방 또는 가석방되거나 미결구금일수 산입 등의 사유로 형을 집행할 수 없게 된 경우에는 보호관찰소의 장이 남은 이수명령을 집행함).	제5항

로써 「아동복지법」상 정서적 학대행위를 하였다는 내용으로 기소된 사안에서, 피고인의 행위는 A의 정신건강 및 발달에 해를 끼치는 정서적 학대행위가 된다고 하여 피고인에게 벌금 1,500,000원을 선고한 사례가 있다. 춘천지방법원 2016. 1. 22. 선고 2015고단651 판결 참조.

영역	주체	처벌범위	비고
	법원	• 제1항에 따른 수강명령 또는 이수명령은 다음 각 호의 내용으로 함. 1. 아동학대 행동의 진단·상담 2. 보호자로서의 기본 소양을 갖추게 하기 위한 교육 3. 그 밖에 아동학대행위자의 재범예방을 위하여 필요한 사항	제6항
		• 형벌과 병과하는 보호관찰, 사회봉사, 수강명령 및 이수명령에 관하여 이 법에서 규정한 사항 외에는 「보호관찰 등에 관한 법률」을 준용	제7항
친권상실 청구 등 (§9)	검사	아동학대행위자가 제5조 또는 제6조의 범죄를 저지른 때에는 검사는 그 사건의 아동학대행위자가 피해아동의 친권자나 후견인인 경우에 법원에 「민법」 제924조의 친권상실의 선고[8] 또는 같은 법 제940조의 후견인의 변경 심판을 청구하여야 함(다만, 친권상실의 선고 또는 후견인의 변경 심판을 하여서는 아니 될 특별한 사정이 있는 경우에는 그러하지 아니함).	제1항
	자치단체의 장	• 검사가 제1항에 따른 청구를 하지 아니한 때에는 특별시장·광역시장·특별자치시장·도지사·특별자치도지사(이하 "시·도지사") 또는 시장·군수·구청장(자치구의 구청장을 말함)은 검사에게 제1항의 청구를 하도록 요청할 수 있음. 이 경우 청구를 요청받은 검사는 요청받은 날부터 30일 내에 그 처리 결과를 시·도지사 또는 시장·군수·구청장에게 통보하여야 함.	제2항
		• 제2항 후단에 따라 처리 결과를 통보받은 시·도지사 또는 시장·군수·구청장은 그 처리 결과에 대하여 이의가 있을 경우 통보받은 날부터 30일 내에 직접 법원에 제1항의 청구를 할 수 있음.	제3항

---

8   A가 대한불교조계종 사찰의 행자로 수행 중에 협의이혼하면서 그의 자녀인 B의 친권자로 지정되었는데, 대한불교조계종의 출가자등록자격에 미성년 자녀가 있는 경우 친권 및 양육권을 포기하여야 한다고 정하고 있어 B에 대한 친권을 포기하기 위하여 A의 모친이 A를 상대로 B에 대한 친권상실을 청구한 사안에서, A에게 친권의 남용, 행사 곤란이나 현저한 비행과 같은 민법상 친권상실 내지 제한사유가 존재한다고 보기는 어렵다고 한 판례가 있다. 대전가정법원 2018. 10. 18. 자 2018느단10074 심판 참조.

(3) 제3장 아동학대범죄의 처리절차에 관한 특례

제3장에서는 아동학대범죄 신고의무와 절차(§10), 불이익조치의 금지(§10조의2), 아동학대범죄신고자등에 대한 보호조치(§10조의3), 고소에 대한 특례(§10조의4), 현장출동(§11), 조사(§11조의2), 피해아동 등에 대한 응급조치(§12), 아동학대행위자에 대한 긴급임시조치(§13), 임시조치의 청구(§14), 응급조치·긴급임시조치 후 임시조치의 청구(§15), 피해아동에 대한 변호사 선임의 특례(§16), 준용(§17)에 대하여 규정하고 있다.

영역	주체	권리와 의무	비고
아동학대범죄 신고의무와 절차 (§10)	모든 사람	누구든지 아동학대범죄를 알게 된 경우나 그 의심이 있는 경우에는 특별시·광역시·특별자치시·도·특별자치도(이하 "시·도"), 시·군·구(자치구를 말함) 또는 수사기관에 신고할 수 있음.	제1항
	관련기관의 장 및 종사자	다음 각 호의 어느 하나에 해당하는 사람이 직무를 수행하면서 아동학대범죄를 알게 된 경우나 그 의심이 있는 경우에는 시·도, 시·군·구 또는 수사기관에 즉시 신고하여야 함. 1. 아동권리보장원 및 가정위탁지원센터의 장과 그 종사자 2. 아동복지시설의 장과 그 종사자(아동보호전문기관의 장과 그 종사자는 제외) 3. 아동복지전담공무원 4. 가정폭력 관련 상담소 및 가정폭력피해자 보호시설의 장과 그 종사자 5. 건강가정지원센터의 장과 그 종사자 6. 다문화가족지원센터의 장과 그 종사자 7. 사회복지전담공무원 및 사회복지시설의 장과 그 종사자 8. 「성매매방지 및 피해자보호 등에 관한 법률」 제9조에 따른 지원시설 및 성매매피해상담소의 장과 그 종사자 9. 성폭력피해상담소, 성폭력피해자보호시설의 장과 그 종사자, 성폭력피해자통합지원센터의 장과 그 종사자 10. 119구급대의 대원 11. 응급의료기관등에 종사하는 응급구조사 12. 육아종합지원센터의 장과 그 종사자, 어린이집의 원장 등 보육교직원 13. 유치원의 장과 그 종사자	제2항

영역	주체	권리와 의무	비고
		14. 아동보호전문기관의 장과 그 종사자 15. 의료기관의 장, 의료인 및 의료기사 16. 장애인복지시설의 장과 그 종사자로서 시설에서 장애 아동에 대한 상담·치료·훈련 또는 요양 업무를 수행하는 사람 17. 정신건강복지센터, 정신의료기관, 정신요양시설, 정신재 활시설의 장과 그 종사자 18. 청소년시설 및 청소년단체의 장과 그 종사자 19. 청소년 보호·재활센터의 장과 그 종사자 20. 학교의 장과 그 종사자 21. 한부모가족복지시설의 장과 그 종사자 22. 학원의 운영자·강사·직원 및 교습소의 교습자·직원 23. 아이돌보미 24. 취약계층 아동에 대한 통합서비스지원 수행인력 25. 입양기관의 장과 그 종사자	
	모든 사람	누구든지 제1항 및 제2항에 따른 신고인의 인적 사항 또는 신고인임을 미루어 알 수 있는 사실을 다른 사람에게 알려 주거나 공개 또는 보도하여서는 아니 됨.	제3항
불이익조치의 금지 (§10조의 2)	모든 사람	누구든지 아동학대범죄신고자등에게 아동학대범죄신고등 을 이유로 불이익조치를 하여서는 아니 됨.	
아동학대범죄 신고자등에 대한 보호조치 (§10조의 3)	법원 및 해당 기관	아동학대범죄신고자등에 대하여는 「특정범죄신고자 등 보 호법」 제7조부터 제13조까지의 규정을 준용함.	
고소에 대한 특례 (§10조의 4)	고소권자	피해아동 또는 그 법정대리인은 아동학대행위자를 고소할 수 있음. 피해아동의 법정대리인이 아동학대행위자인 경우 또는 아동학대행위자와 공동으로 아동학대범죄를 범한 경 우에는 피해아동의 친족이 고소할 수 있음.	제1항
	피해아동 및 법정 대리인	피해아동은 「형사소송법」 제224조에도 불구하고 아동학대 행위자가 자기 또는 배우자의 직계존속인 경우에도 고소할 수 있음(법정대리인이 고소하는 경우에도 또한 같음).	제2항
	검사	피해아동에게 고소할 법정대리인이나 친족이 없는 경우에 이해관계인이 신청하면 검사는 10일 이내에 고소할 수 있 는 사람을 지정하여야 함.	제3항

영역	주체	권리와 의무	비고
현장출동 (§11)	사법경찰관리 또는 아동학대전담 공무원	• 아동학대범죄 신고를 접수한 사법경찰관리나 「아동복지법」 제22조제4항에 따른 아동학대전담공무원은 지체 없이 아동학대범죄의 현장에 출동하여야 함. 이 경우 수사기관의 장이나 시·도지사 또는 시장·군수·구청장은 서로 동행하여 줄 것을 요청할 수 있으며, 그 요청을 받은 수사기관의 장이나 시·도지사 또는 시장·군수·구청장은 정당한 사유가 없으면 사법경찰관리나 아동학대전담공무원이 아동학대범죄 현장에 동행하도록 조치하여야 함.	제1항
		• 아동학대범죄 신고를 접수한 사법경찰관리나 아동학대전담공무원은 아동학대범죄가 행하여지고 있는 것으로 신고된 현장에 출입하여 아동 또는 아동학대행위자 등 관계인에 대하여 조사를 하거나 질문을 할 수 있음. 다만, 아동학대전담공무원은 다음 각 호를 위한 범위에서만 아동학대행위자 등 관계인에 대하여 조사 또는 질문을 할 수 있음. 1. 피해아동의 보호 2. 「아동복지법」 제22조의4의 사례관리계획에 따른 사례관리	제2항
	시·도지사 또는 시장· 군수· 구청장	제1항에 따른 현장출동 시 아동보호 및 사례관리를 위하여 필요한 경우 아동보호전문기관의 장에게 아동보호전문기관의 직원이 동행할 것을 요청할 수 있음. 이 경우 아동보호전문기관의 직원은 피해아동의 보호 및 사례관리를 위한 범위에서 아동학대전담공무원의 조사에 참여할 수 있음.	제3항
	사법경찰관리, 아동학대전담 공무원 또는 아동보호전문 기관의 직원	제2항 및 제3항에 따라 출입이나 조사를 하는 사법경찰관리, 아동학대전담공무원 또는 아동보호전문기관의 직원은 그 권한을 표시하는 증표를 지니고 이를 관계인에게 내보여야 함.	제4항
	모든 사람	누구든지 제1항부터 제3항까지의 규정에 따라 현장에 출동한 사법경찰관리, 아동학대전담공무원 또는 아동보호전문기관의 직원이 제2항 및 제3항에 따른 업무를 수행할 때에 폭행·협박이나 현장조사를 거부하는 등 그 업무 수행을 방해하는 행위를 하여서는 아니 됨.	제5항
조사 (§11조의 2)	아동학대 전담 공무원	피해아동의 보호 및 사례관리를 위한 조사를 할 수 있으며, 필요한 경우 아동학대행위자 및 관계인에 대하여 출석·진술 및 자료제출을 요구할 수 있음.	제1항

영역	주체	권리와 의무	비고
피해아동 등에 대한 응급조치 (§12)	사법경찰관리 또는 아동학대전담 공무원	• 제11조제1항에 따라 현장에 출동하거나 아동학대범죄 현장을 발견한 경우 또는 학대현장 이외의 장소에서 학대피해가 확인되고 재학대의 위험이 급박·현저한 경우, 사법경찰관리 또는 아동학대전담공무원은 피해아동, 피해아동의 형제자매인 아동 및 피해아동과 동거하는 아동(이하 "피해아동등")의 보호를 위하여 즉시 다음 각 호의 조치(이하 "응급조치")를 하여야 함. 이 경우 제3호의 조치를 하는 때에는 피해아동등의 이익을 최우선으로 고려하여야 하며, 피해아동등을 보호하여야 할 필요가 있는 등 특별한 사정이 있는 경우를 제외하고는 피해아동등의 의사를 존중하여야 함. 1. 아동학대범죄 행위의 제지 2. 아동학대행위자를 피해아동등으로부터 격리 3. 피해아동등을 아동학대 관련 보호시설로 인도 4. 긴급치료가 필요한 피해아동을 의료기관으로 인도	제1항
		• 제1항제3호 및 제4호 규정에 따라 피해아동등을 분리·인도하여 보호하는 경우 지체 없이 피해아동등을 인도받은 보호시설·의료시설을 관할하는 시·도지사 또는 시장·군수·구청장에게 그 사실을 통보하여야 함.	제2항
		• 제1항제2호부터 제4호까지의 규정에 따른 응급조치는 72시간을 넘을 수 없음(다만, 검사가 제15조제2항에 따라 임시조치를 법원에 청구한 경우에는 법원의 임시조치 결정 시까지 연장됨).	제3항
		• 제1항에 따라 응급조치를 한 경우에는 즉시 응급조치결과보고서를 작성하여야 함. 이 경우 사법경찰관리가 응급조치를 한 경우에는 관할 경찰관서의 장이 시·도지사 또는 시장·군수·구청장에게, 아동학대전담공무원이 응급조치를 한 경우에는 소속 시·도지사 또는 시장·군수·구청장이 관할 경찰관서의 장에게 작성된 응급조치결과보고서를 지체 없이 송부하여야 함.	제4항
		• 제4항에 따른 응급조치결과보고서에는 피해사실의 요지, 응급조치가 필요한 사유, 응급조치의 내용 등을 기재하여야 함.	제5항
	모든 사람	누구든지 아동학대전담공무원이나 사법경찰관리가 제1항에 따른 업무를 수행할 때에 폭행·협박이나 응급조치를 저지하는 등 그 업무 수행을 방해하는 행위를 하여서는 아니 됨.	제6항

영역	주체	권리와 의무	비고
아동학대행위자에 대한 긴급임시조치 (§13)	사법경찰관	• 제12조제1항에 따른 응급조치에도 불구하고 아동학대범죄가 재발될 우려가 있고, 긴급을 요하여 제19조제1항에 따른 법원의 임시조치 결정을 받을 수 없을 때에는 직권이나 피해아동등, 그 법정대리인(아동학대행위자는 제외), 변호사(제16조에 따른 변호사를 말함. 제48조 및 제49조를 제외), 시·도지사, 시장·군수·구청장 또는 아동보호전문기관의 장의 신청에 따라 제19조제1항제1호부터 제3호까지의 어느 하나에 해당하는 조치를 할 수 있음.	제1항
		• 제1항에 따른 조치(이하 "긴급임시조치")를 한 경우에는 즉시 긴급임시조치결정서를 작성하여야 하고, 그 내용을 시·도지사 또는 시장·군수·구청장에게 지체 없이 통지하여야 함.	제2항
		• 제2항에 따른 긴급임시조치결정서에는 범죄사실의 요지, 긴급임시조치가 필요한 사유, 긴급임시조치의 내용 등을 기재하여야 함.	제3항
임시조치의 청구 (§14)	검사	아동학대범죄가 재발될 우려가 있다고 인정하는 경우에는 직권으로 또는 사법경찰관이나 보호관찰관의 신청에 따라 법원에 제19조제1항 각 호의 임시조치를 청구할 수 있음.	제1항
	피해아동등, 그 법정대리인, 변호사, 시·도지사, 시장·군수·구청장 또는 아동보호전문기관의 장	피해아동등, 그 법정대리인, 변호사, 시·도지사, 시장·군수·구청장 또는 아동보호전문기관의 장은 검사 또는 사법경찰관에게 제1항에 따른 임시조치의 청구 또는 그 신청을 요청하거나 이에 관하여 의견을 진술할 수 있음.	제2항
	사법경찰관	제2항에 따른 요청을 받은 사법경찰관은 제1항에 따른 임시조치를 신청하지 아니하는 경우에는 검사 및 임시조치를 요청한 자에게 그 사유를 통지하여야 함.	제3항

영역	주체	권리와 의무	비고
응급조치· 긴급임시조치 후 임시조치의 청구 (§15)	사법 경찰관	사법경찰관이 제12조제1항제2호부터 제4호까지의 규정에 따른 응급조치 또는 제13조제1항에 따른 긴급임시조치를 하였거나 시·도지사 또는 시장·군수·구청장으로부터 제12조제1항제2호부터 제4호까지의 규정에 따른 응급조치가 행하여졌다는 통지를 받은 때에는 지체 없이 검사에게 제19조에 따른 임시조치의 청구를 신청하여야 함.	제1항
	검사	제1항의 신청을 받은 검사는 임시조치를 청구하는 때에는 응급조치가 있었던 때부터 72시간 이내에, 긴급임시조치가 있었던 때부터 48시간 이내에 하여야 함. 이 경우 제12조제4항에 따라 작성된 응급조치결과보고서 및 제13조제2항에 따라 작성된 긴급임시조치결정서를 첨부하여야 함.	제2항
	사법 경찰관	사법경찰관은 검사가 제2항에 따라 임시조치를 청구하지 아니하거나 법원이 임시조치의 결정을 하지 아니한 때에는 즉시 그 긴급임시조치를 취소하여야 함.	제3항

(4) 제4장 아동보호사건

제4장에서는 관할(§18), 아동학대행위자에 대한 임시조치(§19), 임시조치의 고지(§20), 임시조치의 집행(§21), 임시조치의 변경(§22), 임시로 후견인의 임무를 수행할 사람(§23), 사법경찰관의 사건송치(§24), 검사의 결정 전 조사(§25), 조건부 기소유예(§26), 아동보호사건의 처리(§27), 검사의 송치(§28), 법원의 송치(§29), 송치 시의 아동학대행위자 처리(§30), 송치서(§31), 이송(§32), 보호처분의 효력(§33), 공소시효의 정지와 효력(§34), 비밀엄수 등의 의무(§35), 보호처분의 결정 등(§36), 보호처분의 기간(§37), 보호처분 결정의 집행(§38), 보고와 의견 제출 등(§39), 보호처분의 변경(§40), 보호처분의 취소(§41), 보호처분의 종료(§42), 비용의 부담(§43), 준용(§44), 항고와 재항고(§45)에 대하여 규정하고 있다.

영역	주체	권리와 의무	비고
아동학대 행위자에 대한 임시조치 (§19)	판사	• 판사는 아동학대범죄의 원활한 조사·심리 또는 피해아동 등의 보호를 위하여 필요하다고 인정하는 경우에는 결정으로 아동학대행위자에게 다음 각 호의 어느 하나에 해당하는 조치(이하 "임시조치")를 할 수 있음. 1. 피해아동등 또는 가정구성원의 주거로부터 퇴거 등 격리 2. 피해아동등 또는 가정구성원의 주거, 학교 또는 보호시설 등에서 100미터 이내의 접근 금지 3. 피해아동등 또는 가정구성원에 대한 「전기통신기본법」 제2조제1호의 전기통신을 이용한 접근 금지 4. 친권 또는 후견인 권한 행사의 제한 또는 정지 5. 아동보호전문기관 등에의 상담 및 교육 위탁 6. 의료기관이나 그 밖의 요양시설에의 위탁 7. 경찰관서의 유치장 또는 구치소에의 유치	제1항
		• 제1항 각 호의 처분은 병과할 수 있음.	제2항
		• 피해아동등에 대하여 제12조제1항제2호부터 제4호까지의 규정에 따른 응급조치가 행하여진 경우에는 임시조치가 청구된 때로부터 24시간 이내에 임시조치 여부를 결정하여야 함.	제3항
		• 제1항 각 호의 규정에 따른 임시조치기간은 2개월을 초과할 수 없음(다만, 피해아동등의 보호를 위하여 그 기간을 연장할 필요가 있다고 인정하는 경우에는 결정으로 제1항제1호부터 제3호까지의 규정에 따른 임시조치는 두 차례만, 같은 항 제4호부터 제7호까지의 규정에 따른 임시조치는 한 차례만 각 기간의 범위에서 연장할 수 있음).	제4항
		• 제1항제6호에 따라 위탁을 하는 경우에는 의료기관 등의 장에게 아동학대행위자를 보호하는 데에 필요한 사항을 부과할 수 있음.	제5항
		• 제1항제6호에 따라 민간이 운영하는 의료기관 등에 아동학대행위자를 위탁하려는 경우에는 제5항에 따라 부과할 사항을 그 의료기관 등의 장에게 미리 고지하고 동의를 받아야 함.	제6항

영역	주체	권리와 의무	비고
	법원	제1항에 따른 임시조치를 결정한 경우에는 검사, 피해아동 등, 그 법정대리인, 변호사, 시·도지사 또는 시장·군수·구청 장 및 피해아동등을 보호하고 있는 기관의 장에게 통지하 여야 함.	제7항
	아동보호전문 기관의 장 등	제1항제5호에 따른 상담 및 교육을 행한 아동보호전문기 관의 장 등은 그 결과보고서를 판사와 검사에게 제출하여 야 함.	제8항
임시조치의 고지 (§20)	법원	제19조제1항제6호 및 제7호의 조치를 한 경우에는 그 사실 을 아동학대행위자의 보조인이 있는 경우에는 보조인에게, 보조인이 없는 경우에는 아동학대행위자가 지정한 사람에 게 통지하여야 함. 이 경우 제19조제1항제7호의 조치를 하 였을 때에는 아동학대행위자에게 변호사 등 보조인을 선임 할 수 있으며 항고를 제기할 수 있음을 고지하여야 함.	
공소시효의 정지와 효력 (§34)	아동학대범 죄의 공소 시효	• 아동학대범죄의 공소시효는 「형사소송법」 제252조에도 불구하고 해당 아동학대범죄의 피해아동이 성년에 달한 날부터 진행함.	제1항
		• 해당 아동보호사건이 법원에 송치된 때부터 시효 진행이 정지됨. 다만, 다음 각 호의 어느 하나에 해당하는 경우에 는 그 때부터 진행됨. 1. 해당 아동보호사건에 대하여 제44조에 따라 준용되 는 「가정폭력범죄의 처벌 등에 관한 특례법」 제37조제 1항제1호에 따른 처분을 하지 아니한다는 결정이 확정 된 때 2. 해당 아동보호사건이 제41조 또는 제44조에 따라 준 용되는 「가정폭력범죄의 처벌 등에 관한 특례법」 제27 조제2항 및 제37조제2항에 따라 송치된 때	제2항
		• 공범 중 1명에 대한 제2항의 시효정지는 다른 공범자에 게도 효력을 미침.	제3항
비밀엄수 등의 의무 (§34)	학교 교직원, 보육교직원	피해아동의 교육 또는 보육을 담당하는 학교의 교직원 또 는 보육교직원은 정당한 사유가 없으면 해당 아동의 취학, 진학, 전학 또는 입소(그 변경을 포함)의 사실을 아동학대행 위자인 친권자를 포함하여 누구에게든지 누설하여서는 아 니 됨.	제3항

영역	주체	권리와 의무	비고
보호처분의 결정 등 (§35)	판사	• 판사는 심리의 결과 보호처분이 필요하다고 인정하는 경우에는 결정으로 다음 각 호의 어느 하나에 해당하는 보호처분을 할 수 있음. 　1. 아동학대행위자가 피해아동 또는 가정구성원에게 접근하는 행위의 제한 　2. 아동학대행위자가 피해아동 또는 가정구성원에게 전기통신을 이용하여 접근하는 행위의 제한 　3. 피해아동에 대한 친권 또는 후견인 권한 행사의 제한 또는 정지 　4. 「보호관찰 등에 관한 법률」에 따른 사회봉사·수강명령 　5. 「보호관찰 등에 관한 법률」에 따른 보호관찰 　6. 법무부장관 소속으로 설치한 감호위탁시설 또는 법무부장관이 정하는 보호시설에의 감호위탁 　7. 의료기관에의 치료위탁 　8. 아동보호전문기관, 상담소 등에의 상담위탁	제1항
		• 제1항 각 호의 처분은 병과할 수 있음.	제2항
		• 제1항제3호의 처분을 하는 경우에는 피해아동을 아동학대행위자가 아닌 다른 친권자나 친족 또는 아동복지시설 등으로 인도할 수 있음.	제3항
		• 제1항제3호의 보호처분을 하는 경우 보호처분의 기간 동안 임시로 후견인의 임무를 수행할 사람의 선임 등에 대하여는 제23조를 준용함.	제4항
	법원	• 법원은 제1항에 따라 보호처분의 결정을 한 경우에는 지체 없이 그 사실을 검사, 아동학대행위자, 피해아동, 법정대리인, 변호사, 시·도지사 또는 시장·군수·구청장, 보호관찰관 및 보호처분을 위탁받아 하는 보호시설, 의료기관, 아동보호전문기관 또는 상담소 등(이하 "수탁기관")의 장에게 통지하여야 함(다만, 수탁기관이 국가나 지방자치단체가 운영하는 기관이 아닌 경우에는 그 기관의 장으로부터 수탁에 대한 동의를 받아야 함).	제5항
		• 제1항제4호부터 제8호까지의 규정에 따라 처분을 한 경우에는 법원은 아동학대행위자의 교정에 필요한 참고자료를 보호관찰관 또는 수탁기관의 장에게 보내야 함.	제6항
	감호위탁기관	제1항제6호의 감호위탁기관은 아동학대행위자에 대하여 그 성행을 교정하기 위한 교육을 하여야 함.	제7항

(5) 제5장 피해아동보호명령

제5장에서는 피해아동보호명령사건의 관할(§46), 가정법원의 피해아동에 대한 보호명령(§47), 보조인(§48), 국선보조인(§49), 피해아동보호명령의 집행 및 취소와 변경(§50), 피해아동보호명령의 기간(§51), 피해아동에 대한 임시보호명령(§52), 이행실태의 조사(§53), 병합심리(§54), 아동학대전담공무원 등에 대한 교육(§55), 자료요청 및 면담(§55조의2), 준용(§56), 항고와 재항고(§57), 위임규정(§58)에 대하여 규정하고 있다.

영역	주체	권리와 의무	비고
가정법원의 피해아동에 대한 보호명령 (§47)	판사	판사는 직권 또는 피해아동, 그 법정대리인, 변호사, 시·도지사 또는 시장·군수·구청장의 청구에 따라 결정으로 피해아동의 보호를 위하여 다음 각 호의 피해아동보호명령을 할 수 있음. 1. 아동학대행위자를 피해아동의 주거지 또는 점유하는 방실(房室)로부터의 퇴거 등 격리 2. 아동학대행위자가 피해아동 또는 가정구성원에게 접근하는 행위의 제한 3. 아동학대행위자가 피해아동 또는 가정구성원에게 전기통신을 이용하여 접근하는 행위의 제한 4. 피해아동을 아동복지시설 또는 장애인복지시설로의 보호위탁 5. 피해아동을 의료기관으로의 치료위탁 5의2. 피해아동을 아동보호전문기관, 상담소 등으로의 상담·치료위탁 6. 피해아동을 연고자 등에게 가정위탁 7. 친권자인 아동학대행위자의 피해아동에 대한 친권 행사의 제한 또는 정지 8. 후견인인 아동학대행위자의 피해아동에 대한 후견인 권한의 제한 또는 정지 9. 친권자 또는 후견인의 의사표시를 갈음하는 결정	제1항
	아동보호 전문기관 의 장	시·도지사 또는 시장·군수·구청장에게 제1항에 따른 피해아동보호명령의 청구를 요청할 수 있음. 이 경우 시·도지사 또는 시장·군수·구청장은 요청을 신속히 처리해야 하며, 요청받은 날부터 15일 이내에 그 처리 결과를 아동보호전문기관의 장에게 통보하여야 함.	제2항
	판사	제1항 각 호의 처분은 병과할 수 있음.	제3항

영역	주체	권리와 의무	비고
	피해아동 및 관계자	판사가 제1항 각 호의 피해아동보호명령을 하는 경우 피해아동, 그 법정대리인, 변호사, 시·도지사 또는 시장·군수·구청장 및 아동보호전문기관의 장은 관할 법원에 대하여 필요한 의견을 진술할 수 있음.	제4항
	판사	판사가 제1항제7호 및 제8호의 피해아동보호명령을 하는 경우 피해아동보호명령의 기간 동안 임시로 후견인의 임무를 수행할 자의 선임 등에 대하여는 제23조를 준용함.	제5항
		제1항제5호의2에 따른 피해아동보호명령을 하는 경우 필요하다고 인정하는 때에는 피해아동의 보호자를 그 과정에 참여시킬 수 있음.	제7항

(6) 제6장 벌칙

제6장에서는 보호처분 등의 불이행죄(§59), 피해자 등에 대한 강요행위(§60), 업무수행 등의 방해죄(§61), 비밀엄수 등 의무의 위반죄(§62), 불이익조치 금지 위반죄(§62조의2), 과태료(§63), 벌칙적용에 있어서 공무원의 의제(§64)에 대하여 규정하고 있다.

영역	주체	권리와 의무	비고
보호처분 등의 불이행죄 (§59)	아동 학대 행위자	다음 각 호의 어느 하나에 해당하는 아동학대행위자는 2년 이하의 징역 또는 2천만원 이하의 벌금 또는 구류 1. 제19조제1항제1호부터 제4호까지의 어느 하나에 해당하는 임시조치를 이행하지 아니한 아동학대행위자 2. 제36조제1항제1호부터 제3호까지의 어느 하나에 해당하는 보호처분이 확정된 후에 이를 이행하지 아니한 아동학대행위자 3. 제47조에 따른 피해아동보호명령, 제52조에 따른 임시보호명령이 결정된 후에 이를 이행하지 아니한 아동학대행위자	제1항
	상습범	상습적으로 제1항의 죄를 범한 아동학대행위자는 5년 이하의 징역이나 5천만원 이하의 벌금	제2항

영역	주체	권리와 의무	비고
	이수명령에 불응한 아동학대 행위자	제8조제1항에 따라 이수명령을 부과받은 사람이 보호관찰소의 장 또는 교정시설의 장의 이수명령 이행에 관한 지시에 불응하여 「보호관찰 등에 관한 법률」 또는 「형의 집행 및 수용자의 처우에 관한 법률」에 따른 경고를 받은 후 재차 정당한 사유 없이 이수명령 이행에 관한 지시에 불응한 경우 다음 각 호에 따름. 1. 벌금형과 병과된 경우에는 500만원 이하의 벌금 2. 징역형의 실형과 병과된 경우에는 1년 이하의 징역 또는 1천만원 이하의 벌금	제3항
피해자 등에 대한 강요행위 (§60)	합의 강요자	폭행이나 협박으로 아동학대범죄의 피해아동 또는 제2조 제2호에 따른 보호자를 상대로 합의를 강요한 사람은 7년 이하의 징역	
업무수행 등의 방해죄 (§61)	업무 수행 방해자	• 제11조제2항·제3항, 제12조제1항, 제19조제1항 각 호, 제36조제1항 각 호 또는 제47조제1항 각 호에 따른 업무를 수행 중인 사법경찰관리, 아동학대전담공무원이나 아동보호전문기관의 직원에 대하여 폭행 또는 협박하거나 위계 또는 위력으로써 그 업무수행을 방해한 사람은 5년 이하의 징역 또는 1천500만원 이하의 벌금	제1항
		• 단체 또는 다중의 위력을 보이거나 위험한 물건을 휴대하여 제1항의 죄를 범한 때에는 그 정한 형의 2분의 1까지 가중함.	제2항
		• 제1항의 죄를 범하여 사법경찰관리, 아동학대전담공무원이나 아동보호진문기관의 직원을 상해에 이르게 한 때에는 3년 이상의 유기징역. 사망에 이르게 한 때에는 무기 또는 5년 이상의 징역	제3항

영역	주체	권리와 의무	비고
비밀엄수 등 의무의 위반죄 (§62)	비밀 엄수 의무 위반자	제35조제1항에 따른 비밀엄수 의무를 위반한 보조인, 진술조력인, 아동보호전문기관 직원과 그 기관장, 상담소 등에 근무하는 상담원과 그 기관장 및 제10조제2항 각 호에 규정된 사람(그 직에 있었던 사람을 포함)은 3년 이하의 징역이나 5년 이하의 자격정지 또는 3천만원 이하의 벌금(다만, 보조인인 변호사에 대하여는 「형법」제317조제1항을 적용함).	제1항
		제10조제3항을 위반하여 신고인의 인적사항 또는 신고인임을 미루어 알 수 있는 사실을 다른 사람에게 알려주거나 공개 또는 보도한 자는 3년 이하의 징역이나 3천만원 이하의 벌금	제2항
		제35조제2항의 보도 금지 의무를 위반한 신문의 편집인·발행인 또는 그 종사자, 방송사의 편집책임자, 그 기관장 또는 종사자, 그 밖의 출판물의 저작자와 발행인은 500만원 이하의 벌금	제3항
불이익조치 금지 위반죄 (§62조의 2)	비밀 엄수 의무 위반자	제10조의2를 위반하여 아동학대범죄신고자등에게 파면, 해임, 해고, 그 밖에 신분상실에 해당하는 신분상의 불이익조치를 한 자는 2년 이하의 징역 또는 2천만원 이하의 벌금	제1항
		제10조의2를 위반하여 아동학대범죄신고자등에게 다음 각 호의 어느 하나에 해당하는 불이익조치를 한 자는 1년 이하의 징역 또는 1천만원 이하의 벌금 1. 징계, 정직, 감봉, 강등, 승진 제한, 그 밖에 부당한 인사조치 2. 전보, 전근, 직무 미부여, 직무 재배치, 그 밖에 본인의 의사에 반하는 인사조치 3. 성과평가 또는 동료평가 등에서의 차별과 그에 따른 임금 또는 상여금 등의 차별 지급 4. 교육 또는 훈련 등 자기계발 기회의 취소, 예산 또는 인력 등 가용자원의 제한 또는 제거, 보안정보 또는 비밀정보 사용이 정지 또는 취급 자격의 취소, 그 밖에 근무조건 등에 부정적 영향을 미치는 차별 또는 조치 5. 주의 대상자 명단 작성 또는 그 명단의 공개, 집단 따돌림, 폭행 또는 폭언, 그 밖에 정신적·신체적 손상을 가져오는 행위 6. 직무에 대한 부당한 감사 또는 조사나 그 결과의 공개	제2항

영역	주체	권리와 의무	비고
과태료 (§63)	의무 불이행자	다음 각 호의 어느 하나에 해당하는 사람에게는 500만원 이하의 과태료 1. 정당한 사유 없이 판사의 아동보호사건의 조사·심리를 위한 소환에 따르지 아니한 사람 2. 정당한 사유 없이 제10조제2항에 따른 신고를 하지 아니한 사람 3. 정당한 사유 없이 제11조제5항을 위반하여 사법경찰관리, 아동학대전담공무원 또는 아동보호전문기관의 직원이 수행하는 현장조사를 거부한 사람 4. 정당한 사유 없이 제13조제1항에 따른 긴급임시조치를 이행하지 아니한 사람 5. 정당한 사유 없이 제36조제1항제4호부터 제8호까지의 보호처분이 확정된 후 이를 이행하지 아니하거나 집행에 따르지 아니한 사람 6. 정당한 사유 없이 제39조에 따른 보고서 또는 의견서 제출 요구에 따르지 아니한 사람	제1항

벌금형이 확정되면 10년간 어린이집을 운영하거나 근무할 수 없음[「영유아보육법」 제20조 제1호,[9] 제16조 제8호,[10] 「아동복지법」 제3조 제7호의2 (가)목, 「아동학대범죄의 처벌 등에 관한 특례법」 제2조 제4호 (타)목 참조].

---

[9] 제20조(결격사유) 다음 각 호의 어느 하나에 해당하는 자는 어린이집에 근무할 수 없다. 〈개정 2011.6.7, 2013.8.13〉
  1. 제16조 각 호의 어느 하나에 해당하는 자
  2. 제46조나 제47조에 따라 자격정지 중인 자
  3. 제48조제1항에 따라 자격이 취소된 후 같은 조 제2항에 따른 자격 재교부 기한이 경과되지 아니한 자
  [전문개정 2007.10.17]

[10] 제16조(결격사유) 다음 각 호의 어느 하나에 해당하는 자는 어린이집을 설치·운영할 수 없다. 〈개정 2011.6.7, 2013.8.13, 2014.5.28, 2015.5.18〉
  1. 미성년자·피성년후견인 또는 피한정후견인
  2. 「정신보건법」 제3조제1호의 정신질환자
  3. 「마약류 관리에 관한 법률」 제2조제1호의 마약류에 중독된 자
  4. 파산선고를 받고 복권되지 아니한 자
  5. 금고 이상의 실형을 선고받고 그 집행이 종료(집행이 종료된 것으로 보는 경우를 포함한다)되거나 집행이 면제된 날부터 5년(「아동복지법」 제3조제7호의2에 따른 아동학대관련범죄를 저지른 경우에는 20년)이 경과되지 아니한 자
  6. 금고 이상의 형의 집행유예를 선고받고 그 유예기간 중에 있는 사람. 다만, 「아동복지법」 제3조제7호의2에 따른 아동학대관련범죄로 금고 이상의 형의 집행유예를 선고받은 경우에는 그 집행유예가 확정된 날부터 20년이 지나지 아니한 사람
  7. 제45조에 따라 어린이집의 폐쇄명령을 받고 5년이 경과되지 아니한 자

4. 아동학대 관련 판례

1) 아동학대의 공소시효

○○○ 아동학대범죄의 공소시효를 해당 아동학대범죄의 피해아동이 성년에 달한 날부터 진행하는 것은 적법한가? (**대법원 2021. 2. 25. 선고 2020도3694 판결**)[11]

판례

〈사건개요〉

1. 피고인(양아버지)은 공소외 2(친어머니)와 재혼한 부부 사이로, 공소외 2와 전남편 사이의 아들인 피해자 공소외 1을 친양자 입양하였다. 피고인은 2008. 3. 2.경 공소외 2의 주거지인 서울 서초구에서 피해자 공소외 1(당시 만 5세)이 피고인과 함께 자는 것을 거부하고 운다는 등의 이유로 손으로 피해자 공소외 1의 얼굴을 때려 폭행한 것을 비롯하여 원심판결(서울서부지방법원 2020. 2. 13. 선고 2018노1659 판결) 별지 2 범죄일람표 순번 1, 5, 6, 7, 9, 10 기재와 같이 6회에 걸쳐, 그리고 2008. 4. 중순 서울 마포구 피고인의 집에서 피해자 공소외 1이 목소리가 작고 표정이 밝지 않다는 이유로 피해자 공소외 1의 얼굴을 때려 폭행한 것을 비롯하여

---

8. 제54조에 따라 300만원 이상의 벌금형이 확정된 날부터 2년이 지나지 아니한 사람 또는 「아동복지법」 제3조제7호의2에 따른 아동학대관련범죄로 벌금형이 확정된 날부터 10년이 지나지 아니한 사람
9. 제23조의3에 따른 교육명령을 이행하지 아니한 자
[전문개정 2007.10.17]

11 이와 유사한 판례로, 피고인(어머니)은 2008. 8.경에서 2008. 9.경 사이 안성시에 있는 피고인의 주거지에서 피해자 공소외 1(첫째 딸, 당시 8세)이 동생의 분유를 몰래 먹었다고 의심하여 옷걸이와 손으로 피해자의 몸을 수회 때리고, 책과 옷걸이 등을 집어던져 아동인 피해자의 신체에 손상을 주는 학대행위를 비롯하여 60여 일 동안 특별한 이유 없이 피해자들을 학교에 보내지 않고 방임하였다는 등의 이유로 기소된 사건이 있다. 2심(춘천지방법원 2016. 5. 4. 선고 2016노166 판결)은 2008. 8.경에서 9.경 사이 발생한 사건(아동복지법위반의 점)은 면소, 나머지 학대 및 방임행위에 대해서는 징역 10월을 선고하였다. 대법원은 2심법원이 면소로 판정한 부분은 '아동학대처벌법 제34조 제1항을 적용하지 아니하고 그 공소시효가 완성되었다고 잘못 판단하여, 이 부분 공소사실을 유죄로 인정한 제1심판결을 파기하고 면소를 선고한 잘못이 있음'을 지적하면서 "원심판결을 파기하고, 사건을 춘천지방법원 본원 합의부에 환송한다."는 판결을 내렸다. 자세한 사항은 춘천지방법원 2016. 5. 4. 선고 2016노166 판결 및 대법원 2016. 9. 28. 선고 2016도7273 판결 참조.

원심판결 별지 2 범죄일람표 순번 2, 3, 4, 8 기재와 같이 4회에 걸쳐 아동의 신체에 손상을 주거나 신체의 건강과 발달을 해치는 신체적 학대행위를 하고 아동의 정신건강과 발달에 해를 끼치는 정서적 학대행위를 하였다.

2. 이러한 행위는 법정형이 '5년 이하의 징역 또는 3,000만 원 이하의 벌금'이므로 형사소송법 제249조 제1항 제4호가 적용되어 공소시효 기간은 범죄행위가 종료한 때부터 7년이다. 이 사건 공소는 2017. 10. 18. 제기되었다.

3. 원심에서 일부는 유죄, 일부는 무죄로 판단하자 피고인과 검사는 둘 다 대법원에 상고하였다.

〈판결요지〉

1. 「아동학대범죄의 처벌 등에 관한 특례법」(이하 '아동학대처벌법'이라 한다) 제34조는 '공소시효의 정지와 효력'이라는 제목으로 제1항에서 "아동학대범죄의 공소시효는 형사소송법 제252조에도 불구하고 해당 아동학대범죄의 피해아동이 성년에 달한 날부터 진행한다."라고 정하고 있다.

2. 아동학대처벌법은 신체적 학대행위를 비롯한 아동학대범죄로부터 피해아동을 보호하기 위한 것으로서, 제34조는 아동학대범죄가 피해아동의 성년에 이르기 전에 공소시효가 완성되어 처벌대상에서 벗어나는 것을 방지하고자 그 진행을 정지시킴으로써 피해를 입은 18세 미만 아동(아동학대처벌법 제2조 제1호, 아동복지법 제3조 제1호)을 실질적으로 보호하려는 데 그 취지가 있다.

3. 아동학대처벌법은 제34조 제1항의 소급적용에 관하여 명시적인 경과규정을 두고 있지는 않다. 그러나 이 규정의 문언과 취지, 아동학대처벌법의 입법 목적, 공소시효를 정지하는 특례조항의 신설·소급에 관한 법리에 비추어 보면, 이 규정은 완성되지 않은 공소시효의 진행을 일정한 요건에서 장래를 향하여 정지시키는 것으로서, 그 시행일인 2014. 9. 29. 당시 범죄행위가 종료되었으나 아직 공소시효가 완성되지 않은 아동학대범죄에 대해서도 적용된다고 봄이 타당하다(대법원 2016. 9. 28. 선고 2016도7273 판결 참조).

4. 위와 같은 사실관계를 위 법리에 비추어 다음과 같은 결론이 도출된다.

이 부분 공소사실에 기재된 행위에 관해서는 아동학대처벌법 제34조 제1항의 시행일 당시 아직 7년의 공소시효가 완성되지 않은 상태여서 공소시효가 정지되었다. 이 사건 공소가 제기된 2017. 10. 18.까지 (생년월일 생략)생인 피해자 공소외 1이 성년에 달하지 않아 공소시효의 기간이 지나지 않았음이 명백하다. 따라서 이 부분 공소는 형사소송법 제326조 제3호에 정해진 '공소의 시효가 완성되었을 때'에 해당하지 않는다.

5. 그런데도 원심은 이 부분 공소사실 행위에 대해 아동학대처벌법 제34조 제1항을 적용하지 않고 공소시효가 완성되었다고 보아 면소를 선고하였다. 원심판결에는 아동학대처벌법 제34조 제1항과 부칙의 해석·적용에 관한 법리를 오해하여 판결에 영향을 미친 잘못이 있다.

6. 결론

원심판결 중 원심판결 별지 2 범죄일람표 순번 1~10 기재 아동복지법 위반(아동학대) 부분은 파기되어야 한다. 그런데 위 각 파기 부분은 나머지 유죄 부분과 형법 제37조 전단의 경합범 관계에 있어 파기 부분 공소사실에 대한 심리 결과 유죄로 인정된다면 하나의 형이 선고되어야 한다. 따라서 원심판결 중 유죄 부분과 원심판결 별지 2 범죄일람표 순번 1~10 기재 아동복지법 위반(아동학대) 공소기각과 면소 부분은 함께 파기되어야 한다.

원심판결 중 별지 2 범죄일람표 순번 1~10 기재 아동복지법 위반(아동학대) 부분과 유죄 부분을 파기하고, 이 부분 사건을 다시 심리·판단하게 하도록 원심법원에 환송하며, 검사의 나머지 상고는 이유 없으므로 이를 기각하기로 하여, 대법관의 일치된 의견으로 주문과 같이 판결한다.

⟨주문⟩

원심판결 중 원심판결 별지 2 범죄일람표 순번 1~10 기재 아동복지법 위반(아동학대) 부분과 유죄 부분을 파기하여, 이 부분 사건을 서울서부지방법원에 환송한다. 검사의 나머지 상고를 기각한다.

해석

• 피고(양아버지), 원심법원(서울서부지방법원): 패
• 검사: 일부 승, 일부 패(기각)

원심은 아동학대처벌법 제34조 제1항과 부칙의 해석 및 적용에 관한 법리를 오해하여 이 사건 공소사실 행위에 대해 아동학대처벌법 제34조 제1항을 적용하지 않고 공소시효가 완성되었다고 보아 면소를 선고하는 잘못된 판결을 하였다. 그러므로 대법원은 원심판결을 파기하고, 이 사건을 서울서부지방법원에 환송한 것이다.

2) 아동에 대한 음행강요·기망·협박

●●● 만 15세인 여성을 기망·협박하여 성행위를 한 것은 성적 학대행위에 해당하는가? (대법원 2020. 10. 29. 선고 2018도16466 판결)

판례

〈사건개요〉

1. 피고인(군인)은 페이스북에 피고인 본인 계정과 공소외 3, 공소외 4 등 가공의 인물 명의로 3개의 계정을 만들어 나이 어린 여성들에게 접근하여 대가를 지급하기로 하고 신체 노출 사진 등을 전송받거나 성관계를 제시하면서 그 계정을 각 역할에 맞게 사용하였다. 즉, 공소외 3은 여성들에게 접근하여 노출 사진 등을 전송받은 후 이를 빌미로 성관계를 강요할 때 사용하는 계정, 피고인은 공소외 3의 친구로서 성관계의 대상 역할을 하는 계정, 공소외 4는 공소외 3에게 사진을 전송하고 대가를 받은 적이 있는 여성 역할을 하는 계정으로서 피고인은 3개의 계정을 가지고 1인 3역을 하였다.

2. 피고인은 공소외 3 계정으로 피해자와 연락하여 자신을 위로할 수 있는 사진을 찍어 전송하는 아르바이트를 하라고 접근하여 신체 노출 사진을 받았고, 돈을 보

내준다는 이유로 피해자의 주소를 알게 된 것을 기화로 피해자의 사진과 개인정보 등을 인터넷에 올리겠다고 말하여 더욱 노골적으로 신체 노출 사진을 받았다. 그런 다음 피고인은 피고인과의 내기를 내세워 피고인을 유혹하여 성관계를 하라고 하였고, 성관계를 하면 더 이상 사진을 보내지 않아도 되고 사진도 모두 삭제하여 주고 약속한 돈도 주겠다고 하거나 성관계를 하지 않으면 사진을 인터넷에 올리겠다는 취지로 말하였으며, 피해자의 거부에도 같은 요구를 계속하였고, 결국 피해자는 피고인의 요구를 수용하여 피고인 계정으로 연락하게 되었다.

3. 피고인은 2017. 10. 8. 피해자(여, 15세)와 성관계를 하던 중 피해자가 "그만하면 안 되냐. 힘들다. 그만하자."라고 하였음에도 계속하여 아동인 피해자를 간음함으로써 성적 학대행위를 하였다.

4. 원심(고등군사법원 2018. 9. 20. 선고 2018노146 판결)은 성적 학대행위 해당 여부 판단에 관한 법리를 원용한 다음 만 15세인 피해자의 경우 일반적으로 미숙하나마 자발적인 성적 자기결정권을 행사할 수 있는 연령대로 보이는 점, 군검사 역시 피고인이 피해자와 성관계를 가진 자체에 대하여는 학대행위로 기소하지 아니한 점 등 그 판시와 같은 사정을 들어 성적 학대행위에 해당하지 않는다고 판단하였다.

5. 이에 군검사는 원심판결이 부당하다며 대법원에 상고하였다.

〈판결요지〉

1. 미성년자가 법정대리인의 동의 없이 한 법률행위는 원칙적으로 그 사유에 제한 없이 취소할 수 있다(민법 제5조).

법원도 아동·청소년이 피해자인 사건에서 아동·청소년이 특별히 보호되어야 할 대상임을 전제로 판단해 왔다. 대법원은 「아동복지법」상 아동에 대한 성적 학대행위 해당 여부를 판단함에 있어 아동이 명시적인 반대 의사를 표시하지 아니하였더라도 성적 자기결정권을 행사하여 자신을 보호할 능력이 부족한 상황에 기인한 것인지 가려보아야 한다는 취지로 판시하였고(대법원 2013도7787 판결 참조), 「아동복지법」상 아동매매죄에 있어서 설령 아동 자신이 동의하였더라도 유죄가 인정된다고 판시하였다(대법원 2015. 8. 27. 선고 2015도6480 판결 참조). 아동·청소년이 자신을 대상으로 음란물을 제작하는 데에 동의하였더라도 원칙적으로 「아동·청소년의 성보호에 관한 법률」(이하 '청소년성보호법'이라 한다)상 아동·청소년이용 음란물 제작죄를 구성한다는 판시(대법원 2015. 2. 12. 선고 2014도

11501, 2014전도197 판결 참조)도 같은 취지이다.

2. 아동·청소년이 외관상 성적 결정 또는 동의로 보이는 언동을 하였다 하더라도, 그것이 타인의 기망이나 왜곡된 신뢰관계의 이용에 의한 것이라면, 이를 아동·청소년의 온전한 성적 자기결정권의 행사에 의한 것이라고 평가하기 어렵다(대법원 2020. 8. 27. 선고 2015도9436 전원합의체 판결 참조).

3. 위계에 의한 간음죄를 비롯한 강간과 추행의 죄는 소극적 성적 자기결정권을 침해하는 것을 내용으로 한다(대법원 2019. 6. 13. 선고 2019도3341 판결, 위 대법원 2015도9436 전원합의체 판결 참조).

4. 원심으로서는 위와 같은 법리를 기초로 피해자가 성적 자기결정권을 제대로 행사할 수 있을 정도의 성적 가치관과 판단능력을 갖추었는지 여부 등을 신중하게 판단하였어야 하는데도, 그 판시와 같은 사정만을 들어 성적 자기결정권을 행사할 수 있다고 판단하였으니 원심의 판단에는 「아동복지법」 제17조 제2호가 정한 성적 학대행위에 관한 법리를 오해한 잘못이 있다. 이 점을 지적하는 취지의 군검사의 상고이유 주장은 이유 있다.

5. 피고인이 피해자를 협박하여 간음행위에 사용하려는 고의가 있었고, 위 협박이 간음행위의 수단으로 이루어졌다고 볼 여지가 충분하다. 그런데도 원심은 그 판시와 같은 이유만으로 이 부분 공소사실을 무죄로 판단하였으니 원심의 판단에는 협박에 의한 강간죄 및 위력에 의한 간음죄의 실행의 착수에 관한 법리를 오해한 잘못이 있다. 이 점을 지적하는 취지의 군검사의 상고이유 주장은 이유 있다.

6. 앞서 본 바와 같이 원심판결 중 「아동복지법」 위반(아동에 대한 음행 강요·매개·성희롱 등)의 점, 청소년성보호법 위반의 점에 대한 무죄 판단 부분은 파기되어야 하고, 원심이 유죄로 인정한 폭행죄는 위 청소년성보호법 위반의 점과 일죄 관계에 있으므로 원심판결은 전부 파기되어야 한다.

7. 결론

그러므로 원심판결을 파기하고 사건을 다시 심리·판단하도록 원심법원에 환송하기로 하여, 관여 대법관의 일치된 의견으로 주문과 같이 판결한다.

〈주문〉

원심판결을 파기하고, 사건을 고등군사법원에 환송한다.

> **해석**
>
> • 원심법원(고등군사법원): 패
>
> • 상고인(군검사): 승
>
> 대법원은 아동·청소년이 외관상 성적 결정 또는 동의로 보이는 언동을 하였더라도, 그것이 타인의 기망이나 왜곡된 신뢰관계의 이용에 의한 것이라면, 이를 아동·청소년의 온전한 성적 자기결정권의 행사에 의한 것이라고 평가하기 어렵다는 측면에서 원심법원의 판결을 파기하고 이 사건을 고등군사법원에 환송한 것이다.

3) 아동학대치사·아동유기·방임

○○○ 3개월 된 아동을 방치하여 사망에 이른 경우 외 1의 처벌 범위는? (서울고등법원 2020. 5. 29. 선고 2019노2721 판결)[12]

---

12 이와 유사한 사건으로 세 개가 있다. ① 생후 7개월 미만의 딸을 애완견 2마리(말티즈, 시베리안 허스키)와 함께 약 5일간 내버려 두어 결국 고도의 탈수 및 기아로 사망케 하였고, 딸이 사망한 것을 부부가 인지한 후에도 사체를 박스에 옮겨 담아 현관 앞에 유기하고 모텔을 전전한 사건에서 아버지(전과 3범)는 징역 10년, 어머니(초범)는 징역 7년이 선고되었다. 서울고등법원 2020. 3. 26. 선고 2020노81 판결 참조.
② 생후 30개월인 A의 어머니 피고인 B와 아버지 피고인 C는, A가 말을 잘 듣지 않고 고집을 부린다는 이유로 밀걸레 봉을 이용하여 A의 머리, 팔, 다리, 몸통 등 전신을 약 3시간에 걸쳐 수십 차례 때려 살해하였다는 내용으로 기소된 사안에서, 피고인 B는 징역 20년, 피고인 C는 징역 6년에 처하고, 피고인들에 대하여 각 120시간의 아동학대 치료프로그램 이수 명령이 내려졌다. 부산고등법원 2016. 5. 19. 선고 2015노743, 2015전노89 판결.
③ 지방자치단체가 조사·지도·감독하여야 하는 아동복지시설의 장이 자신의 보호·감독을 받는 남자 아동(생후 약 22개월)을 지속적으로 학대하다가 보호 및 양육의무를 게을리 하고 농로(農路)에 방치하여 추락사에 이르게 한 사안에서, 법원은 지방자치단체(화성시)의 소속 공무원이 아동복지법상 조사·지도·감독의무를 게을리 한 과실과 아동복지시설의 장이 아동에 대한 보호·양육의무를 게을리 한 과실이 경합하여 사고가 발생한 것이므로, 지방자치단체와 아동복지시설의 장이 공동불법행위책임을 부담하라고 판결한 사례이다. 그 결과 피고들(화성시, 아동복지시설의 장)은 각자 원고 1(망인의 부친)에게 66,862,301원, 원고 2(망인의 모친)에게 68,689,628원, 원고 3(망인의 큰누나), 원고 4(망인의 둘째누나)에게 각 3,500,000원을 배상하라고 판시하였다. 수원지방법원 2009. 9. 3. 선고 2009가합2913 판결.

판례

〈사건개요〉

1. 피고인(아버지)은 2019. 4. 18. 18:00경 자신의 처 ○○○(이 법원에서 공동피고인으로 함께 재판받던 중 사망하여 이 법원이 2020. 4. 22. ○○○에 대하여 공소기각결정을 하였다)과 식사를 하기 위하여 당시 생후 약 3개월 정도인 피해자 공소외 1을 엎드려 재운 뒤 집에 혼자 두고 나갔다가 같은 날 20:30경 집에 돌아왔다. 피고인은 집에 돌아온 뒤에 피해자 공소외 1의 상태를 살피지 않고 TV를 보다가 잠들었고, 아침에 일어나서도 피해자 공소외 1의 상태를 확인하지 않은 채 다시 ○○○과 식사하기 위하여 2019. 4. 19. 07:20경부터 09:30경까지 피해자 공소외 1을 집에 홀로 두고 외출을 하였다.

2. 이 사건이 발생하기 며칠 전부터 피해자 공소외 1이 설사를 하면서 엉덩이 발진이 심해졌고, 피고인과 ○○○은 2019. 4. 15.부터 피해자 공소외 1을 어린이집에 등원시키지 않았다[사망 당시 피해자 공소외 1의 사진상으로도 피해자 공소외 1의 엉덩이 피부에 광범위하게 까진 상처가 있고 피해자 공소외 1이 착용하고 있던 기저귀에 혈흔이 있음이 확인된다(증거기록 159쪽, 162쪽)]. 이처럼 피해자 공소외 1의 엉덩이에 발진이 있었기 때문에 수시로 대소변을 했는지 확인하여 기저귀를 갈아 줄 필요가 있었을 뿐만 아니라, 사건 발생 당시 피해자 공소외 1은 당시 생후 3개월 정도였기 때문에 3~4시간 간격으로 분유를 먹여야만 했다. 그럼에도 피고인은 2019. 4. 18. 18:00경부터 2019. 4. 19. 09:30경까지 약 15시간 30분 동안 피해자 공소외 1에게 분유를 먹이거나 기저귀를 갈아주지 않았을 뿐만 아니라, 피해자 공소외 1의 상태를 확인조차 하지 않았다.

3. 피고인은 피해자 공소외 1이 사망하기 전에도 위와 같이 피해자 공소외 1을 집에 혼자 남겨두고 외출한 경우가 종종 있었다. 가령 피고인은 2019. 4. 3. 20:00경부터 다음 날 03:00경까지 ○○○과 식사를 하기 위하여 외출하는 동안 피해자 공소외 1을 혼자 집에 남겨둔 적이 있다.

4. 피해자들이 다니던 어린이집의 원장 공소외 3은, ○○○이 2019. 4. 9. 피해자들을 데리고 어린이집에 찾아왔는데, 당시 자신이 ○○○에게 수면교육을 어떻게 하는지 물어보자, ○○○이 자신에게 '아이들이 울어도 달래주지 않고 아이들이 울다 지쳐 잠들 때까지 기다린다'고 말했다고 진술하였다.

5. 한편, 피해자 공소외 1은 피고인의 집 안방에서 엎드린 자세로 사망한 채로 발견

되었는데, 국립과학수사연구원의 부검감정서에 의하면 피해자 공소외 1에 대한 사인이 명확하지는 않으나, 다만 엎드린 자세가 유지되면서 이부자리에 코와 입이 막혀 사망하는 비구폐색성 질식사의 가능성을 배제할 수 없다고 기재되어 있다(증거기록 551쪽).

6. 피해자 공소외 1은 미숙아로 태어나 인큐베이터에 들어갔던 적이 있고, 사망할 무렵의 발육 상태는 아직 스스로 목을 제대로 가누거나 몸을 뒤집을 정도는 아니었던 것으로 보인다.

7. 피고인은 사건 당시 집에서 3세 아동인 피해자 공소외 2, 생후 약 3개월인 피해자 공소외 1을 양육하고 있던 중임에도 불구하고 집에서 흡연을 하였다.

8. 피해자 공소외 2는 2019. 4. 5.부터 2019. 4. 19.까지 어린이집에 등원하였는데, 당시 피해자 공소외 2의 의복이 청결하지 못하고 얼룩이 있었으며, 피해자들의 몸에서 악취가 많이 나 당시 어린이집 선생님들이 피해자 공소외 2를 다시 씻기고 어린이집에서 보유하는 옷으로 갈아입힌 사실이 있다.

9. ○○○은 야간에 피해자들을 집에 두고 술집으로 오라고 피고인을 불러내기도 하였고, 피고인 부부가 피해자들만을 집에 두고 외출하는 일이 잦아 이웃주민의 신고로 경기◇◇아동보호소에서 피고인 부부의 주거지를 방문조사하기도 하였다.

10. 2019. 4. 19. 촬영된 피고인의 집 내부의 사진을 보면, 술병과 쓰레기 및 정리되지 않은 짐들로 인하여 매우 어지러운 상태임을 알 수 있다(증거기록 145~149쪽). 피고인의 옆집에 거주하는 공소외 4는 2019. 4. 초경 집에서 피해자들이 우는 소리가 들려 밖으로 나가보니 피해자 공소외 2가 혼자 집 문 밖에 서서 울고 있었고, 피고인의 집은 술병이 널브러져 있는 등 쓰레기장과 같았다고 진술하였다.

11. 이에 1심법원(의정부지방법원)은 피고에게 징역 5년, 아동학대 치료프로그램 이수명령 80시간을 선고하였고, 피고 및 검사는 각각 원심판결의 양형이 부당하다며 고등법원에 항소하였다.

···

〈판결요지〉

1. 피고인은 유기 또는 방임에 이를 정도로 피해자들에 대한 양육의무를 소홀히 하여 결국 피해자 공소외 1을 사망에 이르게 하였는데, 피해자 공소외 1은 생후 4개월을 채 살아보지 못한 채, 자신을 돌보아야 할 친부모의 방치로 인하여 소중한 생명을 잃게 되었고, 그 결과는 돌이킬 수 없는 것이다. 또한, 피고인이 우연히 1회

적으로 양육의무를 소홀히 하여 피해자 공소외 1이 사망하는 결과가 초래된 것이 아니라는 점에서 더욱 비난가능성이 크다. 피고인은 평소에도 피해자들을 쓰레기와 오물이 가득 찬 비위생적인 환경에서 생활하게 하였고, 곰팡이나 음식물이 묻은 옷을 입히거나, 피해자들의 몸에서 악취가 날 정도로 피해자들을 씻기지 않았으며, 3세 아동인 피해자 공소외 2, 생후 약 3개월인 피해자 공소외 1이 있는 방안에서 흡연을 하기도 하였고, 1주일에 2~3회 이상 보호자 없는 상태로 피해자들을 집에 두고 외출하여 술을 마시기도 하는 등 부모로서 아무런 죄의식이나 가책 없이 자식에 대한 최소한의 의무조차도 다하지 않은 것으로 보인다. 피고인의 그러한 지속적인 유기와 방임행위에 대하여 납득할 만한 동기 또한 발견되지 않는다.

2. 한편, 피고인은 자신의 잘못을 인정하며 반성하고 있고, 피고인이 피해자들에 대한 양육의무를 소홀히 하여 피해자들을 유기·방임하기는 하였으나, 신체적·정서적 학대행위에까지는 이르지 않았던 것으로 보인다. 피고인은 이 사건 이후 함께 구금되어 재판받던 배우자(○○○)가 사망하는 또다른 비극을 겪었고, 이로써 추후 피고인 혼자서 자녀를 양육하여야 하는 상황에 처하게 되었다. 피고인은 이종범죄로 2회 벌금형을 선고받은 외에는 형사처벌을 받은 전력이 없다.

3. 그 밖에 피고인의 나이, 가족관계, 성행, 환경, 범행의 수단과 방법, 범행의 동기와 경위, 범행 후의 정황 등 이 사건 변론에 나타난 모든 양형조건을 고려하여 주문과 같이 형을 정한다.

....

〈주문〉

원심판결[13] 중 피고인에 대한 부분을 파기한다.

피고인을 징역 4년에 처한다.

피고인에 대하여 80시간의 아동학대 치료프로그램 이수를 명한다.

피고인에 대하여 아동관련기관에 5년간 취업제한을 명한다.

---

13 의정부지방법원 2019. 11. 21. 선고 2019고합310 판결

> **해석**
>
> • 원심법원, 피고인, 검사: 패
>
> 2심인 서울고등법원은 "2018. 12. 11. 법률 제15889호로 개정되어 2019. 6. 12. 시행된 아동복지법 제29조의3 제1항, 제2항에 의하면, 법원은 아동학대관련범죄로 형을 선고하는 경우에는 10년의 범위 내에서 일정기간 동안 아동관련기관을 운영하거나 아동관련기관에 취업 또는 사실상 노무를 제공할 수 없도록 하는 명령(이하 '취업제한명령'이라고 한다)을 아동학대관련범죄 사건의 판결과 동시에 선고하여야 하고, 다만 재범의 위험성이 현저히 낮은 경우, 그 밖에 취업을 제한하여서는 안 되는 특별한 사정이 있다고 판단하는 경우에는 취업제한명령을 선고하지 않을 수 있다. 위 개정 법률 부칙 제2조 제1항이 "제29조의3의 개정규정은 이 법 시행 전에 아동학대관련범죄를 범하고 확정판결을 받지 아니한 사람에 대해서도 적용한다."라고 규정하고 있으므로, 위 개정 조항은 이 사건에도 적용된다. 따라서 피고인에 대하여 아동복지법에 따른 취업제한명령을 선고하거나 면제 여부에 대한 판단을 하지 않은 원심판결은 더 이상 유지될 수 없다."는 취지로 직권판단을 하였다.
>
> 따라서 원심판결 중 피고인에 대한 부분에는 위와 같은 직권파기사유가 있으므로, 피고인과 검사의 각 양형부당 주장에 대한 판단을 생략한 채 형사소송법 제364조 제2항에 따라 원심판결 중 피고인에 대한 부분을 파기하고 변론을 거쳐 주문과 같이 판결하게 되었다.
>
> 원심법원은 현행법을 잘 못 해석·적용한 과오가 있고, 검사는 양형이 너무 가볍다는 취지로, 피고인은 양형이 너무 무겁다는 취지로 항소하였으나 2심에서 징역 5년에서 4년으로 감형된 이득이 있는 반면 1심과는 달리 아동관련기관에 5년간 취업제한명령이 추가되었으므로 그 어느 쪽도 이겼다고 볼 수 없다.

4) 친딸 강제 추행

◎◎◎ 친아버지로부터 성범죄를 당하였다는 딸(미성년자)이 법정에 서게 되자 수사기관에서 했던 진술을 사실과 다르다고 번복하는 경우, 피고인 친아버지에게 무죄를 선고

한 것은 적법한가? (대법원 2020. 5. 14. 선고 2020도2433 판결)[14]

판례

〈사건개요〉

1. 피고인은 2014년 여름 날짜불상 주말 낮 시간에 피고인의 주거지에서 딸인 피해자(당시 9~10세)가 안방에 누워 있는 것을 보고 피해자의 옷 안으로 손을 넣어 가슴을 만지고 음부를 만져 친족관계인 13세 미만의 피해자를 강제로 추행하였다.

2. 피고인은 2017년 가을 날짜불상 평일 밤 시간에 같은 장소에서 안방에 누워 있는 피해자(당시 13세)에게 다가가 피해자가 덮고 있는 이불을 함께 덮은 후 피해자의 옷 안으로 손을 넣어 가슴과 음부를 만지고 손가락을 피해자의 음부에 삽입하였다.

3. 피고인은 2018. 3. 초순 낮 시간에 거실에서 방에 있는 피해자(당시 13세)에게 발로 피고인의 발을 밟는 방법으로 안마를 해 달라고 요구한 후, 피해자가 안마를 하고 방으로 돌아가려고 하자 "이리 와. 어디 가냐."라고 말하여 피해자를 가지 못하게 한 후 피해자의 옷 안으로 손을 넣어 가슴과 음부를 만지고 손가락을 음부에 삽입하였다.

4. 제1심은, 아래와 같은 사정에 비추어 공소사실에 부합하는 유일한 직접증거인 피해자의 수사기관에서의 진술은 믿기 어렵고, 나머지 증거만으로는 공소사실을 인정하기에 부족하다는 이유로 이 부분 공소사실을 모두 무죄로 판단하였다.

① 피해자는 법정에서 '피고인으로부터 피해를 입은 사실이 없다'는 취지로 진술을 번복하였고, 2회에 걸쳐 법원에 '수사기관에서의 진술이 거짓이고, 피고인이 너무 미워서 허위로 피해 사실을 꾸며냈다'는 내용의 진술서를 직접 작성하여 제출하였다.

② 피해자의 어머니와 오빠도 수사기관 및 법정에서 '피고인이 피해자에게 자주

---

14   가족 간의 성범죄로써 유사한 판례는, 피고인이 초등학생에 불과한 자신의 이부(異父) 여동생(당시 10세~11세)인 피해자에게 2017년~2018년까지 2년간 네 차례에 걸쳐 피해자의 가슴을 만지고 성기에 손가락을 집어넣는 등 준유사성행위 및 준강제추행을 한 사건이다. 그 결과 피고인은 징역 4년, 40시간의 성폭력 치료프로그램 이수, 아동·청소년 관련기관 등 및 장애인복지시설에 각 5년간 취업제한 명령을 받았다. 부산지방법원 동부지원 2019. 12. 10. 선고 2019고합141, 2019전고8(병합) 판결; 부산고등법원 2020. 5. 13. 선고 2019노664, 2019전노55(병합) 판결 참조.

욕설을 하지만 피고인의 평소 성향이나 피해자와의 관계 등에 비추어 볼 때 공소사실과 같은 범행을 저지를 사람은 아니다'라는 취지로 일관되게 진술하고 있다.

③ 피고인은 수사기관 및 법정에 이르기까지 일관되게 공소사실을 강력하게 부인하고 있다.

5. 원심(서울고법 2020. 1. 30. 선고 2019노630, 2019전노44, 2019보노19 판결)이 1심의 판결을 뒤엎고 피고인에게 유죄판결을 내리자 피고인은 대법원에 상고하게 되었다.

....

〈판결요지〉

1. 원심은 다음과 같은 사정들을 종합해 볼 때, 피해자의 제1심 및 원심 법정에서의 번복된 진술은 그대로 믿기 어려우므로, 그 진술만으로 수사기관 진술의 신빙성을 배척할 수 없다고 판단하였다.

① 아동보호전문기관 상담사는 제1심에서 '피해자가 2018. 11. 15. 제1심 법정에 출석해서 진술한 것은 거짓말이었다는 이야기를 피해자가 입원해 있던 병원에서 했다는 말을 전해 듣고, 이를 확인하기 2018. 12. 5. 및 12. 8. 두 차례 피해자를 대면 상담하면서 물어보았더니 피해자가 그렇다고 확인해 주었다'는 취지로 진술하였다.

② 피해자가 2018. 11. 6.경부터 입원하여 치료를 받던 병원의 정신과 의사는 원심에서 '피해자에게 피고인으로부터 성폭행 당한 일을 물어 보았을 때 그런 일이 없었다고 말한 적은 없다', '피해자가 재판에 갔다 온 것에 대하여 어머니가 사실이 아니었다고 이야기를 하라고 해서 그렇게 했다는 취지로 말하였다', '2018. 11. 22. 면담 당시 피해자가 가족들이 눈치를 많이 주었고, 할머니는 아버지 빨리 꺼내야 한다고 욕하고, 어머니는 경제적 사정이 어려우니 정말 성폭행한 것이 맞느냐며 재차 묻고, 못 믿겠으니 그런 일 없다고 하라고 했다고 말하였다'라는 취지로 진술하였다. 이러한 진술은 증언 내용의 합리성과 증언 태도, 증인의 이해관계 내지 피고인과의 관계, 관련 증거와의 합치 여부 등을 고려할 때, 신빙성이 있다.

③ 피해자는 2018. 10. 16. 피해자의 학교 친구에게 '내가 아빠한테 성폭력 당했거든', '엄마가 아빠 교도소에서 꺼내려고 나한테 거짓말 치래'라는 내용의 카카

오톡 메시지를 보냈다. 만일 피해자가 피고인으로부터 공소사실 기재와 같은 피해를 당한 사실이 없었다면 굳이 위와 같은 메시지를 친구에게 보낸 이유를 납득할 수 없다.

④ 피해자의 어머니이자 피고인의 처는 2018. 8. 2.부터 구속되어 있던 피고인을 접견하는 과정에서 여러 차례 '피해자에게 없던 일로 해 달라고 설득을 해 보겠다', '피해자에게 울면서 부탁을 했더니 피해자가 그렇게 해 주겠다고 하였다'는 취지로 말하였다. 피해자가 어머니로부터 위와 같은 이야기를 듣고 법정에서 진술을 번복하게 되었을 개연성이 있어 보인다.

2. 대법원의 판단

위와 같이 원심은, 친부로부터 성범죄를 당한 미성년자인 피해자가 제1심 및 원심 법정에서 수사기관에서의 진술을 번복하였더라도, 피해자의 수사기관 진술 자체의 구체적인 내용과 그에 대한 평가 등에다가, 피해자가 법정에서 진술을 번복하게 된 동기와 경위 등을 더하여 보면, 피해자의 번복된 법정 진술은 믿을 수 없고 수사기관에서의 진술을 신빙할 수 있다는 이유로, 이와 달리 판단한 제1심판결을 파기하고 공소사실을 모두 유죄로 인정하였다. 원심판결 이유를 관련 법리와 적법하게 채택된 증거에 비추어 살펴보면, 위와 같은 원심의 판단은 정당하고, 거기에 필요한 심리를 다하지 아니하거나 논리와 경험의 법칙을 위반하여 자유심증주의의 한계를 벗어난 잘못이 없다.

3. 결론

그러므로 상고를 기각하기로 하여, 관여 대법관의 일치된 의견으로 주문과 같이 판결한다.

〈주문〉

상고를 기각한다.

해석

• 피고인(친아버지): 패

• 원심(2심) 판결: 승

미성년자인 피해자가 자신을 보호·감독하는 지위에 있는 친족으로부터 강간이나 강제추행 등 성범죄를 당하였다고 진술하는 경우에 그 진술의 신빙성을 판단함에 있어서, 피해자가 자신의 진술 이외에는 달리 물적 증거 또는 직접 목격자가 없음을 알면서도 보호자의 형사처벌을 무릅쓰고 스스로 수치스러운 피해 사실을 밝히고 있고, 허위로 그와 같은 진술을 할 만한 동기나 이유가 분명하게 드러나지 않을 뿐만 아니라, 진술 내용이 사실적·구체적이고, 주요 부분이 일관되며, 경험칙에 비추어 비합리적이거나 진술 자체로 모순되는 부분이 없다면, 그 진술의 신빙성을 함부로 배척해서는 안 된다(대법원 2006. 10. 26. 선고 2006도3830 판결, 대법원 2010. 11. 25. 선고 2010도11943 판결 등 참조).

특히 친족관계에 의한 성범죄를 당하였다는 미성년자 피해자의 진술은 피고인에 대한 이중적인 감정, 가족들의 계속되는 회유와 압박 등으로 인하여 번복되거나 불분명해질 수 있는 특수성을 갖고 있으므로, 피해자가 법정에서 수사기관에서의 진술을 번복하는 경우, 수사기관에서 한 진술 내용 자체의 신빙성 인정 여부와 함께 법정에서 진술을 번복하게 된 동기나 이유, 경위 등을 충분히 심리하여 어느 진술에 신빙성이 있는지를 신중하게 판단하여야 한다며 1심에서 무죄를 선고한 것은 잘못된 판결이고, 2심에서 사실관계 등을 다시 심리하여 피고인에게 유죄를 선고한 것은 올바른 판결이라고 인정한 판례이다.

5) 정서적 학대

▣▣▣ 아동에 대한 정서적 학대의 처벌 범위는? (**대구지방법원 2015. 4. 23. 선고 2014노2526 판결**)[15]

---

15   유사한 사건으로 남양주시에 있는 ○○어린이집 보육교사와 이 어린이집의 원장에게 벌금 3,000,000

판례

〈사건개요〉

1. 피고인 2는 구미시에 있는 ○○어린이집의 보육교사이고, 피고인 1은 위 ○○어린이집의 원장이다.

2. 피고인 2

① 피고인은 2013. 9. 25. 11:12경 위 ○○어린이집 △△반 교실에서, 수업을 하던 중 바닥에 앉아있던 피해자 공소외 1(3세)이 수업 내용을 잘 이해하지 못하여 피고인에게 가까이 다가가 앉으려고 했다는 이유로 피해자를 우측 발로 밀치고, 같은 날 12:39경 피해자가 밥을 잘 먹지 않고 딴 짓을 하였다는 이유로 피해자의 좌측 팔을 오른 손으로 1회 때리고, 다음 날인 2013. 9. 26. 09:28경 피해자의 모 공소외 2가 적어 보낸 원아수첩에 "아이가 이마를 다쳤다"는 내용이 기재된 것을 보고 화가 나 왼손으로 피해자의 이마 부위 상처를 확인한 후 머리를 뒤로 세게 밀치고, 같은 날 09:33경 피해자가 위 △△반 교실 출입문 쪽에 앉아 있었다는 이유로 우측 발로 피해자를 밀침으로써 각각 피해자의 신체에 손상을 주는 학대행위를 함과 동시에 정신건강 및 발달에 해를 끼치는 정서적 학대행위를 하였다.

② 피고인은 2013. 9. 26. 09:33경 위 △△반 교실에서 피해자의 모가 피고인의 보육에 관하여 수회 지적하는 등 까다롭게 군다는 이유로 화가 나, 수업 준비 시간 및 수업시간 동안 다른 원생들은 피고인 근처에 모여 앉게 하였음에도 피해자만 다른 원생들로부터 멀리 떨어진 채 피고인의 뒷편에 따로 떨어져 앉게 하여 다른 원생들과 어울리지 못하도록 하고, 같은 날 12:50경 위 ○○어린이집 △△반 교실에서 피해자가 밥을 천천히 먹는다는 이유로 식판을 빼앗아 복

───────────

원이 내려진 판결이 있다. 보육교사는 2014. 2. 19. 10:09경 위 어린이집에서 아동들을 돌보던 중 아동들끼리 다툼이 있어 이를 말렸는데도 자신의 말을 듣지 않는다는 이유로 앉아있던 아동인 피해자 공소외 1(3세)의 머리를 손으로 1회 세게 때리고 강압적으로 피해자를 구석으로 잡아끌어 아동의 정신건강 및 발달에 해를 끼치는 정서적 학대행위를 하였다는 범죄사실로, 같은 어린이집의 원장은 2014. 1. 22. 11:06경 이 어린이집에서 재롱잔치 준비과정에서 아동들이 말을 듣지 않는다는 이유로 빨간색 천으로 싼 스펀지로 아동인 피해자 공소외 2(4세)의 머리를 1회 세게 때려 아동의 정신건강 및 발달에 해를 끼치는 정서적 학대행위를 하였다는 범죄사실로 기소되었다. 의정부지방법원 2015. 1. 30. 선고 2014고단2594 판결 참조.

도에 놓아두고 피해자를 복도로 내보낸 다음 수저통을 복도로 던져 피해자로 하여금 혼자 복도에서 쭈그린 상태로 밥을 먹게 하고, 같은 날 14:04경 △△반 교실에서 피해자가 낮잠을 자지 않고 책을 읽으려고 한다는 이유로 화가 나 책을 빼앗아 보지 못하게 함으로써 각각 피해자의 정신건강 및 발달에 해를 끼치는 정서적 학대행위를 하였다.

3. 피고인 1

피고인은 위 2의 기재와 같은 일시, 장소에서 사용인인 피고인 2가 피고인의 업무에 관하여 위 2의 기재와 같이 학대 행위를 하였다.

4. 원심(대구지방법원 김천지원 2014. 7. 2. 선고 2014고단149 판결)이 피고들에게 각 벌금 2,000,000원의 판결을 내리자 피고들은 사실오인 및 양형부당을 이유로 대구지방법원에 항소하게 되었다.

．．．

〈판결요지〉

1. 「아동복지법」 제17조[16]는 아동에 대한 금지행위로 제3호에서 '아동의 신체에 손상을 주는 학대행위'를 규정하고 이와 별도로 제5호에서 '아동의 정신건강 및 발달에 해를 끼치는 정서적 학대행위'를 규정하고 있는바, 아동의 신체에 손상을 주는

---

16 「아동복지법」17조(금지행위) 누구든지 다음 각 호의 어느 하나에 해당하는 행위를 하여서는 아니 된다. 〈개정 2014.1.28〉

1. 아동을 매매하는 행위
2. 아동에게 음란한 행위를 시키거나 이를 매개하는 행위 또는 아동에게 성적 수치심을 주는 성희롱 등의 성적 학대행위
3. 아동의 신체에 손상을 주거나 신체의 건강 및 발달을 해치는 신체적 학대행위
4. 삭제 〈2014.1.28〉
5. 아동의 정신건강 및 발달에 해를 끼치는 정서적 학대행위
6. 자신의 보호·감독을 받는 아동을 유기하거나 의식주를 포함한 기본적 보호·양육·치료 및 교육을 소홀히 하는 방임행위
7. 장애를 가진 아동을 공중에 관람시키는 행위
8. 아동에게 구걸을 시키거나 아동을 이용하여 구걸하는 행위
9. 공중의 오락 또는 흥행을 목적으로 아동의 건강 또는 안전에 유해한 곡예를 시키는 행위 또는 이를 위하여 아동을 제3자에게 인도하는 행위
10. 정당한 권한을 가진 알선기관 외의 자가 아동의 양육을 알선하고 금품을 취득하거나 금품을 요구 또는 약속하는 행위
11. 아동을 위하여 증여 또는 급여된 금품을 그 목적 외의 용도로 사용하는 행위

행위 가운데 아동의 정신건강 및 발달에 해를 끼치지 않는 행위를 상정할 수 없는 점 및 위 각 규정의 문언 등에 비추어 보면 제5호의 행위는 유형력 행사를 동반하지 아니한 정서적 학대행위나 유형력을 행사하였으나 신체의 손상에까지 이르지는 않고 정서적 학대에 해당하는 행위를 가리킨다고 보아야 한다(대법원 2011. 10. 13. 선고 2011도6015 판결 참조).

2. 원심 및 당심에서 적법하게 채택하여 조사한 증거들에 의하면 다음과 같은 사실 및 사정이 인정된다. (중략) 위 인정사실 및 사정을 위 법리에 비추어보면 피고인 2의 일련의 행위는 만 3세에 불과한 피해자가 받았을 정신적 충격 등에 비추어 피해자의 정신건강 및 발달에 해를 끼치는 정서적 학대행위에 해당한다고 봄이 상당하다. 따라서 이에 해당하지 않는다는 위 피고인 2의 주장은 이유 없다.

3. 이 사건에서 피고인 1이 피고인 2의 업무에 관하여 상당한 주의의무를 다하였는지 살피건대, 원심 및 당심에서 적법하게 채택하여 조사한 증거들에 의하면, 위 피고인 1은 이 사건 어린이집에 CCTV를 설치하여 간접적으로 어린이집소속교사들을 감시하고 심리적으로 부담감을 주어 아동교육에 소홀함이 없도록 한 점, 원감 공소외 3을 통하여 보육교사들의 개별교육, 안전사고 및 아동학대 방지, 교육프로그램과 관련된 교사회의를 정기적으로 실시한 점, 소속 교사들에 대하여 중앙보육정보센터에서 아동학대예방 교육을 받게한 점, 3일에 한 번씩 상담일지를 살펴보아 어린이집 소속 아동 학부모와의 교류를 확인한 점, 오전 9시에서 10시 사이, 배식시간, 오후 3시에서 4시 사이에 걸쳐 수업 교실을 둘러보는 등으로 관찰을 게을리 하지 않은 점 등을 종합하면 피고인 1은 「아동복지법」 제74조 단서에 정한 상당한 주의와 감독을 게을리 하지 아니한 것으로 인정되고, 단순히 위 피고인 1이 CCTV영상을 매일 확인하지 아니하고 매일 보육교사들과 그 내용에 대하여 토론을 하지 아니하였다는 사정만으로는 이를 게을리 하였다고 단정하기 어렵다. 따라서 이 부분 공소사실은 범죄의 증명이 없는 경우에 해당하여 「형사소송법」 제364조 제2항[17] 후단에 의하여 무죄를 선고하여야 할 것임에도 이와 달리 유

---

17   「형사소송법」 제364조(항소법원의 심판) ① 항소법원은 항소이유에 포함된 사유에 관하여 심판하여야 한다. 〈개정 1963.12.13〉

② 항소법원은 판결에 영향을 미친 사유에 관하여는 항소이유서에 포함되지 아니한 경우에도 직권으로 심판할 수 있다. 〈개정 1963.12.13〉

③ 제1심법원에서 증거로 할 수 있었던 증거는 항소법원에서도 증거로 할 수 있다. 〈신설 1963.12.13〉

④ 항소이유 없다고 인정한 때에는 판결로써 항소를 기각하여야 한다. 〈개정 1963.12.13〉

죄로 판단한 원심판결에는 사실을 오인하거나 법리를 오해하여 판결에 영향을 미친 위법이 있다.

5. 결론

그렇다면 원심판결에는 위와 같은 직권파기사유가 있으므로, 피고인 2 및 검사의 양형부당 주장에 대한 판단을 생략한 채 형사소송법 제364조 제2항에 의하여 직권으로 이를 파기하고 변론을 거쳐 다음과 같이 판결한다.

〈주문〉

원심판결을 파기한다.

피고인 2를 벌금 200만 원에 처한다.

위 피고인이 벌금을 납입하지 아니하는 경우 100,000원을 1일로 환산한 기간 위 피고인을 노역장에 유치한다.

위 벌금에 상당한 금액의 가납을 명한다.

피고인 1은 무죄.

해석

- 원고(피해자의 어머니), 피고 1(어린이집 원장): 승
- 피고 2(보육교사): 패

보육교사의 행위는 피해아동에 대한 정서적 학대 행위를 한 것이므로 유죄(벌금 2,000,000원), 어린이집 원장은 감독자로서의 주의의무를 다 했으므로 무죄를 선고

---

⑤ 항소이유 없음이 명백한 때에는 항소장, 항소이유서 기타의 소송기록에 의하여 변론없이 판결로써 항소를 기각할 수 있다. 〈개정 1963.12.13〉

⑥ 항소이유가 있다고 인정한 때에는 원심판결을 파기하고 다시 판결을 하여야 한다. 〈개정 1963.12.13〉

[전문개정 1961.9.1]

한 사례이다.

6) 법인 설립허가 취소 및 시설폐쇄 명령

◼◼◼ 법인이 운영하는 시설에서 반복적·집단적 성폭력 범죄가 발생하였다는 이유로 해당 법인에 대하여 관할 시장이 법인 설립허가를 취소하는 처분을, 관할 구청장이 시설의 폐쇄를 명하는 처분을 한 경우, 이 처분들은 위법하고 재량권을 일탈·남용한 것인가? (**부산 고등법원 2015. 6. 12. 선고 2015누20336 판결**)

판례

〈사건개요〉

1. 원고는 1986. 8. 16. 아동복지시설의 설치 및 운영 등을 목적으로 설립된 사회복지법인으로, 김해시에 소재한 아동보호치료시설 ○○를 운영하고 있다.

2. 이 사건 시설에서 생활하던 원생 3명이 2013. 7. 중순경부터 같은 해 12. 28.경까지 이 사건 시설에서 생활하던 여성 지적장애 장애인을 9회에 걸쳐 간음하였다는 범죄사실 등으로 기소되어 2014. 6. 3. 창원지방법원 2014고합9, 56, 63, 74, 99(병합)호로 각 징역형을 선고받았다(이후 이 사건 성폭력범죄는 항소심에서도 유죄로 인정되었고, 항소심 판결은 2014. 11. 14. 그대로 확정되었다).

3. 피고 부산광역시장은 원고에 대한 청문절차를 거친 후, 2014. 7. 16. 원고에 대하여 이 사건 시설에서 반복적·집단적 성폭력범죄가 발생하였음을 이유로 「사회복지사업법」 제26조 제1항 제6호에 근거하여 사회복지법인 설립허가를 취소하는 처분(이하 '이 사건 제1 처분'이라 한다)을 하였고, 피고 부산광역시 강서구청장 역시 원고에 대한 청문절차를 거친 후, 2014. 7. 25 원고에 대하여 피고 시장이 사회복지법인 설립허가 취소결정을 하였고, 시설거주자 사이의 반복적·집단적 성폭력범죄가 발생하였음을 이유로 「사회복지사업법」 제40조 제1항 제2호 및 제9호에 근거하여 이 사건 시설의 폐쇄를 명하는 처분(이하 '이 사건 제2 처분'이라 한다)을 하였다.

4. 원고는 중앙행정심판위원회에 이 사건 제1 처분의 취소를 구하는 행정심판을 제

기하였으나, 중앙행정심판위원회는 2014. 9. 18. 원고의 청구를 기각하였다.

5. 원심(부산지방법원 2015. 1. 15. 선고 2014구합3021 판결)이 원고에게 패소판결을 내리자 원고는 부산고등법원에 항소하게 되었다.

....

〈판결요지〉

1. 원고는 「사회복지사업법」 제26조 제2항의 '다른 방법으로 감독 목적을 달성할 수 없는 경우'에 해당하므로 이 사건 제1 처분은 위 제26조 제2항의 취소요건도 갖추었다고 할 것이고, 또한 이 사건 제1 처분으로 달성하고자 하는 공익 목적이 이로 인하여 원고가 입게 될 불이익보다 결코 가볍다고 볼 수 없으므로 재량 범위 내에서 이루어진 적법한 처분이라고 봄이 상당하다.

2. 이 사건 시설이 원고가 유일하게 운영하고 있는 아동보호치료시설이라는 점, 그런데 원고의 임원진이나 이 사건 시설의 시설장이 이 사건 시설을 운영할 의지나 능력이 있는지 의심스러울 뿐만 아니라, 아동을 대하는 기본적인 시각과 태도에도 심각한 문제가 있다고 보이는 점, 원고가 이 사건 시설을 부실하게 운영하였고, 앞으로도 그러할 것으로 예상되는데, 이를 방지하지 않으면 시설 내 아동들이 심각한 피해를 입을 수 있을 뿐만 아니라, 공정·투명·적정한 방식으로 지역사회의 복지체계를 구축하려는 사회복지사업법의 주된 이상과 취지가 심각하게 훼손될 수 있다는 점, 이 사건 처분 이전에 이미 보호아동 등 시설생활자들에 대한 전원조치가 완료되어 다른 아동복지시설에서 적절한 보호와 교육을 받고 있고, 사업정지처분 이후 현재까지 이 사건 시설에서 생활하는 아동이 전혀 없어 원고에 대하여 법인설립허가취소 및 시설폐쇄처분을 하더라도 보호아동에 대한 보호문제가 발생하지 않을 것으로 보이는 점 등에 비추어 보면, 이 사건 제1 처분으로 원고가 입게 될 불이익이 이 사건 제1 처분으로 인해 보호되는 공익보다 크다고 보이지 않는다.

3. 따라서 이 사건 제1 처분이 「사회복지사업법」 제26조 제2항의 취소요건을 결하여 위법하고, 재량권을 일탈·남용하여 위법하다는 원고의 주장은 모두 이유 없다.

4. 이 사건 제1 처분이 적법하다고 보는 이상, 피고 구청장은 사회복지사업법 제40조 제1항 제2호에 따라 시설의 개선, 사업의 정지, 시설의 장의 교체를 명하거나 시설의 폐쇄 등을 명할 수 있다고 할 것이므로, 피고 구청장이 이 사건 제2 처분을 할 법적 근거가 없다는 원고의 주장은 받아들일 수 없다.

5. 결론

그렇다면 제1심판결은 정당하므로, 원고의 피고들에 대한 항소를 모두 기각한다.

....

〈주문〉

1. 원고의 피고들에 대한 항소를 모두 기각한다.

2. 항소비용은 원고가 부담한다.

해석

- 원고(사회복지법인): 패

- 피고(부산광역시장, 부산광역시 강서구청장): 승

법인이 운영하는 시설에서 반복적이고 집단적인 성폭력 범죄가 발생한 경우는 매우 중대한 사안이므로 해당 법인을 감시·감독할 의무가 있는 관할 시장 및 구청장이 법인 설립허가를 취소하는 처분과 시설폐쇄를 명한 것은 위법하지 않을 뿐만 아니라 재량권을 일탈·남용한 것에 해당하지 않는다고 판결한 사례이다.

7) 친권상실

◯◯◯ 입양아를 폭행·사망케 하여 구속된 양모가 중증 장애를 가지고 있는 또 다른 입양아를 계속적으로 양육하겠다는 주장을 할 경우, 이를 거부하고 친권상실을 선고한 것은 정당한가? (**서울가정법원 2012. 10. 12. 자 2012느합5 심판**)[18]

---

18   이와 유사한 판례로써, A가 미혼모자가족복지시설에 입소한 후 입양관계자 등을 통해 출생 전인 B의 입양을 추진하여 B는 출생 후 곧바로 미국 국적의 부부 C 등에게 인도되었는데, C 등이 입양 목적의 이민비자 없이 비자면제프로그램(방문 또는 관광 목적의 비자로 미국 체류가능 기간 최고 90일)을 이용하여 B를 미국으로 입국시키려다 미국 출입국관리소에 의해 B의 입국이 불허되었고, 이에 서울특별시장이

판례

〈사건개요〉

1. 상대방(양모)은 소외 1과 교제하던 중 2008. 6.경 소외 1과의 사이에서 자녀를 임신하였다가 2009. 1.경 유산하게 되자, 그 무렵부터 다른 사람의 자녀를 입양할 것을 결심하고 인터넷 사이트 등을 통하여 입양 상대를 물색하던 중 2009. 8. 1.경 성명불상자로부터 사건본인을 건네받았다. 상대방은 소외 1에게 유산이 되지 않고 사건본인을 출산하였다고 속여 그로 하여금 2009. 8. ○○.경 사건본인을 상대방과의 사이에서 출산한 친생자인 것처럼 출생신고를 하게 한 다음 사건본인을 양육하여 왔다.

2. 상대방은 2010. 5. ○○. 소외 2를 출산하였다. 그 후 상대방은 인터넷 사이트에 "입양을 원한다. 아들이든 딸이든 상관없으니 연락을 주세요."라는 등의 글을 게시함으로써 입양 상대를 물색하던 중 2011. 8. 22.경 성명불상자로부터 생후 3개월의 여아인 소외 3을 건네받아 소외 1과의 사이에 자신이 출산한 친생자인 것처럼 출생신고를 마치고 위 영아를 양육하였다.

3. 상대방은 위와 같이 소외 3을 입양한 직후부터 소외 3의 이마와 무릎, 등과 하반신 등 온 몸을 수차례 구타하여 소외 3에게 허혈성 뇌부종 및 뇌손상(뇌탈출) 등의 상해를 가하였고, 그 결과 소외 3은 구토를 하는 등 숨을 잘 쉬지 못하며 의식이 없게 되었다. 이에 상대방은 2011. 9. 13. 소외 3을 데리고 병원 응급실을 방문하였다가, 아동학대를 의심한 병원 측의 보호요청에 따라 영등포아동보호전문기관이 상대방을 고발함으로써 상대방에 대한 수사가 시작되었다. 소외 3은 병원 내원 후 혼수상태에 빠져 중환자실에 입원하여 있다가 2011. 12. ○○. 사망에 이르렀다. 상대방은 위와 같은 소외 3에 대한 상해치사 등의 범죄사실로 인하여 구속 기소되어 재판을 받았고, 징역 6년의 확정판결을 받았다[대법원 2012. 9. 27. 선고 2012도9474 중상해(인정된 죄명 상해치사) 등 판결].

4. 사건본인은 위 수사과정 중 유전자검사에 의하여 소외 1과 상대방 사이의 친자가 아니라 입양된 자임이 밝혀졌다.

「아동복지법」에 근거하여 A를 상대로 B에 대한 친권상실 등을 청구하여 A의 B에 대한 친권을 상실시키는 것은 타당하다고 한 사례가 있다. 서울가정법원 2013. 2. 22. 자 2012느합356 심판.

5. 사건본인은 뇌병변장애 1급의 장애를 가지고 있어 지속적인 재활치료가 필요한 상황인데, 상대방은 구속 전 사건본인을 소외 2(친자), 소외 3(양자)과 함께 어린이집에 맡겨 양육하였다. 상대방이 구속된 후 소외 1(남편)은 영등포아동보호전문기관에 사건본인과 소외 2(친자)에 대한 시설보호요청을 하면서 소외 2에 대해서는 자신의 친자이므로 나중에 자신이 꼭 양육을 하겠다고 하였다. 한편 상대방의 여동생 등 가족들은 사건본인을 양육하겠다고 주장하였으나 사건본인을 어린이집에 등하원시키는 외에는 별도의 의료적 처치를 하지 아니하였다.

6. 영등포아동보호전문기관은 영등포구청으로부터 보호조치의뢰요청을 승인받아 2011. 12. 29. 사건본인에 대한 긴급격리보호조치를 하였다. 그에 따라 사건본인은 현재 경기도 광주시 소재 ○○○장애영아원에 시설보호되어 있는 상태이다.

7. 상대방(양모)은 구속 중임에도 사건본인을 계속적으로 양육하겠다고 주장하였으나, 검사는 법원에 친권상실을 청구하여 본 재판부의 심판을 받게 되었다.

··

〈판결요지〉

1. 위 인정 사실에서 알 수 있는 다음과 같은 점, 즉 ① 상대방이 자신이 양육하던 영아인 소외 3을 별다른 이유 없이 심하게 구타하여 사망에까지 이르게 하는 등 학대한 점, ② 그러한 행위 등으로 인하여 상대방이 유죄판결을 받아 앞으로 장기간 수감생활을 하여야 하게 된 점, 특히 사건본인이 향후 지속적인 재활치료를 받아야 하는 중증의 장애를 가지고 있는 데 반하여 상대방은 사건본인의 치료를 위하여 노력을 기울일 수 없는 형편에 이른 점 등에 비추어 보면, 상대방이 사건본인의 건전한 성장을 위하여 적정하게 친권을 행사하리라 기대할 수 없다고 봄이 상당하여, 상대방에게는 사건본인에 대한 친권을 행사시킬 수 없는 중대한 사유가 있다고 판단된다.

2. 결론

그렇다면 이 사건 심판청구는 이유 있으므로 받아들이기로 하여 주문과 같이 심판한다.

··

〈주문〉

1. 상대방(양모)의 사건본인에 대한 친권을 상실한다.

2. 심판비용은 상대방(양모)이 부담한다.

> **해석**
>
> • 양모: 패
> • 검사: 승
>
> 입양아 A에 대한 양모 B의 친권상실이 문제된 사안에서, 양모 B가 자신이 양육하고 있던 또 다른 입양아 C를 별다른 이유 없이 심하게 구타하여 사망에까지 이르게 하는 등 학대한 점, 그러한 행위 등으로 B가 유죄판결을 받아 앞으로 장기간 수감생활을 하여야 하는 점, 특히 A가 향후 지속적인 재활치료를 받아야 하는 중증의 장애를 가지고 있는 데 B는 A의 치료를 위하여 노력을 기울일 수 없는 형편인 점 등에 비추어 보면 B가 A의 건전한 성장을 위하여 적정하게 친권을 행사하리라 기대할 수 없다고 봄이 타당하다는 이유로, B에게 A에 대한 친권을 행사시킬 수 없는 중대한 사유가 있다고 한 사례이다.[19]

5. 아동학대 개선 방안

아동학대를 예방하고 개선할 수 있는 방안에 대해 살펴보자.

1) 부모교육 강화

통계에 따르면 아동학대 행위자의 75.6%가 부모(친부, 친모, 계부, 계모, 양부, 양모 등)이며, 대리양육자(유·초·중등교직원, 학원 및 교습소 종사자, 아동보육시설종사자 등)가 16.6%, 친인척이 4.4%, 이웃 및 낯선 사람 등 타인이 2.2%이다.[20] 또한 사망사건 가해자의 경우 20대가 47.2%, 30대가 30.2%, 학력수준으로 볼 때는 고교중퇴가 18.9%, 고졸이 17.0%로 높게 나

---

19   친권 상실 선고. 서울가정법원 2012. 10. 12. 자 2012느합5 심판. p. 1.
20   보건복지부(2020). 2019 아동학대 주요통계. p. 29.

타났다.[21] 따라서 대학 교육과정에서 뿐만 아니라 일선 초·중·고교의 교육과정에서도 부모교육 프로그램을 마련하여 건강한 가정생활 및 자녀양육에 대한 교육이 필수적이다. 또한 일선 학교 및 시·도, 시·군·구 차원에서 이루어지는 평생교육에도 부모교육 및 아동학대 관련 프로그램을 신설·확대할 필요가 있다.

2) 아동학대 예방 및 처벌에 관한 국민 캠페인 실시

날로 심각해져가는 아동학대를 예방하고 개선시키기 위해서는 범국가적 차원에서 TV, 언론, SNS 등을 통해 아동학대 예방 및 처벌에 관한 대대적인 홍보 캠페인이 필요하다. TV 등 언론기관을 활용하면 파급력이 지대하기 때문에 그에 따른 효과도 기대할 수 있다. 캠페인 내용에는 아동학대의 유형, 처벌규정, 신고 및 대처요령 등이 포함되어야 한다.

3) 아동보호시설 수 확대 및 치유프로그램 확대

2021년 3월 보건복지부의 보도자료[22]에 따르면, 학대피해아동쉼터를 현 76개소에서 105개소로 확대하고, 현재 7개 시·도 11개소에 불과한 일시보호시설이 시·도별 최소 1개소씩 확충될 수 있도록 한다는 내용을 발표하였다. 이와 같이 국가 및 지방자치단체 차원에서 아동보호시설의 수를 지속적으로 확대하고, 그에 따르는 치유프로그램, 인력 등을 지속적으로 확대해 나가야 한다.

4) 아동학대 관련 법령의 미비점 보완 및 처벌규정 강화

국회 및 시·도의회, 시·군·구의회에서 아동학대 관련 법령들을 지속적으로 강화할 필요가 있다. 일례로, 21대 국회에서는 2021년에 들어서 「아동학대범죄의 처벌 등에 관한 특례법」을 두 차례 개정한 바 있다. 주요 내용은 다음과 같다.

21 　보건복지부(2020). 2019 아동학대 주요통계. pp. 74-75.

22 　2021.3.12. 보건복지부 보도자료.

① 아동학대범죄를 범한 사람이 아동을 살해한 때에는 사형, 무기 또는 7년 이상의 징역에 처하도록 함(제4조제1항).

② 피해아동에게 변호사가 없는 경우 검사의 국선변호사 선정을 현행 재량사항에서 의무사항으로 변경함(제16조).

③ 피해아동에게 신체적·정신적 장애가 의심되는 경우, 빈곤이나 그 밖의 사유로 보조인을 선임할 수 없는 경우 등에 법원의 국선보조인 선정을 현행 재량사항에서 의무사항으로 변경함(제49조제1항).

④ 아동학대범죄 신고의무자의 신고가 있는 경우 시·도, 시·군·구 또는 수사기관은 정당한 사유가 없는 한 즉시 조사 또는 수사에 착수하도록 함(제10조제4항 신설).

⑤ 사법경찰관리나 아동학대전담공무원이 현장조사를 위하여 출입할 수 있는 장소에 '피해아동을 보호하기 위하여 필요한 장소'를 추가함(제11조제2항).

⑥ 현장조사를 하는 사법경찰관리 또는 아동학대전담공무원은 피해아동, 아동학대범죄 신고자, 목격자 등이 자유롭게 진술할 수 있도록 아동학대행위자로부터 분리된 곳에서 조사하는 등 필요한 조치를 하도록 함(제11조제5항 신설).

⑦ 현장출동이 동행하여 이루어지지 않은 경우 수사기관의 장과 시·도지사 또는 시장·군수·구청장은 현장출동에 따른 조사 등의 결과를 서로에게 통지하도록 함(제11조제7항 신설).

⑧ 정당한 사유 없이 아동학대전담공무원의 출석·진술 및 자료제출 요구에 따르지 아니하거나 거짓으로 진술 또는 자료를 제출한 사람에게는 1천만 원 이하의 과태료를 부과함(제11조의2제1항 후단 및 제63조제1항제3호의2 신설).

⑨ 현행 응급조치기간의 상한인 72시간에 공휴일이나 토요일이 포함되는 경우로서 피해아동 등의 보호를 위하여 필요하다고 인정되는 경우에는 48시간의 범위에서 그 기간을 연장할 수 있도록 함(제12조제3항 및 제15조제2항 등).

⑩ 사법경찰관리는 아동학대범죄 행위의 제지 또는 아동학대행위자의 격리 조치를 하기 위하여 다른 사람의 토지·건물·배 또는 차에 출입할 수 있음을 명시함(제12조제8항 신설).

⑪ 아동학대범죄사건의 증인이 피고인 또는 그 밖의 사람으로부터 생명·신체에 해를 입거나 입을 염려가 있다고 인정될 때에는 증인의 신변안전을 위하여 필요한 조치를 할 수 있도록 함(제17조의2 신설).

⑫ 법원은 피해아동보호명령의 기간이 종료된 경우 시·도지사 또는 시장·군수·구청장에게 그 사실을 통지하도록 함(제50조제5항 신설).

⑬ 현행 아동학대전담공무원 및 아동보호전문기관의 종사자 외에 사법경찰관리에 대해서도 아동학대사건의 조사에 필요한 전문지식, 이 법에서 정한 절차 및 관련 법제도 등에 관한 교육을 실시하도록 함(제55조).

⑭ 업무수행 방해죄의 법정형을 현행 5년 이하의 징역 또는 1천500만 원 이하의 벌금에서 5년 이하의 징역 또는 5천만 원 이하의 벌금으로 상향하고, 현행법상 500만 원 이하의 과태료를 부과하고 있는 이 법 위반행위에 대한 과태료 부과 금액을 1천만 원 이하로 상향함(제61조제1항 및 제63조제1항).

참고문헌

교육부·이화여자대학교 학교폭력예방연구소(2020). 학교폭력 사안처리 가이드북.

보건복지부(2020). 2019 아동학대 주요통계.

[법령 및 자치법규, 고시]

「강원도교육청 학생선수 학습권 보장 및 인권보호 조례」 시행 2021. 3. 12.] [강원도조례 제4666호, 2021. 3. 12., 제정]

「개인정보 보호법」 [시행 2020. 8. 5.] [법률 제16930호, 2020. 2. 4., 일부개정]

「경기도교육청 학생선수 학습권 보장 및 인권보호 조례」 [시행 2021. 3. 16.] [경기도조례 제6918호, 2021. 3. 16., 일부개정]

「경기도 학생인권 조례」 [시행 2021. 1. 4.] [경기도조례 제6852호, 2021. 1. 4., 타법개정]

「경기도 학생인권 조례 시행규칙」 [시행 2019. 3. 1.] [경기도교육규칙 제831호, 2019. 2. 20., 타법개정]

「광주광역시교육청 학생선수 학습권 보장 및 인권보호 조례」 [시행 2020. 3. 1.] [광주광역시조례 제5371호, 2020. 3. 1., 제정]

「광주광역시 학생인권 조례」 [시행 2020. 4. 1.] [광주광역시조례 제5404호, 2020. 4. 1., 일부개정]

「광주광역시 학생인권 조례 시행규칙」 [시행 2020. 6. 5.] [광주광역시교육규칙 제633호, 2020. 6. 5., 일부개정]

「국가배상법」 [시행 2017. 10. 31.] [법률 제14964호, 2017. 10. 31., 일부개정]

「교육기본법」 [시행 2019. 6. 19.] [법률 제15950호, 2018. 12. 18., 일부개정]

「교육부고시」 제2020-218호. [별표] 학교폭력 가해학생 조치별 적용 세부 기준.

「대전광역시교육청 장애학생 인권지원단 조례」 [시행 2019. 12. 27.] [대전광역시조례 제5406호, 2019. 12. 27., 일부개정]

「대한민국헌법」 [시행 1988. 2. 25.] [헌법 제10호, 1987. 10. 29., 전부개정]

「민법」 [시행 2021. 1. 26.] [법률 제17905호, 2021. 1. 26., 일부개정]

「부산광역시교육청 학생선수 학습권 보장 및 인권보호 조례」 [시행 2021. 1. 6.] [부산광역시조례 제6296

호, 2021. 1. 6., 제정]

「서울특별시교육감 소속 학생인권옹호관 조례」 [시행 2016. 12. 29.] [서울특별시조례 제6358호, 2016. 12. 29., 타법개정]

「서울특별시교육청 학생선수 학습권 보장 및 인권보호 조례」 [시행 2019. 5. 16.] [서울특별시조례 제7126호, 2019. 5. 16., 일부개정]

「서울특별시 학생인권 조례」 [시행 2021. 3. 25.] [서울특별시조례 제7888호, 2021. 3. 25., 일부개정]

「서울특별시 학생인권 조례 시행규칙」 [시행 2017. 12. 18.] [서울특별시교육규칙 제964호, 2017. 12. 18., 전부개정]

「소년법」 [시행 2021. 4. 21.] [법률 제17505호, 2020. 10. 20., 타법개정]

「아동복지법」 [시행 2021. 3. 30.] [법률 제17784호, 2020. 12. 29., 일부개정]

「아동학대범죄의 처벌 등에 관한 특례법」 [시행 2021. 3. 16.] [법률 제17932호, 2021. 3. 16., 일부개정]

「양성평등기본법」 [시행 2021. 4. 20.] [법률 제18099호, 2021. 4. 20., 일부개정]

「울산광역시교육청 학생선수 학습권 보장 및 인권보호 조례」 [시행 2020. 2. 27.] [울산광역시조례 제2111호, 2020. 2. 27., 제정]

「인천광역시교육청 학생선수 학습권 보장 및 인권보호 조례」 [시행 2018. 1. 2.] [인천광역시조례 제5928호, 2018. 1. 2., 제정]

「장애인 등에 대한 특수교육법」 [시행 2021. 4. 21.] [법률 제17494호, 2020. 10. 20., 일부개정]

「전라남도교육청 학생선수 학습권 보장 및 인권 보호 조례」 [시행 2021. 4. 8.] [전라남도조례 제5297호, 2021. 4. 8., 제정]

「전라북도 학생인권 조례」 [시행 2014. 8. 8.] [전라북도조례 제3883호, 2014. 8. 8., 타법개정]

「전라북도 학생인권 조례 시행규칙」 [시행 2015. 2. 13.] [전라북도교육규칙 제735호, 2015. 2. 13., 일부개정]

「제주특별자치도교육청 학생 노동인권교육 조례」 [시행 2019. 11. 20.] [제주특별자치도조례 제2410호, 2019. 11. 20., 제정]

「제주특별자치도교육청 학생선수 학습권 보장 및 인권보호 조례」 [시행 2021. 5. 20.] [제주특별자치도조례 제2836호, 2021. 5. 20., 일부개정]

「제주특별자치도교육청 학생인권 조례」 [시행 2021. 1. 8.] [제주특별자치도조례 제2755호, 2021. 1. 8., 제정]

「초·중등교육법」 [시행 2021. 6. 23.] [법률 제17664호, 2020. 12. 22., 일부개정]

「초·중등교육법 시행령」 [시행 2021. 3. 23.] [대통령령 제31541호, 2021. 3. 23., 일부개정]

「충청남도교육청 학생선수 학습권 보장 및 인권보호 조례」 [시행 2019. 7. 30.] [충청남도조례 제4550호, 2019. 7. 30., 제정]

「충청남도 학생인권 조례」 [시행 2020. 7. 10.] [충청남도조례 제4780호, 2020. 7. 10., 제정]

「충청북도교육청 학생선수 학습권 보장 및 인권보호 조례」 [시행 2018. 11. 9.] [충청북도조례 제4195호, 2018. 11. 9., 제정]

「학교안전사고 예방 및 보상에 관한 법률」 [시행 2021. 4. 6.] [법률 제17883호, 2021. 1. 5., 타법개정]

「학교폭력 예방 및 대책에 관한 법률」 [시행 2021. 6. 23.] [법률 제17668호, 2020. 12. 22., 일부개정]

「학교폭력 예방 및 대책에 관한 법률 시행령」 [시행 2021. 3. 2.] [대통령령 제31516호, 2021. 3. 2., 타법개정]

「행정소송법」 [시행 2017. 7. 26.] [법률 제14839호, 2017. 7. 26., 타법개정]

「행정절차법」 [시행 2020. 6. 11.] [법률 제16778호, 2019. 12. 10., 일부개정]

「행정절차법 시행령」 [시행 2020. 6. 30.] [대통령령 제30807호, 2020. 6. 30., 타법개정]

「형법」 [시행 2020. 10. 20.] [법률 제17511호, 2020. 10. 20., 일부개정]

[판례]

광주고등법원 1976. 7. 13. 선고 76노192 제2형사부 판결(감금행위가 강간치상행위가 있기 전에 장소를 달리하여 이루어졌다면 별도의 감금죄가 성립된다는 판결)

광주고등법원 1990. 5. 1. 선고 89구182 판결(의무사관후보생제적처분무효등) – 승: 피고 광주지방병무청장, 패: 원고 이○○

광주고등법원 2013. 5. 16. 선고 2013노100, 2013전노12(병합), 2013치노2(병합) 판결

광주고등법원 2013. 9. 26. 선고 2013노387, 2013전노61(병합), 2013치노3(병합) 판결

광주고등법원 2020. 5. 8. 선고 2019누12509 판결(동일한 자녀에 대하여 약 20일이 간격을 두고 총 30일의 육아휴직을 1회 분할하여 사용한 후 육아휴직급여를 신청한 경우, 지방고용노동청장이 육아휴직을 30일 이상 부여받지 못하였다는 이유로 육아휴직급여 불지급(不支給) 결정을 한 처분은 위법하다는 판결)

광주지방법원 순천지원 2014. 4. 29. 선고 2013가합10285 판결(국가는 한센병으로 인해 단종수술 및 낙태를 당한 피해자들에게 각 3,000만 원(남자 9명), 4,000만 원(여자 10명)을 지급하라는 판결)

대구고등법원 1982. 10. 26. 선고 82노1158 제2형사부 판결(기소유예처분은 검사가 공소권을 포기하는 것이 아니고 하등의 기속력도 없으므로 한번 기소유예를 하였다고 하더라도 그후 언제든지 이를 재기하여 다시 공소제기하여도 그 효력에는 아무런 영향이 없는 것이며, 또한 기소유예처분을 한 때로부터 아무런 사전변경이 없는데도 불구하고 다시 공소제기를 하여도 그 당부가 의심됨은 별론으로 하고 그것이 적법한 것임에는 의문이 여지가 없다는 판결)

대구고등법원 2017나22439 사립학교처분무효확인 판결(「학교폭력예방 및 대책에 관한 법률」 제17조에 의한 사립초등학교장의 징계조치를 「행정소송법」상의 처분으로 판단한 사례)

대구지방법원 2013. 10. 17. 선고 2011가합11843(① 피고 학생들은 원고 1을 폭행하거나 욕설을 하는 등으로 원고 1에게 이 사건 가해행위를 하였고, 이 때문에 원고 1이 외상 후 스트레스 장애 등을 앓게 된 점, ② 피고 부모들은 평소 그들의 자녀인 이 사건 피고 학생들이 타인을 폭행하거나 집단으로 괴롭히는 등의 불법행위를 저지르지 않도록 일상적인 지도·조언 등으로 보호·감독하여야 할 의무를 부담하고 있음에도 이를 게을리 한 점, ③ 이 사건 가해행위는 교사의 일반적인 보호·감독의무가 미치는 범위 내의 생활관계 즉, 학교에서의 교육활동 또는 이와 밀접 불가분의 관계에 있는 생활관계에서 발생한 점, ④ 학교폭력예방 및 대책에 관한 법률 등 관련 법령에 의하면 피고 공제회는 위 법률이 정하는 범위 내에서 원고들에게 비용을 지급할 책임이 있는 점 등을 이유로, 학교폭력의 고등학교 가해학생 및 그 학부모, 교육당국인 대구광역시 및 대구광역시 학교안전공제회에게 민사 책임을 인정한 사례)

대구지방법원 2014. 1. 14. 선고 2013가합6159 손해배상(피고 학생들이 욕설, 모욕 등의 가해행위로 인하여 원고(피해 학생 및 부모)의 정신적 고통에 대한 손해배상 청구를 인용하되, 피해 학생 부모가 '학교생활부적응'이라는 피해 학생의 자퇴사유를 정정해달라는 요구에 응하지 않은 담임교사와 학교폭력대책자치위원회 개최요구에 응하지 않은 학교장에 대한 불법행위 손해배상 청구는 기각한 사례)

대구지방법원 2014. 11. 5. 선고 2014나8811(초등학교 2학년 학생 A가 동급생 B를 지속적으로 폭행하고 괴롭힌 경우, 감독의무자인 부모에게 미성년자의 불법행위에 대한 감독의무를 소홀히 한 책임을 물은 사례. 피고들(A의 부모)은 원고(B의 아버지)에게 진료비 및 위자료 합계 3,642,600원(1,642,600원+2,000,000원), B에게 위자료 7,000,000원, B의 어머니에게 위자료 2,000,000원을 지급하라는 판결)

대구지방법원 2015. 4. 3. 선고 2013가단9021 판결(교장과 담임교사가 상해 발생을 예측하였다거나 예측할 수 있었다고 보기는 어려우므로, 그 학교를 관할하는 지방자치단체는 국가배상법 제2조에 따른 감독자로서의 의무를 소홀히 한 책임을 지지 않는다고 한 사례)

대구지방법원 2015. 4. 23. 선고 2014노2526 판결(아동에 대한 정서적 학대의 처벌 범위는? - 벌금

2,000,000원 판결)

대구지방법원 2017. 8. 30. 선고 2017구합21229 서면사과 취소 청구의 소(초등학교 5학년 학생 A가 4학년 학생 B에게 폭언과 협박을 한 경우, 학교장이 서면사과 조치를 내린 것은 적법하다는 판결)

대구지방법원 2018. 5. 11. 선고 2017고단6135 판결(대구 ○○구청 가정복지과에서 위탁 운영하는 가정지원센터에 소속된 피고(아이돌보미)가 A아동(생후 10개월)의 집에서 A가 잠을 자지 않고 계속 운다는 이유로 A에게 "미쳤네, 미쳤어, 돌았나, 제정신이 아니제, 미친놈 아니가 진짜, 쯧, 또라이 아니가, 또라이, 쯧, 울고 지랄이고."라는 등 큰 소리로 욕설을 하고 A가 울고 있는데도 울음을 그치도록 조치하지 않은 채 텔레비전을 시청함으로써 정서적 학대행위를 하였다는 내용으로 기소된 사건이 있다. 1심법원(대구지방법원 2018. 5. 11. 선고 2017고단6135 판결)은 피고에게 무죄를 선고하였으나 2심법원(대구지방법원 2019. 1. 24. 선고 2018노1809 판결)은 피고에게 벌금 3,000,000원, 40시간의 아동학대 치료프로그램 이수 명령을 내린 판결)

대구지방법원 2019. 1. 24. 선고 2018노1809 판결(구청에서 위탁 운영하는 가정지원센터에 소속된 피고(아이돌보미)가 A아동(생후 10개월)의 집에서 A가 잠을 자지 않고 계속 운다는 이유로 A에게 "미쳤네, 미쳤어, 돌았나, 제정신이 아니제, 미친놈 아니가 진짜, 쯧, 또라이 아니가, 또라이, 쯧, 울고 지랄이고."라는 등 큰 소리로 욕설을 하고 A가 울고 있는데도 울음을 그치도록 조치하지 않은 채 텔레비전을 시청함으로써 정서적 학대행위를 하였다는 내용으로 기소된 사건에서, 법원은 피고에게 벌금 3,000,000원, 40시간의 아동학대 치료프로그램 이수 명령을 내린 판결)

대구지방법원 2020. 1. 16. 선고 2019구합23700 학교폭력 징계조치처분 취소 청구의 소 판결(대구 A초등학교의 학교폭력대책자치위원회 학부모 위원 전원(6명)이 적법한 절차를 거치지 아니하고 선출되었으므로 동 위원들이 참여하여 결정한 학교폭력대책자치위원회의 의결은 무효라는 판결)

대법원 1983. 12. 27. 선고, 82감도341 판결(피감호청구인들은 모두 잘못을 뉘우치고 범행일체를 자백하고 있는 점과 그 생활환경, 연령, 전과, 범행방법, 범행후의 정황등 제반자료를 종합하면 이 사건 절도범행은 청소년기에 정서적인 불안과 부모 및 사회에 대한 이유없는 반항심에 기인한 것으로 철이 들면 한갖 어린 시절의 실수로 남을 일에 불과한 것이지, 피감호청구인들에게 어떤 범행의 악성이 있고, 이의 발현으로 재범의 위험성이 있다고 까지는 보여지지 않는다는 판결)

대법원 1984. 1. 24. 선고 83다카442 판결(학원사태에 대한 이건 때문에 같은 대학교수를 구디힌 시립대학 서무과장에 대한 파면처분은 징계상 재량권 일탈이 아니라는 판결)

대법원 1991. 4. 9. 선고 90도2435 판결(대학생들이 학교 강당에서 개최중이던 범국민대토론회에 참석하려던 국회의원인 피고인이 학교당국과 경찰의 출입금지조치로 토론회에 참석할 수 없게 되자 학생대표들을 통하여 토론회의 참석자들에게 자기가 토론회에 참석할 수 없게 된 사유와 당시 이른바 시국사건으로 구속되어 자신이 변호를 맡고 있던 학생의 옥중근황 등을 전달하였는데 위 집회를 마친 학생들이 집단적인 폭행. 협박. 손괴. 방화 등으로 공공의 안녕질서에 직접적인 위협을 가할 것이 명백한 시위를 하였지만, 피고인의 위 행위 당시에는 위 집회가 후에 시위로 나아가기로 예정된 바 없이 평온한 분위기 속에서 진행되었던 것이므로, 위 피고인으로서도 그 토론회가 장차 위와 같은 집회. 시위로 발전하리라고 예측할 수 없었고, 자신의 언동으로 인하여 그 토론회가 그와 같은 집회. 시위로 발전. 전환되도록 의욕하였다거나 미필적으로라도 이를 인식하면서 위 행위를 하였음을 인정할 만한 자료가 없다고 하여, 피고인에게 시위 선동의 범의가 있었다고는 단정하기 어렵고, 피고인의 위와 같은 행위를 가리켜 위와 같은 집회·시위를 할 것을 선동한 행위라고는 인정할 수 없다고 본 사례)

대법원 1994. 8. 23. 선고 93다60588 판결(「민법」 제755조에 의하여 책임능력 없는 미성년자를 감독할 법정 의무가 있는 자 또는 그에 갈음하여 무능력자를 감독하는 자가 지는 손해배상책임은 그 미성년자에게 책임이 없음을 전제로 하여 이를 보충하는 책임이고, 그 경우에 감독의무자 자신이 감독의무를 해태하지 아니하였음을 입증하지 아니하는 한 책임을 면할 수 없는 것이나, 반면에 미성년자가 책임능력이 있어 그 스스로 불법행위책임을 지는 경우에도 그 손해가 당해 미성년자의 감독의무자의 의무위반과 상당인과관계가 있으면 감독의무자는 일반불법행위자로서 손해배상책임이 있다는 판결(대법원 1994.2.8. 선고 93다13605 판결 참조)).

대법원 1996. 8. 20. 선고 94다29928 판결(수사기관이 피의자의 자백을 받아 기자들에게 보도자료를 배포하는 방법으로 피의사실을 공표함으로써 피의자의 명예가 훼손된 사안에서, 피의사실이 진실이라고 믿은 데에 상당한 이유가 없다는 이유로, 보도자료의 작성·배포에 관여한 경찰서장과 수사경찰관 및 국가의 연대배상책임을 인정한 사례)

대법원 1997. 6. 13. 선고 96다44433 판결(도시락 오물사건; 수업시간 사이의 휴식시간에 급우를 폭행하여 상해를 가한 사안에서 담임교사에게 보호·감독의무 위반의 책임을 물을 수 없다고 한 사례)

대법원 1998. 6. 9. 선고 97다49404 판결(경제적인 면에서 전적으로 부모에게 의존하며 부모의 보호·감독을 받고 있었고 이미 두 차례에 걸친 범죄로 집행유예기간 중에 있던 만 19세 10개월 된 전문대학 1학년 재학중의 아들이 폭력행위로 타인에게 손해를 가한 경우, 부모로서는 아들이 다시 범죄를 저지르지 않고 정상적으로 사회에 적응할 수 있도록 일상적인 지도 및 조언을 계속하여야 할 보호·감독의무가 있음에도 불구하고 이를 게을리한 과실이 있다는 이유로, 부모의 손해배상책임을 인정한 사례)

대법원 1999. 9. 17. 선고 99다23895 판결(고적답사를 겸한 졸업여행 중 숙소 내에서 휴식시간에 학생들 사이의 폭력사고로 말미암아 한쪽 눈을 실명한 경우, 교사에게 보호·감독의무 위반의 책임을 물을 수 없다는 판결)

대법원 2003. 3. 28. 선고 2003다5061

대법원 2005. 4. 29. 선고 2003도2137 판결(국립대학교 교수가 자신의 연구실 내에서 제자인 여학생을 성추행하였다는 내용의 글을 지역 여성단체가 인터넷 홈페이지 또는 소식지에 게재한 행위가 공공의 이익을 위한 것으로서 비방의 목적이 있다고 단정할 수 없다고 한 사례)

대법원 2003. 5. 13. 선고 2003도709 판결(협박은 공갈죄의 수단으로서 사람의 의사결정의 자유를 제한하거나 의사실행의 자유를 방해할 정도로 겁을 먹게 할 만한 해악을 고지하는 것을 말하고, 해악의 고지는 반드시 명시의 방법에 의할 것을 요하지 아니하며, 언어나 거동에 의하여 상대방으로 하여금 어떠한 해악에 이르게 할 것이라는 인식을 갖게 하는 것이면 족하다는 판결)

대법원 2005. 7. 21. 선고 2002다1178 전원합의체 판결(종중 구성원의 자격을 성년 남자만으로 제한하는 종래의 관습법은 이제 더 이상 법적 효력을 가질 수 없게 되었다는 판결)

대법원 2006. 4. 14. 선고 2006도734 판결(살인죄에서 살인의 범의는 반드시 살해의 목적이나 계획적인 살해의 의도가 있어야 인정되는 것은 아니고...미필적고의도 인정된다는 판결)

대법원 2007. 1. 25. 선고 2006도5979 판결(혼인 외 성관계 사실을 폭로하겠다는 등의 내용으로 유부녀인 피해자를 협박하여 간음 또는 추행한 사안에서 강간죄 및 강제추행죄가 성립한다고 한 사례)

대법원 2007. 4. 26. 선고 2005다24318 판결(초등학교 내에서 발생한 폭행 등 괴롭힘이 상당 기간 지속되어 그 고통과 그에 따른 정신장애로 피해학생이 자살에 이른 경우, 학교폭력 가해학생들의 부모의 과실과 담임교사, 교장의 과실이 경합하여 피해학생의 자살 사건이 발생하였으므로, 가해학생들의 부모들과 지방자치단체인 경기도교육청에게 공동불법행위자로서의 손해배상책임을 인정한 사례)

대법원 2007. 6. 15. 선고 2004다48755 판결(수업중인 교실에 가해학생이 칼을 들고 들어와 피해학생을 찔러 사망에 이르게 한 사안에서, 소속교사의 보호감독의무 위반을 이유로 지방자치단체의 손해배상책임을 인정한 사례)

대법원 2007. 9. 20. 선고 2005다25298 판결(전교조 수업거부 사건: 교사들은 학생 및 학부모들에게 손해배상하라는 판결)

대법원 2007. 11. 15. 선고 2005다16034 판결(중학교 3학년 여학생이 급우들의 집단따돌림으로 인해 자살한 사건에서 담임교사는 면책, 지방자치단체에게는 보호감독의무 위반에 대한 법적 책임을 인정한 판결)

대법원 2008. 1. 17. 선고 2007도5201 판결(수사당국이 목격자 진술의 신빙성을 높이기 위하여 준수하여야 할 절차를 지키지 못하였다고 보아 대법원은 피해자 진술의 신빙성을 배척하여 피고인에게 무죄를 선고한 사례)

대법원 2008. 5. 8. 선고 2006다45275 판결(학교를 사랑하는 학부모 모임(학사모)의 기자회견은 명예훼

손이 아니라는 판결)

대법원 2010. 4. 22. 선고 2008다38288 전원합의체 판결(사립학교의 강제적 종교교육은 위헌이라는 판결)

대법원 2010. 6. 10. 선고 2010두2913 판결(학교폭력대책위원회 회의록은 정보공개 대상이 아니라는 판결)

대법원 2010. 9. 30. 선고 2007다74775 판결(종중 이사회가 성별에 따라 차등적으로 토지보상금을 지불
    한 행위는 무효이다. 종중 이사회가 아닌 종중 총회의 결의까지도 무효로 하라는 청구소송은 적
    법하지 않다는 판결. 상고 기각)

대법원 2010. 12. 9. 선고 2009다26596 판결(대표자를 선임하기 위하여 개최되는 종중총회의 소집권을
    가지는 연고항존자를 확정함에 있어서 여성을 제외할 아무런 이유가 없으므로, 여성을 포함한 전
    체 종원 중 항렬이 가장 높고 나이가 가장 많은 사람이 연고항존자가 된다는 판결)

대법원 2011. 1. 27. 선고 2009다19864 판결(서울기독교청년회(서울YMCA)가 남성 회원에게는 별다른
    심사 없이 총회의결권 등을 가지는 총회원 자격을 부여하면서도 여성 회원들에게는 지속적인 요
    구에도 불구하고 원천적으로 총회원 자격심사에서 배제하여 온 경우, 이러한 조치는 여성 회원들
    의 인격적 법익을 침해하여 불법행위를 구성한다는 판결)

대법원 2011. 9. 2. 자 2009스117 전원합의체 결정(A가 B와 혼인을 하여 미성년자인 자녀 C를 두고 있었
    는데 성전환수술 등을 받고 가족관계등록부상의 성별란 정정을 신청한 경우, 이 신청은 허용되지
    않는다는 판결)

대법원 2011. 9. 8. 선고 2011다34521 판결(공무원이 직무 수행 중 불법행위로 타인에게 손해를 입힌 경
    우에 국가나 지방자치단체가 국가배상책임을 부담하는 외에 공무원 개인도 고의 또는 중과실이
    있는 경우에는 불법행위로 인한 손해배상책임을 지고, 공무원에게 경과실이 있을 뿐인 경우에는
    공무원 개인은 불법행위로 인한 손해배상책임을 부담하지 아니하는데, 여기서 공무원의 중과실
    이란 공무원에게 통상 요구되는 정도의 상당한 주의를 하지 않더라도 약간의 주의를 한다면 손쉽
    게 위법·유해한 결과를 예견할 수 있는 경우임에도 만연히 이를 간과함과 같은 거의 고의에 가까
    운 현저한 주의를 결여한 상태를 의미한다는 판결)

대법원 2015. 5. 14. 선고 2013추98 판결(조례안의결무효확인/전북학생인권조례)

대법원 2015. 7. 9. 선고 2013도7787 판결(미성년자에게 알몸을 촬영하여 보여주도록 한 육군 이병의 행
    위는 성적 학대행위라는 판결)

대법원 2015. 8. 27. 선고 2012다95134 판결(교사가 장애학생에 대하여 시행한 교육방법이 특수교육 이
    론상 최선의 방법이 아니라거나 효과적인 방법으로 지도하지 않았을 경우, 이러한 교사의 지도방
    법에 대해 보호감독의무 위반으로 책임을 물을 수 없다고 한 판결)

대법원 2015. 12. 23. 선고 2015도13488 판결(구 아동복지법(2014. 1. 28. 법률 제12361호로 개정되기 전

의 것) 제17조는 아동에 대한 금지행위로 제3호에서 '아동의 신체에 손상을 주는 학대행위'를 규정하고, 별도로 제5호에서 '아동의 정신건강 및 발달에 해를 끼치는 정서적 학대행위'를 규정하고 있는데, 아동의 신체에 손상을 주는 행위 가운데 아동의 정신건강 및 발달에 해를 끼치지 않는 행위를 상정할 수 없는 점 및 위 각 규정의 문언 등에 비추어 보면, 제5호의 행위는 유형력 행사를 동반하지 아니한 정서적 학대행위나 유형력을 행사하였으나 신체의 손상에까지 이르지는 않고 정서적 학대에 해당하는 행위를 가리킨다.

여기에서 '아동의 정신건강 및 발달에 해를 끼치는 정서적 학대행위'란 현실적으로 아동의 정신건강과 정상적인 발달을 저해한 경우뿐만 아니라 그러한 결과를 초래할 위험 또는 가능성이 발생한 경우도 포함되며, 반드시 아동에 대한 정서적 학대의 목적이나 의도가 있어야만 인정되는 것은 아니고 자기의 행위로 아동의 정신건강 및 발달을 저해하는 결과가 발생할 위험 또는 가능성이 있음을 미필적으로 인식하면 충분하다는 이유로 피고인의 상고를 기각한 사례)

대법원 2016. 2. 18. 선고 2015므654,661 판결(아동성폭력범죄 등의 피해를 당해 임신을 하고 출산을 하였으나 자녀와의 관계가 단절되고 상당한 기간 양육이나 교류 등이 이루어지지 않은 경우, 출산 경력을 고지하지 않은 것이 혼인취소사유에 해당되지 않는다.)

대법원 2016. 5. 12. 선고 2015도6781 판결('신체에 손상을 준다'라 함은 아동의 신체에 대한 유형력의 행사로 신체의 완전성을 훼손하거나 생리적 기능에 장애를 초래하는 '상해'의 정도에까지는 이르지 않더라도 그에 준하는 정도로 신체에 부정적인 변화를 가져오는 것을 의미한다. 피고인1(원장), 피고인2(교사) 각 무죄판결은 정당하다. 검사의 상고 기각).

대법원 2016. 5. 27. 선고 2015다33489 판결(원고는 성폭행을 당하고 자살한 딸의 복수를 위해 어머니가 가해자들을 살해한다는 내용의 영화 "△ △△△ △△"를 감독한 영화감독이고, 피고는 인터넷신문인 □□□□닷컴((홈페이지 주소 생략), 이하 "□□□□닷컴"이라 한다)을 발행하는 언론사이다. 이 사건은 대법원까지 가게 되었는데, 1심, 2심, 3심 법원은 모두 원고에 대한 기사를 게재함으로 인해 자신의 명예가 훼손되었으므로 이에 대한 손해를 배상하라는 원고의 손을 들어 주었고, 원고에게 3,000,000원의 손해배상금 지급을 확정하였다.)

대법원 2016. 8. 30. 선고 2015도3095, 2015전도47 판결(미성년자 강제추행, 뽀뽀사건; 미성년자에게 뽀뽀를 하도록 한 행위는 "아동에게 성적 수치심을 주는 성희롱·성폭력 등의 학대행위"에 해당에 해당한다는 판결)

대법원 2016. 9. 28. 선고 2016도7273 판결(피고인(어머니)은 2008. 8.경에서 2008. 9.경 사이 안성시에 있는 피고인의 주거지에서 피해자 공소외 1(첫째 딸, 당시 8세)이 동생의 분유를 몰래 먹었다고 의심하여 옷걸이와 손으로 피해자의 몸을 수회 때리고, 책과 옷걸이 등을 집어던져 아동인 피해자의 신체에 손상을 주는 학대행위를 비롯하여 60여 일 동안 특별한 이유 없이 피해자들을 학교에 보내지 않고 방임하였다는 등의 이유로 기소된 사건이 있다. 2심(춘천지방법원 2016. 5. 4. 선고 2016노166 판결)은 2008. 8.경에서 9.경 사이 발생한 사건(아동복지법위반의 점)은 면소, 나머지 학대 및 방임행위에 대해서는 징역 10월을 선고하였다. 대법원은 2심법원이 면소로 판정한 부분은 '아동학대처벌법 제34조 제1항을 적용하지 아니하고 그 공소시효가 완성되었다고 잘못 판단하여, 이 부분 공소사실을 유죄로 인정한 제1심판결을 파기하고 면소를 선고한 잘못이 있음'을 지적하면서 "원심판결을 파기하고, 사건을 춘천지방법원 본원 합의부에 환송한다."는 판결을 내렸다. 춘천지방법원 2016. 5. 4. 선고 2016노166 판결의 상급심임.)

대법원 2016. 10. 19. 선고 2016다208389 전원합의체 판결(간질로 인한 사망=학교안전사고라는 판결)

대법원 2016. 5. 27. 선고 2015다33489 판결(언론·출판을 통해 사실을 적시함으로써 타인의 명예를 훼손하는 경우에도 그것이 진실한 사실로서 오로지 공공의 이익에 관한 때에는 그 행위에 위법성이 없다. 여기서 적시된 사실이 공공의 이익에 관한 것인지 여부는 그 적시된 사실의 구체적 내용, 그 사실의 공표가 이루어진 상대방의 범위, 그 표현의 방법 등 그 표현 자체에 관한 제반 사정을 고려함과 동시에 그 표현에 의하여 훼손되거나 훼손될 수 있는 명예의 침해 정도 등을 비교·고려하여 결정하여야 하고(대법원 2006. 12. 22. 선고 2006다15922 판결), 나아가 명예훼손을 당한 피해자가 공적 인물인지 일반 사인인지, 공적 인물 중에서도 공직자나 정치인 등과 같이 광범위하게 국민의 관심과 감시의 대상이 되는 인물인지, 단지 특정 시기에 한정된 범위에서 관심을 끌게 된 데 지나지 않는 인물인지, 적시된 사실이 피해자의 공적 활동 분야와 관련된 것이거나 공공성·사회성이 있어 공적 관심사에 해당하고 그와 관련한 공론의 필요성이 있는지, 그리고 공적 관심을 불러일으키게 된 데에 피해자 스스로 어떤 관여가 된 바 있는지 등을 종합적으로 살펴서 결정하여야 한다. 원고(영화감독)에 대한 기사를 내서 소송을 당한 피고(주식회사 뉴스한국)의 상고를 기각하고 원고에게 3,000,000원의 손해배상금 지급을 확정한 사례).

대법원 2018. 4. 26. 선고 2016두64371 판결(검사의 약식명령 청구 또는 선고유예의 확정판결이 있었다는 것만으로는 어린이집 보육교사의 자격취소처분을 할 수 없다고 하여 의정부시장이 낸 상고를 기각한 사례)

대법원 2018. 9. 13. 선고 2018도9340 판결(피고인(1992년생, 당시 24세, 남자대학생)이 카카오톡 메신저를 이용하여 피해자(18세, 여고생)에게 돈을 주겠다고 말한 다음 피해자로 하여금 피해자의 스마트폰에 부착된 카메라로 피해자를 대상으로 한 자위행위 등 음란행위 장면을 촬영하도록 지시하였고, 그에 따라 피해자가 자신의 스마트폰에 부착된 카메라로 음란행위 장면을 촬영·전송한 사건이 있다. 원심(부산고등법원 2018. 5. 24. 선고 2017노756 판결)은, 그와 같이 촬영된 영상정보가 피해자의 스마트폰 주기억장치에 입력되는 순간 아동·청소년이용음란물의 제작을 마쳤다고 판단하였다. 피고인은 항소이유로 피해자로부터 촬영된 동영상 파일을 전송받기만 하였을 뿐 이를 저장하거나 유포하지 않았으므로 아동·청소년이용음란물의 제작에 해당하지 않는다고 주

장하였으나, 원심은 이를 받아들이지 않았고, 대법원 역시 원심판결이 정당하다며 피고인의 상고
를 기각하였다. 그 결과 피고인은 징역 2년 6월, 80시간 성폭력 치료프로그램 이수 명령이 확정
되었다. 부산고등법원 2018. 5. 24. 선고 2017노756 판결의 상급심)

대법원 2019. 6. 13. 선고 2019도3341 판결(필로폰 투약 후 샤워기 호스를 항문에 투입한 피고인을 심신
미약자 추행으로 인정하고, 법리를 오해하여 무죄를 선고한 원심을 파기한 사례)

대법원 2019. 10. 31. 선고 2013두20011 판결(국가정보원 소속 계약직공무원으로 계약기간이 만료된 원
고들에 대한 퇴직처리는 「남녀고용평등과 일·가정 양립 지원에 관한 법률」에 위반된다고 판시한
사례)

대법원 2020. 5. 14. 선고 2020도2433 판결(친아버지로부터 성범죄를 당하였다는 딸(미성년자)이 법정
에 서게 되자 수사기관에서 했던 진술을 사실과 다르다고 번복하는 경우, 피고인 친아버지에게
무죄를 선고한 것은 적법하지 않다는 판결)

대법원 2020. 10. 29. 선고 2018도16466 판결(만 15세인 여성을 기망·협박하여 성행위를 한 것은 성적
학대행위에 해당한다는 판결)

대법원 2021. 2. 25. 선고 2020도3694 판결(아동학대범죄의 공소시효를 해당 아동학대범죄의 피해아동
이 성년에 달한 날부터 진행하는 것은 적법하다는 판결)

대전가정법원 2018. 10. 18. 자 2018느단10074 심판(A가 대한불교조계종 사찰의 행자로 수행 중에 협의
이혼하면서 그의 자녀인 B의 친권자로 지정되었는데, 대한불교조계종의 출가자등록자격에 미성
년 자녀가 있는 경우 친권 및 양육권을 포기하여야 한다고 정하고 있어 B에 대한 친권을 포기하
기 위하여 A의 모친이 A를 상대로 B에 대한 친권상실을 청구한 사안에서, A에게 친권의 남용, 행
사 곤란이나 현저한 비행과 같은 민법상 친권상실 내지 제한사유가 존재한다고 보기는 어렵다고
한 판례)

대전고등법원 2007. 9. 5. 선고 2007노214 판결(친딸(10세)을 장인의 보호로부터 떼어 놓기 위해 친부
(정신지체 2급)와 피고인 1이 공모하여 만 1일 가량 납치한 사건에서 피고인 1에게는 징역 6월에
집행유예 1년, 친부인 피고인 2에게는 선고유예를 선고한 사례)

대전고등법원 2018. 1. 17. 자 2017브306 결정(미성년 후견인 선임 및 친권상실 심판 – 외할아버지를 미
성년 후견인으로 선임하되, 친아버지에게는 보호·교양권, 거소지정권, 징계권, 기타 양육과 관련
된 권한을 제한한 판결)

대전지방법원 2006. 4. 26. 선고 2015구합3600 판결(복합영화상영관을 학교환경위생정화구역 내에 신
축하는 것은 불법이 아니라는 판결)

대전지방법원 2012. 11. 18. 선고 2012구합3479 학교폭력조치결정처분취소 판결(중3 학생이 동급생에게

학교폭력을 행사하여 출석정지 및 전학처분을 받은 후 두 가지 처분의 취소를 구하는 소송에서 출석정지처분에 대한 취소청구는 부적법하므로 각하, 전학처분에 대한 취소청구는 기각한 판결)

대전지방법원 2013. 2. 21. 선고 2012구합3288 징계처분무효확인 소송(학내 집단 따돌림 사건을 조사하는 과정에서 학생부장 교사의 강압적 조사(폭언, 협박, 폭행 등)에 의해 가해학생에게는 학급교체 처분을, 그 부모에게는 특별교육이수 처분을 한 학교장의 행위는 부적법하므로 취소되어야한다는 판결)

대전지방법원 2013. 8. 21. 선고 2012구합5338 전학처분취소 기각 판결(지속적으로 같은 학교 학생들을 괴롭히고 학교폭력을 행사해 온 학생에 대한 전학조치가 절차적, 실체적 위법사유가 없다고 보아 이 처분의 취소를 구하는 원고의 청구를 기각한 판결)

대전지방법원 홍성지원 2007. 2. 7. 선고 2004고단230 판결(충남 예산의 초등학교 여성 기간제교사가 같은 학교 교장의 차 접대 요구의 부당성을 주장하는 글을 해당 군청의 홈페이지에 게재한 사안에서, 법원은 이 사안이 형법 제310조에 의하여 위법성이 조각된다고 한 판결)

부산고등법원 2007. 6. 8. 선고 2007노129 판결(9세 여아 강간사건 무죄-채증의 법칙 위배)

부산고등법원 2009. 2. 4. 선고 2008나13395 판결(밀성박씨 장사랑공파 무동종중 돈목계를 상대로 낸 여성종원들의 종중원지위확인은 원고 패소: 밀성박씨 장사랑공파 무동종중 돈목계는 종중이 아닌 종중유사단체이므로 사적자치 영역에 해당한다고 판결)

부산고등법원 2016. 5. 19. 선고 2015노743, 2015전노89 판결(생후 30개월인 A의 어머니 피고인 B와 아버지 피고인 C는, A가 말을 잘 듣지 않고 고집을 부린다는 이유로 밀걸레 봉을 이용하여 A의 머리, 팔, 다리, 몸통 등 전신을 약 3시간에 걸쳐 수십 차례 때려 살해하였다는 내용으로 기소된 사안에서, 피고인 B는 징역 20년, 피고인 C는 징역 6년에 처하고, 피고인들에 대하여 각 120시간의 아동학대 치료프로그램 이수 명령을 내린 판결)

부산고등법원 2018. 5. 24. 선고 2017노756 판결(피고인(1992년생, 당시 24세, 남자대학생)이 카카오톡 메신저를 이용하여 피해자(18세, 여고생)에게 돈을 주겠다고 말한 다음 피혜자로 하여금 피해자의 스마트폰에 부착된 카메라로 피해자를 대상으로 한 자위행위 등 음란행위 장면을 촬영하도록 지시하였고, 그에 따라 피해자가 자신의 스마트폰에 부착된 카메라로 음란행위 장면을 촬영·전송한 사건이 있다. 원심(부산고등법원 2018. 5. 24. 선고 2017노756 판결)은, 그와 같이 촬영된 영상정보가 피해자의 스마트폰 주기억장치에 입력되는 순간 아동·청소년이용음란물의 제작을 마쳤다고 판단하였다. 피고인은 항소이유로 피해자로부터 촬영된 동영상 파일을 전송받기만 하였을 뿐 이를 저장하거나 유포하지 않았으므로 아동·청소년이용음란물의 제작에 해당하지 않는다고 주장하였으나, 원심은 이를 받아들이지 않았고, 대법원 역시 원심판결이 정당하다며 피고인의 상고를 기각하였다. 그 결과 피고인은 징역 2년 6월, 80시간 성폭력 치료프로그램 이수 명령이

확정되었다. 대법원 2018. 9. 13. 선고 2018도9340 판결이 상급심)

부산고등법원 2020. 5. 13. 선고 2019노664, 2019전노55(병합) 판결(피고인이 초등학생에 불과한 자신의 이부(異父) 여동생인 피해자에게 여러 차례 준유사성행위를 하고 추행한 사건으로 징역 4년, 40시간의 성폭력 치료프로그램 이수, 아동·청소년 관련기관 등 및 장애인복지시설에 각 5년간 취업제한을 명령한 판결)

부산지방법원 2013. 2. 7. 선고 2012구합3232 출석정지처분취소 소송(학교폭력대책자치위원회가 출석정지 징계처분을 요청함에 있어서 그 기준이 되는 해당 학교의 '학생생활지도규정'에 정한 처분보다 중한 징계를 요청하여 징계가 이루어진 경우, 이 징계처분은 평등 및 신뢰보호의 원칙에 위반된다는 판결)

부산지방법원 2016. 7. 20. 선고 2015가합6947 전학처분무효확인 판결(한 차례의 폭력행위만으로 가해학생의 선도가능성을 배제하고 단번에 전학조치를 취하는 것은 가혹하다는 판결)

부산지방법원 2017. 4. 26. 선고 2016가단302294 판결(교사가 학교폭력사건을 축소 및 은폐하도록 지시한 경우, 해당 교사에게 손해배상의 책임이 있다고 판결)

부산지방법원 2018. 11. 15. 선고 2018노686 판결(부산에 있는 '○○○○ 어린이집' 새싹반(만3세) 보육교사로 근무하던 피고인1은 2015.12.21.~2016.1.11.경까지 새싹반 교실 등에서 피해아동 7명에게 장구핀으로 등, 배, 발등, 혀, 잇몸 등을 찔러 신체적 학대행위 내지 정서적 학대행위를 하여 징역 3년 및 80시간의 아동학대 치료프로그램 이수명령을, 어린이집 원장인 피고인 2는 벌금 3,000만 원을 선고)

부산지방법원 동부지원 2019. 12. 10. 선고 2019고합141, 2019전고8(병합) 판결(이복 여동생 준유사성행위, 준강제추행죄 → 징역 4년, 40시간의 성폭력 치료프로그램 이수, 아동·청소년 관련기관 등 및 장애인복지시설에 각 5년간 취업제한을 명령한 판결)

서울가정법원 2012. 10. 12. 자 2012느합5 심판(입양아를 폭행·사망케 하여 구속된 양모가 중증 장애를 가지고 있는 또 다른 입양아를 계속적으로 양육하겠다는 주장을 할 경우, 이를 거부하고 친권상실을 선고한 사례)

서울가정법원 2013. 2. 22. 자 2012느합356 심판(A가 미혼모자가족복지시설에 입소한 후 입양관계자 등을 통해 출생 전인 B의 입양을 추진하여 B는 출생 후 곧바로 미국 국적의 부부 C 등에게 인도되었는데, C 등이 입양 목적의 이민비자 없이 비자면제프로그램(방문 또는 관광 목적의 비자로 미국 체류가능 기간 최고 90일)을 이용하여 B를 미국으로 입국시키려다 미국 출입국관리소에 의해 B의 입국이 불허되었고, 이에 서울특별시장이 「아동복지법」에 근거하여 A를 상대로 B에 대한 친권상실 등을 청구한 경우, A의 B에 대한 친권을 상실시키는 것은 타당하다는 판결)

서울고등법원 1982. 11. 5. 선고 82노2006 제4형사부 판결(소매치기를 하려고 피해자에게 접근하여 그가 들고 있는 핸드백에 손을 댔다면 그 핸드백을 아직 열지 못하였다 할지라도 절도행위의 실행의 착수가 있다고 보아야 하므로 처벌 대상이 된다는 판결)

서울고등법원 1986. 9. 12. 선고 86노1088 제3형사부 판결(심신상실을 인정하여 무죄를 선고한 사례) - 정신병자라서 아들(12세)을 패 죽여도 무죄........

서울고등법원 1989. 10. 20. 선고 89나19110 제3민사부 판결(학생이 사립대학교에 입학이 허가됨으로써 그 학교법인과의 사이에 발생하는 법률관계는 학생이 학교법인의 학칙과 규정 등을 승인하는 것을 내용으로 한 사법상의 재학계약관계라 할 것이고, 학교법인은 인적·물적 수단을 포함한 교육시설로써 학생들에 대하여 교육을 실시하는 것을 본질로 하는 것이므로 그 교육시설의 질서를 유지하고, 그 이용관계를 명확히 하기 위하여 일방적으로 학칙과 규정 등을 제정하여 학생들에게 지시·명령을 발할 수 있다 할 것이며, 입학허가를 받은 학생은 재학 중 입학 당시에 그 학교법인이 일방적으로 정한 학칙과 규정 등에 기속된다는 판결)

서울고등법원 1990. 8. 22. 선고 87노1404 제1형사부 판결(범국민 대토론회에 참석할 목적으로 그 개최장소인 대학교 정문앞에 도착한 피고인들이 학교당국과 경찰의 외부인 및 타교생에 대한 출입금지조치로 출입을 저지당하여 교내로 들어갈 수 없게 되자 그에 항의하기 위한 방편으로 자진해산하기에 앞서 즉흥적으로 약 20분간에 걸쳐 당시 일반적으로 성행하던 반정부구호와 노래를 제창하였다면 이는 사전계획에 없었던 우발적 집회 또는 시위에 불과하다 할 것이므로 사전에 이를 신고하지 아니하였다 하여 미신고시위죄를 구성한다고 볼 수 없다.) - 대법원 1991. 4. 9. 선고 90도2435 판결(고려대 앞 시위사건, 당시 서울대 총학생회장 김민석 관련)의 원심판결임.

서울고등법원 1999. 9. 29. 선고 99누1481 판결(교원징계재심위원회 회의록은 공개 대상이 아니라는 판결)

서울고등법원 2005. 3. 30. 선고 2003나42833 판결(전교조 수업거부 - 학생 및 그 부모들에게 손해배상하라는 판결) → 대법원에서도 동일한 판결을 받았음.

서울고등법원 2006. 1. 17. 선고 2005노1853 판결(여자친구 45일 감금 - 징역12년, 소년의 연령이 도과하여 12년으로 판결)

서울고등법원 2008. 5. 8. 선고 2007나102467 판결(원고 강○○패소, 피고 대광학원 및 서울시교육청 승)

서울고등법원 2016. 12. 1. 선고 2016누59227 판결(대법원 2018. 4. 26. 선고 2016두64371 판결의 전심임; 검사의 약식명령 청구 또는 선고유예의 확정판결이 있었다는 것만으로는 어린이집 보육교사의 자격취소처분을 할 수 없다고 하여 의정부시장이 낸 항소를 기각한 사례)

서울고등법원 2017. 8. 25. 선고 2017나2015421 판결(A가 어머니의 성과 본에 따라 성·본 변경신고를 한 후, 어머니가 구성원으로 있는 종중을 상대로 종원 지위의 확인을 구한 경우, A는 그 종중의 종원

이라고 볼 수 있다는 판결)

서울고등법원 2020. 3. 26. 선고 2020노81 판결(어린 딸을 애완견과 함께 장기간 내버려 두어 결국 탈수 및 기아로 사망한 사건에서 아버지(전과자)는 징역 10년, 어머니(초범)는 징역 7년이 선고되었음.)

서울고등법원 2020. 5. 29. 선고 2019노2721 판결(3개월 된 아동을 방치하여 사망에 이른 경우 외 1의 처벌 범위; 징역 4년, 80시간의 아동학대 치료프로그램 이수, 아동관련기관에 5년간 취업제한 명령)

서울남부지방법원 2005. 8. 18. 선고 2005고합121 판결((여자친구 45일 감금 – 징역 장기 15년, 단기 7년 선고)

서울남부지방법원 2008. 3. 6. 자 2008호파887 결정(아버지의 성을 따라 노○○라는 성명을 가진 7세의 자(子)에 대하여 일상생활에서 부모 또는 친외가의 구분이 없는 진정한 양성평등을 보이고 싶다는 이유로 기존 이름 '○○'에 어머니의 성인 '최'를 붙인 '최○○'으로 개명하여 달라는 신청을 기각한 사례)

서울남부지방법원 2015. 1. 22. 선고 2014가합6863 판결(출판물에 의한 명예훼손, 300만원 벌금 선고. 허위의 사실뿐 아니라 진실한 사실을 적시하여도 명예가 훼손될 경우 불법행위가 성립한다는 판결)

서울북부지방법원 2011. 11. 11. 선고 2011고합116 판결(남자소년이 인터넷에서 알게 된 16세 여학생, 13세 여학생1, 13세 여학생2에게 알몸 및 여학생 본인의 손가락으로 음부를 만지는 영상, 관장약을 넣게 한 후 대변을 보는 장면, 여학생2의 남동생으로 하여금 여학생2의 알몸을 만지게 하는 영상통화를 하게 한 피고인을 징역 장기 2년, 단기 1년 6월, 80시간의 성폭력 치료프로그램 이수를 명하고 압수된 휴대폰 1개를 몰수한 판결)

서울서부지방법원 2016. 5. 25. 자 2014호파1842 결정(남성으로 동성인 A와 B가 혼인신고를 하자 관할 구청장이 신고불수리 통지를 한 경우, 이 처분은 정당하다는 판결)

서울중앙지방법원 2007. 10. 5. 선고 2005가단305176 판결(대광학원 학생회장 강의석 사건)

서울중앙지방법원 2013. 7. 23. 선고 2012가합39825 판결(쉬는 시간에 발생한 학생들 간의 폭행은 학교폭력법상 학교폭력에 해당하고 학교안전사고법상 학교안전사고에 해당하지 아니하므로 학교안전사고법에 기한 공제급여를 청구할 수 없다는 판결)

서울중앙지방법원 2015. 7. 16. 선고 2013가합521666 판결(한센병 환자 정관수술, 국가가 배상하라는 판결)

서울중앙지방법원 2019. 5. 23. 선고 2018가합512445 판결(A가 자신의 딸인 B에게 B의 친구인 C를 집으로 데려와 사전에 준비한 수면제를 탄 음료수 등을 먹이도록 한 다음, C가 의식을 잃고 계속 잠들어 있는 상태가 되자, C를 추행하다가 다음 날 12:30경 추행 중 잠에서 깬 C를 살해하였는데, C의 유족인 아버지 D와 어머니 E 등이, E는 자기 딸 C가 사망하기 약 13시간 전 경찰에 실종 사실을 신고한 뒤 지구대의 경찰관 앞에서 최종 목격자로 보였던 B와 통화까지 하였는데도 지구대의 경찰관들이 최종 목격지 및 목격자를 파악하는 노력을 하지 않아 핵심 단서인 B를 확인할 기회를 놓치는 등 관할경찰서 소속 경찰관들의 위법행위 때문에 C가 사망하였다며 국가를 상대로 손해 배상을 구한 사안에서, 경찰관들의 행위가 '112종합상황실 운영 및 신고처리 규칙' 및 '실종아동 등 가출인 업무처리 규칙'의 관련 규정을 명백하게 위반하는 등 현저하게 불합리하여 위법한 행위에 해당하고, 경찰관들의 직무상 의무 위반행위와 C의 사망 사이에 상당인과관계도 인정되므로, 국가는 C와 그 유족인 D, E 등에게 손해를 배상할 책임이 있다고 한 사례)

서울중앙지방법원 2019. 10. 29. 선고 2018가단5125207 판결(한국에서 원어민 영어보조교사로 활동하던 뉴질랜드 국민인 A가 재계약을 앞두고 에이즈(HIV) 검사 등을 포함한 건강검진 수검 결과를 제출하라는 교육감의 요구를 거절한 경우, 교육감이 A를 재계약 검토 대상에서 제외한 행위는 위법하다는 판결)

서울지방법원 북부지원 1993. 2. 3. 선고 92가합9078 판결(교내 학생단체가 광주민주화운동 관련 비디오를 상영하자 학교측이 허가 없이 불법집회를 개최하였다는 이유로 집회개최자를 퇴학처분한 경우 집회의 허가제를 규정한 학칙규정 자체가 무효이거나 비디오 상영행사가 불법집회에 해당한다고 보기 어려워 위 퇴학처분은 징계사유 없이 하였거나 재량권을 남용한 처분으로서 무효라고 한 사례)

서울행정법원 2008. 4. 16. 선고 2007구합24500 판결(후천성면역결핍증(AIDS)을 유발하는 인체면역결핍바이러스(HIV)에 감염되었다는 이유로 국내 체류 외국인을 출국하도록 한 명령은 그 처분으로 보호하고자 하는 전염병 예방이라는 공익의 달성 여부가 확실하지 않은 반면, 외국인의 거주·이전의 자유, 가족결합권을 포함한 행복추구권 등을 심각하게 침해하여 사회통념상 현저하게 타당성을 잃은 것으로서 재량권을 일탈·남용한 위법이 있다고 한 사례)

서울행정법원 2009. 7. 2. 선고 2009구합5541 판결(학폭위 회의록 공개는 정당 – 경기고 패소 → 그러나 대법원에서는 경기고 승소)

서울행정법원 2010. 12. 2. 선고 2010구합22702 판결(사망한 장모가 아내의 계모라도 군인연금법 제32조의2 제1항의 사망조위금 지급대상이 된다는 판결)

서울행정법원 2013. 12. 24. 선고 2013구합59613 출석정지처분 등 취소청구의 소(학교폭력 가해자에게 그 처분사유를 기재하지 않은 채 보낸 결과 통보서는 위법하므로 학교장의 처분을 취소한다는 판결. 즉, 가해학생에 대한 처분을 함에 있어서도 「행정절차법」에 따라 처분의 근거와 이유를 제시하여야 한다는 판결임.)

서울행정법원 2016. 11. 17. 선고 2016구합567763 징계조치 무효확인 판결(학부모 임원회의에서 학교폭력대책자치위원회 학부모 위원을 선출한 서울B초등학교의 경우는 위법에 해당하므로, 그들이 참여하여 의결한 학교폭력대책자치위원회의 결정은 당연 무효라는 판결)

수원지방법원 2008. 7. 16. 선고 2008고합45,64(병합),73(병합),117(병합) 판결(일명 "수원여중생 노숙소녀 피살사건"(2007.5.14.)에서 가해자 1은 범행 당시 18세였으나 판결 선고 당시 19세가 넘어 「소년법」의 적용을 받지 않아 징역 4년, 나머지 가해자 3명은 징역 단기 2년, 장기 3년 처분을 받았음.)

수원지방법원 2009. 9. 3. 선고 2009가합2913 판결(지방자치단체가 조사·지도·감독하여야 하는 아동복지시설의 장이 자신의 보호·감독을 받는 아동을 지속적으로 학대하다가 보호 및 양육의무를 게을리 하여 추락사에 이르게 한 사안에서, 법원은 지방자치단체(화성시)의 소속 공무원이 아동복지법상 조사·지도·감독의무를 게을리 한 과실과 아동복지시설의 장이 아동에 대한 보호·양육의무를 게을리 한 과실이 경합하여 사고가 발생한 것이므로, 지방자치단체와 아동복지시설의 장이 공동불법행위책임을 부담(피고들(화성시, 아동복지시설의 장)은 각자 원고 1(망인의 부친)에게 66,862,301원, 원고 2(망인의 모친)에게 68,689,628원, 원고 3 및 원고 4(망인의 누나들)에게 각 3,500,000원)하라고 판결한 사례)

수원지방법원 2009. 10. 8. 선고 2008가합19235 판결(여자종원에게 남자종원의 절반 이하의 비율로 재산을 분배하는 것을 내용으로 하는 종중총회의 결의의 유효 여부가 문제된 사안에서, 오로지 성별을 이유로 여자종원을 남자종원에 비하여 불리하게 취급하고 있고, 이에 관하여 여자종원들의 동의를 얻었다거나 혹은 남자종원에 비하여 여자종원에게 재산을 적게 분배해야 할 만한 특별한 사정 역시 인정되지 않는다면, 그러한 종중총회의 결의는 무효로 보아야 한다고 한 판례)

수원지방법원 2017. 5. 11. 선고 2016고합664 판결(생후 약 8개월 된 아동 A의 부(父)인 피고인이, A가 타고 있던 유모차를 1분여 동안 앞뒤로 강하게 흔들고, 계속하여 울고 있던 A의 겨드랑이에 양팔을 낀 채 A를 빠르고 강하게 위아래로 흔들거나 피고인의 머리 뒤로 넘겼다가 무릎까지 빠른 속도로 내리면서 흔드는 행위를 반복하다가 A를 머리 뒤로 넘긴 상태에서 놓쳐 거실 바닥에 떨어뜨린 결과 사망에 이르게 하였다고 하여 아동학대범죄의 처벌 등에 관한 특례법 위반(아동학대치사)으로 기소된 사안에서, 피고인에게 징역 3년 6개월, 120시간의 아동학대 치료프로그램의 이수를 명한 사례)

수원지방법원 여주지원 2011. 11. 24. 선고 2010가단16122 판결(발달지체아인 원고(당시 ○○초 5학년 → ◇◇초 6학년)와 그 부모가 각 학년 담임교사, ○○초 교장, ◇◇초 교감, 경기도교육청, ◇◇초 6학년 같은 반 학부모대표를 상대로 한 손해배상 청구소송에서 각 피고들이 보호감독의무를 소홀히 하였거나 명예를 훼손한 것이 인정되지 않는다고 하여 원고에게 패소 판결을 한 사례)

울산지방법원 2006. 12. 21. 선고 2005가단35270 판결(중학생들이 같은 반의 학생을 집단적으로 괴롭혀 상처를 입히고 우울증 등의 증상을 겪게 한 경우, 가해학생들의 부모들이 피해학생 및 그 부모에게 불법행위로 인한 손해배상책임을 지며, 아울러, 그 중학교의 설치·경영자인 지방자치단체가 국가배상법상 손해배상책임을 진다는 판결)

울산지방법원 2013. 9. 27. 선고 2012가단38222 판결(언어폭력으로 정신과 치료 등을 받은 경우 가해학
생의 부모, 담임교사, 지방자치단체에게 손해배상책임을 물을 수 없다고 한 판결)

울산지방법원 2014. 2. 20. 선고 2013구합2772 전학처분취소(지속적인 강제적 심부름 및 폭력을 행사한
경우, 해당 학생에게 전학조치를 내린 것은 정당하다는 판결)

울산지방법원 2017. 8. 4. 선고 2017노542 판결(아동학대 범죄의 처벌 등에 관한 특례법 위반(아동복지
시설종사자 등의 아동학대) - 1심 판결인 벌금 100만 원, 선고유예 처분 확정; 피고인과 검사의
항소를 모두 기각함.)

울산지방법원 2018. 5. 31. 선고 2017구합873 학교폭력불인정처분취소 판결(사립학교의 학교폭력대책자
치위원회에서 내린 '학교폭력불인정 조치'에 대해 그 처분을 취소해 달라는 소를 제기하였으나,
학교폭력대책자치위원회는 처분의 주체가 아니므로 소를 각하한 판결. 원고들과 F중학교 내부에
설치된 위원회인 피고 사이의 법률관계는 공법상 법률관계에 해당한다고 볼 수 없기 때문에 원고
가 청구취지에서 들고 있는 피고(학교폭력대책자치위원회)의 의결행위는 행정소송의 대상이 되
는 처분 등에 해당하지 않는다고 보았음. 소송의 피고를 학교폭력대책자치위원회가 아니라 F학
교장으로 했어야 함.)

의정부지방법원 2015. 1. 30. 선고 2014고단2594 판결(남양주시에 있는 ○○어린이집 보육교사와 이 어
린이집의 원장에게 벌금 3,000,000원이 내려진 판결)

의정부지방법원 2015. 4. 14. 선고 2014구합7133 판결(징계조치처분 취소 판결; 학교장의 초등학생에 대
한 징계처분에 대하여, 그 징계를 심의한 학교폭력대책자치위원회의 구성 및 의결이 「학교폭력
예방 및 대책에 관한 법률」의 규정을 따르지 않았음을 이유로 그 징계처분을 취소한 사례)

의정부지방법원 2018. 12. 18. 선고 2018노530 판결(학교폭력대책자치위원회 위원으로 활동하던 자가
회의를 통해 알게 된 해당 학생의 비밀을 누설하여 50만 원의 벌금형을 받은 사례)

의정부지방법원 2019. 11. 21. 선고 2019고합310 판결(3개월 된 아동을 방치하여 사망에 이른 경우 외 1
의 처벌 범위 → 징역 4년, 80시간의 아동학대 치료프로그램 이수, 아동관련기관에 5년간 취업제
한 명령)

인천지방법원 2004. 7. 23. 선고 2003드합292 판결(동성(同性) 간의 사실혼 유사의 동거관계가 일방의
의사 또는 책임 있는 사유로 파탄되었다고 하더라도, 상대방은 그 일방에 대하여 사실혼 부당파
기로 인한 위자료 및 사실혼해소로 인한 재산분할을 가사소송 및 가사비송으로 청구할 수는 없다
는 판결)

인천지방법원 2015. 7. 3. 선고 2013가합30895 판결(장래에 발생된 질병에 대해 손해배상 책임을 물을
수 있다고 한 판결)

인천지방법원 2015. 11. 19. 선고 2015구합50522 서면사과처분취소(집단 사이버 폭력과 따돌림 등을 행사했다는 이유로 서면사과 처분을 받은 경우, 그 서면사과 처분이 가해학생의 양심의 자유 및 인격권을 침해하지 않는다는 판결)

인천지방법원 2016. 6. 9. 선고 2015가단8246(가해자들과 그 부모들은 공동으로 피해자에게 500만 원, 그의 부모에게 각 200만 원의 위자료를 지급하라고 한 사례)

인천지방법원 2019. 12. 19. 선고 2019고합473 판결(생후 7개월 미만의 딸을 애완견 2마리(말티즈, 시베리안 허스키)와 함께 약 5일간 내버려 두어 결국 고도의 탈수 및 기아로 사망케 하였고, 딸이 사망한 것을 부부가 인지한 후에도 사체를 박스에 옮겨 담아 현관 앞에 유기하고 모텔을 전전한 사건에서 아버지(전과 3범)는 징역 20년, 어머니(초범)는 징역 장기 15년, 단기 7년이 선고)

전주지방법원 2016. 8. 19. 선고 2015고단2235 판결(전북교육감인 피고인이, 교육과학기술부에서 소속 교육청과 고등학교 등에 대하여 학교생활기록부 작성 실태와 현황을 점검하기 위한 특정감사를 실시하자, 관내 고등학교 등에 학교폭력 사항과 관련된 감사자료 제출을 거부하도록 지시하는 내용의 공문을 발령하여 소속 교육청 공무원들 및 고등학교 학교장들이 교육과학기술부의 자료제출, 답변서·확인서 등 요구에 협력하지 않도록 하였다고 하여 직권남용권리행사방해로 기소된 사안에서, 피고인의 감사자료 제출 거부 지시행위가 직권남용에 해당한다거나 피고인에게 직권을 남용한다는 인식이 있었다고 단정할 수 없다는 이유로 무죄를 선고한 사례)

제주지방법원 2017. 7. 20. 선고 2017노118 판결(아동복지법위반 - 제주시 ○○○동에 있는 △△△△△△ 어린이집□□□□반의 장애전담교사로 근무하는 피고인이 피해자가 피고인의 오른쪽 다리를 물자 순간적으로 학대한 행위는 무죄)

제주지방법원 2020. 1. 15. 선고 2018구합610 학교폭력 가해학생 처분취소청구 소송(처분당사자에게 진술기회를 부여하지 않고 내린 불이익처분은 위법하다는 판결)

제주지방법원 2020. 12. 15. 선고 2019구합6370 학교폭력가해학생처분취소 판결(부적격한 위원이 학교폭력대책자치위원회 위원으로 참석하여 내린 조치는 위법하므로 취소되어야 한다는 판결)

창원지방법원 2017. 2. 14. 선고 2016구합1040 전학조치(처분) 취소(고등학교 1학년인 원고가 피해학생의 가슴을 몇 차례 때리고 밀었다는 이유로 전학조치 등의 처분을 받은 경우, 전학조치는 재량권을 일탈하거나 남용한 것이라고 판결)

창원지방법원 2019. 3. 13. 선고 2018구단12153 학교폭력처분 무효 판결(학교폭력대책자치위원회 학부모 위원이 적법한 절차를 거치지 아니하고 선출되었으므로 동 위원들이 참여하여 결정한 학교폭력대책자치위원회의 의결은 무효라는 판결)

청주지방법원 2013. 11. 7. 선고 2013구합10316 가해학생조치처분취소 기각 판결(중2 학생이 동급생에게 학교폭력을 행사하여 출석정지 5일 및 특별교육 5일의 처분을 받은 후 그 처분이 가혹하다면서 그 취소를 청구하였으나, 그 처분이 재량권을 일탈하거나 남용한 것으로 보기 어렵다는 이유로 원고의 청구를 기각한 판결)

춘천지방법원 2016. 1. 22. 선고 2015고단651 판결(춘천시에 있는 ○○어린이집 보육교사인 피고인이, 낮잠을 자기 위해 누워 있던 원아인 A(3세)에게 휴대전화로 무서운 영상을 틀어 주어 이를 시청한 A가 다리가 떨릴 정도로 극도의 공포심을 느껴 울게 함으로써 「아동복지법」상 정서적 학대행위를 하였다는 내용으로 기소된 사안에서, 피고인의 행위는 A의 정신건강 및 발달에 해를 끼치는 정서적 학대행위가 된다고 하여 피고인에게 벌금 1,500,000원을 선고한 사례)

춘천지방법원 2016. 5. 4. 선고 2016노166 판결(공소시효 관련 판례; 피고인(어머니)은 2008. 8.경에서 2008. 9.경 사이 안성시에 있는 피고인의 주거지에서 피해자 공소외 1(첫째 딸, 당시 8세)이 동생의 분유를 몰래 먹었다고 의심하여 옷걸이와 손으로 피해자의 몸을 수회 때리고, 책과 옷걸이 등을 집어던져 아동인 피해자의 신체에 손상을 주는 학대행위를 비롯하여 60여 일 동안 특별한 이유 없이 피해자들을 학교에 보내지 않고 방임하였다는 등의 이유로 기소된 사건이 있다. 2심(춘천지방법원 2016. 5. 4. 선고 2016노166 판결)은 2008. 8.경에서 9.경 사이 발생한 사건(아동복지법위반의 점)은 면소, 나머지 학대 및 방임행위에 대해서는 징역 10월을 선고하였다. 대법원은 2심법원이 면소로 판정한 부분은 '아동학대처벌법 제34조 제1항을 적용하지 아니하고 그 공소시효가 완성되었다고 잘못 판단하여, 이 부분 공소사실을 유죄로 인정한 제1심판결을 파기하고 면소를 선고한 잘못이 있음'을 지적하면서 "원심판결을 파기하고, 사건을 춘천지방법원 본원 합의부에 환송한다."는 판결을 내렸다. 대법원 2016. 9. 28. 선고 2016도7273 판결의 전심임.)

춘천지방법원 2017. 1. 19. 선고 2015노945 판결(어린이집 교사인 피고인 A가 아동인 피해자들의 입을 주먹으로 때리거나 귀를 잡아당기거나 머리를 주먹이나 손바닥으로 때리는 등 아동의 신체에 손상을 주는 학대행위를 하였다고 하여 피고인 A와 어린이집 원장인 피고인 B가 아동복지법 및 아동학대범죄의 처벌 등에 관한 특례법 위반으로 기소된 사안에서, 피고인 A의 체벌에 대하여 피해자들이 느낀 체벌의 강도와 두려움을 고려할 때 피고인 A의 각 행위는 아동복지법상 '아동의 신체에 손상을 주거나 신체의 건강 및 발달을 해치는 신체적 학대행위'에 해당하나, 한편 피고인 B는 직접 아동학대 예방 온라인 교육을 수료하고 어린이집 교사들에게도 아동학대 관련 교육을 수료하도록 지도한 점, 매주 어린이집 교사들과 회의하면서 아동에 대한 교육을 직접 지도하고 어린이집 교육사정을 검토·관리한 점, 평소 어린이집 복도를 돌아다니며 아동들의 교육상황을 관찰하였고 학부모들과 정기적으로 소통하였으며, 교사들에게 업무일지, 교육일지를 쓰게 하여 이를 보며 교육상황을 점검한 점 등 제반 사정을 종합할 때 어린이집 원장으로서 그 업무에 관하여 상당한 주의와 감독을 게을리하였다고 단정하기 어렵다는 이유로 피고인 A에게 유죄(벌금 5,000,000원, 40시간의 아동학대 치료프로그램 이수 명령), 피고인 B에게 무죄를 선고한 사례)

[기사 및 인터넷 자료]

교육부. [카드뉴스] 여러분은 사이버 폭력으로부터 안녕하신가요? 2019-06-25.

국가법령정보센터(https://www.law.go.kr/LSW/main.html)

대한민국 법원 대국민서비스(https://www.scourt.go.kr/portal/main.jsp)

보건복지부 보도자료. 2021.3.12.

아동권리보장원 홈페이지(https://www.ncrc.or.kr/ncrc/main.do)

https://blog.naver.com/god6129/150180141600

https://blog.naver.com/janggun-0706/222035345617

https://blog.naver.com/kmg7765/221645732123

https://cte7109.tistory.com/entry/%EA%B3%A0%EB%93%B1%ED%95%99%EC%83%9D-%EC%8B%9C%EA%B8%B0%EC%9D%98-%EC%9D%BC%EB%B0%98%EC%A0%81%EC%9D%B8-%ED%8A%B9%EC%A7%95

https://news.joins.com/article/23820465

https://m.blog.naver.com/PostView.nhn?blogId=ysgoodfriend&logNo=110031487682&proxyReferer=https:%2F%2Fwww.google.com%2F

https://steinerinstitute.tistory.com/entry

http://www.knnews.co.kr/news/articleView.php?idxno=1333987

저자소개

박호근

현, 한국체육대학교 교육학 교수(2008.9~현재)
전, 서울특별시의회 의원(2014.7~2018.6)
전, 중부대학교 원격대학원 교육행정경영학과 교수(2003.3~2008.9)

고려대학교 교육학과에서 교육행정 전공으로 박사학위를 취득하고
교육문제 해결을 위한 교육정책 관련 강의와 저술활동을 하고 있다.
책, 논문, 정책연구보고서 등 100여 편의 연구실적이 있다.

010 8268 4865
hoohoo386@knsu.ac.kr

한국체육대학교 학술교양총서 007
학교폭력 예방 및 학생의 이해

초판 1쇄 인쇄 2021년 7월 30일
초판 1쇄 발행 2021년 8월 6일

지은이 박호근
기 획 허진석
펴낸이 최종숙
펴낸곳 글누림출판사

책임편집 강윤경
편 집 이태곤 권분옥 문선희 임애정
디자인 안혜진 최선주 이경진
마케팅 박태훈 안현진

주 소 서울시 서초구 동광로46길 6-6(반포4동 577-25) 문창빌딩 2층(06589)
전 화 02-3409-2055(대표), 2058(영업), 2060(편집)
팩 스 02-3409-2059
전자우편 nurim3888@hanmail.net
홈페이지 www.geulnurim.co.kr
블로그 blog.naver.com/geulnurim
북트레블러 post.naver.com/geulnurim
등록번호 제303-2005-000038호(2005.10.5.)

정가는 뒤표지에 있습니다.
ISBN 978-89-6327-645-8 04370
       978-89-6327-604-5 (세트)